키워드로 묵상하는

요한계시록

이승희 지음

Meditating on the Book of Revelation through Keywords.

Written by Lee Seung Hee

All rights reserved.

Korean Edition Copyright @ 2024 by Damaserbooks, Gyeonggi, Korea.

Cover art: Copyright 2007@ Fresco inside a Christian orthodox church in Patmos island, Greece, April 5 2007.

키워드로 묵상하는 요한계시록

Meditating on the Book of Revelation through Keywords

발 행 일 2024년 01월 19일

지 은 이 이승희
편   집 구부회
발 행 처 도서출판 담아서
주   소 경기도 시흥시 배곧3로 27-8
전   화 0505-338-2009
팩   스 0505-329-2009
등록번호 제2021-000013호

ISBN 979-11-975961-1-7(93230)

키워드 시리즈 1

키워드로 묵상하는

요한계시록

이승희 지음

Meditating on the Book of Revelation through Keywords

차례

제1부

**일곱 교회에
선포된 예언**

Chapter

제2부

**하늘 보좌에 앉으신
하나님과 어린 양**

Chapter

a book recommendation

권해생 박사 | 고려신학대학원 신약학 교수

이승희 목사님은 말씀에 대한 열정과 교회에 대한 사랑이 대단하신 분입니다. 이 책은 목사님의 열정과 사랑이 빚어낸 결과물인 것 같습니다. 요한계시록은 해석하기가 쉽지 않아, 성도들이 다가가기 어려운 성경입니다. 저자는 이렇게 어려운 요한계시록을 말씀에 대한 열정을 갖고, 교회를 사랑하는 마음으로 친근하게 설명하고 있습니다. 단어의 뜻을 풀어주고, 문맥에서의 의미를 드러내고 있습니다.

또한 구약을 넘나들고, 고대 근동의 역사적 배경을 해설하면서 본문의 뜻을 밝혀 주고 있습니다. 뿐만 아니라, 자칫 이론으로만 치우칠 수도 있으나 군데군데 말씀을 현실에 적용하는 모습도 보입니다. 특히 키워드를 통해 주제별로 요한계시록을 설명함으로써 독자가 묵상하고 적용하기 더욱 용이합니다. 바라건대 이 책을 통해 어렵게만 느껴지던 요한계시록이 독자들에게 더욱 친근한 책이 되었으면 좋겠습니다.

송영목 박사 | 고신대학교 신학과 교수

그리스도인은 코로나 바이러스(COVID-19) 시대에 무엇보다 위로와 소망을 찾아 누리기 원합니다. 그런 위로는 하나님의 말씀과 보혜사 성령님으로부터 옵니다. 요한계시록의 수신자들처럼 오늘날 그리스도인도 가까이 자리잡은 고난과 죽음을 수시로 생각하며, 보좌 위에서 통치하시는 삼위일체 하나님께 더욱 밀착된 삶을 추구해야 합니다.

이 책의 저자가 간파했듯이, 요한계시록을 제대로 이해한다면, 위로와 소망 그리고 경고를 얻을 수 있습니다. 이를 위해 저자는 먼저 큰 단락의 주제들을 제시한 후, 작은 단원마다 적절한 키워드를 따라 해설합니다. 그런데 키워드는 연구자가 본문을 자세히 그리고 나름의 관점을 가지고 연구해야만 찾을 수 있는 법입니다.

이와 더불어 저자는 요한계시록을 직접 설교한 것을 칼럼 형식으로 바꾸면서, 그림과 사진과 다양한 역사적 정보 그리고 적용을 돕는 내용을 제공합니다. 따라서 이책은 독자 친화적고 이 책을 읽는 독자들이 다른 요한계시록 주석서를 참조하여 읽는다면 풍성한 유익을 얻게 될 것입니다. 저자의 시의적절한 시도와 노력에 감사드리며, 독자에게 이 책을 추천합니다.

심수명 박사 | 칼빈대학교 상담학 교수

요한계시록의 말씀은 해석하기에 참으로 난해한 말씀이지만 그 안에 보석과도 같은 귀한 생명의 말씀이 녹아있습니다. 그러나 요한계시록이 본래 기록된 목적과 달리 잘못 해석되고 오용되면 오히려 교회를 혼란케 할 수 있는 위험성이 있습니다. 그런데 이번에 이승희 목사님이 쓰신 『키워드로 묵상하는 요한계시록』은 답답하던 제 마음을 후련하게 해 주었습니다.

어렵고 난해하여 이해하기 어려운 요한계시록을 키워드 중심으로 저술해, 설교를 준비하는 목회자뿐 아니라 일반 성도들도 쉽게 접근할 수 있도록 하셨는데, 이것은 아마도 오랜 기간 강단에서 성도들을 위해 말씀을 연구하신 경험이 녹아 있기에 가능한 것이라고 생각합니다. 그런 점에서 저자의 깊이 있는 묵상과 박학다식한 지성은, 읽는 사람들에게 신뢰를 주기에 충분하다고 여겨집니다.

최근 코로나로 인해 성도들의 개인 신앙뿐만 아니라 교회 생활 등 전체적으로 침체를 겪고 있고, 그런 틈을 타 양의 탈을 쓴 늑대 같은 이단 세력들이 성도들을 미혹하고 있는데, 이 책이 성도들의 마음을 굳게 하고, 더욱더 믿음의 반석 위에 서서 하나님 중심, 말씀 중심의 삶을 살게 하는데 큰 역할을 할 것이라 기대합니다.

한국 교회와 성도들을 사랑하는 마음으로 쓰여진 이승희 목사님의 이 책이 말세를 향한 하나님의 심판과 약속 그리고 그 안에 담긴 하나님의 사랑과 예수 그리스도를 드러내는 복음의 책으로 쓰여질 수 있기를 소망하며 추천합니다.

최승락 박사 | 고려신학대학원 신약학 교수

이 책은 요한계시록의 핵심 키워드를 통해 계시록 해석을 시도하는 책입니다. 이 핵심 키워드는 성경 전체를 관통하는 키워드이기도 합니다. 그런 점에서 이 책은 성경신학의 큰 맥을 잘 짚어주기도 합니다. 과거 이스라엘의 눈에서 눈물을 닦아주신 하나님은 새 예루살렘의 백성인 우리의 눈에서도 눈물을 닦아주시는 분이십니다.

저자는 목회적 차원에서 눈물의 현실을 안고 살아가는 성도들에게 따뜻하게 계시록의 세계를 연결시키고 있습니다. 계시록을 통해 성경 전체를 보고, 나아가 오늘 우리가 발붙이고 살아가는 이 땅의 삶의 현실을 보게 한다는 점에서 이 통전적 계시록 읽기의 시도가 매우 돋보입니다.

허주 박사 | 아세아연합신학대학교 신약학 교수
한국복음주의신약학회 회장

　저자 이승희 박사는 이 책을 통해 404개 구절로 구성된 성경전서의 마지막 책을 75개 주제 단어의 렌즈로 클로즈업하여 현대 독자들이 요한계시록을 바르게 깨닫고 건강하게 묵상하도록 안내해 줍니다. 아울러 이와 같은 주제 단어들의 보석들이 하나님 나라의 거시적 토대 및 구속 역사의 통전적 조망 아래 빛을 발휘할 수 있도록 요한계시록의 깊은 광맥을 유용하게 파헤쳤습니다. 함께 제공된 사진과 도표는 맑은 유리처럼 읽는 자들의 이해와 상상의 문을 더욱 활짝 열어줍니다. 이 모든 특징은 저자가 성경적이고도 복음적인 학자이자 목회자임을 여실히 보여 주는 표가 아닐 수 없습니다. 교회 강단에서 '임상 실험'을 거친 메시지라는 점에서 이 글은 목회자와 신학생뿐만 아니라 일반 성도에게도 매우 손쉽게 잡히는 책이 될 것이 분명합니다. 혼란스럽고 불확실한 오늘의 시대를 살고 있는 예수의 증인들이 요한계시록과 이 책을 손에 꼭 잡고 죄와 어두움의 세상 문화 권세와 바이러스로부터 '자가 격리' 하는 2주간의 시간을 용기 내어 가질 수 있다면 참 좋을 것 같습니다.

저자 서문
Author's Preface

요한계시록은 신구약성경 전체를 완성시키는 소중한 말씀인데도 불구하고, 낯설고 어려운 느낌 때문에 목회 마지막 숙원 사업으로 남겨 두었다. 그런데 COVID-19가 전 세계에 요원의 불길처럼 일어나, 국내에서는 요한계시록을 잘못 해석하는 이단 집단의 진원지가 되면서 요한계시록을 집필하기로 결심하게 되는 주요한 계기가 되었고, 이상 기후, 지진, 기근 등 종말의 징조들과 전염병 시대에 교회와 사회를 혼란하게 하는 이단으로 인해 요한계시록에 관한 관심을 증폭시켰다.

걱정은 태산 같았지만, 마음을 바꾸기로 결정한 이유가 있다. 나는 이미 COVID-19가 시작되기 전에 매일 갖는 저녁기도회 시간에 요한계시록 전체를 간단하게 설교하였다. 구약성경의 사용 문제가 요한계시록을 이해하는 데 열쇠가 된다고 믿고 있었다. 주일 두 차례와 수요 한 차례 설교할 때 구약과 신약을 성경 본문으로 함께 정하고 설교하였다. 구약과 신약의 연속적이고 상호 텍스트적 맥락에서 요한계시록을 분석했다. 그리고 핵심 단어, 즉 키워드를 중심으로 요한계시록을 철저하게 연구하고 설교하는 사람이 없다고 생각했다. 그런 노력 끝에 이 책이 나오게 되었다. 요한계시록 초고를 만드는 데 거의 1년이 걸렸다. 키워드를 중심으로 매주 본 헤럴드 전자신문에 기고했다. 박학함을 뽐내려는 생각은 전혀 없다. 설교로 다루는 문제라기보다 강의로 풀어가야 하는 주제들을 다룰 수밖에 없었기 때문이다. 그러나 이 책은 설교자로서 요한계시록에서 면면히 빛나는 설교적 특성을 나타내려 애썼다. 교회가 그것을 생생히 체험할 수 있어야 하기에 지성과 자료에 호소했다.

이 책의 목적은 독자들에게 키워드로 본문에 대한 주해 및 배경 지식을 제공한다. 독자가 요한계시록을 하나로 묶는 신학적 맥락을 따라가는 일에 도움을 주는 데 있다. 그러므로 키워드 안에는 본문 간의 상호 관련성을 다루는 자료들이 상당히 많이 포함되어 있다. 요한계시록의 주제에 대한 신학적 설명과 함께 요한계시록 전체에 걸쳐 등장하는 주요 단어와 그와 관련된 단어들에 대한 종합적인 설명을 독자들에게 제공한다.

요한계시록은 요한이 경험한 하늘 여행이라고 할 때, 이 책은 요한계시록 여행을 재미있고 유익하고 알차게 인도하는 안내자 역할을 할 것이다. 키워드를 중심으로 먼저 답사 여행을 한 저로서는 이 안내자야말로 요한계시록 여행에 관한 최고의 안내자라고 평가한다.

내가 요한계시록을 하나님 나라 관점으로 쓰려고 한 것은 교수와 목회자, 신학생 그리고 그 밖에 여러 독자에게 많은 가르침과 생각거리를 제공하고자 함이다. 키워드는 그리스어를 그대로 사용했다. 하지만 그리스어에 능숙하지 못한 독자들이라도 이 책을 읽을 때 유익을 얻게 하려고 그리스어 단어 뒤에 괄호로 영어 번역을 제공했다. 진정 중요한 것은 키워드가 원래의 본문을 정확하게, 분명하게 그리고 의미 있게 현대 독자에게 효과적으로 제시하느냐는 여부이다.

어디서부터 감사를 해야 할지 모를 정도로 감사를 전해야 할 사람들이 많다. 먼저 LA 풀러신학대학원에 유학하면서 하나님 나라 관점에서 성경을 이해하는 눈을 뜨게 해 준 김세윤 교수께 감사를 표하고 싶다. 또한 「본헤럴드」 (*www.bonhd.net*) 전자신문의 대표 최원영에게 감사를 전한다. 매주 묵상 칼럼을 쓸 수 있는 길을 열어 주신 것이 이 책이 출판하게 된 계기가 되었다.

요한계시록 설교가 칼럼을 쓰기 위한 연구의 기초가 되었다. 나는 설교자로서 요한계시록 묵상 칼럼을 집필할 수 있는 기회를 가진 것에 감사하다. 교회로 말미암아 나는 목회자의 눈으로 요한계시록을 볼 수 있었다. 요한계시록이 원래 교회의 상황에서 이해해야 하는 것이었기 때문이다.

다른 어떤 사람에게보다 물심양면으로 지원과 격려를 아끼지 않았던 나의 아내 김수경과 세 자녀에게 감사한다. 직장인으로서, 의사로서 성실하게 맡은 일을 잘 감당하고 있는 장남 신엘과 차남 인엘 그리고 첫 며느리 김아련과 손주 이로운 그리고 밝고 건강하게 자라는 딸 민엘에게 고마움을 전한다.

무엇보다도 하나님께 감사한다. 하나님께서는 내게 이 책을 완성할 수 있는 은혜를 주셨다. 요한계시록을 키워드 중심으로 묵상한 글을 통해 하나님의 영광이 나타나기를 기도한다.

2023년 성탄절, 인천에서
저자 이승희
titeioslee1@naver.com

Meditating on the Book of
Revelation through Keywords

제1부

일곱 교회에 선포된 예언

Figure 1부.

이 장면에서 사도 요한은 일곱 교회에 보내는 메시지를 쓸 준비를 하고 있다. 그는 왼손에 칼을 들고 고개를 돌려 자신에게 전해지는 메시지를 듣고 있다.

계시(Revelation)

반드시 속히 일어날 일에 대한 예수 그리스도의 계시라(계 1:1).

Figure 1.

스페인 화가 후안 마테스(1370-1431)가 그린 '밧모섬의 사도 요한' 그림은 요한이 강제 유배 중에 계시를 받는 모습을 보여 준다.

요한계시록은 밧모섬에 유배된 사도 요한이 교회의 머리가 되시는 예수님께서 보여 주신 환상을 보고 기록한 계시의 말씀이다. 그의 나이 90세였다. 18개월이나 유배를 당했다. 요한이 거처한 동굴에는 기도한 뒤 일어설 때 짚었던 흠이 파져 있다고 한다. 밧모섬은 고대의 중범죄자들의 유배지였다. 현 튀르키예 '셀축'(Selçuk)인 에베소에서 돛단배를 타고 갈 수 있다. 요한계시록은 교회의 설립자 되시고 그분 자신이 교회의 주인 되시는 "예수 그리스도의 계시라"라는 선언과 함께 시작된다. 계시의 사슬은 하나님에게서부터 예수님에게로 이동한다. 하나님의 천사로 이동한다. 요한에게로 이동한다. 교회에게로 이동한다. 마지막 독자들에게 이동한다.

요한계시록의 첫 번째 단어가 '계시'다. 문자적으로는 '베일을 벗김' 또는 '덮개를 벗김'이라는 말이다. 요한의 시대에 이 단어는 단순히 감추어진 무엇으로부터 덮고 있는 것을 '벗겨낸다, 드러낸다'라는 의미를 지닌다. 연극이 시작될 때 무대를 열기 위해 커튼을 치우듯 말이다. 기본적 의미는 '이전에 감추어져 있던 것을 드러내는 것'이다. 신약성경에서 명사형 18회, 동사형 26회 나타난다. 기본적 의미는 '이전에 감추어져 있던 것을 드러내는 것'이다. 종교적이고 종말론적인 의미가 강하다.

하나님의 계획은 일반적으로 감추어져 있다는 것이 전제다.

하나님이 드러내셔야 한다. 책의 제목이다. 신적 저자가 예수 그리스도임을 알려 준다. 요한계시록의 본질과 목적을 가리킨다.

1. 묵시 문학과 계시

계시에 해당하는 '아포칼립시스'(ἀποκάλυψις)는 이곳에서만 나온다. 아포칼립시스는 이 책이 예수 그리스도에 대한 위대한 진리들을 '드러낸다'라는 것을 말해 준다. 계시는 이상 세계에 속한 존재에 의해 인간 수신자에게 전해진다. 초월적인 존재를 계시한다. 이는 하나님 나라가 완성된다는 점에서 시간적이다. 또한 다른 초자연적인 세계를 포함시킨다는 점에서 공간적이다.

계시의 때는 언제인가? 예수님은 최후 하나님 나라가 도래할 때라 말씀한다. 그 사람이 아들이 파루시아의 때 나타나실 것이다. 현재도 계시의 때다.

아버지께서 '감추었던 것'을 어린아이들에게 나타내신다. 아들은 자신의 소원대로 아버지를 나타내신다. 요한은 자신의 작품을 '묵시'로 칭해지는 묵시 문학에 속하는 것으로 묘사하지 않는다. 왜냐하면 그는 자신의 작품의 성격을 '예언' 또는 '예언의 책'으로 규정하기 때문이다. 계시는 하늘의 비밀들이나, 세상 종말과 하나님 나라의 완성에 수반될 사건들에 대한 실제적이거나 단정적인 계시들을 내포하고 있는 책이다.

묵시들은 세상이 신비롭다고 한다. 의미 있는 계시들이 천사적 중재자들을 통한다. 위 세상의 보이지 않는 영역으로부터 보내진다고 추론한다. 유대 묵시 문학은 구약정경이 완성된 후 몇 세기 동안 번성했다. 하나님에게서 나온 예언의 부재한 상황에서 일어났다. 하나님의 백성이 자신의 고난 속에서 목적을 발견하기 위함이다. 미래에 소망을 품도록 하기 위해서다.

계시는 문학적인 장르를 지칭하는 기술적인 용어는 아니었다. 그러나 후기에 계시적 본문들에 붙여진 칭호에 포함되었다. 이제는 특별한 형식의 글을 가리킨다. 묵시 문학은 문학 장르다. 로마 사회에 널리 퍼져 있었다. 서너 개의 유대 묵시들이 1세기와 2세기에 이미 돌아다니고 있었다. 다니엘서다. 묵시 문학은 에스겔, 다니엘, 스가랴 같은 구약의 책들에 나타나는 특징들을 물려 받아 확대했다. 선지자가 하늘 회의에 참여하는 것을 극대화한다. 상징적 표현을 통해 의미를 전달한다. 현재의 불의를 되돌리기 위한 말세에 있을 하나님의 개입을 약속하는 환상들이 포함된다.

2. 예수 그리스도의 계시

Figure 1-1.

이 모자이크는 밧모섬 동굴 입구 위에 있는 사도 요한이 그의 환상을 기록하는 모습을 보여 준다. 이 동굴은 밧모섬에 위치하고 있다.

학이시습지 불역열호(學而時習之 不亦說乎).

논어를 펼치면 처음 만나는 구절이다. 오랜 세월 한·중·일 많은 유학자가 논어의 핵심은 바로 이 첫 구절에 있다고 주장해왔다. 요한계시록은 첫 세

글자로 시작한다. 핵심 구절이다. '예수 그리스도의 계시'다. 전통적인 명칭인 '요한계시록'은 본문에 원래 없었다. 필사 될 때 첨가되었다. 원래의 명칭은 '예수 그리스도의 계시'다. 이 책의 제목과 주제다. 고대 저자들은 제목을 두루마리 표지에 썼다. 2세기 중반에 일부 필사자들은 사본 안에 기록하기 시작한다. 요한의 경우에 해당한다. 요한의 계시가 아니다. 예수 그리스도의 계시다. 요한은 단지 그 계시를 보고 보고하는 자다. 예수님도 그 계시의 창시자가 아니다. 하나님으로부터 받았다.

'예수 그리스도의 계시'를 두 가지 속격으로 해석할 수 있다. 주격 속격 혹 목적격 속격이다. 전자는 from이다. 후자는 about이다.

전자는 '이 계시는 예수 그리스도에게서 나온 것이다.'

계시는 예수님에게서 나온 것이다. 하나님이 예수님에게 이 계시를 주셨다. 주제가 아니라 저자다. 요한계시록은 예수 그리스도에게 전달된 책이다. 그리스도 자신의 책이 아니다.

후자는 '예수 그리스도에 대한 계시다'이다.

예수님은 처음부터 끝까지 주제가 될 것이다. 예수님은 하나님과 메시지의 근원이다. 예수님이 이 책의 중심인물이 된다. 세 번째로 'of'이다. '예수 그리스도의 계시'다. 두 해석이 다 허용된다.

예수 그리스도는 요한계시록에서 열쇠가 되는 인물이다. 신약성경에서 계시는 통상적으로 목적의 소유격을 취한다. 예수 그리스도만 계시자다. 요한은 경험의 동반자가 아니다. 그리스도만이 운명의 두루마리를 연다. 그 책의 내용을 드러내기에 합당한 분이다. 하나님으로부터 아들에게로, 천사에게로, 요한에게로, 독자들에게로 다섯 단계다. 하나님의 말씀과 예수 그리스도의 증거로서 명료성이 조금도 손상되지 않고 전해졌다.

예수 그리스도에게 계시를 주신 분은 하나님이시다. 하나님은 역사의 극장에서 휘장을 들어올리신 분이다. 인류를 구속하기 위함이다. 모든 잘못을 바로잡으시기 위해 막후에서 어떻게 일하고 계시는지 보여 주신다.

'예수 그리스도의 계시'는 책의 기원과 내용을 좌우한다. 모든 언명은 그 언명을 가능케 하는 전제가 있다. 그 전제가 성립하지 않으면 그 언명이 담고 있는 주장도 성립하지 않는다. 전제를 명시적으로 드러내는 경우는 많지 않다. 은연 중 저자와 자신이 같은 전제를 공유하고 있다고 생각하기 쉽다.

> 요한계시록은 계시의 전달과 기원에 대한 언급으로 시작한다. 그리스도와 천사를 통해 요한에게 주어졌다. 요한은 다른 이들에게 알렸다. '예수 그리스도의 계시'는 '하나님의 말씀'이다. '예수 그리스도의 증거'다. '예언의 말씀'이다. 하나님과 예수님은 계시의 원천이다.

천사는 하늘의 중개자다. 요한은 선지자며 서기관이다. 각 교회는 수신자다. '이 예언의 말씀'을 공예배 시간에 전체 회중에게 크게 읽어 줄 것이다.

예수 그리스도의 계시는 하나님이 예수님에게 주어진 것이다. 예수님의 종들에게 보여진 것이다. 이만희가 아니다. 천사의 중개로 요한에게 지시된다. 요한은 본 것이다. 이만희는 이 시대의 '계시받은 오직 한 사람'이라고 추켜세운다. 그런데 이만희는 자신이 계시받은 때가 제각각이다. '천지창조'에는 자신이 1977년 가을에 자신이 계시를 받아 완전하게 풀었다는 '계시록 완전 해설'은 1980년 봄에 『주제별 요약』이라는 책에서는 1984년에 받았다고 했다. 만일 77년에 계시를 받고 첫 장막으로 갔다면, 첫 장막에 들어가기 전, 즉 80-84년 거듭나기 전에 계시받은 것이라면 앞뒤가 맞지 않다.

예수 그리스도는 요한계시록의 주제가 아니라 저자다. 나아가 예수님은 요한계시록 전체에 걸쳐 계시하는 분이다. 요한은 독자가 성육신하여 인간의 육체 속에서 자신을 계시하고, 십자가에 달려 죽고, 다시 살아나신 예수 그리스도가 계시록에 나오는 환상을 전하는 당사자라는 점을 처음부터 이해하기를 원한다. '예수 그리스도'라는 정식 호칭은 프롤로그에서만 세 번 등장한다.

나라(Kingdom)

하나님을 위하여 나라와 제사장으로 삼으신 그에게
영광과 능력이 세세토록 있으리라(계 1:6).

Figure 2.

왕좌에 앉은 예수님의 모자이크로, 4세기 이후 동로마 제국의 그리스도교화된 로마 정부를
상징한다. 이스탄불의 성 소피아교회(콘스탄티노플, 초기 비잔티움) 소장품.

'나라'에 해당하는 '바실레이아'(βασιλεία)의 본래의 의미는 왕이 되는 것이다. 왕의 지위와 왕권을 뜻한다. 왕위(office of king) 또는 왕정(kingly rule)으로 가장 잘 번역된다. 요한계시록은 십자가에 달리시고 부활하고 하늘 보좌에 앉으신 예수님이 땅의 임금들의 머리가 되고, 그를 믿는 공동체를 '나라'라고 언급하고 있다. '나라로 삼는다'라는 것은 하나님께서 우리를 사랑하사 그리스도의 피로 죄에서 해방받은 자, 즉 구원받은 자가 나라를 통치한다는 의미가 아니다. 나라에 속한다는 것은 무슨 뜻인가? 정당한 권세가 창조주와 어린 양에게 속한다고 고백하는 것을 의미한다. 그리스도는 자신의 죽음을 통해서 그를 따르는 자들은 '나라'로 삼으신다.

'나라와 제사장'은 출애굽기 19:6을 상기시킨다. 요한은 출애굽기의 '제사장 나라'를 '나라와 제사장'으로 약간 변경시킨다. '나라'가 대개 통치자의 통치권을 의미한다. 이 단어는 시편 105:13에서, 통치자가 다스리는 '나라'는 '민족'과 동의어다. 그리고 어떤 경우에는 이 단어는, 아담과 하와가 하나님을 위해 피조물을 대리통치한 것처럼(창 1:26-27), 위임된 권한을 암시했다.

1. 그리스도께서 나라와 제사장으로 삼다

'야훼가 왕이시다'와 '야훼께서 왕이 되신다'는 동적 개념이다. 즉위식 시편의 외침이다. "하나님이 그의 거룩한 보좌에 앉으셨도다"에서 표현된다. 시내산에서 하나님은 세워질 이스라엘이 자신의 말에 순종하고 그의 명령을 지키면, 그들을 '제사장 나라와 거룩한 백성'이 되게 하겠다고 약속하셨다. 곧 '왕적 제사장'이다. 초대 교회는 스스로를 이스라엘의 참된 계승자로 이해했다. 초기 그리스도인들은 유대교에서 추방당하고, 황제 숭배를 거부하였다. 자신들의 영적인 조상들에게 약속된 모든 복의 상속자라고 생각했다. 이 특권이 의미하고 예상하는 바가 그리스도의 십자가에서 성취되고, 재림으로 완성된다.

요한은 "그리스도께서 우리를 하나님을 위한 왕과 제사장으로 삼아주셨다"라고 선포한다. '용비어천가'(龍飛御天歌)를 떠올리게 된다. 훈민정음으로 펴낸 첫 책이다. 용이 날아올라 하늘을 다스리듯 훌륭한 임금이 세상에 나와 천하를 다스리는 것을 노래한다. 하나님의 자녀들은 하늘을 날아올라 하늘을 다스리지 않는다. 종말론적 하나님 나라가 완성될 때가 하나님의 영광을 위해 왕과 제사장의 역할을 감당하는 자다.

'나라와 제사장'이란 이미지는 '왕적인 제사장권' 또는 '제사장적인 나라'로 이해하는 것에는 약간의 모호함이 있다. 두 가지 모두 왕적이거나 제사장적인 요소와 관계가 있음은 분명하다. 출애굽기 19장은 이스라엘이 거룩하고 하나님에게 구별된 백성들임을 상기시키고 있다. 열방과 야훼 사이를 연결하는 중재자의 의무와 예배자의 의무를 진술한다. 특히 이스라엘의 사명이 제사장 나라가 되어야 할 것을 선언하고 있다. 요한은 이 칭호와 사명을 모든 신자에게 적용하고 있다.

요한계시록은 예수 그리스도 안에서 '이미' 성취된 새 하늘과 새 땅의 실체로써 하늘 교회의 모습을 보여 준다. '아직' 우리 역사 속에서 성취되지 않은 지상 교회의 모습을 기록하고 있다. 전자의 영광과 능력, 계시를 통해 어떻게 후자가 새 하늘과 새 땅을 맞이하는지 그 일련의 구원의 과정이 파노라마처럼 펼쳐진다. 교회가 주는 세례에 의해 나라가 된 자는 그리스도와 연합한 새 이스라엘이다. 그리스도인들은 새 언약의 중재자다.

하나님이 이스라엘을 강하게 돌보실 것을 반복하신 후에 하나님의 약속들이 이어진다. 그 약속들은 이스라엘을 모든 열방과 구별시키지만, 그들의 순종에 달려 있는 조건부 약속이다. 이스라엘은 하나님의 귀중한 소유, 제사장 나라, 거룩한 백성이 될 것이다(출 19:5-6). 하나님은 이스라엘 백성들을 속박으로부터 구원하셔서 그의 제사장 나라로 삼으셨다.

현재 그리스도의 공동체는 어떤 한 나라(a kingdom)이지 그 나라(the kingdom)가 아니다. 그 나라는 모든 피조물을 포괄하게 될 것이다.

우리는 파라오의 노예에서 하나님 나라의 명예로운 구성원으로 변화된 이스라엘을 본다. '제사장 나라'이다. '제사장들의 왕권' 또는 '제사장들인 왕들', 즉 '제사장 같은 왕들'로 해석할 수 있다. 정치·종교적 소명을 연합시킨다. 칠십인역(LXX)은 '왕의 제사장 직분'으로 번역한다. 이 번역이 베드로전서 2:9에 인용된다. 요한은 하나님을 위한 백성이 한 가지 특권을 생각하고 있기보다는 두 가지 특권을 생각하고 있다는 것은 명백하다.

아마도 많은 유대 신자가 예수님을 그리스도로 믿는다는 이유로 회당에서 추방되었다(3:8-9). 어떤 이들은 그리스도인들은 더 이상 유대인이 아니라는 이유로 고소당했다. 황제를 숭배하지 않는다는 것 때문에 보복을 당하였다. 요한은 청중들이 여전히 이스라엘의 유산에 소속되어 있다는 것을 재확인한다. 하나님 나라와 제사장이라는 자긍심을 불러일으킨다.

2. 성도들이 영원한 나라가 얻다

임박한 종말론은 다니엘 7장에서 '사람의 아들'의 왕국과 '지극히 높으신 자의 성도들'의 왕국이 성격에서 초월적인 수준으로 향상된다. 사람의 아들, 즉 그리스도에게 나라가 위임되었을 때 동시에 지극히 높으신 자의 성도들에게 나라가 주어졌다. 집합적으로 '나라'다. 개인적으로 '제사장들'이다. 전자는 그리스도의 높아지심과 관련이 있다. 왕 같은 위치를 강조한다. 후자는 그리스도의 죽으심과 관련이 있다. 하나님을 섬기는 역할을 강조한다.

하나님이 이스라엘 백성들에게 하신 '제사장 나라'가 될 것이라는 약속을 요한은 종말론적 성취에서 조망한다. 네 생물과 네 장로들은 어린 양이 자신의 피로 사신 자들이 하나님을 섬기는 나라와 제사장이 된 것에 대해 찬양한다(계 5:10). 이러한 나라가 다니엘의 환상에서 예언하는 것처럼(단 7:22, 27), 예수님과 함께 '다스릴' 것이다. 영원한 나라가 지극히 높으신 자의 성도들을 대표하는 '사람이 아들'에게로 하늘의 영역에서 이양된다(단 7:12). 그리고 짐승 넷으로 상징되는 지상의 여러 제국이 지극히 높으신 하나님의 성도들에 의해 다스리는 초월적인 통치로 교체된다.

요한계시록에서 하나님과 그리스도의 주되심은 하나의 실재로써 다루어진다. 예수님을 통하여 역사하시는 하나님이 그들의 참된 주권자라는 고백 안에서 예수님을 따르는 자들은 한 나라다.

'나라와 제사장'은 출애굽기 19:6에 나오는 '제사장 나라'와 연관이 있다. 이스라엘을 향한 하나님의 구원의 목적에 대한 요약이다. 이것은 본래 그들이 이방인에게 구원을 베풀기 위한 계시를 선포하는 자리에서 나온다. 그들은 야훼의 빛을 중재하는 왕적이고 제사장적인 나라가 될 것을 의미했다.

서양과 동양을 구별 짓는 것 중의 하나가 있다. 삶에 대한 태도다. 전자는 대체로 삶을 위해, 자신의 행복을 위해, 자신이 하고 싶을 일을 하면서 산다.

Figure 2-1.

에드워드 힉스(1780-1849)의 '평화로운 왕국': '영생'이라는 표현은 초기 기독교인들이 하나님 나라, 다가올 시대의 삶에 대한 설명으로 자주 사용했다.

후자는 어떻는가? 어쩌면 일을 위해, 남을 위해, 자신이 해야 하는 일을 하며 산다고도 할 수 있다. 그리스도인으로 일생을 바쳐도 피곤하지 않을 일은 무엇인가? 하나님을 위하여 나라와 제사장으로 사는 것이다. 그리스도께서 우리를 '나라'로 삼으신 것은 세상 나라도 자신을 위한 왕국도 아닌 하나님을 위한 나라다. 우리의 노력과 공로와 성취로 된 것이 아니다. 하나님에 의해 시작되고 하나님에 의해 완성되는 나라이다. 우리는 하나님 나라가 시작된 파종기와 그 완성과 심판이 실현될 추수기 사이의 '중간기'(Between times)를 산다.

세상 나라는 하나님 나라와 '이항 대립'(二項 對立)을 이룬다. 그 이유는 뭔가? 이 세상 나라들이 이 세상의 신, 즉 마귀에게 예속하는 까닭이다. 이것은 요한계시록이 명백히 짐승으로 표현하는 로마 황제에 관하여 특히 사실이다. 이 세상 나라는 지위와 돈과 권력이 최고라고 가르친다. 이것을 잃으면 끝장이다. 하지만 하나님 나라에 적을 둔 사람은 다르다. 약함, 고난, 가난, 버림이 가까우면 하나님 나라도 가까운 것이다. 진정한 보물, 진정한 정체성을 더 깊이 깨달을 수 있는 기회가 온 것이다. 현재에는 땅의 파괴자들이 나라를 지배하고자 한다. 미래에는 하나님과 그리스도의 주권이 악의 종말을 가져다줄 것이다. 그후에 구원받은 자들은 부활을 통해 하나님의 왕되심에 참여함으로써 '왕 노릇'(reign)을 하게 될 것이다.

기억(Remembrance)

처음 사랑을 기억하고 회복하는 삶이 아름답다(계 2:5).

Figure 3.

에베소: 극장 및 항구 지역.

기억하라'는 말씀은 에베소 교회의 회복을 위한 그리스도의 음성이다. 처음 사랑이 어디서 떨어졌는지 '생각하라'고 말씀한다. '생각하고'에 해당하는 '므네모뉴오'는 '기억하다, 언급하다'라는 뜻이다. KJV, NASV, NIV, NRSV 모두 '기억하다'(remember)로 번역하고 있다.

구약에서 하나님의 하신 일은 찬송과 고백으로 기억된다(비교, 시 6:5). 절기는 기억을 위해 제정되었다(출 13:3). 기억하는 것은 현실화하는 것이다. 과거 사건이 동시대화되는 과정이다. 기억을 통해 절기를 지킬 때 그 순간은 과거와 똑같은 경험을 하게 된다. 잃어버린 처음 사랑은 과거다. 기억을 통해 현실화시키는 것이다. 하나님은 대대로 기억될 것이다(출 3:15). 말씀과 기록이 기억을 돕는다(출 17:14). 기억은 사람을 사람답게 떠받치는 기둥이다. 기억이 사라지면 사람다움도 함께 사라진다. 나와 가족과 이웃은 서로에 대한 기억으로 연결돼 있다. 기억의 다리가 끊기는 순간 우리는 인격적·사회적 존재로서 낭떠러지에 서게 된다.

'기억하다'는 칠십인역(LXX)에서 중요한 단어 중 하나이다. 하나님께서 은혜와 자비 가운데서 사람을 기억하신다(창 8:1; 19:29). 엄청난 사건이다. 언약(창 9:5; 출 2:24)과 족장들(출 32:13)을 기억한다. 백성들도 하나님의 과거 행위와 계명들을 기억한다(민 15:39-40). 처음 사랑을 기억하고 회복하는 것은 자신이 품꾼이 아니라 지체라는 정체성을 형성하도록 도와준다. 기억은 그리스도인을 교회 공동체 안에서 거주할 수 있는 끈이다. 공동체 안에서 산다는 것은 공동 기억을 구축하는 행위다.

1. 처음 사랑을 기억하라

에베소 교회는 박해 속에서 옳은 교리를 지켜낸 교회다.
'처음 사랑을 잃었다.'

거짓 사도에게 진리를 수호하는 일도 긴요하다. 판단만 하는 무서운 교리주의자가 되는 것은 경계해야 한다. 그리스도께서 처음 사랑을 기억하라고 현재 명령형으로 말씀하신다. 단순히 추억을 떠올려라는 것이 아니다. 처음 사랑을 행하라는 것이다. 기억하는 것은 종종 원래의 경험의 '현실화'를 의미한다. 그리스도가 교회 가운데를 거닐고 계시다. 할 일이 너무 많아 처음 사랑을 잃어버린 것이다. 비극적인 역설이다. 하나님이나 서로에 대한 사랑보다 진리를 파수하는 일에 더 매진했다. 그렇다고 그들이 신자가 아니라는 말이 아니다. 수고와 인내로 칭찬받은 교회다. 처음 사랑은 냉각되고 정통성에 대한 잘못된 열정으로 대체되었다.

기억이란 무엇일까? 정체성은 기억을 전제로 한다. 신생아의 기억은 저장되지 않는다. 기억을 만들어내는 해마가 아직 완성되지 않았기 때문이다. 숨을 멈추는 순간 해마 역시 파괴된다. 우리의 죽음 역시 기억되지 못한다. 에베소 교회는 신생아도 아니다. 죽은 교회도 아니다. 잃어버린 처음 사랑을 기억해야 정체성을 회복할 수 있다. 교회다운 교회가 될 수 있다.

> 에베소 교회는 처음 사랑이 뜨거웠던 날들을 기억하라고 요청받는다.
> 이 버림은 감정적 열정의 상실이 아니다. 믿음의 실제적 실천의 문제다.

회개에는 지름길이 없다. 처음 사랑에서 빗나가게 시작했는지 정확하게 기억하는 것은 초인적 노력을 요하는 일이 될 수 있다. 처음 사랑을 기억하고 회복하는 것은 온고지신과 다르다. '온고지신'(溫故知新)은 논어 '위정'(爲政)에 나온다.

> 옛 것을 익혀서 새 것을 알면 스승이 될 수 있다(溫故而知新, 可以爲師矣).

'온'(溫)은 옛것의 부활이 아니다. 이전의 질서를 가열하고 변형하는 과정을 일컫는다. 처음 사랑을 기억하라는 것은 새로운 것이나 색다른 것을 담고 있지 않다. 도덕적 권고를 되풀이하는 개념이다. 복음서에서 제자들은 하나님의 과거 행위를 기억할 뿐만 아니라 예수님의 말씀과 행위도 기억해야 한다. 예수님에게 향유를 부은 여인의 행위는 복음과 함께 기억되어야 한다(마 26:13; 막 14:9).

2. 처음 사랑을 기억하고 회복하라

에베소 교회는 회중 가운데 사랑이 충만했던 이전의 날들을 기억하라고 요청받는다. 사랑의 대상으로 하나님과 이웃 모두 가능하다. 니골라 당의 행

Figure 3-1.

고고학자들은 오랫동안 에베소에 관심을 가져왔다. 여기 사진에는 아고라(중앙 시장)의 일부 유적과 이집트 신 세라피스에게 바쳐진 사원이 있다.

위에 대한 미움과 '처음 사랑'의 상실이 강하게 대조된다. 후자를 포함하는 것이 분명하다. 사람은 본능적으로 자기에게 편리한 것을 위주로 기억한다. 자기에게 유리하고 좋은 지표를 먼저 기억한다. 이걸 '선택적 기억'이라고 한다. 에베소 교회는 거짓과 싸움이 강하게 각인된 기억만 남겼다. 사랑은 가치가 없다고 여기고 잃어버렸다는 사실조차 잊었다. 교회는 예수님(딤후 2:8)과 교회 지도자들(히 13:7)을 기억해야 한다. 또한 처음 사랑을 기억해야 한다. 가난한 자들도 기억해야 한다.

처음 사랑을 회복하라고 말씀하신다. 그리스도인들은 복음에 대한 처음 사랑을 회복할 의무가 있다. 에베소 교회가 자칭 사도를 시험하고 드러내고 아굴라 당을 미워하는 일에 열심이 특심인 교회였다. 의심하는 분위기를 조성하게 된다. 이런 과정에 더 이상 사랑이 존재하지 못하게 해 버렸을 가능성이 있다.

기억은 더 나은 관계로 돌아가도록 하는 데 강력한 힘이 될 수 있다. '기억하라'는 말씀은 현재 명령형이다. '회개하라'는 말씀은 부정과거 명령형이다. 대조를 이룬다. 분명한 단절에 대한 지속적인 태도임을 보여 준다. 에베소 교인들은 옳은 것이 무엇인지 구별할 줄 아는 사람들이다. 회개하여 회복할 수 있다는 것을 기억해야 한다. 우리는 죄 용서를 받은 사람이다. 용서한 사람과 처음 사랑을 나누었다. 그 사랑을 지속해야 한다. 우리에게 초청한다.

"처음 사랑을 회복하라."

십자가로 돌아가라고 초청한다. 생명나무는 문자적으로 '죽은 생명의 나무' 또는 '십자가'다. 청중들에게 '기억하라'는 말씀은 지난날 받았던 가르침을 생각하라는 것이다. 이전의 도덕적, 영적 규범을 따라 생활하라는 요구다. 그 규범들을 되찾으라고 격려하는 초기 그리스도교 본문들에서 자주 사용된 방법이다.

요한이 말하는 사랑은 '차별 없는 친절함'이 아니다. 사랑의 행위를 통해 스스로 표현되는 형제에 대한 태도다. 처음 사랑을 유지하지 못하면, 소기의 성과를 낼 수 없다. 맹자는 말했다.

무엇인가를 행하는 것은 우물을 파는 것과 같다. 우물을 아홉 길을 파도 샘에 이르지 않으면, 그것은 쓸모없는 우물이 된다(有爲者辟若掘井, 掘井 九軔而不及泉, 猶爲棄井也).

그리스도인은 다시 오실 예수님을 기다리는 자다. 오실 때까지 오래 기다려야 한다. 처음 사랑이 식으면, 결국 못 만나게 된다. 회복의 단계는 마음이 그리스도로부터 표류하기 시작한 출발점을 기억하는 것이다.

어디서 떨어졌는지를 생각하고 회개하여 처음 행위를 가지라.

3개의 동사가 나온다. 처음 사랑을 찾는 과정이다. 니골라 당의 행위를 미워하는 것이 잘한 것이다. 그런데 그런 행위를 하는 니골라는 미워하는 것은 다르다. 이단의 교훈은 미워해야 한다. 이단에 빠진 자를 미워하는 것은 아니다. 바리새인의 교훈은 미워해야 한다.

원수는 사랑하라, 박해하는 자를 위해 기도하라고 말씀하지 않는가!(마 5:44) 회복에는 가해자가 피해자를 어떻게 상처 주었는지 정확히 기억하는 것에서 시작된다. 에베소 교회의 실패는 하나님에 대한 실패가 아니다. 사람에 대한 사랑을 잃어버린 것이다. 미움이 커서 사랑이 머물 곳이 없어진 것이다.

Chapter 04

두려움(Fear)

하나님을 경외하므로 세상을 두려워하지 않는 자가 아름답다(계 2:10).

Figure 4.

구스타브 도레(1832-1883). 1886년 존 밀턴의 『실낙원』, 1권에서 발췌한 반란군 천사들의 몰락.

요한계시록에서 '두려움'은 성도들에게 사용될 때는 '두려움'은 하나님에 대한 경외다(11:18; 14:7; 15:4; 19:5). 땅의 거민들에게 사용될 때는 심판에 직면하여 갖게 되는 공포를 가리킨다(11:11; 18:10, 15). 위험이나 불안을 과도하게 느끼고 이를 피하려는 증상을 포비아(phobia), 즉 공포증(恐怖症)이라 부른다. 하나님은 환상 중에 아브라함에게 말씀하신다

> 아브람아 두려워하지 말라 나는 네 방패요 너의 지극히 큰 상급이니라 (창 15:1).

서머나 교회에게 말씀하시는 그리스도는 죽었다가 살아나신 분이다. 장차 임할 고난으로 인하여 두려워하지 말라고 말씀하신다. 그리스도인의 특징 중 하나다. 하나님을 두려워하는 것이다. 하나님을 경외하며, 합당한 존경과 경의를 드리는 것이다(창 20:11).

1. 두려워하지 말라

서머나 교회에게 말씀하시는 그리스도는 죽었다가 살아나신 분이다. 장차 임할 고난을 인하여 두려워하지 말라고 말씀하신다. 그리스도인의 특징 중 하나다. 하나님을 두려워하는 것이다.

그리스도는 임박한 고난이 있을 것을 예고하신다. 그들의 상황이 더 나빠질 것이라고 경고한다. 신자들이 직업 길드에서 배척된다. 재산을 잃는다. 빈곤함을 경험한다. 어떤 사람들은 옥에 던져진다. 심지어 순교를 한다. 둘째 사망은 당하지 않는다. 신자들은 두려워하지 말아야 한다(참고, 딤후 3:12).

삼구(三懼)는 밝은 임금이 나라를 다스림에 응당 경계하고 두려워해야 할 세 가지 일을 말한다. '한시외전'(韓詩外傳)에 공자(孔子)의 말로 인용되어 있다.

첫째는 높은 지위에 있으면서 그 허물을 못 들을까 염려하고, 둘째는 뜻을 얻고 나서 교만해질까 걱정하며, 셋째는 천하의 지극한 도리를 듣고도 능히 행하지 못할까 근심한다(明主有三懼. 一日處尊位而恐不聞其過, 二日 得志而恐驕, 三日聞天下之至道, 而恐不能行).

바울은 고난과 약속 두 가지를 터득하였다. 환난에 직면한 그리스도인의 균형 감각이다.

> 생각하건대 현재의 고난은 장차 우리에게 나타날 영광과 비교할 수 없도다 (롬 8:18).

현재 고난과 장차 올 고난은 두려움의 대상이 아니다. 영광이 올 때까지 인내할 과정이다.

임박한 고난의 위협은 두려움을 야기한다. 믿음의 공동체 구성원들은 고난을 당할지라도 버림을 받지 않을 것이다. 고난을 당하지만 부활을 통해 생명으로 나아갈 것이다. 두려움을 이겨내야 한다.

> 두려워하는 이들에겐 시간이 매우 빨리 지나간다.

셰익스피어의 글이다. '두려워하지 말라'는 성경에 자주 등장하는 주제다. 박해 서신들 속에서 계속 언급되고 있다. 1:17에 '두려워하지 말라'는 통상적이고 관용적 표현이다. 서머나 교회에 주시는 '두려워 말라'는 앞으로 겪을 고난들 중 어느 것도 두려워하지 말라는 명령이다.

2. 앞으로 받을 고난을 두려워하지 말라

마귀는 자신의 앞잡이를 이용해서 서머나 그리스도인 중 일부를 '옥에 던져' 넣을 것이다. '십 일 동안' 지속될 것이다. '너는 장차 받을 고난을 두려워하지 말라'는 예언이면서 격려다.

'-하지 말라'에 해당하는 '메데이스'(μηδείς)는 강조의 의미다. 결코 '아무 것도 두려워하지 말라'이다. 뇌는 두려움을 느끼게 하는 두 가지 신경 시스템이 존재한다. 낮은 시스템(low road)과 높은 시스템(high road)이다. 전자는 임박한 고난에 대한 정보를 시상(thalamus)을 통해 판단한다. 편도체에 전달된다. 부정적이거나 위험한 요소에 반응을 보이도록 돼 있다. 후자는 시상을 통해 대뇌피질로 전달된다. 고난에 대한 하나님의 말씀을 연관시킨다. 두려워하지 말라는 말씀을 기반으로 최적화된 결론을 내릴 수 있다.

그리스도인들은 앞으로 받을 고난이 남아 있다는 음성을 들어야 한다. 피할 수 없다. 두려움은 미지의 것이나 이해할 수 없는 것에 대한 인간적인 반응이다. 두려워하지 말라는 말씀도 들어야 한다. 고난 있고 두려움도 있다. 그 두려움의 상태에 머물러선 안 된다. 고난이 종종 하나님의 최우선적인 계획, 목적, 능력의 맥락에서 일어난다. 두려워하지 말고 받아들여야 한다. 장차 임할 고난을 생각하면 슬프다. 낙심이 된다. 하지만 그리스도인은 용기를 가져야 한다. 두려워하지 말아야 한다. 그리스도 자신도 서머나 교회와 같은 고난을 경험하셨다. '죽었다가 살아나셨다.' 십자가 없이는 왕관이 없다. 죽음이 끝이 아니다. 고난 너머에 영광이 있다. 사탄은 시험을 한다. 슬픔을 준다. 배후에 하나님이 계신다. 두려워하지 말아야 할 이유다.

세계보건기구(WHO)가 COVID-19 감염증을 팬데믹(Pandemic), 즉 세계적 대유행 병이라 선언했다. WHO의 전염병 경보 총 6단계 중 최고 단계이다. 전문가들은 앞으로 일어날 일을 두려워한다. 확진자는 졸지에 '우리'에서 분리된다. '위협 세력'이 된다. 즉시 강제 격리된다. 감염 의심만 보여도 자가 격리된다. 격리는 공포를, 공포는 혐오를 낳는다. 혐오는 차별과 폭력으로 이어진다. 바이러스가 주는 육신의 고통보다 두려움이 주는 마음이 환자를 무너뜨리는 경우가 많다는 것이다. 암 통보를 받으면 두말할 것 없이 허무감과 분노, 자책, 죽음에 대한 두려움으로 마음이 약해져 삶의 의지를 잃고 만다는 얘기다. 시편에서 사람들에게 두려움을 주는 자연의 재난과 질병의 목록을 열거하고 있다. 시편 91:6에서 역설적으로 노래한다.

> 어두울 때 퍼지는 전염병과 밝을 때 닥쳐오는 재앙을 두려워하지 아니하리로다(시 91:6).

그 이유를 "하나님은 나의 피난처요 나의 요새요 내가 의뢰하는 하나님이라"는 것이다. 밝을 때 닥쳐오는 재앙은 일사병이나 열에 지치는 병일 것이다.

COVID-19는 쉽게 사그라들기 어렵다. 풍토병으로 정착하거나 계절성 감염병으로 갈 가능성이 크다. 메르스(MERS)는 국내에서 퇴치됐다. 중동에선 산발적으로 발생하는 풍토병이 됐다. 홍콩 독감과 신종 플루는 해마다 찾아오는 계절독감이 됐다. 더 두려운 것은 사르트르 말처럼 "타인이 지옥이다"(L'enfer, c'est les autres). '봉쇄', '격리', '결핍'이라는 조건이 너는 나한테, 나는 너한테 지옥이 된다. 이것이 "타인이 우리를 판단하는 잣대로 우리 자신을 판단한다"라는 뜻이다. 앞으로 '타인 혐오'보다 무서운 '자기 모멸'에 빠질 수도 있다. 물질도 생명체도 아닌 바이러스는 여기까지 인류를 물고 늘어질 것이다.

하나님의 사람은 하나님을 두려워해야 한다. 환경과 역경이 아니다. 하나님을 경외하는 것이 지혜의 근본이다(시 111:10). 정직함의 열쇠다(잠 8:13). 하나님의 명령을 지킬 수 있는 원동력이다(겔 12:13). 이것이 하나님이 기뻐하시는 사람들의 특징이다(시 147:11).

고난(Suffering)

너는 장차 받을 고난을 두려워하지 말라
너희가 십일 동안 환난을 받으리라(계 2:10).

Figure 5.

베드로의 십자가 처형: 영국 옥스포드셔에 있는
성 야고보성당의 스테인드 글라스 창문에는
머리를 아래로 향한 채 십자가에 못 박힌
베드로의 순교를 묘사하고 있다.

성경에서 고난은 창조된 세상에 침입한 것으로 간주된다. 창조는 선했다 (창 1:31). 죄가 들어왔을 때 고난도 들어온다. 싸움, 고통, 힘든 노동, 죽음의 형태로 진입한다. 새 하늘과 새 땅에서 고난은 궁극적으로 말소된다. 서머나 교회에 보낸 편지는 특별히 힘든 시기를 겪고 있는 그리스도인들에게 쓴 것이다. 요한은 장차 임할 고난을 피할 길을 찾으라고 권하지 않는다. 왜냐하면 하나님 나라에 들어가려면 많은 고난을 받아야 하기 때문이다. 제자됨은 고난받음을 의미한다. 독자들에게 끝까지 잘 견뎌서 예비된 복을 받으라고 권한다.

'고난 당하다'라는 그리스어는 종종 '허용하다, 견디다, 참다'의 뜻을 지니고 있다. 오늘날 이 단어는 불쾌하고 고통스러운 일을 당하는 것을 의미한다. 선이나 악이든 밖에서 유래하는 것에 영향을 받는다. 영향을 받는다는 개념은 고난의 의미로 바꾸어졌다. 하나님의 백성은 광야를 경험하지만 기적 또한 경험한다. 전자만 바라보는 자는 고난을 불쾌하게 여긴다. 광야에서 기적을 경험하는 자는 인내한다. 약속을 소망한다. 고난을 두려워하는 것은 '부정성 편향'의 영향이다.

> 고난은 그리스도인이 겪어야 할 규범적인 경험이다. 즉 그리스도인이 된다는 것은 고난으로부터 벗어나는 것이 아니다. 자초하는 것이다. 그러기에 보이는 것에 의해서가 아니라 믿음으로써 살아야 한다.

임박한 고난의 위협은 두려움을 야기한다. 고난이 임박해 있다. 피할 수 없다. 임박한 박해와 종말에 대한 기대가 하나로 결합되어 있다. 고난은 임박하다. 고난 뒤에 약속이 뒤따른다. 의로 인해 핍박을 받는 자에게 하늘의 상이 크다. 고난의 와중에서 신적 위로와 복이 주어질 것이라는 약속이 있다. 그들의 목숨과 운명이 역사를 주관하는 하나님의 손에 있다. 그리스도는 이미 고난을 경험하셨다. 심지어 죽기까지 하셨다. 부활하심으로 죽음을 이기셨다.

1. 하나님의 자녀는 하나님의 고난을 두려워하지 않는다

장차 임할 고난을 두려워하는 자는 어떤 자인가? 어떤 고난인지 모르지만 고난의 쓰나미에 휩쓸린다. 당장 발등에 불이 떨어지는 것은 아니다. 앞으로 고난이 닥칠 것이다. 지레 겁을 먹고 두려움에 휩싸여서는 안 된다. 고난받을 것을 생각하고 염려를 앞당겨서도 안 된다. 하나님의 즉각적 해결과 완전한 해명이 주어지지 않는다. 참된 믿음은 어두운 터널 같은 고난에서 기다린다 (합 2:2-4). 욥을 보라. 설명되지 않는 삼중고를 겪는다. 죄와 고난 간에 전혀 인과관계가 없음을 깨달을 수 있다(욥 6:24). 인간의 합리성으로 하나님과 논쟁할 수 없다(욥 9:32 이하). 많은 것을 잃었지만 얻은 것이 있다. 참된 자아를 발견할 수 있었다. 돈이 있고 자식이 있고 건강이 있어야 믿음으로 사는 게 아니라는 것을 입증하였다. 하나님의 손길을 더 깊이 의식할 수 있었다. 고난이 극심하면 일시적으로 평정심을 잃는다. 친구들의 합리적인 이론을 거부한다. 하나님이 자신의 갈 길을 아심을 확신한다(욥 23:10). 합리적인 설명을 할 수 없음에도 인내하며 기다린다. 욥기는 우리에게 죄와 고난을 연결하려는 시도를 멈추게 한다. 하나님께서 자신의 전능을 선포하는 찬송으로 끝난다. 하나님께 순종할 뿐이다.

고난 뒤에 영광이 있다. 믿음의 사람은 하나님이 허용하는 고난을 부정적으로 해석해서는 안 된다. 광야에서 고난은 마음의 상태를 '시험'하는 것과 기적인 '공급'이 균형을 이룬다. 광야와 만나다. 떡으로 살 것인가? 하나님의 말씀으로 살 것인가? 고난의 학교에서 연단하시므로 그들의 중심을 알 수 있다. 참된 믿음은 고난은 하나님의 허용 범위 안에 있음을 믿는다. 고난의 난이도를 하나님이 조절하심을 믿는다(고전 10:13).

고난을 당하는 자는 누구인가? 성경은 온 인류 전체의 고난에 대해서 거의 말하지 않는다. 하나님의 백성이 당하는 고난에 관해서는 포괄적으로 말씀하신다. 고난은 양자임을 증거하는 표시다. 자녀는 곧 상속자다. 하나님의 상속자다. 그리스도와 공동상속자다. 우리가 그리스도의 영광에 참여하기 위해서는 그의 고난에 참여해야만 한다.

고난은 하나님의 자녀의 트레드마크다. 그리스도와 함께 고난을 받는 것은 그분과 함께 영광을 얻기 위한 선결 조건이다. 따라서 그리스도인들은 고난 중에 크게 기뻐하고 즐거워할 수 있다.

왜 하나님이 자기 백성에게 고난을 허락하시는가? 고대의 계약들은 종종 종주국의 왕을 아버지로, 봉신을 아들로 지칭한다. 모세의 언약 찬송에 나타난다. 야훼는 언약의 백성의 아버지다. 언약에는 그의 아들에 대한 지상의 아버지들의 징계를 위한 신학적인 기초가 있다. 광야는 징계와 시험대다. 겸비케 하는 훈련장이다. 징계는 회개를 통해 죄인을 구원하시려는 하나님의 사랑이다. 하나님만 의지하게 만들려는 연단의 과정이다.

'고난당하다'에 고난의 목적이 있다. 징계다. 교훈이다. 훈계다.

2. 10일 동안 환난을 받으리라

일반적으로 믿음 때문에 고난을 당하는 것은 패배하는 것처럼 보인다. 그러나 그리스도는 승리와 충성을 동일시한다. 승리의 관은 사람들로부터가 아니라 하나님에게서 온다. 약속이 이 심판을 변경시킨다. 그리스도는 죄와 사망에서 해방시킨다(마 1:21). 고난에서도 해방시킬 수 있다. 사단이 인간에게 고난을 주는 능력을 갖고 있는 것으로 간주된다. 하나님의 허용 범위 내에서만 가능하다. 고난을 허용하고 조절하시는 분은 하나님이시다. 그리스도인으로 고난을 받는 것은 어떤 의미인가? 그리스도의 고난에 참예하는 것이다. 요한은 자기 목숨을 부지하기 위하여 고난으로부터 도망치려는 자들을 억지로 붙잡으려 하지 않는다. 오히려 그는 하나님 나라의 실재를 생생하게 묘사하려 한다. 풍부한 이미지를 담을 수 있는 유대의 묵시적 표현 방법을 채용한다. 그

Figure 5-1.

위의 17세기 러시아 아이콘은 사드락, 메삭, 아벳느고가 풀무에 던져지는 모습을 묘사하고 있다.

리스도와 함께 고난을 받는 것이다. 교회의 머리는 그리스도요 몸은 교회다. 고난은 하나로 또한 같은 몸으로 확인될 수 있는 것이다.

예수님은 고난의 이유와 기원에 관해서는 분명한 말씀을 하지 않으셨다. 단지 그 고난에 대처하여 그것을 이길 수 있는 길을 제시하였을 뿐이다. 고난을 승리로 이끄신 비결이 무엇인가? 고난 속에서 아버지의 뜻을 발견했기 때문이다. 제자들에게 두려워할 대상을 말씀하신다. 고난이 아니라 하나님이시다. 고난이 육체를 죽음으로 몰아갈 수 있다. 영혼은 죽일 수 없다. 오직 하나님만 하신다(마 10:28). 환난이나 박해의 시기에 두려워하지 말라는 것은 성경에서 자주 등장하는 주제다(시 46:1-3). 예수님이 주신 명령에 기초를 두고 있다. 서신서에서 여러 형태로 언급되고 있다. 성도들이 두려워할 것은 고난 자체가 아니다. 고난을 주는 자들도 아니다. 하나님을 두려워하는 자가 믿음의 사람이다. 성도들도 고난을 당한다. 부활을 통해 생명으로 나아가게 하실 것이다. 이런 확신을 부여함으로써 두려움을 이겨내게 한다. 야훼는 죽은 하나님이 아니라 살아계신 하나님이다. 선과 악, 축복과 재앙, 징벌과 징계 모두 하나님께로부터 유래한다. 물론 하나님께서도 숨겨진 뜻을 가지고 사용하시기도 한다. 사용설명서 없는 고난을 주시기도 한다.

> 하나님께서 자신의 선하신 뜻대로 우리의 인격의 성숙을 위해 고난을 사용하신다. 장차 경험케 될 영광에 대한 소망으로 우리를 가득 채우시기 위하여 이 고난을 경험하게 한다.

모든 그리스도인이 아니다. 일부 그리스도인은 협박을 받았다. 그리스도인들만 박해했던 로마의 관행과 일치한다. 지역적으로 박해가 있었다. 과거에 안디바는 버가모에서 죽임을 당했다. 박해는 짧을 수 있으나 끔찍한 희생을 당할 수 있을 것이다. 사람들은 적절한 선고, 즉 벌금, 추방, 사형이 내려질 때까지 무기한으로 감옥에 있었다. 이 본문이 암시하는 형벌은 신자들이 죽음을 각오해야 하는 것이다. 가우스에 의하면, "선고 후에 그리스도인을 고문하며 문초하기 위해 죽지 않도록 지키는 것이 관례였다"라고 한다.

열흘이라는 기간은 시험 기간이다. 다니엘 1:12에 나오는 사소한 시험을 상징적으로 암시한다. 주로 압제를 위한 것으로 보인다. 제한된 기간을 가리키는 어림수로 보인다. '10'이라는 수가 사용되는 이유는 아마도 양 손가락의 합계이기 때문일 것이다. 환난은 짧다. 옥에서 풀려날 것이다. 때로는 그보다 훨씬 더 나은 해방인 순교로 끝날 것이다.

신실함(Faithfulness)

네가 죽도록 충성하라 그리하면 내가 생명의 관을 네게 주리라(계 2:10).

Figure 6.

북아프리카의 한 빌라에서 모자이크한 동물이 사람을 공격하는 모습. 박해 기간 동안 그리스도인들은 때때로 경기장에서 야생 짐승에 의해 순교했다.

신실함은 세상의 반대의 와중에서 성도들을 규정하는 요한계시록의 핵심 특징이다. 이 충성됨은 먼저 자신을 따르는 자들에게 신실하신 예수님과 요한계시록 자체의 '신실한 말씀'에 대하여 사용되고 있다.

'죽도록 충성하라'는 요청은 독자들을 전쟁터의 군인으로 생각하여 주어진 것이다. 그들은 자신들의 목숨이 위험에 처하는 상황에서도 진리를 증거해야 한다. 요한계시록은 모든 신자가 순교해야 한다고 주장하지 않는다. 그러나 모두에게 헌신을 요청한다. 이것이 이긴다는 의미다.

계약 조건을 준수하는 로열티(loyalty)의 또 다른 의미는 성실함·충실함이다. 신실함이란 역사를 주관하고 진실로 자기 백성들이 온갖 고난을 옹호해 주실 주권적인 하나님에게 모든 신뢰를 두는 것이다. 인내하는 비결이다. 어떤 환경에서도 생명 활동을 할 수 있는 것의 근간이 인체의 '항온' 시스템이다. 즉 몸의 항상성이다. 충성된 사람은 '항심'(恒心)이 있다. 마음의 항상성이다. 사이클의 오르내림에 일희일비(一喜一悲)하지 않는다. 마음을 일정하게 유지한다.

> 충성된 자는 위협적인 위험에 직면할 때 깊이를 헤아릴 수 없는 하나님의 주권을 신뢰하는 자다. 사람의 운명을 인간의 뜻과는 반대로 인도하는 하나님의 권능에 대한 문제들에게서 중요한 역할을 한다.

이러한 경우에는 하나님의 뜻에 대한 무조건적 순종이 인간에게 요구된다.

1. 너는 끝까지 최선을 다하여 신실하라

'죽도록'은 두 가지 해석이 가능하다. 시간적 의미와 정도나 범주다. 전자는 '네가 죽을 때'다. 후자는 '네가 죽을 정도'로다. 최선을 말한다. 문맥상 정도에 대한 언급이 더 적합하다.

당나라 때 위징(魏徵)이 당 태종에게 올린 상소가 '간태종십사소'(諫太宗 十思疏)다. 10가지 반드시 명심해야 할 내용이다. 그중에,

> 처음에 시작을 잘하는 사람은 많지만, 능히 끝을 잘 마치는 자는 거의 없 습니다.

사람이 하는 일은 시작이 있으면 끝이 있게 마련이다. 서머나 교회가 환난을 견딘 것에 대해 칭찬을 받았다. 임박한 큰 박해가 예견될 때 생명의 관을 받도록 계속 신실함을 지키라고 권면하신다.

B.C. 1세기 서머나에서 첫 번째 지역 경기가 열렸다. 수 세기 동안, 이 운동 경기는 이어졌다. 경기에서 죽으면 월계관을 받을 수 없다. 가족이 받아도 의미가 없다. 죽도록 충성하였는데 생명을 보장하리라는 약속에 초점이 맞추어져 있다. 지역 회당과 로마 당국자들을 통하여 행동하는 사탄에 의해 주어진 위협에 맞서서 죽기까지 충성한 자에게 주시는 약속이다. 땅에서는 죽을 지경에 이르기도 하고 때로는 죽기도 하는 패배를 당한다. 하지만 하늘의 승리와 생명이 되는 역설적인 승리를 가져온다. 그리스도와 관련하여 나타나는 '이기는 자'의 동일한 용법의 패턴이다. 성도들의 승리는 그리스도의 죽음이 그의 부활 생명을 낳는 것과 같은 패턴에 기초를 두고 있다.

고난 가운데 있는 서머나 교회의 성도들은 '네가 죽도록 충성하라'는 권면을 받는다. 박해자들이 그들의 육체의 생명을 빼앗아 갈지라도 그들은 생명의 관을 받을 것이다. 이제까지는 죽은 사람이 없지만 앞으로 죽음이 예상된다.

서머나는 B.C. 1200년경에 세워졌으나 B.C. 6세기 초에 파괴되었다. 리디아의 왕 알리아테스(Alyattes)에 의해 멸망을 당했다. 이후 300년 동안 촌락으로 존재했다. B.C. 300년에 리시마쿠스(Lysimachus) 왕에 의해 재건되었다. 서머나는 죽었으나 여전히 살아있었다. 죽었으나 살아난 도시였다. 멸망의 잿더미에서 부활한 전설의 새 불사조의 상징이 서머나에 적용되었다. 그런 도시에 있는 교회에게 '죽었다가 살아나신 이'가 말씀하신다. '죽도록 충성하라'

고 명령하신다. 그 이유가 어디 있는가? 죽음조차 두려워하지 않는 용기가 있는가? 죽도록 충성하는 자에게 주어지는 상급 때문인가?

빌라델비아 교회에게는 '네가 가진 것을 굳게 잡으라'고 명령하신다. 굳게 잡고 있는 것은 면류관이다. 죽으면 생명을 얻기도 하지만 이미 생명을 얻었다. 순교가 공로가 되어 구원을 받고 상을 받는 게 아니다. 이미 생명을 받은 자이기에 끝까지 믿음을 지키는 것이다. 죽고 사는 것이 문제가 아니다. 하나님은 신실하시고 변함이 없으시다. 평소보다 칠 배나 뜨거운 풀무불에 던져진 것은 죽은 거나 다름없다. 죽을 정도로 충성한 자들이다. 살아서 생명의 관을 쓰게 된다.

2. 죽기까지 신실한 자에게 약속이 있다

'죽도록 충성하라'고 말씀하시는 예수님은 사실은 죽음까지 겪으셨으나 부활을 통해 정복하셨다. 예수님은 마귀를 패배시켰다. 사망의 권세를 이기셨다.

> 예수님 자신이 '충성'이다. 충성된 증인이다. 죽은 자 가운데서 먼저 살아나신 분이다. 이어서 신실하게 사역을 감당하는 성도들에게, 특히 그들의 순교에 적용된다.

서머나 교회는 죽도록 충성하라는 명령을 받았다. 도시의 역사에 대한 암시가 있다. 서머나인들은 자신들의 도시의 실제 물리적인 갱신과 '죽었다가 살아나신 이'같이 뚜렷한 유추를 인식했을 것이다. 키케로는 이 도시를 "우리의 동맹 중에 가장 충성스러운 도시"라고 불렀다. 이 도시는 정치적으로 충성을 보였다. 죽었다가 살아난 그리스도는 교회에게 영적인 차원에서 충성을 보이도록 명한다. '죽도록 충성하라'는 말씀은 화자와 청자의 입장에 따라 다를 수 있다. 화자는 '죽었다가 살아나신 이'다. 죽음에 직면한 자들에게 그들 역

Figure 6-1.

14세기 후반 플랑드르 조각가 자크 드 베르제의 작품인 '선지자 요한의 참수' 패널은 프랑스 디종에 있는 수도원 샹몰차터하우스의 제단에서 가져온 것이다.

시 부활의 소망을 가지고 있다는 확신을 준다. 그러나 청자의 입장에서 '죽도록'과 '충성하는 것' 그리고 '하라' 중에 어디에 방점을 두는가?

"죽도록 충성하라. 생명의 관을 주리라."

역설의 예다. 충성'하라'는 부정과거 명령법이다. 함축된 주어는 2인칭 단수다. 서머나 사자와 시험을 받는 자들에게만 아니라 교회 전체에 대하여 말하고 있음을 암시한다. 서머나 그리스도인들이 열흘 동안 시험을 받았다. 투옥은 고문을 포함한다. 서머나 그리스도인들은 죽기까지 대응한다. 믿음을 지킨다. 신실하신 하나님은 고난을 당하는 자들에게 승리를 가져다 주신다 (벧전 4:19). 외적 기준에 좌우되지 않는다. 하나님의 신실하심은 틀림없다. 자신의 말씀을 부인할 수 없으시다(딤후 2:13).

'죽도록'과 '충성하는 것'은 교회의 몫이다. '하라'는 화자이신 그리스도의 말씀이다. 하나님은 절대적으로 신실하신다. 우리의 충성에 무게를 두지 않는다. '충성하라'는 '충성하자'와 같이 우리의 결심이 아니다. '충성하리라'는 의지와 계획이 아니다. 십자가에 '죽으시고 살아나신' 그리스도의 명령이다.

이 문구는 예언이나 칙령에 적합하다. 신약성경에서 '충성된 자'는 '충성된 종'(마 25:21, 23)과 '충성된 청지기와 충성된 증인'(계 2:13)과 같이 자신의 임무를 성실하게 수행하는 자다. 서머나 교회에게는 죽을 정도가 되도록 신실할 것을 요구된다. 죽도록 충성하는 자에게 주어지는 생명의 관은 그리스도께서 오실 때 받게 되는 상이다. 부분적으로 죽기 전에 이미 누리고 있다. 빌라델비아 교회가 '네가 가진 것을 굳게 잡으라'는 명령을 받는다. 그것이 그들의 관으로 설명되기 때문이다.

"아무도 네 면류관을 뺏지 못하게 하라."

죽도록 충성한 자에게 주시는 생명의 관은 왕관이 아니다. 이기는 자의 머리에 씌우는 화관이다. 관이다. 서머나는 운동 경기로 유명했다. 경기의 승자에게 주어지는 것은 화환 또는 화관이다. 서머나의 관으로 불리던 파고스산 정상의 기둥으로 둘러싸인 원형 건축물로부터 온 것일 수 있다.

죽기까지 충성한 자에게 생명의 관이 주어진다. 요한계시록에는 여러 번에 걸쳐 '금관'이 언급된다. 존귀와 권세를 의미한다. 왕관이 아니다. 승리와 연관관 경주와 군사 은유일 것이다. 충성하다 죽은 것은 실패도 부끄러운 것도 아니다. 승리다. 존경을 받는다. 경주에서 승리한 자가 화관을 쓰는 것처럼 생명의 관을 얻는다. 오는 세대의 생명을 얻는다. 사후에 관을 주는 보상의 은유는 히브리서 2:9에도 반영된다.

죽음의 고난받으심을 인하여 영광과 존귀로 관 쓰신 예수를 보니(히 2:9).

히브리서 설교자는 예수님이 죽음의 고난으로 인해 영광과 존귀의 관을 썼다고 외친다. 은유는 체육 상황에서 가져왔지만 사상은 세상과 다르다.

죽기까지 충성한 자에게 생명의 관과 둘째 사망에 대한 승리를 약속 받는다. 로마 제국의 왕관의 권세에 의해 그들이 죽임을 당하는 것이 곧 생명의 승리와 하늘의 관의 상속을 의미했다. 이 관은 그리스도의 승리의 통치에 참여하는 것을 의미한다.

생명의 관(The crown of life)

죽도록 충성하고 쓰는 생명의 관은 영원히 아름답다(계 2:10).

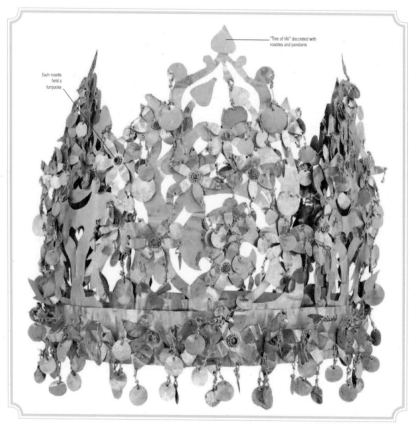

Figure 7.

왕관은 합법적인 권위를 상징하지만, 한 군주에서 다음 군주로 넘어가는 지상 권력의 덧없음을 반영하기도 한다(삼하 12:30). 여기에 묘사된 금관은 A.D. 1세기 아프가니스탄에서 유목민 공주와 함께 묻혔다.

'관'에 해당하는 '스테파노스'(στέφανος)는 일반 세속 헬라어를 통해서 볼 때, 왕관(crown)이나 화관(wreath)를 뜻한다. 특히 여러 운동경기에서 승리한 사람이 쓰는 월계관을 의미하는 말로 사용되었다. 고대 세계에서 관은 승리, 평화, 영예, 불멸 등 함축적인 의미로 사용된다. 유대교와 그리스도교 자료들에 자주 나오는 영광의 면류관이라는 어구에서 명백하게 나타난다.

'관'은 전투에서 승리한 영웅에게 주는 것이다. 니케(Nike), 즉 승리의 여신은 관과 관련이 있다. 스테파노스는 특별한 공헌을 한 사람이나 인품이 뛰어난 사람에게 명예스럽게 수여하는 화환을 가리킨다. 화환처럼 머리 주변에 놓여진다. 가장 간단한 면류관은 작은 마른 가지나 겹쳐진 두 줄의 작은 가지로 형성된다. 풀잎이나 나뭇잎, 혹은 꽃으로 만든 관도 나타난다.

관을 왕이 쓰면 왕관(王冠)이다. 형장의 예수님은 이마에 가시관을 썼다. 가시로 엮은 관을 구슬 달린 황제의 쓸 것에 빗대 존경을 표했다. 죽음의 고통까지 받으셨기에 이제는 영광과 존귀의 관을 쓰셨다(히 2:9). 스테파노스는 왕관이다. 칠십인역(LXX)에서 대체로 왕관을 의미한다(삼하 12:30). 시가서들에서 매우 자주 명예, 승리, 혹은 자랑을 상징하는 의미로 사용된다. 성별된 제사장의 두건 그뿐만 아니라 왕이 쓰는 관이라는 말로 사용되었다.

고대 수메르 사회의 중요한 신들이 자신들이 우주 안에서 하는 기능들을 명료하게 표시했다. 이 인장에 등장한 인물들의 공통점이 하나 있다. 바로 '왕관'이다. 왕관의 모양은 원래 야생 황소의 커다란 뿔이었다. 서머나의 성채는 종종 왕관과 비교되었다. 초기 몇 세기 비문들 중 거의 20%가 화관의 상징을 지니고 있다.

과거 SARS와 MERS와 COVID-19가 유사한 점이 있다. 모양이 흡사하다. 왕관(코로나) 모양을 하고 있다. 코로나는 한자로 관상(冠狀)이라 적는다. 관상동맥이라고 할 때 관상(冠狀)은 '왕관 모양'이라는 뜻이다. '왕관처럼 생겼다고' 붙여진 이름이다. 'corona'는 라틴어로 '왕관'이다.

1. 생명의 관을 주리라

요한계시록에는 '금관'이 여러 번 언급된다. 존귀와 권세를 의미한다. 생명의 관은 신자들에게 사용되는 유일한 구절이다. 관은 왕관이 아니다. 이기는 자에게 주시는 관이다. '승리'의 관념과 연결된다. 경주와 군사 은유일 것이다. 경기에서 승리한 사람에게 화관이 주어진다. 서머나는 경주로 유명한 도시였다. 이것은 자연스러운 은유다.

관은 경기를 하다가 우승하고 죽은 자에게 주어지지 않는다. 묘비에는 그들이 획득한 상을 그려 넣을 수 있었다. 서머나 교회에 보여 주는 '죽도록 충성'과 '생명의 관' 대조에 적합하다. 서머나 교회 사자에게 말씀하시는 예수님은 어떤 분인가? 실제 죽었다가 살아나신 분이다. 부활을 강조한다. 신자들은 죽음에 직면해 있다. '생명의 관'을 바라보면서 소망을 가진다. 서머나 교회 교인들은 죽었을 때 헌화를 했다. 예수님은 죽음에서 생명을 일으키시는 것에 사용하신다.

> 재림 때의 그리스도는 세상 왕들과 다르다. 자신의 백성들에게 화관을 달라고 요구하지 않으신다. 대신 죽기까지 충성한 자에게 생명의 관을 주신다.

많은 그리스도인이 몇 세기 동안 서머나에서 순교를 당했다. 유대의 순교 이야기는 죽기까지 충성하고 종말에 가서 부활하게 될 사람들을 칭찬했다. '생명의'는 동격의 또는 해설의 속격이다. '생명의 관'은 '생명으로 이루어진 관'이다. 한정적 소유격으로 '생명이라는'을 뜻하고 있다. 고통받는 서머나 교회에게 주실 것이다. 승리의 관처럼 그 내용은 생명이다. '생명으로 이루어진 상급'이라는 것이 가장 적합할 것이다.

'생명'과 '관' 가운데 방점은 '생명'이다. 눈에 보이는 관에 사람들의 이목이 쏠린다. 관의 재료, 크기, 가격, 모양에 신경을 쓴다. 생명의 관은 상징이다. 왕관이 아니다. 면류관도 아니다. 화환에 가깝다. 왕이 쓰는 관이 아니다. 높임을 받으신 그리스도 자신이 죽도록 충성한 그리스도인들에게 주신다. 복음에 충성된 자들에게 주시는 상급이다. 의의 관(딤후 4:8), 생명의 관, 영광의 관이다. '생명의 관'은 신적 생명이다. 하나님 나라의 생명을 얻는 것이다. 생명의 관은 군대 비유에서 나온 것이 아니다. 전사한 로마인들에게 사후에 상으로 관을 준 증거가 없다. 하늘나라에서는 다르다. 죽기까지 충성한 자에게 생명의 관을 주신다.

2. 죽도록 충성하는 자에게 생명의 관을 주리라

서머나의 아름다움, 그 도시의 가짜 부활 그리고 왕관 같은 꼭대기와는 대조적으로, 그리스도는 참으로 아름답고 영광스러운 분이다. 참된 부활이다. 그리고 신실한 자들에게 생명의 관을 주신다. 서머나의 많은 그리스도인은 죽음에 직면할 것이다. 죽도록 충성할 것이다. 순교자들을 위한 생명의 관을 받게 될 것이다. 서머나는 아름다운 경치와 시민의 자부심으로 유명했다. 고대의 많은 저자는 '서머나의 면류관'도 언급했다. 그 도시의 아름다움을 언급할 때 사용했다. 시민들은 자신들의 도시를 '아시아 최고 도시'로 불렀다. 멀리서 볼 때, 서머나는 산꼭대기에 왕관이 앉혀 있는 것처럼 보였다.

땅의 왕들이 한 도시를 방문, 즉 파루시아 할 때 환영과 존경의 표시로 관을 받는 것이 관례였다. 그리스도는 자신의 파루시아 때 관을 받는 것이 아니라 죽도록 충성하는 자에게 관을 주신다. 만든 재료, 크기가 요점이 아니다. 관은 생명을 상징한다. 서머나 교회에 보낸 편지의 핵심이다. 생명이다. 그리스도 자신이 죽었다가 살아났다. 그리스도를 위해 죽는 자에게 생명을 주실 것이다. 하나님이 입증하시는 정당성이다. 하늘의 상급이다. 생명을 바칠 사람들에게 주어진 약속이다. 생명의 관을 쓴 자는 둘째 사망의 해를 받지 않을 것이다. 육체적 죽음의 고통을 당하면서 충성한 자에게 주신 상급이다.

Figure 7-1.

'다윗 왕의 대관식': 1526년경 프랑스 생 아망 수도원의 라틴어 성경에
실린 삽화는 다윗에게 왕관을 씌여 주는 대관식을 보여 준다.

죽었다가 살아나신 의 체험에 동참할 것이다.

서머나에는 바다 위에 솟아 있는 인상적인 성채, 포장된 도로, 주랑들, 목
욕탕, 스타디움, 유명한 경기장, 도서관 그리고 아시아에서 가장 큰 공공 극장
을 자랑했다. 파구스산에 있던 아크로폴리스(Acropolis)는 서머나의 왕관 또

는 화관이라고 불렀다.

죽도록 충성한 자에게 주시는 생명의 관은 왕관이 아니다. 이기는 자의 머리에 씌우는 화관이다. 생명이다. 죽기까지 충성한 자에게 생명의 관이 주어진다.

사후에 관을 주는 보상의 은유는 히브리서 2:9에도 반영된다.

죽음의 고난받으심을 인하여 영광과 존귀로 관 쓰신 예수를 보니.

히브리서 설교자는 예수님이 죽음의 고난으로 인해 영광과 존귀의 관을 썼다고 외친다. 은유는 체육 상황에서 가져왔지만, 사상은 세상과 다르다.

죽도록 충성하라. 생명의 관을 주리라. 역설의 예다. 충성 '하라'는 부정과거 명령법이다. 함축된 주어는 2인칭 단수다. 서머나 사자와 시험을 받는 자들에게만 아니라 교회 전체에 대하여 말하고 있음을 암시한다. 서머나 그리스도인들이 열흘 동안 시험을 받았다. 투옥은 고문을 포함한다. 영어에서 책임은 responsibility다. 어떤 일에 어떤 식으로 대응하느냐를 나타내는 response와 어원이 같다. 어떻게 대응을 하느냐 여부가 바로 그에 상응하는 책임으로 귀결된다고 할 수 있다. 서머나 그리스도인들은 죽기까지 대응한다. 믿음을 지킨다. COVID-19 사태로 한 업체의 홍보문 중 화제가 된 적이 있다.

가난한 자가 단지 가난하기 때문에 불결할 수밖에 없다면 공중 위생은 아무리 부유한 자도 결코 도달할 수 없는 상태가 된다.

공중 위생에는 빈부가 없다는 말이다. 생명의 관은 빈부의 문제가 아니라 충성의 문제다. 죽도록 충성하는 자에게 생명의 관을 주신다.

붙잡음(Grasp)

그리스도의 이름을 굳게 잡아서 죽임을 당할 때도
믿음을 저버리지 아니하다(계 2:13).

Figure 8.

브리튼 리비에르의 그림 '다니엘이 왕에게 답하다'(1890)에 등장하는 이 장면은 다리우스 왕의 궁정에서 질투심 많은 라이벌의 희생양이 된 왕의 조언자 다니엘를 묘사한 것이다. 다니엘은 사자들이 뒤에서 쫓아오고 있지만 평화롭게 빛을 응시하고 있다.

에베소, 서머나, 버가모는 로마 아시아에서 가장 큰 세 도시다. 황제 숭배는 버가모에서 가장 영향력이 있었다. 의무적으로 요구했기 때문에 그리스도인들에게는 큰 문제였다. 이 모든 점은 버가모 교회를 사탄의 권좌가 있는 곳이라고 불리기에 충분하게 만들었다. 정치와 종교의 중심지에서 살아있는 황제를 신으로 여겨 그에게 공적으로 경의를 표하라는 압박을 가중시켰다. 이를 거절하는 것은 국가를 반역하는 것을 의미했다.

아우구스투스는 종교를 중시한 황제다. 도덕 상실이야말로 공화정 로마를 타락시킨 가장 큰 이유라 보았다. 수많은 신전을 보수·신설한다. 내란으로 인해 신전의 상당수가 폐허로 변해가고 있던 시대였다. 황제로 올랐던 B.C. 27년 한 해 동안 무려 82개 신전을 보수·신설한다. 버가모는 소아시아 행정에 제일 먼저 로마인을 끌어들였다. 황제 숭배의 중심지였다. 원뿔형 언덕에 이교 신전과 제단으로 가득차 있다. 구약의 하나님의 산과 대조를 이룬다. 거짓 교사들은 인간적으로 매력적인 이유를 대면서 황제 숭배와 타협하라고 주창했을 것이다.

황제 숭배는 요한계시록 전체의 배후에 놓여 있는 핵심 문제다. 버가모의 종교의 핵심이기도 하다. 도미티아누스와 트라야누스 황제 치세에 박해가 있었다. 가장 직접적인 원인이 황제 숭배였다. 버가모는 단지 신전이나 지역적 특성이 아닌 로마 제국의 박해다. 그리스도인은 황제의 기념 축제에 참여하거나 거기에서 나누어 준 고기를 먹을 수 없었다. 집단 전체가 의심을 받았다. 그리스도인들은 황제의 신전에 향을 피우고 '카이사르가 주님이시다'라고 선언하는 압력에 굴복하여 그들의 믿음을 부인하지 않았다.

버가모 산꼭대기에 제우스(Zeus) 구원자 제단이 있었다. 웅대한 건물 규모로 도시를 압도했다. 조각상의 거인들의 다리는 뱀의 꼬리였다. 이 신전은 우상 숭배와 이교 사상의 축소판이었다. 제우스에 대한 숭배는 모든 도시의 중심이었다. 또한 아시아 속주에서는 황제 숭배를 강조했다. 황제 숭배는 시민의 충성과 애국심과 연계되어 있었다. 황제 숭배 거부는 무신론자이거나 파괴분자로 낙인이 찍혔다. 황제와 로마인들에게 대한 정치적 충성을 보여 주지 않는 것은 '인류를 싫어하는'자들로 비난을 받았다.

1. 예수님의 이름을 굳게 잡으라

버가모에 사는 그리스도인은 포기를 모르는 자들이다. 황제 숭배 축제에 참여하는 데 소극적이었다. 우상의 음식을 먹는 일은 피하였다. 심한 반발을 당해야 했다. 직인 길드에서 배척당했다. 재산 몰수, 투옥, 순교까지 경험했다. 그리스도의 이름을 끝까지 붙잡았다. 특히 억압적으로 이교 신앙의 와중에서 안디바는 달랐다. 자신의 죽음으로 자신의 증언을 확인했다. '주역'은 사람이나 현상이 곤궁한 지경에 들었을 때 어떻게 처신할지 말한다.

"곤궁하면 변화를 불러야 한다. 오래 이어갈 수 있다."

인생은 '붙잡음'과 '놓아버림'의 연속이다. 우리는 소중한 것을 붙잡았을 때 감사한다. 기회를 붙잡고, 사람을 붙잡고, 돈을 붙잡고, 명예를 붙잡고, 권력을 붙잡았을 때, 그것을 행운으로 여긴다. 그런데 우리는 그토록 붙잡고 좋아했던 것들 때문에 우리가 얼마나 슬퍼하게 되는지 모른다.

> 버가모 교회는 사탄의 권좌가 있는 곳에 살면서도 예수님의 이름을 굳게 붙잡는 교회였다. '굳게 잡다'는 '강하게 붙들다', '굳게 서다'라는 뜻이다. 계속 충성스러웠다. 굳게 잡는 것은 수동적 자포자기가 아니다.

그리스도의 이름을 위하여 적극적으로 굳게 서는 행위다. 로마 관원들의 심문에 직면해서도 용기를 가지는 것이다. '굳게 서서 포기하지 아니함'이라는 의미의 동사에서 유래하였다. 예수님은 교회 사이를 운행하신다. 일곱 별을 붙잡고 계신다. 버가모 그리스도인들은 그리스도의 이름을 굳게 붙잡고 있다. '놓아버림'은 체념이 아니다. '놓아버림'은 하나님과 하나가 되고 싶은 갈망이다. 우리는 죽음의 순간에 모든 것을 놓아야 한다. 죽음의 순간까지도 움켜쥐고 놓치 않으려고 발버둥치는 사람은 불행한 사람이다. 어차피 붙잡을 수 없는 것을 붙잡을 수 있다는 생각은 어리석은 것이다.

히브리어 고대 세계에서 이름은 대부분 단순한 호칭이 아니다. 그 인물의 본질적인 부분이거나 본질 자체다. 버가모와 빌라델비아는 그리스도의 이름을 굳게 붙잡고 있었기 때문에 칭찬을 받았다. '이름이 곧 운명'(Nomen est omen)이라는 말도 있다. 뭔가 이루려고 간절하게 노력할 때 한국인은 뜨겁거나 맵다는 개념을 쓴다. 버가모 그리스도인은 뜨겁거나 버티는 것이 아니라 굳게 붙잡았다. 자신도 세상도 아닌 그리스도의 이름을 완강하게 붙잡았다. 요한계시록에는 '믿다'라는 동사는 한 번도 나오지 않는다. 명사로써의 믿음은 신실함을 의미한다. 믿음의 내용으로써 신뢰를 의미한다. 형용사로써의 '신실한'은 '믿음'이 아니고 충성되고 오래 참으며 성실함을 의미한다.

2. 그리스도를 믿는 믿음을 저버리지 아니하다

아이들은 칭찬을 먹고 자란다. 칭찬을 많이 받은 아이들이 회복 탄력성도 높다. 넘어진 게 실패가 아니다. 다시 일어나지 않는 게 실패다. 다시 일어나면 그건 시련이다. 포기하지 말라. 포기는 배추 셀 때만 쓰는 말이다. 그리스도께서 버가모 교회를 괴롭히는 문제를 다루기 전에, 그 교회가 충성했던 일을 칭찬하신다. 그들은 서머나의 그리스도인들처럼 믿음을 공공연하게 증언했다. 심각한 박해가 벌어졌을 때도 믿음을 부인하지 않았다. 일단 한 명의 그리스도인이 순교를 당하면, 다른 지방에서도 그리스도인을 처형하기 위한 법적 선례가 정해졌다.

버가모 교회는 예수님의 이름을 굳게 잡고 있다. '굳게 잡아서'는 현재 시제다. '나를 믿는 믿음을 저버리지 않았다'는 부정과거다. 과거에 일어난 박해가 다가올 절박한 박해의 본보기로 사용되었다. 버가모에서 충성된 증인 안디바가 순교했을 때 교회는 패닉 상태에 빠지지 않았다. 동요하지 않았다.

높아지신 그리스도는 세 가지 사실을 아신다.

"이방 세계에 산다. 믿음을 지킨다. 박해에 불구하고 인내한다."

안디바의 순교는 초유의 사태다. 불확실성투성이다. 그러나 신자들은 그리스도의 이름을 굳게 붙잡았다. 흔들리지 않았다. 믿음을 저버리지 않았다.

안디바의 죽음은 바이러스보다 더 위기요 두려움일 수 있다. 그러나 버가모 교인들은 그리스도의 이름을 굳게 붙잡고 믿음을 지켰다. 의료 시설과 인력이 턱없이 부족한 유럽 내 한국인들이 귀국을 서두르는 이유가 있다. '병에 걸릴 것 같다'가 아니다. '걸리면 치료 못 받는다'에 있다. 안디바와 버가모 교인들은 한 걸음 더 나아갔다. 순교에 처해질 것을 무서워하지 않았다. 죽음을 두려워하지 않았다. 잔 다르크의 명언이다.

사람들은 종종 진실을 말하며 죽임을 당하지만 나는 두렵지 않다. 나는 이 일을 위해 태어났으므로 ….

버가모 교회의 그리스도에 대한 믿음 또는 충성이다. '나에 대한 믿음'을 언급할 것이다. 그리스도에 대한 믿음을 저버리는 자는 누구인가? 사회적이며 경제적인 이유였을 것이다. 그러나 버가모 그리스도인들은 어떤 환경과 조건에서도 믿음을 저버리지 않았다. 믿음을 부인하지 않았다. 예수님을 믿는 것을 감추거나 부끄러워하지 않았다.

부귀는 얻기 쉽지만 명예와 절조는 지키기 어려우며, 말세에 높아지기는 쉽지만 험난한 길은 끝나기 어렵다.

퇴계 이황이 문하생 정유일에게 남긴 글이다. 사드락, 메삭, 아벳느고에게 풀무불은 험난 이상이다. 하나님이 건지시지 않을지라도, 즉 화형을 당할지라도 믿음을 저버리지 않겠다고 선언했다(단 3:16-18).

만나(Manna)

성령이 교회에게 하시는 말씀을 들으라
이기는 그에게 감추었던 만나를 주리라(계 2:17).

Figure 9.

이 그림은 만나의 거장으로 알려진 프랑스 르네상스 예술가의 작품이다.

만나는 '하늘에서 내려온 떡' 혹은 '힘센 자, 즉 천사들의 떡', 간혹 '생명의 떡'으로 칭해진다. 요한에게서 만나는 아마도 특히 새 출애굽과 그리고 수고하지 않고 영원한 생명을 유지하려는 것에 대한 하나님의 약속을 상징할 것이다. 버가모 교인들이 하늘의 만나를 얻으려면 우상에게 주어진 고기를 피해야 한다.

에베소의 그리스도인들처럼 버가모의 그리스도인들은 죄를 '이겨야' 한다. 그리스도는 상속을 약속한다. '들으라'는 순종하라는 말이다. 실천에 대한 촉구다. 예언적 경고다. 말씀하시는 분은 '성령'이시다. 청자는 교회다. 말씀을 무시하면 위험에 빠진다. 경청하면 회개하고 거짓 교사들과 그들을 따르는 자들을 저지해야 한다. 이스라엘은 우상의 식탁에 참여하기보다는 하나님이 주시는 하늘의 양식을 의존해야 한다. 교회가 동일하게 타협하지 않으면 하늘의 만나를 먹을 것이다. 버가모 교회는 발람의 교훈과 니골라당의 교훈을 따라 큰 타협의 잘못을 저질렀다. 발람은 발락 왕의 편에 서서 이방 여인들과 혼인하게 하고, 이스라엘이 우숭을 숭배하는 죄에 이르도록 영향을 끼쳤다. 이방 여인과의 혼인 문제는 늘 우상 숭배를 하게 되는 버가모에게 매우 심각했다. 대개 시장에 나와 있는 육류는 이미 우상에게 바쳐졌던 것이었다.

약속된 만나는 우상에게 바쳐진 음식과 대조를 보인다. 만나는 유대 문헌에서 종말론적 대망을 묘사하는 용어다. 그 약속은 종종 우상에게 경배하지 않은 사람들에게 주시는 약속으로 표현되었다.

1. 감추인 만나는 그리스도 자신이다

버가모에서 당시 성행했던 황제 숭배 의식은 교회에 가장 크고도 직접적인 위협이 되었을 것이다. 또한 만연했던 혼합주의 문화를 수용하라고 부추기는 거짓 교사들의 공격이 있었다. 오늘의 그리스도인들도 포스트모던니즘 시대에 살고 있다. 세속화된 사회에 살고 있다. 종교 다원주의의 위협을 받고 있다. 무엇을 먹느냐, 잘 먹고 잘 사느냐, 나는 어떤 사람인가를 질문해야 한다. 나는 이기는 자인가를 되물어야 한다. 황제 숭배를 거부하고 거짓 교사들의 가르침을 거부하는 자가 이기는 자다. 우상 제물을 거부하고 이기는 자에게 메시야 잔치에 초대받게 된다. 감추인 만나를 먹게 된다.

감추인 만나는 이 세상에서 필요한 음식이 아니다. 하늘 음식이다. 어린 양의 혼인 잔치에서 먹도록 되어 있는 음식이다. 그리스도와 교제를 상징한다. '우상 제물을 먹지 말라'는 말씀대로 순종한 자에게 주어진다. 타협하지 않는 자에게 주는 식사다. 이기는 자에게 주어지는 양식이다.

'우상 제물을 먹지 말라'에서 강조는 무엇인가?

'우상 제물'인가? '먹지 말라'인가?

하나님의 말씀에 의지하지 않으면 선악과를 먹게 된다. 마귀의 꾐에 빠져 자신의 판단에 이끌리는 것이다. 인간이 누구인지를 잊게 된다. 자기 정체성을 상실하게 된다. 죄는 금단의 열매를 따서 먹는 불순종이다. 그 행동에 앞서서 '먹지 말라'는 하나님의 말씀을 잊어버리는 게으름도 있다. 하나님의 말씀에 의지해야 하며 순종해야 하는 피조물이라는 것을 거부하는 것도 죄다. 하나님이 되려고 시도하는 것만이 죄가 아니다.

만나를 감추었다는 것은 무엇을 뜻하는가? 세상 끝날 때 그리고 어쩌면 죽을 때 하나님의 백성에게 계시되리라는 사실을 의미한다. 이기는 자는 보이지 않는 하나님에게 소망을 두어야 한다. 우상에게 받쳐진 제물은 다 소비되고 사라질 것이다. 영원한 잔치에 배제될 것이다. '감추인 만나'는 하늘로부터 내려온 떡이다. 신자들을 양육하고 건강하게 하는 보이지 않는 근본이신 그리스도를 가리킨다. 예수님은 자신이 하늘에서 온 참 떡으로 바라보라고 말씀하신다.

2. 이기는 자에게 하나님이 감추인 만나를 주신다

이기는 자에게 세 가지 선물이 약속된다. 감추었던 '만나'와 '흰 돌' 그리고 '새 이름'이다.

> 감추인 만나를 먹을 수 있는 자는 이기는 자다. 우상에게 바쳐진 제물을 먹지 않고 거룩을 지킨 자이다. 비유적 묘사다. 마지막 때에 그리스도와 교제를 나눈다. 그리스도와 하나가 된다.

버가모 당국자들은 그리스도인들에게 동일하게 황제에게 영예를 돌리는 행위를 요구했다. 축제에 참석해서 황제 숭배를 하는 것은 시민의 충성과 애국심과 연계시켰다. 참석하지 않는 자는 무신론자거나 파괴분자로 낙인을 찍었다. 살아 있는 황제를 숭배하지 않는 것은 정치적 충성을 보여 주지 않는

Figure 9-1.

광야에서 만나를 모으는 이스라엘 백성.

것으로 여겼다. 신들에 대한 편협성을 보여 준다는 이유로 미움의 표적이 되었다. 단순히 축제에 참여할 그뿐만 아니라 식사도 식전에 포함되어 있었다. 축제에 참석하느냐, 참석해야 한다면 어느 선까지 인가? 식사 자리에 앉아 우상 제물을 먹을 것인가? 이것은 무엇을 먹느냐 안 먹느냐가 아니다. 누구를 섬기느냐의 문제다. 먹는다고 죽는 것이 아니다. 안 먹는다고 구원을 받는 것이 아니다. 정체성의 문제다. 하나님의 백성은 하나님만 섬기는 자다. 황제를 신으로 떠받들 수 없다. 음식의 맛이나 종류의 문제가 아니다. 이긴 자는 어린 양의 혼인 잔치에 참석한다. 감추인 만나를 먹는다. 이교 축제에 참여하기를 거절한 사람들이 받을 상이다.

다니엘과 세 친구처럼 우상에게 바쳐진 제물인 산해진미로 자신을 더럽히지 않은 자들이다. 이긴 자들이다. 감추인 만나를 먹는 자들이다. 왕의 명령보다 하나님의 말씀을 더 의존한다. 다니엘과 세 친구는 먹음직스럽고 푸짐하고 기름진 우상 제물이 있는 식탁이 아닌 영혼의 양식인 하나님의 말씀에 시선을 향한다. 다니엘과 세 친구는 결백증이 아닌 거룩한 자들이다. 그리스도로 흰 옷을 입은 자들은 시선이 다르다. 시선(視線)은 눈이 가는 길이다. 관심 있는 것에 계속 눈길이 간다. 눈길이 머무는 곳에 마음이 더해져 생각이 만들어진다. 보는 것이 생각을 자극한다. 감정을 움직이게 만든다. 시선엔 신비한 힘이 있어 삶의 방향도 바꾼다. 사탄이 하는 일은 하나님이 원하는 것을 우리가 보지 못하게 만든다. 하나님이 원하지 않는 것을 보게 만드는 것이다. 그래서 다니엘과 세 친구는 마음과 생각을 하나님의 말씀에 뿌리를 내린다. 뜻을 정한다. 이렇게 해야 흔들리지 않는다. 열흘을 이겨낼 수 있다. 의지의 싸움이 아니다. 하나님의 의지하고 말씀에 이끌리는 것이다. 이기는 자는 나사로가 아브라함의 품에 안겨 하늘 잔치에 참여하는 것처럼 하늘 양식을 먹을 것이다. 하나님과 친밀한 교제를 즐기는 오는 시대의 생명으로 보상 받을 것이다.

유대 전승에 따르면, 언약궤는 B.C. 586년에 분실되었다. 그 안에 있던 만나는 그 전에 사라졌다. 솔로몬 성전이 파괴될 때 언약궤 안에 있던 만나 항

아리를 예레미야가 느보산 지하에 감추었다고 한다. 메시야 재림 시에 그것이 다시 나타날 것이라는 것이 유대적 견해다. 감추인 만나를 준다는 것은 마지막 때에 메시야가 배설하는 잔치와 관련되어 있다. 하늘의 영원한 지복을 가리킨다. 생명의 떡되시는 그리스도다.

예레미야는 최초의 법궤가 결코 회복되지 않을 것임을 분명히 선포하였다 (렘 3:16). 감추었던 만나를 준다는 것은 메시야가 베설하는 잔치와 관련되고, 하늘의 영원한 지복(beatitude)을 가리킨다. 초기 유대교의 종말론적 기대들 중의 하나다. 장차 구원의 대는 하나님이 다시 기적적으로 만나를 공급하실 것이다. 시간의 종말에 도달할 사람들이기 때문에 그 때에 만나를 먹을 것을 기대했다.

요한계시록에서 만나를 먹는 소망은 새 예루살렘에서 부활을 통해 생명으로 나아옴을 통해 실현될 것이다. 마지막 때다. 어린 양의 혼인 잔치에서다. 그리스도와 하나가 되는 것을 의미하는 비유적 묘사다. 이교 축제에 참여하기를 거절한 사람이 받게 될 상이다. 황제 숭배는 참석이 아니라 참가다. 축제 참가를 거부하고 믿음으로 이긴 자들에게 어린 양의 혼인 잔치에 참여할 수 있는 복을 받게 된다.

생명나무의 실과를 먹는 것처럼 만나를 먹는 것은 죽음을 이긴다. 새 창조 시에 부활을 통해 생명으로 가는 낙원에 들어가는 것이다. 그렇게 하는 것이 어린 양의 혼인 잔치에 참여하는 것이다.

이스라엘은 우상의 식탁에 참여하기보다는 삶을 유지하기 광야의 식탁에 참여해야 한다. 하나님이 주시는 만나를 먹어야 했다. 하늘의 양식에 의존해야 한다. 교회가 동일하게 타협하지 않으면 감추인 만나, 하늘의 만나를 먹을 것이다. 이스라엘이 육적인 양식 만나를 받았듯이, 이기는 자는 영적인 양식을 받는다. 감추인 만나는 하나님이 주시는 영적 양식이다.

흰 돌(A white stone)

이기는 그에게 흰 돌을 줄 터인데
그 돌 위에 새 이름을 기록하리라(계 2:17).

Figure 10.

대제사장이 속죄일에 성막에서 제사를 드릴 때 착용하는 흉패는 귀중한
돌로 만들어졌다. 이스라엘 지파 중 하나를 상징하는 돌로 만들어졌다.

인생은 발달 단계와 각 단계에서 이루어야 할 목표의 복합체이다. 발달은 '이정표'(milestone)에 따라 움직인다. 이정표에 '돌'(stone)이 들어간다. 각 단계에는 디딤돌과 걸림돌이 놓여 있다. 전자는 목표를 이루는 데 도움이 되는 돌이다. 후자는 방해가 되는 돌이다. 그리스도께서 버가모 교회에게 걸림돌이 많은 세상에서 이긴 자들에게 흰 돌을 주시겠다고 약속한다.

'흰 돌'은 의도적 암시다. 이 돌은 정육면체 혹은 직사각형의 작은 돌 혹은 상아이든 하나 이상의 면에 글자나 이미지를 새겨진 다른 물질로 판단된다. '마술 보석' 또는 '마술 호부'라는 특별한 의미로도 사용될 수 있다. 단순히 '투표하다'라는 뜻이 있다. 그리고 흰 돌은 행운을 상징하는 것으로 알려져 있다. 서로 연관이 있는 역사적인 것들을 암시할 가능성이 있다. 다양한 배경이 존재한다. 요한계시록 전체에서 만나게 될 현상이다.

1. 그리스도는 이기는 자에게 흰 돌을 주신다

버가모 축제에는 그 지방의 경기들이 포함되어 있었다. 버가모에서는 주기적으로 이 축제와 경기가 열렸다. 통상적으로 길드의 회원이나 경주의 승리자는 축제에 참석하여 마음대로 음식을 먹거나 경주에 참가하기 위한 티켓으로 돌을 사용했다. 공적 의식에 참석하는 데 필요한 입장권으로는 여러 빛깔의 조약돌이 사용되었다. 흰 돌은 아마도 고대의 테세라로 표, 패, 주사위에 사용된 돌이다. 작은 돌덩어리나 상아에 글자나 상징들을 새겨 넣기도 했다. 투표나 공동 행사의 티켓 등으로 다양하게 사용되었다. 이 돌이 약속의 땅 혹은 낙원으로 가는 입장권일 것이다.

흰 돌을 받았다는 것은 식사 초대와 연결된 징표, 즉 테세라와 연관이 있다. 물론 타당성은 약하다. 공적인 회합이나 축제 등에 입장할 수 있는 증거로 사용되었다는 것이 보다 가능성이 높다. 요한계시록에서 '흰색'이 늘 의를 가리키는 비유로 13번 사용된다. '빛나고 깨끗한 세마포 옷'은 '성도들의 옳은 행실'을 의미한다. 이것은 '어린 양의 혼인 잔치에 초대를 받은 내용 직후에 언급된다.

> 흰 돌'은 어린 양의 혼인 잔치에 참여하라는 초대가 된다. 잔치 음식을 염두에 두었다는 것은 '만나'가 언급된 것에서 지지받는다. 예수님이 성찬 때 참여하실 하나님 나라의 잔치, 즉 어린 양의 혼인 잔치의 새 만나일 것이다.

예수님은 '충성된 증인'이다. 예수님의 호칭을 안디바가 나누어 가진다. 안디바는 그리스도에게 충성스러운 사람이다. 그리스도의 증인이다. 순교자다. 안디바는 요한계시록의 언급을 제외하고 거의 알려진 바 없다. 버가모의 3세기 비문에 새겨져 있다. 테르툴리아누스가 이 인물을 언급했다. 안디바는 이교주의 혹은 아마도 구체적으로는 황제 숭배 때문에 순교에 이르게 했을 것이다. '충성된 증인'으로서 그는 예수님과 같은 사람이다. 그는 예수님의 모범을 따랐다. 이 땅에서 불의한 재판, 불공평한 판결을 받아 화형을 당했다. 끝이 아니다. 재판은 끝나지 않았다. 악이 승리한 것이 아니다. 최후 심판이 남아 있다. 버가모에서 그리스도인들을 박해한 자들의 판결을 뒤집어실 것이다. 좌우에 날선 검을 가지신 그리스도께서 안디바와 같이 믿음을 지킨 자에게 흰 돌을 주시며 새 이름을 새겨 주실 것이다. 정당함이 인정된다. 명예를 회복한다.

유대 전통에 따르면, 만나와 더불어 보석이 하늘에서 내려왔다. 또 다른 전통에 따르면, 대제사장이 입은 에봇의 어깨에 있는 보석들은 감춰진 법궤에 보관되었고, 메시야의 때에 계시될 것이다. 메시야 잔치의 맥락에서 감추어진 만나는 잔치에 초대되었던 징표로 사용된 정육면체인 테세라(tessera)로 보는 것이 가장 적절해 보인다.

검은 돌은 악명 높은 프리기아의 어머니 여신인 퀴벨레(Cybele)에 대한 신성한 상징이었다. 의료용으로 사용되던 흰 돌은 유대와 관련이 있다. 양피지

(Parchment)란 말은 헬라어 페르가메네(Pergamene)에서 나왔다. '버가모 가문에서 나온 가죽'이란 뜻이다. 버가모 도시 이름에서 나온 것이다. 양피지에 기록된 것은 언젠가 사라져 버린다. 돌에 새겨진 것은 그렇지 않다. 언어유희를 찾아볼 수 있다. 로마에서는 옥수수의 정기적인 공급을 약속해 주기 위해 황제가 가난한 자들에게 나눠 주기도 했다. 운동 경기의 승자나, 대중들에게 존경을 얻어 다른 싸움에서 은퇴를 허락 받은 검투사에게도 주어졌다.

2. 새 이름이 기록된 흰 돌을 주시리라

'새 이름'을 받는다는 것은 '자기 외에는 아는 자가 없는' 예수님의 승리하신 왕의 '이름'을 받는다는 의미다. 이교 신들은 때때로 새로운 신분을 나타내기 위해 숭배자들에게 새 이름을 수여하였다. 이스라엘 역사에도, 이름의 변화는 종종 약속과 관련이 있었다. 흰 돌 위에 새 이름을 기록한 것은 친근한 교제가 일어나는 종말론적 식사를 더욱 확증한다. 예루살렘은 새 이름으로 불릴 것이다. 이사야 본문에서 새 이름은 이스라엘 미래의 왕으로서 지위와 야훼의 언약적 임재로의 회복을 의미한다. 그리스도가 이기는 자에게 '새 이름'을 주실 것이다. 경주의 승리자에게 축제에 참여하도록 주어진 돌과 무죄 투표의 의미를 결합시킨 것이 될 것이다.

고대 세계와 구약성경에서 새 이름을 받는다는 것은 새로운 지위를 가리켰다. 하나님의 이름이 구약성경의 어느 곳에 적용이 되는 경우, 그것은 그의 임재가 그곳에 계심을 의미한다. 구약은 이름을 바꾸는 것을 약속과 관련시켰다. 일반적으로 사람이나 사물 위에 새 이름을 기록하거나 선포하는 것은 그것이 명명된 사람의 소유임을 암시하는 것이라고 생각했다. 야훼께 속한 것으로 인침을 받거나 표를 받았던 사람에 대해 진술하는 묵시를 돌아보게 한다.

이기는 자들의 이름은 질적으로 새롭다. 즉 그것은 새 시대에 적절한 것이다. 흰 돌은 그 위에 새겨진 신성한 이름과 관련하여 해석해야 한다. '새 이름'은 미래 이스라엘의 새로운 지위에 관해 예언한 것에서 찾을 수 있다. 새 이름은 신의 이름을 받은 것으로 종종 여겨졌다. 하나님의 이름과 조합된 것으로 여겼다. 새 이름은 이사야 56:5과 특히 62:2을 암시한다. 여기서 하나님은 그의 백성들에게 새 이름을 주신다. 수치를 제하여 주실 것을 약속한다(사 62:4). 새 예루살렘과 새 창조의 시대에 적합하다(사 65:15-19).

　　새 이름을 받는다는 것은 구원받은 자들의 공동체 안에서 참된 회원의 표시다. 그것이 없이는 하나님의 영원한 도성에 들어갈 수 없다. 사탄의 이름과 대조된다. 버가모와 빌라델비아 교회에 보낸 두 통의 편지는 '이기는 자'는 '새 이름'을 상속을 받는 것으로써 결론을 맺는다.

Figure 10-1.

키쉬 성문 단지에서 발견된 고대 투석기.

죽기 전에 이미 그리스도의 이름을 소유하고 있다. 그 이름에 포함된 미래의 약속이 그리스도와 동일시될 때를 암시함을 보여 준다.

그리스도는 충성된 신자가 새 이름과 함께 흰 돌을 받을 것이라고 약속한다. 이 이미지는 신원과 명예을 상징한다.

새 이름, 분명히 그리스도의 이름이 기록된 흰 돌의 이미지는 궁극적으로 물질은 다른 일반적인 사람들이 정죄하는 그 믿음을 귀하게 여기시는 그리스도로부터 온다는 견해를 강조한다. 신자들은 흰 돌에 새 이름을 받는다. 그리스도의 나라와 그의 주권적인 권위 아래에서 그리스도와 친근해진다. 종말론적인 임재 및 능력에 절정으로 동일시된다. 연합되는 최후의 상을 받는 것을 뜻한다.

랍비의 구전에 따르면, 값비싼 보석들이 만나와 함께 하늘에서 떨어졌다. 이 언급은 대제사장의 흉배에 있던 돌을 지칭하는 것일 수 있다. 우림일 수도 있다. 새 이름은 어떤 사람의 신분에 대한 새로운 묘사를 나타낼 수 있다. 요한계시록 문맥에서는 아마도 하나님과 어린 양의 감추어진 이름일 것이며, 또한 그들은 이 이름을 영원히 지닐 것이다. 버가모 교회의 이기는 자들에게 주어진 돌은 흰색이다. 신앙의 승리를 상징한다.

행위(Deeds)

나중 행위, 사랑과 믿음과 섬김과 인내가 처음 것보다 많도다(계 2:19).

Figure 11.

로마에 있는 마르쿠스 아우렐리우스 아치의 이 얕은 돋을새김에서 나팔은 A.D. 176년 승리하고 귀환하는 황제 마르쿠스 아우렐리우스의 개선을 알린다.

두아디라 교회는 처음보다 나중이 더 풍성한 교회이다. '사랑과 믿음과 섬김과 인내'가 그랬다. 네 개의 용어는 모두 그리스인이 하는 행동의 여러 가지 면들을 강조한다. 사랑은 고전 헬라어에서 가장 진귀한 단어 중 하나이다. 가장 고상한 형태의 사랑을 표현한다. 대상에게서 무엇인가 무한히 고귀한 것을 보고 있다. 구약에서 사랑에 해당하는 '아하바'(אַהֲבָה)는 자발적 감정이다. 자기 증여다. 대상을 붙잡는 것이나 유쾌한 활동을 유발시키는 것이다. 사랑은 속사람 즉 정신에 영향을 미친다. 동사가 명사보다 훨씬 더 많이 나타난다. 구약에서 아헤브는 사람을 제어한다. 사물이나 사람에게 이끌어가는 자발적인 힘이다. 아가페는 하나님에 대한 사랑과 다른 사람에 대한 동정 어린 행동을 포함한다. 그리스도가 행한 것처럼, 자신을 다른 사람을 위해 내어 놓은 것을 의미한다.

1. 나중 행위가 처음 행위보다 낫다

두아디라 교회는 되어가는 교회, 성장하는 교회, 성숙한 교회다. 탈무드에 나오는 이야기다. 어떤 현자가 하나님께 질문을 한다.

"하나님! 자연을, 우주를 만드실 때마다 좋았더라 하셨는데 만물의 영장인 사람을 만드신 후에는 보시기에 좋았더라는 말씀이 없습니까?"

그 물음에 하나님께서 이렇게 대답하셨다.

> 사람은 완성품이 아니고 미완성의 존재로서 이제부터 자기 스스로 온전하게 만들어 가야 하기 때문에 보기에 좋았다는 말을 하지 않았단다.

'네 나중 행위가 처음보다 많다'를 문자적으로 번역하면 '너의 최근 행동이 이전보다 더 낫다'이다. 사업은 두아디라 그리스도인들의 행위를 나타내는 총괄적인 용어로 사용된다. 두아디라는 소아시아 다른 도시들과 다르다.

이 도시 자체에는 아크로폴리스가 없다. 거의 평지에 세워져 있다. 오르막으로 된 언덕들과 경계를 접하고 있었다. 두아디라는 정치·문화적으로 소외된 도시였다. 이러한 상황은 이 도시가 열악하고, 종속되고 의존적인 인상을 주었다. 주도권을 갖거나 주의 수도로서 역할을 할 수 없었다. 항시 전쟁 가능성에 직면해 있었다. 에베소 교회는 처음 사랑을 잃어버렸다. 계주 선수가 바통을 잃어버린 채 달리는 것과 같다. 두아디라 교회는 도시와 같이 별 주목을 받지 못했고 미미하기 짝이 없었다. 그러나 실천적인 사랑, 사랑의 행위가 처음과 비교할 수 없을 정도로 성장했다. 나중 행위가 처음보다 나은 교회였다. 성장이 있고 발전이 있는 교회다. 갈수록 사랑이 풍성해지는 교회다. 하나님의 사랑은 분노에 의해 흔들리지 않는다. 인간의 불순종으로 인해 바뀔 수 없다. 구약의 접근 중 하나님의 사랑을 나타내는 가장 핵심에 가까운 접근이다.

2. 처음보다 더 많이 서로 사랑하라

가장 짧은 편지는 서머나에 보내진 것이다. 이 도시는 가장 유명한 도시였다. 가장 긴 편지는 두아디라에 보내진 것이다. 아이러니하게도 가장 작은 도시로 알려져 있다. Hemer는 '가장 알려지지 않고, 가장 중요하지 않고, 가장 돋보이지 않는 도시를 향해 쓰였다'고 기록한다. 인비저블한 도시에 있는 두아디라 교회는 달랐다. 처음에는 돋보이지 않았다. 나중 행위는 놀라울 정도다. 행위들이 칭찬을 받는다. 사랑과 믿음과 섬김과 인내다.

초반에 반짝 재주를 자랑하다 결국은 용두사미(龍頭蛇尾)가 되는 사람이 있다. 처음에는 별로 눈에 띄지 않지만, 나중에 가서 괄목상대(刮目相對)하는 기량을 떨치는 사람도 있다. 처음 사랑에 있어서 에베소 교회는 전자다. 후자는 두아디라 교회다. 처음 행위는 미미하고 눈에 잘 띄지 않았다. 시간이 갈수록 교회의 행위가 처음보다 많은 교회, 발전하고 성장하는 교회다. 진국이다. 첫인상보다 잔상이 오래가는 교회다.

고대의 자료 속에 두아디라에 대한 기록은 거의 없다. 현재 튀르키예의 '아키사르'(Akhisar)라는 도시가 그곳에 세워져 있다. 고고학적 발굴은 거의 이루어지지 못했다. 두아디라의 강점과 약점은 에베소와 정반대다. 행위로 입증되는 사랑에 있어서는 강했다. 하지만 분별력이 부족하고 이단을 용납한다.

성숙이란 자신이 가고 싶지 않은 곳으로 기꺼이 이끌려 갈 수 있는 능력이다.

헨리 나우웬의 '예수의 이름으로'에 나오는 구절이다. 삶은 리얼하다. 동화책같이 권선징악이 뚜렷하지도 않다. 의도대로 움직이지 않는 경우도 많다. 때론 하나님이 엉뚱한 곳으로 이끌어 가실 때도 있다. 그래도 하나님께 떨어지지 않고 하나님을 더 사랑하고 이웃을 더 사랑하는 것이 성숙이다.

두아디라 교회의 행위가 처음보다 나중이 더 많다는 것은 교회가 사랑, 믿음, 섬김, 인내에 있어서 성장하는 교회라는 뜻이다.

첫째, 사랑의 수고가 더 해지는 교회다.
둘째, 믿음의 역사가 날로 많아지는 교회다.
셋째, 섬김이 갈수록 더 풍성해지는 교회다.
넷째, 인내가 더 쌓여가는 교회다.

누군가 말했다. 삶은 현재를 사는 것이 아니라 마지막을 준비하는 것이다. 사는 연습이 아니라 아름답게 죽는 연습을 하는 것이 삶이라는 말이다. 마지막 그 순간에 결정되는 것이 아니다. 사는 동안 준비되고 축적된 결과물이다.

아브라함은 나중 행위가 처음보다 더 좋은 인물이다. 아브라함은 이삭을 제물로 바치기 위해 삼일 길을 걸어 모리아 산에 도착했다. 백 세에 얻은 아들을 사랑하는 아비다. 이런 아들을 주신 하나님을 더 사랑하는 부모다. 하나님을 처음보다 더 사랑하는 행동을 창세기 22:4에 묘사한다.

제삼일에 아브라함이 눈을 들어 그 곳을 멀리 바라본지라.

만약 원망하고 미워하였다면 땅을 바라보았을 것이다. 땅이 꺼져라 한숨을 지을 것이다. 아브라함이 이삭을 바치려는 이 계시적인 행동을 통해 아브라함은 하나님의 사랑을 바라보았다. 장차 오실 예수 그리스도의 죽음과 그 죽음을 넘어 3일 후 부활하실 영원까지 바라본 것이다. '반사실 역사학', 즉 아브라함은 '100세에 아들을 주시지 않았더라면 이런 고통은 없었을텐데'하고 생각하지 않았다. '만약에 과거에 이러저러했더라면 현재 어떻게 되었을까'라고 생각하지 않았다. '왓 이프'(what-if)가 없었다. 오히려 믿음으로 그곳에서 펼쳐질 하나님의 사랑의 파노라마를 보았다. 하나님은 구원을 계획하셨다. 예수님은 십자가에서 성취하였다. 성령께서 적용하고 계신다. 아브라함은 예수 그리스도께서 이루고 성취하신 시간을 보았다. 과거와 현재와 미래의 모든 시간을 구속하신 영원한 시간 말이다. 그 시간을 묵상하며 오늘을 신실한 믿음으로 살아가는 게 그리스도인의 시간 전망이 돼야 한다.

원래 작은 그릇은 조금만 물을 부어도 금방 넘친다. 큰 그릇은 오랫동안 물을 부어야 비로소 넘친다. 큰 성취를 이루려면 끈기를 지니고 꾸준히 노력해야 한다. 그리스도인들의 나중은 하나님 앞에서다. 조존과 성찰로 자신을 갈무리해야 한다. 나중이 아름다워야 한다. 아름다운 마지막은 지금 준비하고 있지 않으면 결코 고결하게 채색되지 않을 것이기 때문이다.

사랑은 두 방향으로 진행된다. 하나님에 대한 우리의 사랑이다. 우리에 대한 하나님의 사랑이다. 신명기는 그 둘을 연결시킨다. 인생의 목표는 성공이 아니라 성숙이다. 교회는 부흥 성장보다 그리스도의 장성한 분량까지 자라는 것이다. 확장이다. 사랑이 익어가고 믿음이 자라고 섬김이 커지고 인내가 많아지는 교회다.

이기는 자(Winner)

이기는 자와 끝까지 그리스도의 일을 지키는 자에게
만국을 다스리는 권세를 주신다(계 2:26).

Figure 12.

외젠 들라크루아의 '천사와 씨름하는 야곱'의 프레스코화
(Église Saint- Sulpice, Paris).

요한계시록에서 가장 중요한 메시지 가운데 하나는 '이기는 자가 되라'는 도전을 주는 것이다. '이기는 자'는 군대 또는 경기의 은유이다. 성경의 기본적인 주장은 승리는 하나님께 속한다는 것이다. 하나님의 선물이다. 야훼께서 자신의 뜻대로 승리를 부여하신다. 하나님의 백성은 믿음으로 순종하여 승리에 참여한다. 하나님의 승리를 경험한다. 출애굽 시대부터, 군사적 위협에 직면한 이스라엘의 주요 관심사는 적들의 위협이 아니었다. 야훼에 대한 자신들의 태도였다. 이스라엘이 하나님을 찾고 말씀을 지키면, 야훼께서는 그들을 대신하여 싸우신다. 이기게 하신다. 이스라엘은 전쟁의 승리를 오직 야훼의 공으로 돌렸다. 요한계시록에서는 아마 군대 용어에서 나왔을 것이다. 이 용어가 종종 죽음의 가능성을 포함했기 때문이다. 신약성경에서 항상 하나님 또는 그리스도와 이에 대항하는 마귀 세력들과 투쟁을 전제로 한다.

1. 이기는 자는 그리스도의 승리를 공유하는 자다

요한계시록에서 악의 잠정적인 몇 차례의 승리를 언급한다. 그러나 이 승리들은 허용된 것이다. 한정적이다. 악의 승리는 두려운 것이다. 그러나 유다 지파의 사자이신 어린 양이 이미 최후의 승리를 거두었다. 그렇기 때문에 모든 교회의 이기는 자들에게 약속이 주어진다. 이 승리는 새 하늘과 새 땅에서 성취될 것이다.

우리의 승리는 그리스도의 승리에 참여하는 승리다. 일곱 편지에서 이기는 자에게 약속이 모든 교회에게 주어진다. 가장 연약한 사데 교회와 라오디게아 교회에도 주어진다. 이김은 인내를 통해 성취되도록 되어 있다. 죄와 사망의 권세를 이기신 예수님의 승리를 확신해야 한다. 종말론적 전쟁에서 승리하는 비결이다. 날마다 하나님과 동행하고 하나님의 능력에 의존하는 것이 필수적이다. 이기는 자는 모든 악의 권세에 대한 그리스도의 승리로 말미암아 이긴다. 이기는 자는 그리스도의 승리를 공유하는 자다. 예수님의 오심과 고난과 아버지께로 돌아감은 세상을 이기심을 의미하는 것이다. 예수님은 최후 승리를 선언하였다.

> 내가 세상을 이기었노라(요 16:33).

완료 시제로 표현된다. 싸움은 아직 끝나지 않았다. 이미 판결이 나 있는 것이다. 이기는 자는 이 승리에 참예하는 자다. 스스로 세상을 이기는 위치에 놓여 있다. 믿음은 세상을 이기는 승리다.

> 승리는 그리스도인의 영적 전투의 목표다. 유다의 사자는 죽임당한 어린 양으로서 죽음으로 승리하셨다. 자신의 증언을 지키는 자는 용과 짐승을 이긴다. 자신의 피를 흘리심으로, 그는 나라를 세운다.

두아디라 교회에 주어진 메시지에서는 예수님의 말씀을 지키는 자들이 인내로 이루어진 행위로 이긴다고 말한다. 현재, 충성된 신자들은 하나님과 어린 양에 대한 그들의 증언으로 나라들의 힘을 부순다. 그리스도는 자신의 죽음을 통해 악이 지배하는 세상을 이기신다(요 16:33). 참된 승리는 이미 십자가에서 이루어졌다. 최후의 전쟁은 오직 이미 패배한 원수가 최후의 발악을 하는 마지막 도전 행위에 불과하다.

만일 교회들이 죄를 이긴다면, 서머나 교회와 빌라델비아 교회가 그러하듯이 세상으로부터 고난을 받을 것이다. 교회가 예수님의 명령을 지키면서 인내한다면 세상에서는 고난을 당하고 죽임을 당할지라도 땅에서 승리한다. 이긴다는 것, 고난을 끝까지 인내하는 것은 충실함에 대한 표현이다. 전쟁에서 혹은 운동경기에서 충돌과 역경에서 참고 견디는 것을 포함한다. 궁극적 승리를 확보하기 위해 주님이 요구하시는 것은 이것 뿐이다. 이기는 자는 그리스도의 일을 끝까지 지키는 자다. 그들은 자신들의 생명을 끝날 때까지, 혹은 종말에 그리스도가 오실 때까지 그렇게 해야 한다. 이기는 자에게 약속이 있다. 만국을 다스리는 권세를 얻게 된다. 그리스도의 통치에 참여한다. 새벽별이신 그리스도를 소유하게 된다.

2. 이기는 자는 그리스도의 일을 지키는 자다

모든 편지의 결론이 동일하다. 그리스도가 말씀하신 것과 구원의 약속에 귀를 기울이라는 최종 권면으로 이루어져 있다. 이기는 자는 모든 편지의 결론적 약속을 구원을 상속하는 조건으로 반복된다. 공식적인 문구를 도입하여 승리를 요청함으로 결론을 내린다. 교회가 기대하고 있는 승리의 기초가 있다. 세상과 교회가 존재하는 이 싸움과 시련들은 궁극적인 것이 아니다. 세상에서 끝장을 보는 것이 아니다. 이미 어린 양이 십자가의 승리에 그 기초를 두고 있다.

이기는 것은 일곱 편지가 각각 구원의 약속을 상속받기 위해 요구하는 조건이다. 성도는 하나님의 약속의 상속자다. 인내하며 신실함을 유지하라는 명령에 순종해야 한다.

Figure 12-1.

승리의 여신, 니케(Nike)의 조각.

요한계시록의 마지막 약속인 '이기는 자는 이것들을 상속으로 받으리라'는 약속의 변형 형태다. 약속들은 매 편지마다 다른 어구로 표현된다. 이기는 자들에게 주어지는 요한계시록의 최종 약속은 다각적으로 묘사된다. 상속은 하나님이 백성 가운데 언약적으로 함께 하심을 향유하는 것이다.

요한계시록은 정복과 승리의 이미지들을 변경한다. Greco-Roman 문화에서는 이기는 자에게 최고의 명예를 가져다준다. 그리스도인들은 그 문화를 저항하도록 요청하는 것으로 변경한다. 예수님의 말씀을 지키는 것은 사회에서 불명예를 가져다준다. 반면 그리스도의 명령에 충성된 자는 승리의 관을 받을 자격이 있다.

'이기는 것'의 명확한 의미와 이중적인 약속이 포함되어 있다. '만국을 다시리는 권세'와 '새벽 별'이다. 종말론적 선물이다. 여기에 이기는 자와 끝까지 내 일을 지키는 자와 연결된다. '이기는 자'와 '지키는 그'는 두 개의 실명사 분사들이다. 특별한 의미를 묘사한다. 모두 남성 단수이다. 그리스도의 일을 지키는 모든 그리스도인이 약속된 상을 받을 것을 암시한다.

이기는 자와 끝까지 내 일을 지키는 자는 누구인가? 이겨야 하는 것은 박해나 환난이 아니다. 이 땅의 대적들을 힘으로 정복하는 자들이 아니다. 그리스도의 일을 지키는 것이다. 그리스도를 외부 세상에 증언하지 않는 것은 교회 자신의 죄다. 이 이김은 그리스도 자신이 죄의 유혹을 이기신 것을 본보기로 삼을 때 동기를 부여받는다. 그리스도를 향한 신실함을 지키는 자들이다. 그들의 승리는 십자가 위에서의 그리스도의 승리와 비슷하다. 이기는 자는 그리스도의 일을 지키는 자들이다. 타협을 이기는 사람이다. 타협하고 있는 이세벨 당을 징계하는 사람들이다. 그리스도는 그와 함께 그의 나라에서 다스릴 것이라고 약속하신다.

신약은 하나님의 승리가 이미 결정적으로 성취되었음을 주장한다. 다른 한편으로는 '주의 날'이 곧 올 것이라고 한다. 종말론적 승리는 이미 이루어졌다. 찬양되고 선포되어야 한다. 비록 악이 일시적인 승리를 거둘 것이다.

마지막 승리는 이미 어린 양을 통해서 이루어졌다. 새 하늘과 새 땅에서 궁극적으로 실현될 것이다. 승리는 현세적이며 종말론적이다.

그리스도인이 승리에 참여하는 것은 전자다. 완전히 실현되는 것은 후자다. 그리스도의 승리의 권세를 믿음으로써 가능해진다. 그리스도의 말씀을 지킬 대 명백해진다. 이기는 자들은 이미 이루어진 승리 가운데 참여하는 자다. 최후의 결말은 아직 일어나지 않았다. 우리가 궁극적으로 패하지 않는 이유가 여기에 있다. 우리를 사랑하시는 이로 말미암아 넉넉히 이기기 때문이다(롬 8:37).

'끝까지'란 말은 그리스도인의 삶이란 일시적인 전쟁이 아니라는 것이다. 끝없는 투쟁과 같다는 사실을 상기시킨다. 인내가 중요하다. 끝까지 인내하는 것은 그들이 약속한 것을 받기 위해 반드시 필요한 조건이다. 끝까지 인내하는 것은 그들이 약속을 받기 위해 반드시 충족시켜야 하는 조건이다. 이기는 자는 그리스도가 다시 오실 때까지 또는 죽음이 올 때까지 믿음을 견지하고 하나님의 말씀에 순종하는 것이다. 마지막은 하나님과 사탄과 따르는 무리들과의 종말론적 투쟁이 선행될 것이다. 요한계시록의 주제다. 종종 이 싸움에 세상이 승리를 얻기도 한다. 그들의 승리는 덧없는 것이다. 마지막에 남는 것은 어린 양의 궁극적인 승리다. 이기는 자는 그리스도를 따르며 피를 흘리기까지 그의 말씀을 지킨다.

만국(The nations)

이기는 자와 내 일을 지키는 그에게
만국을 다스리는 권세를 주리라(계 2:26).

Figuer 13.

하나님은 아브라함과 사라에게 약속하셨다. 아이를 가질 것이라고 약속하셨다. 아브라함은
수많은 세대의 무수한 세대의 조상이 될 것이며 그의 후손은 하늘의 별 수만큼 많은 후손을
낳게 될 것이다.

요한계시록은 특정한 지역이나 민족이 아닌, 우주적 대격변을 제시하면서 복음의 대상 범위를 무한대로 확장한다. 복음이 지구촌 구석구석 전파돼야 하는 당위성을 제공한다. 땅의 약속에 대한 최초의 언급은 창세기 1-2장에서 나타난다. 황량한 광야에서 하나님이 임재하는 유일한 장소는 성막이었다. 하나님이 임재하시는 유일한 처소는 성전이었다. 제사장이 하나님의 독특한 임재를 경험하는 장소였다. 최초의 성소는 에덴이었다. 하나님이 거니시는 성소였다. 아담이 하나님과 거닐면서 대화를 하던 곳이었다.

고대 세계에서 신전들은 신전 안에 신의 형상을 두고 있었다. 고대의 왕들은 직접 통치하기에 너무 먼 땅에 자신의 형상을 세우곤 했다. 아담은 땅이 하나님의 다스림을 받고 있음을 보여 주려는 목적에서 왕이신 하나님의 형상을 따라 창조되었다. 이는 하나님의 임재를 뜻했다(창 1:26-28).

만국은 무엇을 의미하는가? 구약성경은 성도들이 메시야의 나라를 다스리는 데 참여할 것이라고 약속했다. 예수님은 온유한 자가 땅을 기업으로 받을 것을 말씀하셨다(마 5:5).

> 제자들이 열두 보좌에 앉아 이스라엘 열두 지파를 심판할 것을 가르쳤다.

바울은 신자들이 그리스도와 함께 왕 노릇 할 것을 주장했다(딤후 2:12). 요한계시록에서 성도들이 그리스도의 최후의 승리와 통치에 참여한다는 것을 빈번하게 언급한다. 그리스도는 이기는 자 그리고 내 일을 지키는 자에게 메시야 나라에 참여하도록 허락하겠다고 말씀하신다. 그리스도는 이 메시야 나라를 다스릴 권세를 이미 받으셨다(단 7:14). 따라서 그들은 그리스도께서 받으신 권세를 받고, 만국을 다스릴 것이다.

그리스도는 시편 2:8-9을 인용한다. 다스리는 권세를 이미 받았다고 밝히신다. 예수님은 자신의 통치를 그의 백성들과 함께 공유한다. 이는 하나님이 땅을 다스리는 권세를 아담에게 위임하셨기 때문이다.

1. 만국을 다스리는 권세

하나님의 형상의 담지자인 아담은 소명이 주어진 자요 그의 일이 천직이었다. 아담은 에덴 동산에서 초기 단계에서 제사장-왕으로 섬겼다. 땅 전체를 복종시켜야 할 자다(창 1:28). 땅 위에서 하나님의 부왕이었다. 왕권을 반영해야 했다. 그의 천직은 에덴의 경계를 확대시키는 것이다. 하나님의 영광을 온 땅에 두루 반영하는 것이다. 하나님의 형상대로 지음 받은 아담과 그의 후손들의 사명이며 의무다. 땅에 충만해야 한다. 땅을 다스려야 한다. 처음 아담과 연합적 아담이었던 이스라엘은 동일한 하나님의 사명을 수행하는 데 모두 실패했다. 그래서 시편 2:9에서 하나님은 마지막 아담인 메시야에게 권세를 주신다. 시인은 하나님의 아들에게 이방 나라를 유업으로 또는 소유로 주실 것을 노래했다. 아들이 만국을 다스릴 것이다. 하나님의 백성들은 보호를 받을 것이다. 왕의 통치에 참여하게 된다.

첫 번째 약속은 시편 2편의 성취다. 메시야를 노래한 시다. 하나님 아버지께서 아들에게 만국을 다스리는 권세를 주셨음을 노래한다. 이 시편은 그리스도에 관한 사상에 있어서 중요한 부분을 나타내 주고 있다. 이 시는 하나님의 기름 부음 받은 자의 땅의 왕들에 대한 승리를 축하한다. 그들이 망하게 될 것이라는 경고로 끝을 맺는다. 시편 2편은 초기 그리스도교에서 메시야 시편으로 해석되었다. 요한계시록 12:10에서는 메시야가 권세를 소유한 것으로 말한다. 메시야가 오셔서 온 세상의 왕노릇하실 때는 그의 백성들도 함께 참여하게 될 것이다.

이기는 자에게 주어지는 보상은 만국을 다스리는 권세다. 이는 연약한 교회로부터 강력한 신앙이 예견됨을 뜻한다. 이기는 '그'는 모든 사람, 남성이나 여성이나 관계 없음을 나타낸다. 이 말은 보상의 비유적 성격을 강조한다. 문자 그대로 받아들인다면 승리한 그리스도인들 무리 전체가 집단으로 만국을 다스린다는 의미이다. 전제되는 왕권과 어울리지 않는다. 끝까지 인내하면, 그리스도께서 그들로 하여금 시편 2편에 예언된 메시야의 나라에 참여하게 하실 것이다. 그는 다스리는 권세를 이미 받았다고 밝히신다. 그리스도는 두 아디라 교회에 편지를 시작하시면서 자신을 시편 2편의 '하나님의 아들'이라 는 칭호로 소개하셨다. 이 칭호는 그가 시편의 예언을 성취하기 시작하셨음 을 천명한다. 시편 2편의 약속으로 두아디라 교회에게 보내는 편지를 마무리 하는 것은 적합하다. 메시야의 권세는 그를 따르는 자, 즉 이기는 자에게 또 는 그리스도의 일을 지키는 자에게로 확대된다. 다윗의 왕좌를 계승하는 자 를 가리키는 '나는 그의 하나님이 되고 그는 나의 아들이 되리라'(삼하 7:14) 는 약속이 모든 구원받은 자에게로 확대된다.

2. 그리스도와 함께 만국을 다스리는 권세를 주리라

신자들은 그리스도가 권세를 가지신 것과 마찬가지로 권세를 가지게 된다. '하나님의 아들'이라는 예수님의 호칭은 각각 구약의 아담과 이스라엘을 가리 킨다. 아담과 이스라엘은 동전의 양면이다. 이스라엘과 이스라엘의 족장들은 아담이 받은 것과 똑같은 사명을 받았다(창 1:26-28). 땅을 다스리고 성전을 확 장시킬 제사장 왕으로서의 아담의 사명이 족장들에게 이관된다(출 19:6). 첫 동 산에서 첫 조상은 실패했다. 연합적 아담인 이스라엘 역시 하나님의 사명을 이 행하는 데 실패했다. 하나님이 아들이신 예수님이 강림하신 것은 그들의 사명 을 완수하기 위함이다. 빼앗긴 권세를 되찾아 주시기 위함이다.

그리스도는 시편 2:8의 이방 나라를 유업으로 주는 것과 그 소유가 땅 끝 까지 이르는 것을 이기는 자에게 주어주는 '만국을 다스리는 권세'라는 관념 으로 바꾸신다. 핵심 진술이다. 이 권세는 만국에 대한 지배권인가? 아니면 만국을 멸망시킬 능력을 함축하고 있는가? 끝까지 이기는 자에게 두 가지 약 속이 주어진다. 약속의 넓이와 함축된 의미가 놀랍다. 시편 2:8-9을 바꿔 설명 하는 형태를 취하고 있다. 다스리는 권세를 이미 받았다고 밝히신다.

그리스도는 타협을 이기는 사람들이 그와 함께 그의 나라에서 다스릴 것이라고 약속한다. 이 약속은 그리스도와 동일시되고 연합한 자에게 주어진다. 만국을 다스릴 그리스도와 함께 행사할 권세다. 그리스도와 더불어 왕노릇할 것이다. 심지어 천사조차 판단할 것이다(고전 6:3).

예수님이 시편의 성취로서 다스리기를 시작하려고 받으신 권세는 왕이 그의 백성을 보호하고 원수들을 멸할 때 행사하는 권세로 이해해야 한다. 이 권세는 그리스도의 죽으심으로 성취되었다. 예수님의 십자가는 신자들을 구원으로 인도하는 동시에 여자의 후손을 심판한다는 이중적 의미가 있다.

높아지신 그리스도는 시편 기자의 '유업'을 이기는 자에게 주어지는 '만국'을 다스리는 새로운 권세 관념으로 바꾸신다. 만국에 대한 지배권 혹 만국을 멸망시킬 능력을 함축하고 있다. 성도들은 그리스도의 최후 승리와 통치에 동참하게 된다. 승리하신 그리스도는 권력을 독점하거나 부패하는 일도 없다. 이기는 자에게 만국을 다스리는 권세를 주신다. 바울의 표현처럼 그리스도와 함께 왕노릇한다(딤후 2:12). 세상, 아니 심지어는 천사까지도 판단하게 될 것이다.

예수님은 로마 제국의 권력의 악순환을 멈추는 힘은 더 강력한 권력이 아니었다. 십자가에서 죽기까지 우리를 사랑하는 권세임을 선포하셨다. 예수님은 스스로 권력을 버리는 권세를 사용하심으로 우리가 하나님 자녀의 권세를 얻도록 하신다. 하나님과 단절된 인간의 내면에서 꿈틀거리기 시작한 욕망을 F. W. 니체(F. W. Nietzsche)는 '권력 의지'라고 불렀다. 타인을 지배하고 수단화히는 욕망, 인간을 자기 성취의 도구로 삼는 탐욕이다.

하나님의 통치 혹은 하나님 나라를 선포하는 권세다. 그 통치를 거부하는 자는 멸망할 것이다. 받아들이는 자는 살 것이다. 메시야의 권세는 그를 따르는 자에게로 확대된다. 다윗의 계승자를 가리키는 "나는 그에게 아버지가 되고 그는 내게 아들이 되리니"는 약속이 모든 구원받는 자에게로 확대된다.

새벽 별(The morning star)

이기는 자와 끝까지 내 일을 지키는 자에게 새벽 별을 주리라(계 2:28).

Figure 14.

큰곰자리의 일곱 별을 묘사한 로마 주화.

성경에는 약 70여 구절이 별에 대해 언급하고 있다. 천체들 중에서 별들의 위치를 강조한다. 별들은 하나님의 창조적인 소산물이다. 하나님의 은혜로운 섭리의 일부다(시 147:4). 현대의 유대교는 두 개의 정삼각형을 조합해서 만든 육각형 모양, 이른바 다윗의 방패 혹은 다윗의 별이라는 상징을 채택하고 있다. 이 상징은 다윗의 보좌가 영원할 것이며 메시야가 그의 후손 중에서 태어나리라는, 다윗에 대한 하나님의 언약을 말해 준다. 별은 유대 문학에서 미래에 있을 다윗 가문의 왕에 대한 친숙한 상징이었다. 별은 메시야의 아이콘이다. 메시야의 탄생을 동방박사들에게 알리고 그들을 인도한 물체가 별이었다. 성탄의 별은 구원과 희망의 상징이다. 그래서 크리스마스 기념 장식에서 가장 많이 등장하는 것이 별이다.

1. 그리스도는 광명한 새벽 별이다

샛별에 해당하는 헬라어 '포스포로스'($\phi\omega\sigma\phi\circ\rho\circ\varsigma$)는 신약성경에 한 번 나타난다(벧후 1:19). 라틴어로 '루시퍼'(Lucifer)로 불렀다. 악마를 뜻하는 '루시퍼'가 여기서 나왔다. 라틴어로 이 별이 태양을 앞서가면 '루시퍼'(Lucifer), 태양의 뒤를 따를 때는 '헤스페로스'(Hesperos)라고 칭하였다 요한계시록에서 두 번 나온다. 두 번째 나올 때까지 새벽 별의 정체를 이해하지 못할 수 있다. 새벽 별은 그리스도 자신을 가리킨다. 그리스도는 자신을 광명한 새벽 별로 계시한다. 민수기 24:17의 간접인용이다. 고대 유대인들은 이 별을 메시야적으로 이해하였다. '새벽'에 해당하는 '프로이노스'($\pi\rho\omega\iota\nu\circ\varsigma$)는 별을 규정한다. 그 이유는 다윗에게 한 의로운 가지를 일으킨다고 할 때 사용되는 동사는 '쿰'(קום)이다. '뻗어나다' 혹은 '동틀녘'이란 의미로 사용된다.

이기는 자에게 보상은 새벽 별로 상징되는 그리스도 자신이다. 그리스도는 '광명한 새벽 별'이다. '새 날'이나 '새 시대'의 여명이다. 여기서는 시작된 성취와 미래의 성취를 다 의도했다는 것이 분명하다. 이미 새 날이 시작되었다. 그리스도는 새로운 구속의 날을 시작하셨다. 아직 남아 있다. 재림 때에 절정에 이르게 하실 것이다. 광명한 그 새벽이 속히 올 것이다. 가장 빛나는 별을 보기 위해선 가장 깊은 어둠 속으로 걸어가야 한다. 그것이 가장 아름다운 별을 보는 방법이다. 가장 큰 희망은 가장 큰 절망에서부터 시작된다.

> 교회가 지금 환난 가운데 어두울수록 새벽 별은 더 밝게 빛난다. 더 기다려진다. 새날, 종말이 더 가까워진 것이다. 하나님이 빛 가운데 계신 것 같이 우리도 빛 가운데 행하고 있다(요일 5:7).

베드로후서에서 샛별은 여명이 비치는 말과 동의어이다. 샛별과 새벽 별 모두 그리스도의 초림에서 구약의 예언의 말씀이 시작되었음을 가리키는 은유다. 동방의 박사들이 본 '그의 별'은 이 새로운 시대를 열기 위해 이 땅에 오신 왕을 가리킨다(마 2:2).

시편에서는 철장을 깨뜨리시는 분으로 말해진다(시 2:9). 메시야, 즉 이스라엘의 왕은 통치의 홀(규)로 무장되어 있다. 또한 한 별이 야곱에게서 나와 나라들을 다스린다고 말했던(민 24:17) 발람의 신탁을 상기시킨다. 이스라엘의 군사적 구원자의 이미지다. 이스라엘에게서 일어난 홀(규)로 묘사된다.

로마 제국의 황제들은 자기들이 새벽 별, 즉 금성의 후손이라고 주장했다. 그리스도는 자신이 두아디라와 같은 도시에서 숭배를 받는 자들을 포함해 모든 인간 통치자와 달리 세상의 참된 통치자라는 사실를 계시하는 것이다.

고대 이방인들은 별을 섬겼다(행 27:20). 새벽 별은 로마 통치의 상징인 비너스, 즉 금성 혹은 그리스도 자신을 언급하는 것일 수 있다. 새벽 별은 마지못해 예언한 선견자인 발람의 네 번째 예언에서 "한 별이 야곱에서 나올 것이요"라고 선언한다. 이것은 직접적으로는 다윗을 가리킨다. 본문에서는 다윗의 후손인 이스라엘의 통치자이자 구원자이신 그리스도 자신이다. 민수기는 다윗의 왕국에 관한 예언을 포함하고 있다. 야곱에게서 나오는 별과 이스라엘에게서 일어난 규의 상징을 사용한다. 율리우스 가이사가 죽은 후에 한 별이 혹은 혜성이 나타났다고 알려진다. 이는 그의 신격화(deification)을 의미한다.

이기는 자에게 약속된 새벽 별은 이사야에 대한 암시가 있을 수 있다(사 11:10; 60:1-3). 만일 요한이 두 본문을 염두에 두었다면, 두 본문은 예수님을 가리켜 나라들이 구원을 얻으러 나아갈 분으로 부각시키는 역할을 한다. 새벽 별은 메시야의 통치를 상징하며 그 별을 소유한다는 것은 메시야의 통치에 참여한다는 뜻이다.

Figure 14-1.

"그 때에 새벽 별들이 기뻐 노래하며 하나님의 아들들이 다 기뻐 소리를 질렀느니라"(욥 38:7), 윌리엄 블레이크의 욥기 삽화.

'나는 광명한 새벽 별이라'는 높아지신 예수님이 아버지로부터 받은 것이 자 장차 이기는 자에게 주실 것으로 언급된다(2:28). 새벽 별은 다윗의 상속 자이다. 예수님 자신이다. '광명한'에 해당하는 '람프로스'(λαμπρός)는 해와 달을 제외하면 아프로디테, 즉 비너스(금성 또는 샛별, 새벽 별)가 모든 행성 중에서 가장 밝다는 신념을 반영한 것이다. 새벽 별은 메시야적 통치와 관련이 있는 상징이다. 새벽 별을 받는 것이다. 새벽 별이 되는 것이 아니다. 예수님만이 광명한 새벽 별이다. 이긴 자는 그리스도의 지위를 함께 나눈다.

2. 그리수도께서 이기는 그에게 새벽 별을 주신다

태양과 달 다음에 가장 밝은 행성은 금성이다. "새벽 별이 되라 또는 새벽 별처럼 밝아라"라고 말하지 않는다. 새벽 별을 주신다고 약속한다. 이기는 자가 새벽 별을 받는다는 것은 무엇을 의미하는가? 그리스도가 자신의 메시야 지위를 이기는 자와 함께 나눈다는 사실을 나타난다. 그리스도와 함께 왕 노릇한다는 말이다. 요한계시록에서 그리스도는 합법적인 통치자다. 왕을 따르는 자들, '진정한 "왕따"들은' 그의 별로 나타난 그의 통치에 함께하도록 허락하셨다.

모든 교회는 타협의 유혹에 직면하고 있다. 이미 유혹에 굴복한 교회도 있다(버가모, 두아디라, 사데, 라오디게아 교회). 그러므로 이기라는 권면은 타협에 대하여 강하게 계속 맞서라는 촉구다. 타협을 멈추라는 경고다. 그리스도께서 이기는 자에게 만국을 다스리는 권세와 함께 새벽 별을 줄 것을 약속하신다. 완성될 절정의 약속을 재확인한다. 그리스도 안에서 성취되기 시작한 이사야 11:1의 예언에 대한 그 이상을 뛰어넘는 설명이다. 하늘에서 성도들의 영광은 이기는 자로서 그리스도와 함께 다스리는 것이다. 통치의 한 부분이다. 직접적인 것이 아니라 간접적이다.

‘그에게’는 승리한 모든 그리스도인을 지칭한다. 이기는 자에게 주어지는 상은 새벽 별이다. 은유적이다. 소유하는 자는 복수다. 상은 한 개뿐이다. 새벽 별이 무엇인가? 누구를 가리키는가? 예수님은 다윗의 자손이요 새벽 별이다.

> 새벽 별을 주신다는 약속은 메시야의 통치에 참여한다는 뜻이다. 왕들의 나라들을 짓밟을 것이다(시 2:9). 그들을 뛰어넘는 통치를 할 것이다. 유업으로 새벽 별과 왕권을 받을 것이다(민 24:17; 시 2:9).

새벽 별은 그리스도의 죽으심과 함께 시작된 메시야의 통치와 연관되어 있는 상징이다. 신자들에게 적용된다. 이기는 자는 그리스도의 통치에 참여하게 된다. 새 예루살렘에서 구원받은 자들은 그리스도의 빛 가운데서 세세토록 왕 노릇하게 된다. 새벽은 예수님의 죽으심으로 성취된 하나님 나라가 시작된 측면을 부각시킬 수 있다. 민수기 24:17의 ‘새벽 별’이 영감을 주었을 것이다. 싯다르타는 깨달음을 성취한 장소는 인도 보드가야 사원의 보리수(菩提樹) 아래다. 새벽 별을 보면서 깨달았다고 한다.

일곱 편지에서 이기는 자에게 주어지는 모든 약속이 새 하늘과 새 땅에 대해 말하는 요한계시록의 마지막 부분에서 똑같이 묘사된다. 신자들은 심판에서 보호를 받는다. 하나님의 성을 기업으로 받는다. 그리스도의 통치에 참여한다. 오는 세대의 삶, 즉 신적 생명을 얻는다.

그리스도가 이기는 자에게 “새벽 별을 주시리라”는 절정의 약속을 재천명한다. 고난받는 성도들이 죽은 자 가운데서 부활할 때 영원히 빛나는 별과 같이 될 것이라는 구약과 유대 전통을 가리킨다. 이기는 자는 새벽 별이신 그리스도가 갖고 있는 메시야의 영광에 참여하도록 허락하신다.

흰 옷(White clothe)

옷을 더럽히지 아니한 자 몇 명이 흰 옷을 입고 나와
함께 다니리라(계 3:4).

Figure 15.

윌리엄 블레이크의 수채화, '야곱의 사다리'(1757. 1827).

흰 옷은 제의적, 도덕적 정결 개념에 중심을 둔 긍정적인 의미를 상징한다. 더럽다는 것은 이교도의 생활과 혼합되어 있다는 뜻이다. 그리스도와의 관계에서 순결성을 잃었다는 것을 상징한다. 사데 교회의 대부분의 사람들의 영적 상태가 그러했다. 하늘의 사자들은 종종 흰 옷을 입은 것으로 묘사된다. 아시아 도시들에서 Greco-Roman 예식에 참여하는 사람들은 일반적으로 흰 옷을 입었다. 그 이유는 흰색이 신들에게 가장 합당한 색깔이었기 때문이다. 성경에서 흰 옷은 신부의 예복, 순수함, 구원, 빛, 천사들, 공의, 정의, 하나님의 군대 등을 상징한다.

요한계시록에서 흰 옷은 특정한 패턴을 가지고 있지 않다. 라오디게아 교인들은 흰 옷을 사서 그들의 벌거벗은 수치를 가리라는 조언을 듣는다. 신원을 기다리는 순교자들은 흰 두루마리를 받는다. 이십사 보좌에 앉은 장로들은 흰 옷을 입고 있다. 어린 양 앞에 어린 양의 피로 씻은 흰 옷을 입은 무리가 서 있다. 메시야와 함께 등장하는 하늘 군대는 '희고 깨끗한 세마포 옷을 입고' 있다. 3세기 중엽, 데시우스(Desius) 황제가 무서운 박해를 시작했다. 수천 명의 그리스도인이 그의 이름 앞에 제물을 드리기를 거부하고 죽어갔다. 옷을 더럽히지 아니했다. 북아프리카 카르타고의 감독이었던 키프리안(Cyprian)은 다음과 같은 말로 칭찬했다.

하나님의 인으로 거룩해진 당신들의 이마는 … 주께서 주실 면류관을 위하여 예비되었다.

하나님의 보좌 앞에 있는 구원받은 자들은 흰 옷을 입었다. 어린 양의 신부인 충성된 자들은 빛나고 깨끗한 세마포 옷을 입었다. 구원받은 자들과 신부와 동일시되는 독자들은 또한 해같이 빛나는 옷을 입고 별의 관을 쓴 여자와 동일시된다.

1. 그 옷을 더럽히지 아니한 남은 자는 복이 있다

사데의 번영은 부분적으로 많은 상업로에 위치한 그 입지와 왕도의 종착지로서 그 지위의 결과였다. 사데는 부유한 도시였다. 상업적으로 번성했다. 양모 염색 기술을 자기들이 발명했다고 주장했다. 아이러니하게 사데 사람들은 잘 입는 것에는 관심을 가졌으나 그리스도에 대한 내적인 순결과 이교 사회에서 겉으로 나타나는 도덕적인 생활에는 무관심했다.

사데 교회에 있는 대부분의 사람들은 그들의 믿음을 증언하지 않음으로 타협을 하였다. 하지만 바알에 무릎을 꿇지 않는 칠천 명처럼 충성한 사람 몇 명이 남아 있었다. 남은 사람들은 '옷을 더럽히지 아니한 자들'이다. 수사학적으로, 이것은 다른 사람들 역시 동일하게 행동하도록 하는 동기를 부여한다. 이 비유는 사데의 부의 핵심 원천 가운데 하나인 양모 산업을 기초로하고 있다. 눈에 보이는 옷과 달리 그들의 영적인 옷을 더럽히지 않았다.

옷을 더럽히지 않았던 몇 명은 점차 변절해 가고 있는 교회에서 순수함을 유지함으로써 승리한 자, 즉 이기는 자다. 변신이 있어도 변심을 하지 않은 자다. 다니엘처럼 뜻을 정하여 왕의 음식을 거부하면 변절자인가? 아니다. 뜻이 바뀌어야 할 분명한 이유가 있는가가 중요하다. 사데의 몇 명은 더럽히지 않겠다는 분명한 이유가 있었다. 사데 교회의 다수는 고난 때문에 배교하는 사람이다. 소수는 고난 덕분에 본질을 알게 되는 사람이다. 다수는 경제적으로 결핍하기 때문에 주저앉는 사람이다. 소수는 결핍 덕분에 기도하며 흰 옷을 입고 날아오르는 사람이다.

대부분의 사데 교인들은 그리스도에 대한 충성된 순종에서 떠나 있었다. 세속화되었다. 소아시아에서 발굴된 비문에서는 더럽혀진 옷은 예배자에게 합당하지 않으며 신을 모독한다고 선언한다. 이 옷을 인격과 동의어로 간주할 수 있다. 몇몇 사람은 '그들의 옷을 더럽히지 않았다.' 사데의 기본적인 무역이 울 제품을 생산하고 염색하는 것이었다. 더럽혀진 옷에 대한 이미지가 쉽게 이해되었을 것이다.

더럽혀진 옷은 육체를 불결하게 하며, 예전적으로 하나님 앞에서 입기에 합당하지 않다. 사데의 대부분의 그리스도인들이 증언을 하지 못한 이유가 무엇일까. 그들이 매일 서로 영향을 주고받는 이교 문화의 우상 숭배 분위기에서 저자세(a low profile)를 취했다는데 있음이 드러난다.

> 요한계시록의 칠복 중 마지막은 자기 두루마리를 빠는 자, 곧 계속해서 타협하지 않고 짐승의 요구를 거절함으로 더럽히지 않는 사람들에게 복이 있다고 선언한다.

묵시록에서, 밝은 옷들은 일으킴을 받은 자들의 영광을 가리킨다. 문화적으로 흰 옷은 사망과 슬픔을 내포한다. 그러나 요한계시록은 흰 옷을 생명과 상급과 관련시킨다. 사데의 부의 핵심 원천 가운데 하나 곧 양모 산업을 기초로 하고 있었다. 예수님은 도적같이 오실 것이다. 성도들은 그들의 옷을 늘 입고 있어야 한다. 옷을 입고 있다는 것은 무엇을 뜻하는가? 고난 중에서도 지속되는 충성을 뜻한다. 어린 양께서 그의 고난과 죽음에서 드러내 보이신 것과 유사하다.

흰 옷은 더럽혀진 옷과는 반대된다. 옷이 더럽혀졌다는 것은 죄로 물들었다는 의미다. 요한계시록 7장에서는 흰 옷을 입은 무리를 어린 양이 생명수 샘으로 인도한다. 하늘 보좌 주위에 있는 흰 옷을 입고 있는 허다한 무리는 어린 양의 피에 그 옷을 씻어 희게 한 자들이다.

2. 흰 옷을 입고 그리스도와 함께 다니리라

연령과 계층에 따라서는 색감이 다르다. 붉은빛 하면 어린이들은 태양이나 불을 생각한다. 청년들은 정열, 장년들은 경고 표시를 떠올린다. 국가별로 차이를 보이기도 한다. 의복과 예식 등에 쓰이는 색상이 다른 이유도 여기에

Figure 15-1.

이집트에서 온 여사제의 리넨(아마 성유) 천.

있다. 옷을 더럽히지 아니한 자는 흰 옷을 입고 그리스도와 함께 다니는 미래의 상급의 기초가 된다. 고난을 통한 인내의 상과 관련된다. '큰 환난에서 나오는 자들'은 '어린 양의 피에 그 옷을 씻어 희게 한 자들'이다. 옷을 더럽히지 아니한 소수에게 주시는 약속이다. 그리스도와 함께 '흰 옷을 입고'걷게 되는 것이다.

자신을 더럽히지 아니한 사데 교회의 몇몇은 흰 옷을 입고 그리스도와 함께 다니기에 합당하다. 그들의 합당함은 순수함을 유지했기 때문이다. 어린 양이 거룩하기 때문에 그와 함께 하는 신부들은 거룩해야 한다. 예배자가 보좌에 앉으신 이 앞에 섰을 때 흰 옷을 입는다고 하는 환상들에서 분명해진다.

오병이어 기적을 경험한 많은 사람이 예수님을 믿지 못하고 떠난다. 다시는 함께 다니지 않는다. 예수님을 하나님의 거룩한 자임을 믿고 아는 소수의 제자들만 예수님과 함께 동행한다. 미래에 계속될 것을 강조하고 있다. 죄를 저항하고 자신들의 옷을 더럽히지 않는 자들은 미래 흰 옷을 입고 그리스도와 함께 다니기에 합당하다. 그에게 인정받는다는 것이다. 신약성경에서 '행동하다'라는 의미로 종종 사용된다. 제자의 신분의 동의어로 사용된다. 흰 옷을 입고 그리스도와 함께 '다닌다' 또는 '걷는다'는 것은 무엇을 의미하는가? 순회 사역을 생각할 수 있다. 하나님과 동행한 에녹을 상기할 수 있다. 에녹과 노아 두 사람에 대한 언급일 수 있다(창 5:22; 6:9). 둘은 하나님과 동행했다. 이 말은 그들이 하나님과 직접적인 교제를 누렸다는 의미를 나타내는 것으로 보인다. 사데 교회를 통해 볼 때 승리의 행진이 주는 이미지가 가장 적합하다. 사데 도시는 과거 유명했다. 그때의 영광은 사라졌다. 지금 그리스도는 사데 교회가 사데 도시와 비슷한 곤경에 처해 있다고 경고하신다. 사데 도시의 태도가 사데 교회에 스며들었다. 사데는 주로 패배의 역사로 알려져 있다. 과거의 승리는 쓰라린 추억으로 갖고 있다. 최후 승리를 축하하는 행진에서 흰 옷을 입고 만왕의 왕이신 그리스도와 함께 퍼레이드에 참여한다는 것은 크게 흥분할 일이었을 것이다.

그리스도와 친밀한 교제를 즐기는 것을 의미한다. 교제의 방법이나 미팅 장소는 상상하기 어렵다.

속량함을 받은 144,000명은 자신을 더럽히지 아니하고 순결한 자로서 어린 양이 어디로 가든지 따라간다(14:4). 요한계시록은 독자들에게 하나님이 다스리고 계시며, 인류를 향한 그의 영원한 계획이 실제로 성취될 것임을 알려 주는 기능을 한다.

성도들이 짐승, 즉 사탄에게 충성을 서약하든지 아니면 어린 양에게 하든지 중대한 결정에 직면하게 될 것이다. 어린 양을 따르기로 한 자는 어린 양의 피로 씻은 흰 옷을 입은 자다. 생명책에 그 이름이 기록된 자다.

열쇠(Key)

다윗의 집의 열쇠를 그리스도의 어깨에 두리니
열면 닫을 자가 없으리라(계 3:7).

Figure 16.

무저갱의 열쇠를 가진 천사.

요한은 독자들이 알기 원한다. 그리스도를 알기 원한다. 그가 지금 참 이스라엘, 즉 교회의 머리로서 가지신 지위와, 이것이 그들에게 어떤 영향을 끼치는지 더 잘 알게 하고자 한다. 엘리야김의 역사적 상황을 교회와 관련한 그리스도와의 상황과 비교한다. 예수님은 '다윗의 열쇠'를 가지신 분이다. 이사야 22:22에서 파생되어 나오는 언어다. 그리스도의 모습에 섞어 넣었다. 다윗의 열쇠를 가지신 분이다. 합법적인 안내자다. 힐기야의 아들, 하나님 종 엘리아김은 셉나를 대신하여 히스기야 가문의 주요 청지기로 임명된다. 그에게 '다윗의 집 열쇠'가 주어진다. 그는 '성경 계보' 속에 나와 있는 인물 2,197명 중 한 명이다. 그는 앗수르의 왕 산헤립이 히스기야의 남유다 성읍들을 점령하고 예루살렘을 위협하고자 랍사게를 보냈을 때 아람 방언을 알아들었다고 말하고 있다(왕하 18:26). 열쇠, 옷, 띠는 총애를 잃고 추방당한 셉나의 자리를 차지할 고관 또는 왕의 청지기 엘리야김의 권위와 권능의 상징이다. 이사야는 다윗의 열쇠를 가지신 이가 유다와 예루살렘을 다스리는 권세를 가진다고 말한다. 요한계시록은 그리스도가 모든 영역의 사람들을 하나님의 왕국과 새 예루살렘으로 인도하신다고 말한다.

1. 엘리아김에게 다윗의 집의 열쇠를 맡기다

하나님은 엘리아김의 어깨 위에 다윗의 집의 열쇠를 두신다. 유다 왕국을 위한 통치의 책임을 뜻한다. 다윗의 집 열쇠의 유형론적인 예언의 이해를 촉진시킨다. 원래 열쇠는 핀들이 달린 평평한 나뭇조각이었다. 이러한 핀들은 오목한 빗장 구멍들과 일치하였다. 문을 열기 위하여 사람은 자기 손을 구멍에 넣고 열쇠에 맞먹는 핀들로서 빗장의 핀들을 올렸다. 열쇠는 큰 나무 문의 열쇠였다. 아마 여러 가지 긴 못을 박아 고정한 하나의 긴 나뭇조각으로 이루어져 있었다. 열쇠는 대개 매우 컸다. 호주머니에 넣을 수 없었다. 허리에 달고 다니거나 심지어는 어깨에 메고 다니기까지 하였다. 어깨에 있는 인대와 힘줄은 고무줄 역할을 한다. 탄성에너지를 만들어 낸다. 어깨가 튼튼하고 강해서 만들어내는 힘이 아니다. 인간의 어깨는 그리 강하게 창조되지 않았다. 하나님께서 인간의 어깨에 무거운 짐을 지는 것을 허락해 주시지 않았다는 뜻이다. 즉 한계를 갖는 약한 어깨로 만들어 주셨다. 구약에서 열쇠는 그 집안의 청지기, 믿을 수 있는 하인, 가사를 전담하도록 주인이 택한 사람에게 주어졌다.

KEYS TO HEAVEN
Meister der Katharinen-Legende depicted Jesus literally handing Peter the keys to his kingdom in *Handing of Keys to St. Peter* (c.1470), which also features other scenes from the New Testament.

Figure 16-1.

마이스터 데어 카타리넨 레전드(Meister der Katharinen-Legende)는 '베드로에게 열쇠를 건네다'(1470년경)에서 예수님이 베드로에게 왕국의 열쇠를 건네는 모습을 문자 그대로 묘사했다.

엘리야김은 메시야와 비교된다. 전자는 예루살렘 주민과 유다의 집의 아버지가 될 것이다(사 22:21). 후자는 '영존하신 아버지'다. 전자는 그의 아버지 집에 영광의 보좌가 될 것이다.

> 다윗의 왕좌와 그의 나라에 군림하여 그 나라를 굳게 세우고 지금 이후로 영원히 정의와 공의로 그것을 보존하실 것이라(사 9:7).

요한계시록은 열쇠를 가지신 이가 하나님의 보좌에 함께 할 어린 양이다. 다윗의 뿌리요 자손이다. 전자는 하나님에 의해 왕의 청지기 지위를 차지한다. 후자는 '전능하신 하나님이요 평강의 왕'이다(사 9:6).

엘리아김은 '다윗의 집 열쇠'를 맡은 청지기다. 사람들로 왕에게 다가갈 수 있도록 허락한다. 행정의 책임을 진다. 백성들의 아버지가 된다. 칠십인역에는 열쇠를 언급하지 않는다. 오직 '다윗의 영광'만을 언급한다. 1세기 유대 사상의 문헌들 속에서 메시야 사상과 맞추어 해석되었다. 엘리아김은 '다윗의 열쇠'를 관장하는 그리스도의 모형으로 이해된다. 엘리아김은 이스라엘을 다스렸다. 엘리아김은 예언 전 모형인 그리스도는 참 이스라엘로써 교회를 다스린다. 오직 그리스도만이 하나님 나라에 들어가는 자와 들어가지 못할 자를 결정하신다. 이사야가 사용한 이미지는 충격적이다.

> 내가 다윗의 집의 열쇠를 그의 어깨에 두리니(사 22:22).

당시에는 길고 무거운 나무 열쇠를 어깨에 매고 다녔던 것 같다. 엘리아김에게 주어진 권세 외에도 열쇠가 신뢰와 책임의 이미지를 암시한다. 다윗의 열쇠를 가지신 그리스도께서 회당이 아닌 교회 앞에 열린 문을 두신다. 회당의 문은 닫혔지만 하나님 나라 문은 활짝 열려 있는 것이다.

열쇠는 다윗의 권세와 관련이 있다. 탈굼(Targum)은 종이 성소의 열쇠를 가지게 될 것이라고 덧붙인다. 요한계시록은 그리스도가 성전에 접근하도록 허락하신다고 주장한다. 열린 문이다. 새 예루살렘으로 들어가는 문은 오직 그리스도뿐이다. 엘리아김은 하나님의 종이다. '나의 종'에 해당하는 '아브디'(עֶבֶד)로는 이사야 40-53장에 13번이 나타난다. 이사야 종 예언과 쉽게 결합되어 있다. 열쇠를 맡기는 사람의 입장에서 열쇠는 청지기의 성품에 대한 신뢰와 신임의 상징이다. 열쇠는 받은 사람의 입장에서는 권한과 책임의 상징이다.

2. 그리스도는 다윗의 열쇠를 가지고 있다

예수님이 다윗의 열쇠를 가졌다는 것은 이사야 22:22의 인용이다. 엘리아김의 어깨에 열쇠를 두신다. '다윗의 집 열쇠'다. 왕과 궁정에 나아가는 권한을 의미한다. 엘리아김은 국가의 비서실장으로서 역할을 한 것이다. 열쇠는 고대사회에서 믿을 만한 사람에게 주어졌다. 열쇠가 열 수 있는 것에 비해 열쇠는 매우 작다. 큰 문의 열쇠는 힘을 상징한다. 따라서 열쇠는 힘, 신비, 독점 등의 의미가 함축되어 있다. 열쇠로 열 수 있고 닫을 수 있는 것은 권한이다. 열쇠로 닫고 열어야 하는 것은 책임이다. 에스라 시대에는 네 명의 레위인과 문지기의 우두머리가 성전 열쇠를 관리하는 책임을 맡았다(대상 9:27). 그리스도는 자신이 거룩하고 진실할 그뿐만 아니라 열면 닫을 사람이 없고 닫으면 열 사람이 없는 다윗의 열쇠를 가지신 분이라고 밝힌다.

엘리아김의 어깨에 둔 '다윗의 집 열쇠'는 미래적 이스라엘 통치자에 대한 예언과 아주 현저하게 병행되고 있다. 엘리야김은 이스라엘 왕을 섬기는 총리다. 그의 왕국에 대한 일시적인 통치는 더 큰 왕국을 다스릴 그리스도의 보다 위대하고 영원하신 통치권을 드러내도록 만들기 위하여 발전시킨 예언의 역사적 경향이다. 예수님이 다윗의 열쇠를 갖고 계시는 것은 그분을 하나님 나라 곧 새 예루살렘에 들어가는 권세를 갖고 계시는 다윗의 후손 메시야로 묘사하는 것이다.

그리스도는 다윗의 자손으로서 심판과 은혜를 통제하는 하나님의 영원한 왕국의 열쇠를 가지고 있다. 사망과 음부의 열쇠 그리고 다윗의 열쇠는 사망으로부터 해방되며 하나님 나라로 가는 속죄의 동일한 행위의 두 부분임을 말해 준다.

엘리아김에게 주어진 '다윗의 집 열쇠'는 '열고 닫을' 수 있었다. 엘리아김의 절대적 권능과 권세를 강조하기 위한 것이다. 예수님은 '다윗의 열쇠'를 가지신 것은 그 이상의 의미가 있다. 권세와 힘과 아울러 신뢰와 책임이 강조된다. 유대인들은 아마 빌라델비아의 그리스도인들을 회당에서 추방했을 것이다. 빗장을 걸어 잠갔을 것이다. 유대 세계에서 전반적으로 그랬다. 그러나 회당에서 닫는 권세가 있는 것처럼 보이지만, 그리스도만이 다윗의 열쇠를 갖고 하나님 나라의 문을 열고 닫을 수 있음을 선언한다. 회당 문은 닫혔지만, 하늘 문은 열려 있다. 새 예루살렘을 향한 문은 열려 있다. 누구도 열거나 닫을 수 없다. 반전 패턴(pattern of reversal)이 있다. 예수님의 이름을 부인하지 않는 자들은 회당에서 쫓겨났을 것이다. 그러나 그들은 하나님의 성전에 들어가게 된다. 새 예루살렘에 들어가게 된다.

이사야로부터 인용한 구절이 미래의 가능성으로부터 현재의 사실로 전환되었다. 그리스도는 진실하신 청지기이면서 주인이다. 사망과 음부의 열쇠를 가지고 다니신다. 때로 천사들이 지하 세계를 열고 닫기 위해 열쇠들을 사용한다. 하나님 나라에 들어가게 허락하시는 이는 다윗의 열쇠를 가지신 그리스도다. 하나님 나라에 들어가는 사람들을 주관하시는 그의 권세를 강조한다. 그리스도가 새 예루살렘을 여시면 아무도 그 결정을 바꿀 수 없다. 그리스도가 문을 닫으면 이 결정 또한 절대로 변경할 수 없다.

능력(Strength)

작은 능력을 가지고도 그리스도의 말씀을 지키며
그의 이름을 배반하지 않는다(계 3:8).

Figure 17.

플랑드르 화가 프란스 프랑켄 2세(1581-1642)가 그린 언약궤에서 이스라엘 백성은 요르단
강을 안전하게 건너고(물이 정지되면서) 마침내 40년 후에 약속의 땅에 들어간다.

열린 문은 경계의 표시가 아니다. 새 예루살렘을 보여 준다. 빌라델비아는 버가모처럼 '선교의 도시'(the missionary city)라고 불렀다. 교역에 유리했다. 블기아까지 군사 도로가 펼쳐져 있었다. 통치자들은 빌라델비아가 리디아와 브루기아에 헬라 문화를 소개하는 통로로 되길 원했다. 열린 문은 선교의 문이다. 생명의 문이고 전도의 문이다. 하늘의 문을 가리킨다. 하늘 궁정으로 들어가는 문이다.

그리스도께서 여신 이 문을 누가 닫겠는가? 로마 제국도 못 닫았다. 유대교도 못 닫았다. 열린 문이 상징하는 것은 종말론적 구원에 들어가는 것을 보장을 말한다. 즉 메시야의 왕국, 새 예루살렘으로 들어가는 보장을 뜻한다. 하나님 나라의 문을 가리키고 있다. 다윗의 열쇠를 가지신 그리스도께서 빌라델비아 교회 앞에 열린 문을 두신다. 이사야 45:1의 "내가 왕들의 허리를 풀어 그 앞에 문들을 열고 성문들이 닫히지 못하게 하리라"라고 고레스에 대한 약속을 상기시킨다. 이스라엘이 그 적들에 비교하면 약한 것 같지만 고레스 왕을 통하여 하나님의 회복의 역사에 의해 강하게 될 것이다. 그의 정복을 통해 승리를 허용한다. 다른 말로 말하면, 고레스가 포위한 도시들의 성문을 부수고 들어갈 수 있다는 것이다.

빌라델비아 교회는 작은 능력을 가지고 있었다. 외부 세계에서 보기에 약해 보이는 교회다. 작은 능력을 가지고도 그리스도의 말씀을 지켰다.

작은 능력은 그들 앞에 있는 열린 문을 닫고 여는 데 제한이 있음을 암시한다. 자력으로 열고 닫을 수 없다. 작은 능력이라는 것이 문자적으로 볼 때, 교회 규모와 인원이 적다라고 볼 수 있다. 특히 유대인들에게 멸시와 박해를 받았을 것이다. 그러나 교회 규모와 인원의 크고 많음에 따라 순종의 여부가 결정되지 않는다. 적은 숫자와 능력이기에 더욱 겸손하고, 하나님을 신뢰하고, 말씀에 순종할 수 있다. 다섯 달란트와 두 달란트 받은 종들을 보라. 둘 다 칭찬받은 것은 적은 일에 충성하였기 때문이다(마 25:21, 23). 지극히 작은 것에 충성된 자는 큰 것에도 충성된다(눅 16:10). 달란트, 즉 능력이 적다고 불평하고 남과 비교하는 자는 한 달란트를 받은 종은 악하고 게으른 종이다(마 25:26). 말씀에 순종하는 것은 능력이 많고 적음에 비례하지 않는다.

1. 작은 능력을 갖고도 열린 문을 하나님 나라에 향해 두다

그리스도께서는 우리 앞에 두신 열린 문을 우리의 작은 능력으로 어떻게 했는지 아신다. 작은 능력으로 말씀을 지킨 것은 열린 문을 그대로 열려 있게 하는 것이다. 이것이 그 분의 뜻이요 말씀이다. 빌라델비아 교회는 다윗의 열쇠를 가지신 그리스도께서 자신들 앞에 두신 열린 문을 도시의 관문처럼 이용하지 않았다. 열린 문과 관문은 다르다. 빌라델비아 교회는 비록 작은 능력을 갖고도 그리스도께서 교회 앞에 두신 열린 문을 닫거나 잠그지 않았다. 교회의 출입을 통제하지 않았다. 교회 문턱을 높이지 않았다. 성과 속으로 구분하지 않았다. 빌라델비아는 '동쪽으로 가는 관문'이라는 명칭을 갖고 있었다. 전략적 위치에 있었다. 무시아, 리디아 그리고 브루기아로 이어지는 무역로가 만나는 지점에 있었다. 로마에서 드로아를 통해 빌라델비아를 지나 동쪽으로 이어져 중앙 고원 지대까지 연결되는 제국의 우편 전달 도로에 있었다. 교회는 도시와 달랐다. 열린 문을 두신 그리스도께 순종할 뿐이다. 부족한 부분을 채워주실 것을 믿었다. 그 문을 열어 두었기에 그 도시의 신앙에 대해 보상해 주신다.

교회는 열린 세상이나 열린 사회를 추구하지 않는다. 그리스도께서는 교회 앞에 두신 열린 문으로 들어가는 자이시다. 믿는 자들만 이용하는 문이 아니라 세상 사람들도 그 문을 통해 하나님 나라로 들어가도록 열어 둔다. 하나님 나라로 들어갈 수 있고 그들과 함께 다른 이들도 들어가도록 돕는 열린 문과 함께 가시적으로 복을 받고 있다. 닫는 것은 교회의 권한이 아니다. 닫을 자는 오직 다윗의 열쇠를 가지신 그리스도뿐이다. 그분만이 뜻대로 열고 닫을 수 있는 절대적 권세를 갖고 계신다. 그리스도께서 열면 닫을 자가 없고, 닫으면 열 자가 없다. '다윗의 집'에 들어가는 것과 '하나님의 성 곧 하늘에서 내 하나님께로부터 내려오는 새 예루살렘'에 들어가는 것은 동일하게 하나님 나라를 가리키는 이미지로 이해할 수 있다.

예수님은 제자들에게 하늘에서 매이고 풀리게 하는 '천국 열쇠'를 주신다. 빌라델비아 교회에 열린 문을 두신다. 믿는 자들이 지역의 유대 회당으로부터 출교를 당했을지 모른다. 그리스도는 '내가 네 앞에 열린 문을 두었다'고 말씀하신다. 하나님 나라로 향하는 열린 문을 두셨다. 은혜요 위로다. 그리스도께서 우리 앞에 열린 문을 두셨다. 작은 능력을 갖고 있는 우리가 닫지 않는 것이 그분의 말씀을 지키는 것이다.

2. 작은 능력을 가지고도 주의 이름을 배반하지 않는다

교회 앞에 열린 문, 즉 하나님 나라를 향하여 열린 문을 닫으실 분은 다윗의 열쇠를 가지신 그리스도뿐이다. 다윗의 도시, 새 예루살렘의 무한한 통치권을 가지신 분이다. 마지막 때에 이 도시에 들어오는 것을 용납하거나 거절할 수 있다. 빌라델비아 교회는 칭찬받는 교회일 그뿐만 아니라 복의 통로의 역할을 감당하는 교회다. 열린 문을 통해 자신은 물론이고 다른 사람들이 함께 그 문으로 하나님 나라를 갈 수 있게 하였다.

교회가 작은 능력을 가지고 있기 때문에 외부의 압력에 의해 '예배당 문'도 닫히고, '기도의 문'이 닫힐 수 있다. 재정적으로 어려울 때 '선교의 문'까지 닫힐 수 있다. 닫히지 않는 문, 닫을 수 없는 문이 있다. '천국의 문'이다. 영광의 왕이 들어가는 문이다. 이사야 26:2에서 '너희는 문을 열고 신을 지키는 의로운 나라로 들어오게 할지어다'라는 요구한 화자는 절기 순례자들이다.

그 요구는 시편 118:19의 "내게 의의 문들을 열지어다 내가 그리로 들어가서 여호와께 감사하리로다"와 "문들아 너희 머리를 들지어다 영원한 문들아 들릴지어다 영광의 왕이 들어가시리로다"가 부합한다.

'의로운' 그리고 '신을 지키는'이란 말이 가리키는 대상은 자신의 서원을 지키는 순례자들이다. 한글 성경은 '나라'다. '문들아 머리 들으라' 찬양은 '문들아 머리 들어라 들릴지어다 영원한 문들아 영광의 왕이 들어가시도록 영광의 왕이 들어가신다'라고 시작한다.

서머나에서처럼, 빌라델비아 교회는 유대인들의 회당의 적대적 경험하고 있었다. 그러나 작은 능력으로 예수님의 이름을 배반하지 않았다. 빌라델비아 교회 성도들은 당시 핍박 속에서도 비굴하게 목숨을 부지하기 위해 주님의 이름을 배반한 성도들이 아니었다. 작은 능력을 갖고도 하나님의 말씀을 지키며 주의 이름을 배반하지 않았다. 고고학자들은 이 지역에서 B.C. 1세기경 '밀의 교'(密儀敎)의 규정이 기록된 대리석을 출토했다. 빌라델비아에 이교(異敎)가 성행했던 것으로 추정하고 있다. 이런 이교 풍토 속에서 작은 능력으로 주님의 이름을 배반치 않았다. 복음 사역을 방해하는 유대인들의 간계에도 흔들리지 않았다.

오래전 유럽에서 페스트로 유럽 인구의 3분의 1이 목숨을 잃었다. 페스트를 물리친 뒤 이탈리아 피렌체 장인 조합은 이를 기념하여 청동으로 된 문을 만들기로 한다. 다시는 이런 참혹한 병에 사람들이 희생당하지 않도록 간절히 기원하면서 세워진 문이 바로 '천국의 문'이다. 빌라델비아에서 교회는 회당으로부터 축출당한 기념으로 열린 문을 두신 것이 아니다. 다윗의 열쇠를 가지신 그리스도께서 "내가 네 앞에 열린 문을 두었노라"라고 교회를 향해 말씀하신다. 그리스도께서 하나님 나라의 '문'을 여시면 '능히 닫을 사람'이 없다.' 작은 능력으로 이 문을 새 예루살렘을 향해 열어 두는 것이다. 이것이 작은 능력으로 그리스도의 말씀을 지키는 것이다. 우리는 주어진 '천국의 열쇠'로 우리 앞에 있는 열린 문을 닫히지 않도록 할 수 있다.

인내(Patience)

네가 인내의 말씀을 지켰은즉 내가 너를 지켜
시험의 때를 면하게 하리라(계 3:10)

Figuer 18.

고통의 한가운데서 – 15세기 중반의 '시간의 책'에 나오는 이 그림은 절망의 깊은 곳에 있는 욥이
친구들의 비난에도 불구하고 인내하는 모습을 보여 준다.

에리히 프롬(Erich Fromm)은 삶의 양식에서 그 문제의 원인을 탐문한 사회심리학자다. 언어생활의 변화를 주목한 대목에 새삼 눈길이 간다. 근대 이후 명사의 사용이 대폭 늘어나고 동사의 사용이 줄어들었다는 부분이다. 그는 '갖는다'라는 동사의 목적어가 되는 명사들을 주목한다. 그 목적어에 이끌리면 주체의 '존재 상태'가 잠식될 수 있음을 경계한다. 교회는 사회적 가치뿐만 아니라 교회적 가치가 있다. 인내하라는 말씀은 교회의 머리이신 그리스도께서 주신 명령이다. 인내와 인내하라는 뉘앙스가 다르다. 성경의 인내는 저항이나 압제에 직면하여 하나님이 훈련시키거나 하나님이 부여하는 자제력이다. 마태와 마가는 예수님의 종말론 강화를 환난에 연결시킨다. '인내하다'를 동사형으로 설명한다. '끝까지 견디는 자는 구원을 얻으리라'(마 24:13; 막 13:13). 누가는 씨 뿌리는 비유에서 동사형 대신 명사형을 사용한다.

'말씀을 듣고 인내로 결실하는 자니라.'

두 경우 다 인내를 전제 조건으로 하고 있다.

빌라델비아 교회에게 '나의 인내의 말씀'을 하신다. 두 가지 방식으로 받아들여진다. '나의'는 '인내'만을 수식하는가? 즉 그리스도 자신의 인내의 관한 메시지인가? 아니면 전체 명사구를 수식하는가? 즉 그리스도인들에게 주신 인내하라는 예수님의 요청인가? 먼저 '나의 인내의 말씀'은 명사형이다. 목적의 소유격(인내의)에 이어 소유의 소유격(나의)이 따라온다. '내 말', '그리스도의 말씀'을 상기시킨다(계 1:8). 성부 하나님께 충성하고 참되게 인내하며 증언하신 예수님을 본받아 인내하며 증언한 빌라델비아 교회의 특성을 강조한다. '인내에 관한 내 말'로 번역될 수 있다. 그것은 그리스도의 사역, 수난, 죽음을 통한 인내를 가리킨다. 그리스도인들은 이를 증거한다. 그리스도의 인내의 말씀을 지킨다. 다음 '나의 인내의 말씀'은 동사형이다. 그리스도께서 빌라델비아 교회에 주신 '인내하라'는 명령이다. '오래 참는 인내에 대한 나의 말'이다. NIV는 '끈기 있게 인내하라는 나의 명령'으로 번역한다. 대명사 '나의'는 거의 확실하게 '말씀'과 '인내' 모두를 수식한다. '인내하라'는 말씀은 그리스도의 말씀이다.

1. 인내하라는 그리스도의 명령이다

톨레랑스(tolerance)는 주로 '관용'이라 번역된다. 어원인 라틴어 톨레란티아(tolerantia)는 인내라는 뜻을 가진다. 톨레랑스는 참는 것이다. 시작은 종교적 인내였다. 인내는 삼세번 참는 것이 아니다. 누구 때문에 참는 것도 아니다. 체면을 봐서 참는 것도 아니다. 노예와 같은 체념적 자세가 아니다. 방향이 있고 목표가 있다. 하나님을 향하여 뻗어 나간다. 하나님으로부터 힘을 얻는다(사 40:13). 칠십인역에서는 '기다리다' 또는 '끈기 있게 기다리다'의 역어로서 사용된다. 이스라엘 백성들은 광야를 여행할 때 인내하지 못하였다. 불평과 조바심이 그들의 모습을 특징지었다. 무엇이 그들로 인내하지 못하게 하였는가? 하나님을 바라보고 기다리기 보다 황량한 광야를 바라본 것이다. 기대할 것이 없다. 참는 것도 한계가 있다. '이 광야에서 죽게 하는고' 하고 불평하고 조급할 뿐이다(출 14:11). 인내와 정반대의 모습이다. 여호수아와 갈렙은 하나님의 약속을 의심하지 않는다. 광야가 아닌 가나안을 바라본다. 광야 40년 동안 끝까지 인내한다. 끈기와 자제력의 결과가 아니다. 하나님이 그들에게 감당하게 하신 것이다. 인내(忍耐)의 '인'(忍)은 심장(심, 心)에 칼날(도, 刀)이 박힌 모습을 본뜬 글자다. 칼날로 심장을 후비는 고통을 참아내는 것이 바로 인내다.

인내의 말씀은 다르다. 사방에 참을 인(忍)를 써놓고 입술을 깨물고 허벅지를 꼬집어 가며 참는 것이 아니다. 인간이 하나님을 바라보고 기다리는 것이다. 심장이 아닌 약속을 믿고 기다리는 것이다. 기대와 소망을 자신이 아닌 하나님께 둔다. 빌라델비아 교회는 다윗의 열쇠를 가지신 그리스도께서 두신 열린 문을 바라보았다. 새 예루살렘을 바라보았다. 아브라함은 더 나은 성을 바라보고 믿음으로 걸어갔다. 교회는 열린 문을 바라보고 참고 견딘다. 아브라함은 25년을 참고 기다렸다.

그로 하여금 그렇게 참고 기다리게 한 동력이 무엇인가?

믿음이 없어 하나님의 약속을 의심하지 않고 믿음으로 견고하여져서 하나님께 영광을 돌렸다(롬 4:20).

빌라델비아 교회는 그리스도께서 주신 인내의 말씀을 지키는 교회였다. 두 번 나온다. 각각의 사용이 다른 의미를 갖고 있는 동음 익살(paronomasia)의 예다. 전자는 '순종하다', 후자는 '계속하다, 유지하다'를 의미한다. 황지우의 시 '겨울 산'은 '너도 견디고 있구나'로 시작하여 '빨리 집으로 가야겠다'로 끝을맺는다. 시인은 인생을 지구에서 세들어 살고 있다고 노래한다. 고통을 월세로 비유한다. 시에서 '어차피'가 알려 주듯 운명적이다. 그리스도인은 나그네 인생을 살지만 세를 들어 살지 않는다. 이 땅은 하나님의 형상으로 다스리고 정복할 사명을 감당할 필드다. 맡겨주신 사명을 충성스럽게 감당할 때 새 예루살렘을 기업으로 상속한다.

2. 그리스도인은 '인내하라'는 그리스도의 말씀을 지키는 자다

인내의 목표는 분명하다. 그리스도인은 고난 뒤에 있는 목표를 바라본다. 인내함으로써 고된 시련을 극복하고 열매를 얻는다. 영광을 성취한다. 인내는 참는 것과 기다리는 것을 포함한다. 상급을 얻게 된다.

빌라델비아 그리스도인들은 유대인 회당에서 쫓겨났다. 퇴로가 차단되었다. 문이 닫혔다고 그 밑에서 마냥 참고 기다리는 것이 아니다. 다윗의 열쇠를 가지신 그리스도께서 그들에게 '열린 문'을 두셨다. 이제 그들은 열린 문을 향해 걸어가야 한다. 목적지를 바라보고 인내하며 걸어가야 한다.

환경이 척박하고 처한 상황이 어려워도 더 열심히 일하고 행동하는 적극적인 삶을 가리켜 '휘포모네', 즉 인내라고 한다. 휘포모네는 결과를 안다. 상주심을 믿는다(히 12:5). 믿음은 기다리고 바라는 것이다. 인내하라는 말씀은 어쩔 수 없어서 참는 것이 아니다. 휘포모네는 확신이나 긴장된 기대를 가리킨다. 하나님을 기다린다는 것은 구약에서 의인의 징표이다. 고초나 박해를 당할 때, 그들은 하나님을 바라보았다. 구원을 기다렸다.

인내는 하나님을 바라는 것이다. 하나님의 복을 기다리고 끝까지 참는 것이다. 인내는 단순한 인내와 다르다. 비록 반드시 성공적인 저항은 아닐찌라도 온 힘을 다하는 적극적인 의미를 갖고 있다. 세인트 알반(St. Alban)은 3세기의 혹독한 박해 가운데 순교한 최초의 영국 순교자다. 그는 "모진 매를 맞았지만, 주님을 위하여 동일한 인내로, 아니 즐거움으로 그 고통을 견디다가" 참수를 당했다.

문제는 인내하라는 말씀을 지키기가 말처럼 쉽지 않다. 부처의 수행기를 적은 입보살행론(入菩薩行論)은 "성냄과 불만보다 더한 죄가 없고, 인내만큼 실천하기 어려운 것이 없다"라고 전할 정도다. '지켰은즉'에 해당하는 '에테레사스'는 부정과거 상황 불변사다. 인내의 삶 전체를 가리킨다. 셈어의 완료를 반영한다. 현재적 의미를 갖고 있다. '옛날이 더 좋았다'라고 말하는 사람이 있다면 그는 과거에 사로잡혀 있는 것이다. 시간이 지날수록 부정적 기억을 지우고 긍정적 기억만 남기는 것이 인간의 속성이다. 과거에 매여 있는 자는 현재가 불행하고 미래를 계획하지 않는다. '지키다'는 하나님의 계명을 따른다는 의미이다.

그리스도의 말씀을 지키는 것은 그의 구원의 약속에 따라 인내하는 것이다. 이것은 그의 명령이다. 그와 같은 명령은 예수님의 말씀 전승에서 온 것이다.

"끝까지 견디는 자는 구원을 받으리라".

바울은 디모데에게 "참으면 또한 함께 왕 노릇 할 것"이라고 권면한다(딤후 2:12). 야고보는 "시험을 참는 자는 복이 있나니 이는 시련을 견디어 낸 자가 주께서 자기를 사랑하는 자들에게 약속하신 생명의 면류관을 얻을 것이기 때문이라"라고 진술한다(약 1:12).

보호(Protection)

네가 나의 인내의 말씀을 지켰은즉 내가 너를 지켜
시험의 때를 면하게 하리라(계 3:10).

Figure 19.

사자굴에서 하나님의 보호를 받고 있는 다니엘을 묘사한 석관 부조(A.D. 4세기) 역사적 배경.

일곱 편지와 그 후에 이어지는 환상 내용을 담고 있는 여러 장에 시험이 나타난다. 성도들과 불신자들이 동일하게 경험하는 시험이다. 성도들에게 시험은 다르다. 믿음을 단련하는 시험이다. 불신자들에게 시험은 그들을 강퍅하게 하는 시험일 뿐이다. 하나님의 보호는 인생의 막다른 골목에서 오레스테스에게 한 아폴로의 보호와 다르다. 오레스테스는 아버지 아가멤논을 죽인 어머니 클리템네스트라를 죽인다. 피로 물든 칼을 들고 델피 신전으로 들어갔다. 아폴로는 '끝까지' 보호하겠다고 말한다.

그리스도는 환난을 당할 때에, 특히 그리스도를 증언하면서 보여 준 신실함으로 말미암아 빌라델비아 교회를 영적으로 보호하실 것이라고 약속하신다. 환난 중에서 이러한 보호가 다른 곳에서 달리 묘사된다.

'인을 치다', '측정하다', '광야에서 양육하고 보호하다'.

> 빌라델비아 교회는 인내하라는 그리스도의 말씀을 충실하게 지키고 있다. 그래서 그리스도께서 그들을 시험의 때에 지켜 주실 것을 약속한다. 곧 보호해 주실 것이다. 교회의 행동과 그리스도의 행동 간의 연계성에 주의를 집중시킨다.

요한은 환난을 통하여 신앙을 지켜가는 빌라델비아 그리스도인들에 대한 영적인 보호를 설명한다.

1. 그리스도인들에게 환난의 때가 있다

'시험'에 해당하는 '페이라스모스'는 실명사로 요한계시록에서 이곳에서만 나온다. 동사는 세 번 나온다. 페이라스모스는 어떤 사람 또는 사물의 본질 또는 성격을 알리려고 한다는 의미에서 시험이다. 또한 어떤 사람에게 죄를 짓게 하려고 꾀한다는 의미에서 유혹이다. 이곳에서 페이라스모스는 악한 자들에게 대해 사용되는 유일한 예일 것이다. 전쟁, 폭력 그리고 경제적인 궁핍뿐만 아니라 거짓 예배의 유혹과 박해의 위협을 포함한 어려움의 전조가 된다. 여기에서는 '고난' 또는 '재앙'을 의미하는 데 사용되고 있다. 시험은 소아시아 지역에 임한 환난이나 또는 더 일반적으로 로마 제국에 임한 환난을 가리킬 수 있다. 시험의 때의 환난은 하나님이 믿지 않는 자들에게 내리시는 징계의 심판으로 의도된다. 땅에 거하는 자들이 받을 환난이다. 우상 숭배자들을 가리키는 전문 용어다. 이 환난은 이미 시작되었다. 일곱 편지 여러 곳에서 임박한 환난과 동일시될 수 있다.

'시험의 때'는 초기 유대교와 초기 그리스도교가 하나님의 종말론적 승리 직전에 일어날 것으로 예상했던 큰 고통과 고난의 시기를 언급한다는 것을 나타낸다. 시험의 그 때는 주님의 재림을 향해 나아간다. 주의 재림을 포함하는 마지막 시험이나 환난의 시기를 가리킨다. 저자는 요한계시록 나머지 부분에서 묘사되는 환난의 때를 언급하고 있을 것이다.

요한의 두 본문은 믿음에서 떨어지게 하는 시험, 즉 불신앙을 초래하는 시험으로부터 보호를 언급한다. 이런 의미에서 '시험의 때'를 세 가지로 해석할 수 있다.

소유격으로 보면 '시험하는 때'다.
내용의 소유격으로 보면 '시험으로 가득찬 때'다.
목적어 소유격으로 보면 '시험을 위한 때'다.

마지막을 가리킬 가능성이 크다. 두 본문의 차이점이 있다. 종말에 앞서 임하는 마지막 시험을 가리킨다. 시험의 면제로 보기보다는 오히려 시험 속에서 보호가 더 적합하다. 모든 종류의 환난이나 박해에서 면제가 아니다. 시험을 당한다. 그 가운데서도 믿음을 지키게 해 주실 것이라는 의미다.

묵시서들은 하나님의 미래의 승리 이전에 환난이 있을 것을 예견한다. 시험의 때는 환난의 날로 묘사되어진 다니엘 12:1, 10에 잘 암시되어 있다. 요한계시록은 시험의 때에 믿는 자들은 환난으로 인내하고 순결하게 되지만 동시에 비신자들은 하나님의 진노를 받는 이중의 효력이 있음을 암시한다. 복음서에서도 전쟁, 자연 재해, 거짓 교훈의 확산, 충성된 신자들을 향한 위협을 포함한 다가올 환난에 대해 이야기한다.

2. 그리스도는 환난의 그 때에 교회를 끝까지 보호하신다

하나님의 진노에서 보호받는다는 것은 인간의 분노 또는 박해에서 벗어난다는 뜻은 아니다. 교회는 계속해서 환난을 겪어야 한다(마 24:9). 환난 전 휴거주의자들이 가르치는 두 단계 재림은 아무런 성경적 근거가 없다. 그리스도의 재림은 큰 환난 이후에 발생하는 하나의 단일한 사건으로 여겨야 한다.

Figure 19-1.

필립 오토 룬게(Philipp Otto Runge)의 '물 위를 걷는 베드로'(1806)에서 볼 수 있듯이 베드로는 예수님에 의해 안전하게 보호받았다.

환난은 이미 첫 세기에 시작되었다. 최후의 종말이 다가올수록 더욱 격화될 것이다. 마지막 때의 환난을 거치는 동안 주어질 그리스도의 보호가 있을 것이다. 서머나 교회 교인들은 투옥과 사형과 같은 '시험'을 당할 수 있다는 사실을 알려 준다. 그리고 이후의 환상들은 그중에 폴리갑 같은 사람들은 순교하게 될 것을 추론한다.

안토니누스 파우스(Antonius Pius) 황제 시대 서머나에서는 10여 일간 그리스도인들에 대한 참혹한 박해가 있었다. 굶주린 사자들이 먹잇감을 기다리고 있던 원형 경기장에는 게르마니쿠스를 비롯한 수많은 신자의 팔다리, 창자와 오장육부가 여기저기 쓰레기처럼 아무렇게나 널려 있었다. 대지는 축축하게 피에 젖은 채 피비린내를 풍기고 있었다. 2세기 중엽에 서머나의 감독 폴리캅(Polycarp)은 86세에 박해를 피해 도망치지 않았다. 그리스도를 부인함으로 죽음을 피할 것을 거부하였다. 불이 붙기 전에 이런 기도를 하였다.

오, 아버지여, 나를 순교자의 한 부분을 담당할 자로 여기시니 주를 찬송합니다.

화형을 당하기 전에 총독은 폴리캅에게 "이제 고령이지 않느냐, 그리스도를 부인하고 로마 황제를 경배하라"고 설득했다. 폴리캅은 "86년간 그분을 섬겼으나 나에게 한 번도 고통을 준 적이 없는 나의 왕을 어찌 모독할 수 있단 말이냐"라고 대답하고 열린 문을 향하여 걸어갔다. 구원받는 자는 환난으로부터 면제되는 것이 아니다. 환난을 통과한다. 환난을 이긴다. 열린 문으로 들어간다. 새 예루살렘에서 생명을 얻는다.

고통스러운 행위를 통해 하나님의 뜻을 확인하는 제도인 신명 재판과 다르다. 신명 재판에는 여러 방식이 있다. 나름대로 정해진 절차가 있다. 원래는 달군 쇠를 잡는 방식이었다. 벌건 쇳덩이를 잡고 몇 걸음을 걷게 한다. 찬송가를 한 곡 부르게 한다. 붕대로 손을 싸맨다. 사흘 후 풀어서 상처 정도를 살핀다. 상처가 심하면 유죄다. 그렇지 않으면 무죄다. 하나님은 우리의 믿음을 증명하고 무죄를 뒷받침하기 위해 상처를 입지 않게 하지 않으신다. 시험의 때에 면하게 하는 것은, 이런 시험이 있을지라도 손에 상처을 입고, 사람들로부터 유죄라고 정죄를 당하고, 순교할지라도 우리의 영혼을 보호하신다는 것이다.

상호 관계(reciprocity)가 있다. 성도들이 그리스도의 말씀을 지켰기 때문에 그리스도는 그들을 시험의 때에 지키실 것이다. 그들이 그리스도의 이름을 부인하지 않았기 때문에 그리스도는 자신의 이름, 하나님의 이름, 새 예루살렘의 이름을 그들 위에 기록할 것이다. 빌라델비아는 소아시아의 다른 도시들보다 지진으로 인해 피해를 많이 입었다. 참된 교회는 영적으로 파괴되지 않고 보호받는다. 하지만 교회가 물리적인 형태로 있는 동안은 환난을 당한다. 이것이 아마도 '성전 바깥뜰은 그냥 두라'는 의미일 것이다. 하지만 최후의 절정 상황에서는 어떠한 물리적·영적 형태의 환난이 교회를 해하지 못할 것이다. 하나님의 충만한 임재가 그들 중에 나타날 것이기 때문이다.

고통이 모두에게 다 친구 같고 메시지 같은 것은 아니다. 어떤 이들은 길고 처참한 병고로 인해 가족들마저 피폐해지는 것을 보고 더 고통스러워한다. 치료가 되었어도 병과의 전쟁 같았던 투쟁은 여전히 심리적 정신적 고통으로 이어질 수 있다. 십자가 처형은 인건비가 많이 들어가는 형벌이다. 그래서 그리스도교 박해 말기에는 십자가 대신 경기장에 몰아넣고 맹수 등을 이용해 죽였다. 사나운 이빨에 물려 죽은 억울한 목숨이 대략 50만 명 정도라고 한다. 성도들은 세상에서 고통을 경험한다. 그리스도 안에서 평강을 얻게 될 것이다. 그리스도가 세상을 이기었기 때문이다. 예수님이 겟세마네 동산에서 기도하실 때 자신을 따르는 사람들을 영적으로 보호하시거나 지키실 것을 간구하였다. 그들이 하나님의 말씀을 지키었기 때문이다.

기둥(Pillar)

이기는 자는 하나님의 성전의 기둥이 되게 하리라
그가 결코 다시 나가지 아니하리라(계 3:12)

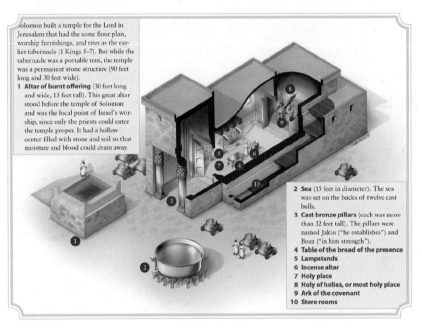

Solomon built a temple for the Lord in Jerusalem that had the same floor plan, worship furnishings, and rites as the earlier tabernacle (1 Kings 5–7). But while the tabernacle was a portable tent, the temple was a permanent stone structure (90 feet long and 30 feet wide).

1 **Altar of burnt offering** (30 feet long and wide, 15 feet tall). This great altar stood before the temple of Solomon and was the focal point of Israel's worship, since only the priests could enter the temple proper. It had a hollow center filled with stone and soil so that moisture and blood could drain away.

2 **Sea** (15 feet in diameter). The sea was set on the backs of twelve cast bulls.

3 **Cast bronze pillars** (each was more than 32 feet tall). The pillars were named Jakin ("he establishes") and Boaz ("in him strength").

4 **Table of the bread of the presence**

5 **Lampstands**

6 **Incense altar**

7 **Holy place**

8 **Holy of holies, or most holy place**

9 **Ark of the covenant**

10 **Store rooms**

Figure 20.

솔로몬 성전.

기둥은 성경에 약 120회 언급된다. 평범한 상황이 아니라 특별한 상황에서 나온다. 기둥은 두 종류다. 건축을 지지하는 버팀목이다. 또 하나는 독자적으로 자유롭게 서 있는 기둥이다. 성경에서 기둥의 중요성은 건축학적이지 않다. 다소 상징적이다. 성막과 성전을 묘사할 때 많이 등장한다. 부차적으로 기념물로서의 기둥이다. 기둥은 안전성과 영속성이다. 받쳐 주는 것보다 굳게 서는 것에 강조점이 있다. 빌라델비아 도시는 지진이 자주 일어나는 불안정한 도시였다. 교회 역시 박해로 인해 안전성과 영속성을 느끼지 못했다. 그래서 성전의 기둥이 되리라는 약속은 가장 환영할 만한 것임에 틀림없었다.

칠십인역(LXX)에서는 장막을 지지하는 기둥들을 '장대'(poles)라고 칭한다(출 26:15-25). 솔로몬은 성전 입구에 두 기둥을 세웠다. 야긴과 보아스라는 이름을 붙였다. 전자는 '그가 세우다', 후자는 '그 안에 힘이 있다'라는 뜻이다. 독립 구조로 청동으로 만든 것이다. 주랑 앞에 세웠다. 성전을 지탱하는 용도가 아니다. 건축적인 요소보다 성전의 부속 설비를 포함시키고 있다. 두 기둥은 '현관 앞'과 '현관에' 또는 '현관 가까이'에 위치해 있었다. 문 기둥들의 상징적인 기능이 있다. 하나님께서 그 문들을 통과하여 그의 백성 가운데 거하셨다는 사실을 표시하는 것이었을 것이다. 요한이 말한 '성전의 기둥'은 야긴과 보아스와 연관이 없다. 기둥은 성전의 이미지에 기초를 두고 있다.

1. 하나님 성전의 기둥

빌라델비아 교회는 이방 출신의 그리스도인들로 주축을 이루었다. 유대인들의 태도와 영원한 성전에서 영원히 있게 됨을 강조하는 것을 고려하면 이사야 65:5을 상기하게 된다. 여기서 이방인들과 고자들이 하나님의 집 안에서 이스라엘이 가진 것보다 더 나은 기념물과 영원한 이름을 가질 것을 말한다. 그리하여 하나님의 새 성전은 '만민이 기도하는 집'이 될 것이다. 유대 회당에서 추방당한 그리스도인들이 하나님의 성전에서 하나의 공간과 새로운 이름을 받는다는 의미다.

이기는 자에게 하나님의 성전의 기둥이 되게 하리라는 약속은 이사야 56:3-5의 인용이다. 이방인들에게 주어진 '이름을 기록한 장소'가 나타난다. 이사야는 이방인의 이름이 기록된, 하나님의 집 돌 기념물에 대해 기술한다. 요한은 이기는 자에게 하나님의 영원하신 이름이 선명하게 그려진 기둥을 기술한다. 그리스도께서 자신의 백성을 유대인과 이방인으로 이루어지는 하나님의 새로운 성전으로 세우신다는 것은 그 당시 아시아의 교회들에게 익숙한 이미지였다.

요한계시록에서 요한은 구약 이스라엘에게 주어진 특권과 약속들을 신약 교회가 이어받았다고 가르친다. 열쇠, 문, 성읍, 성전, 기둥이라는 개념 자체가 그리스도교적 개념으로 사용된다. 반전의 기초를 이룬다.

> 이기는 자는 이중적인 약속을 받는다. 도시 주민들의 경험과 기억과 관련된 것들이다. 성전의 기둥과 이름을 새기는 것이다. 이기는 자는 하나님 성전의 기둥이 될 것이다.

실제의 성전이나 그리스도교 공동체를 언급하는 것이 아니다. 하늘 성전에 대한 언급이다. 종말론적 구원을 나타내는 은유다. 도시 사람들의 머리에 떠오르는 기둥은 지진 후에 초라하게 남은 신전의 돌기둥들이었을 것이다. 하나님의 성전의 기둥은 다르다. 어떤 격동과 흔들림에도 붕괴되지 않는 안전하고 영원한 하늘 성전의 기둥을 약속한다. 지상의 성전이나 신전은 무너지고 파괴된다. 이기는 자는 하나님의 집에서 영원할 것이다.

구약성경에서 하나님은 성전 안에 계신다. 요한계시록의 성전은 하늘 성전이다. 새 예루살렘이다. 성도들을 위한 종말론적 공동체다. 새 예루살렘에는 더 이상 성전이 필요 없다. 새 예루살렘 자체가 지성소다. 하나님과 어린 양이 그 성전이다. 성전의 기둥이 되게 하는 것은 하나님의 자녀가 상속받을 하나님 나라에 대한 은유다. 초기 그리스도인들은 믿음의 공동체를 성전으로 묘사했다. 한 공동체의 지도층들을 '기둥들'이라고 불렀다. 이기는 자는 성전의 기둥이 되게 하실 것이다. 성전과 영원히 동일시되게 한다. 하나님의 임재라는 주제를 더욱 강조한다.

2. 이기는 자는 성전의 기둥이 되게 하리라

빌라델비아 교회에 주는 약속은 다섯 가지다. 서머나 교회와 함께, 가장 연약한 것처럼 보이는 교회가 가장 큰 보상을 받는다. 한 가지 약속에 대한 다섯 가지 국면이다. 모두 하나님과 연합과 교제의 표현이다.

빌라델비아에는 대규모 유대인 공동체가 존재했다는 증거는 전혀 없다. 서머나에서처럼, 빌라델비아의 신자들도 갈등을 경험하고 있었다. 회당에서

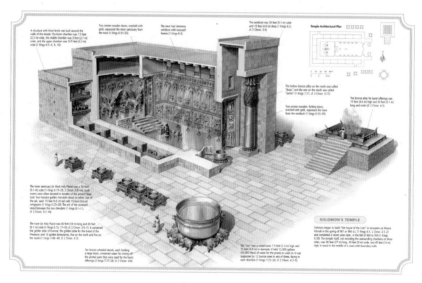

Figure 20-1.

솔로몬은 B.C. 967년 또는 966년 봄에 모리아 산에 예루살렘의 '야훼의 집'을 건축하기 시작했다(왕상 6:1; 대하 3:1-2). 그리고 7년 후, 960년이나 959년 가을에 '솔로몬 성전'이 완성되었다(왕상 6:38).

추방당했다. 하나님의 백성이 아니라고 비방했다. 다윗의 열쇠를 가지신 예수님은 그들을 자신의 집으로 환영하신다. 하나님의 성전의 기둥이 된다는 약속이다. 하나님과 함께 한다는 약속이다. 회당에서 배제되어도 하나님 나라에서 성전같이 소중히 여김을 받을 것이라는 확신으로 들렸을 것이다. 두 번째 예루살렘, 즉 새 예루살렘은 물리적인 성이 아니다. 사람의 공동체다.

빌라델비아 신자들은 하나님의 성전의 기둥이 되리라는 약속을 받았다. 흔들리지 않고 확고부동하게 될 것이라는 약속이다. 이는 도시가 자주 경험했던 지진의 재앙과 대조된다. 빌라델비아는 소아시아의 다른 도시들보다 지진으로 인한 피해를 많이 받았다. 참된 교회는 영적으로 파괴되지 않는 성전이다. 하지만 지상의 교회는 물리적 형태로 있는 동안 여러 가지 고난을 받는다. 이것은 '성전 바깥뜰은 그냥 두라'는 의미일 것이다. 빌라델비아는 카타카우메네, 즉 문자적으로 '완전히 불탄'이라고 하는 화산 지역에 위치했다. 유익도 있지만 위험도 경험했다. 유익은 기름진 땅을 공급했다. 포도원 농사가 잘되었다. 위험은 지진과 여진이다. 단층선과 더 가까웠기 때문이다. A.D. 17년에 지진으로 아시아 열두 도시가 초토화되었다. 빌라델비아도 황폐화되었다. 세 개의 도시 중심부를 다 평평하게 만들어 버렸다.

지진의 여파로 오랫동안 많은 사람이 도시를 떠나 외곽 농촌에 거주했다. 불안과 두려움을 직접 경험한 이들이 있었을 것이다. 건물 붕괴로 인해 다치거나 죽지 않기 위해 집과 도시를 탈출한 일이 있었다. 하나님의 성전의 기둥이 된다는 것은 안전성과 영원성과 연관된다. 흔들리지 않는 나라에서는 흔들림이 없다. 확고부동하게 될 것이다. 영원히 안전할 것이다.

영원함의 측면은 이어지는 절에서 강조된다.

그가 결코 다시 나가지 아니하리라.

이기는 자들은 더 이상 나갈 필요가 없다. 새 성전과 연합되기 때문이다. 주변 상황과 상관없이 안전하게 영원히 거하게 될 것이다. 빌라델비아에 사는 것은 불확실함과 연약함이 특징이었다. 지진으로 물리적 피해와 정신적 고통, 외적 박해까지 겪고 있다. 그런데 그들은 더 이상 불안하거나 두려워할 필요 없다. 그토록 갈망하던 안전과 능력을 갖게 될 것이다. 끝까지 이기는 자는 하나님의 성전의 기둥이 될 것이다.

다윗의 열쇠를 가지신 그리스도께서 빌라델비아 교회에 열린 문을 두셨다. 새 예루살렘을 향한 문이다. 이기는 자에게 하나님의 성전에 들어가게 하신다. 이긴 성도와 성전이 하나가 된다. 영원한 동일화가 이루어진다. 그리스도께서 성도들에게 비가시적인 구원의 성소의 문을 열어 두신 것과 함께 시작된 과정이 완성된 상태를 가리킨다. 기둥의 이미지는 하나님 앞에 영원히 있게 되는 복을 누린다는 것을 묘사한다(시 27:4). 새 예루살렘에는 하나님과 어린 양의 보좌가 있을 뿐 성전은 없다. 이기는 자에게 성전의 기둥이 된다는 것은 영원히 하나님과 뗄수 없는 확신을 가져다 준다.

신자들을 성전에서 영원한 기둥이 되게 함으로써 성전과 영원히 동일시된다. 하나님의 임재라는 주제를 더욱 강조한다. 새 예루살렘에는 물리적 성전이 없다. 하나님과 어린 양이 성전이다. 기둥에 새기는 것은 고대 동방 건축물의 공통된 특징이다. 사람을 신전 벽에 자신의 이름이 기록된 것으로 자신과 그 신전의 신이 지속적인 연합을 이루었다고 믿었다.

정체성(Identity)

네가 차지도 아니하고 뜨겁지도 아니하도다
네가 차든지 뜨겁든지 하기를 원하노라(계 3:15)

Figure 21.

여기에서 볼 수 있는 라오디게아의 수로 시스템은 미지근한 물을 도시로 끌어들였다. "뜨겁지도 차갑지도 않은" 이 물은 요한계시록 3:15-16에 암시되어 있다.

라오디게아 도시는 히에라볼리 및 골로새와 비교했을 때 리쿠스 강 골짜기에 있는 세 도시 중 가장 유명했다. 이 도시는 리디아, 브리기아, 갈리아 세 지역의 중심 중추였다. 라오디게아 도시 자체는 두 가지 문제를 갖고 있었다. 하나는 지진이 발생하기 쉬운 지역에 위치하고 있었다. 다음은 물의 공급이 원활하지 못했다. 좋은 물을 내는 수원이 없었다. 그래서 다른 두 도시에서 물을 끌어와야 했다. 리쿠스 강은 여름이면 말라버렸다. 라오디게아는 물을 구하기 위해서 긴 수로를 사용해야 했다. 골로새의 질 좋은 식용수가 되는 차고 맑은 시냇물도 라오디게아에 도착하면 미지근할 그뿐만 아니라 불순했다. 때로는 더러워서 많은 사람 유발시켰다.

라오디게아 근처에는 두 도시가 인접해 있었다. 히에라볼리와 골로새다. 전자의 온천은 치유 효과가 있었다. 섭씨 35도의 약효과 있는 온천이었다. 후자의 차가운 물은 순수하고 마실만하며 생기를 북돋아 주는 효과가 있었다. 이 물도 건강에 좋은 것으로 생각되었다. 두 형태의 물은 모두 유익하다. 온천은 뜨겁고 치료에 도움이 된다. 질 좋은 온천수와 냉천수를 공급을 받았다. 그러나 공급 도중에 온천수는 식어버리고 냉천수도 미지근해져 그 효능이 제대로 발휘 못했다. 교회는 차든지 뜨겁든지 해야 한다. 세상에 영향을 미쳐야 한다. 치료의 역할이 소금과 빛의 사명이다. 교회가 미지근하여 무기력하면 영적으로 지친 자들에게 활기를 주지 못한다. 영적으로 병든 자를 치유하지 못한다.

1. 그리스도는 교회가 차든지 뜨겁든지 하기를 원하신다

그리스도께서 라오디게아 교회에게 하신 '네가 차지도 아니하고 뜨겁지도 아니하도다'라는 말씀은 오랜 세기에 걸쳐 수많은 논란의 주제가 되어 왔다. 대체로 '영적으로 차지 말고 뜨거워라'로 해석되었다. '차든지'를 부정적으로 해석해 왔다. 영적으로 미지근하라고 말씀하지 않으신다. '차가워라'고 말씀하시고 있는가? 이 은유는 라오기게아의 물 공급 문제에서 시작된다. 차거나 뜨거운 것 모두는 긍정적으로 이해된다. 이 둘은 인내, 믿음, 사랑의 행위로 특징지어진다. 헌신과 동의어이다. 미지근한 것은 차거나 뜨거운 것의 반대로 타협을 의미한다.

그리스도는 교회가 차든지 뜨겁든지 하기를 원하신다. 둘 중 하나를 선택하도록 말씀하지 않으신다. 영적 열정을 요구하는 것이 아니다. 양극단을 모두 긍정한다. '차든지'를 부정적으로 이해하지 않는다. 요한계시록의 비유적 표현을 사용한 모든 진술이 그 지역 물 공급의 특성과 관련되지는 않는다.

시선을 도시가 아닌 교회로 향해야 한다. 주목할 곳은 석회와 유황으로 뒤덮인 히에라폴리스 밑의 절벽이 아니다. 차지도 뜨겁지도 아니한 라오디게아 교회다. 매스껍도록 미지근한 물인줄 모르고 바닥에 토해 낼 수 밖에 없는 온천수가 아니라 교회다.

Figure 21-1.

히에라폴리스의 온천수는 콜로세 근처 산의 차가운 물과 섞여 미지근한 물을 만들어 냈다. 그 물을 라오디게아로 가져온 이 관은 그 도시에 있는 교회에 전하는 말씀을 상기시켜 준다.

온천은 뜨거워서 마시기에 적합하지 않다. 목욕과 직물의 염색에 유용하다. 뜨겁고 미네랄이 함유된 온천의 물이 고원을 지나 절벽 가장자리에서 폭포수로 떨어졌을 때 미지근함 그 자체다.

> 현지 튀르키예인들은 "라오디게아의 미지근한 온천수는 물맛도 없을 뿐 아니라 불순물이 많아서 이 물을 마신 사람들이 구토를 일으키거나 병을 앓았다"라고 말한다.

교회는 어느 세대나 두 가지 영적 과제를 해결해야 하는 숙명에 놓여 있다. 하나는 자기 자신과의 관계 안에서 취해야 하는 정체성의 과제다. 다른 하나는 세상과의 관계에서 이뤄지는 상관성의 과제다. 세상 안에서 빛과 소금의 역할을 감당하는 것이다. 세상을 변화시켜야 하는 외적 과제로 볼 수 있다.

'미지근하여'는 차가움과 뜨거움 사이의 기분 나쁜 온도를 나타낸다. "네가 이같이 미지근하다"라는 은유는 라오디게아 도시에 물을 공급하는 지리적이며 경제적인 영향을 떠올리게 된다. 이보다 더 깊은 의미를 함축한다. 온도 구분에 다른 관점을 보여 준다. 미지근한 신앙은 중간 정도의 미성숙한 믿음이 아니다. 우상 숭배와 혼합된 더러운 신앙을 의미한다. 우리가 믿는 신앙이 참 진리라면 진리답게 철저히 믿어야 한다. 거짓이라면 그것을 철저히 반대해야 한다. 미지근한 태도와 어정쩡한 무관심은 신앙 안에 우상 숭배가 들어왔을 때 나타난다. 하나님과 우상이 혼합될 때 신앙은 미지근한 물처럼 더러워진다. 토할 수 밖에 없다.

미지근함은 폭포수가 아니라 잔치집으로 인도한다. Greco-Roman 시대의 음료는 차든지 뜨겁든지 했다. 잔치의 주인은 손님들의 취향에 맞게 뜨겁거나 차가운 음료를 제공했다. 뜨겁거나 차가운 포도주가 음료로 적합했다. 뱅쇼(vin chaud)는 뜨거운 와인이다. 데워 따끈하게 마시는 포도주다. 프랑스말이다. 독일에선 '글뤼바인', 러시아에선 '글린트바인'이라고 한다. 모두 '따끈하게 데운 와인'이라는 뜻이다. 후텁지근한 중동의 여름날에 제격인 와인은 냉랭한 화이트 와인이다. 섭씨 5도 이하의 차갑게 마시는 게 제격이다. 와인 하면 프랑스가 떠오른다. 호주 빅토리아주 와인도 세계적인 품질을 자랑한다. 두 종류다. 레드와인과 화이트와인이다. 전자는 상온, 후자는 10도 내외 차가운 상태에서 가장 맛이 좋다. 헬라인들과 로마인들은 포도주를 샘 안에 두거나 눈을 채운 여과기에 포도주를 섞어서 차갑게 했다. 로마시대에는 포도주와 물을 데워진 상태에서 혼합하여 마시는 것을 선호했다.

2. 미지근하면 그리스도의 입에서 토하여 버리신다

당시 소아시아에서는 황제 숭배를 거부하면 목숨을 걸어야 할 정도의 핍박을 받았다. 엎친 데 덮친 격으로 교회엔 각종 이단이 난무했다. 그리스도는 이런 가운데 믿음을 지킨 일곱 교회의 수고를 인정하고 격려한다. 동시에 질책도 아끼지 않는다. 라오디게아 교회엔 예수님를 믿고도 차지도 뜨겁지도 아니한 미지근한 신앙 양태를 비판한다. 에라볼리스의 온천에서 리쿠스 언덕을 넘어 라오디게아까지 관을 통해 여정의 끝자락에 이르면 온천 물은 미지근해지고 메스꺼워진다. 뜨거운 물은 서서히 식어서 미지근해지고, 골로새의 차가운 물은 라오디게아에 도착하면 미지근한 물이 된다. 차가움, 뜨거움, 미지근함의 은유들은 Greco-Roman 식사 관례로부터 가져온 것이다. 식사의 비유적 표현에 적합하다.

교회는 생수를 공급하는 편의점이 아니다. 냉수든 온수든 물을 파는 곳이 아니다. 교회는 커피를 파는 카페가 아니다. 교회는 포도주를 파는 술집도 아니다. 교회는 복음을 무료로 나눠주는 하늘 대리점이다. 세상에 선한 영향을 미친다. 소금과 빛의 사명을 감당한다. 미지근한 물의 온도는 주변의 온도와 같다. 눈으로 봐도 손으로 만져도 그 차이를 알 수 없다. 미지근한 라오디게아 교회가 그랬다. 세상과 별 차이가 없다. 세상 사람과 별 다를 바 없다.

세상과 별 다를 바 없는 교회는 미지근한 교회다.

2002년부터 파묵칼레대학교 조사단이 15년간 8㎢가 넘는 장대한 도시 유적를 발굴·복원 작업하였다. 4세기에 건립된 라오디게아 예배당을 복원하였다. 이 교회당은 4세기 중엽 일요일을 안식일과 예배일로 규정한 라오디게아 종교회의가 열린 실제 공간으로 추정된다. 에베소 교회와 같은 큰 교회가 없던 4세기에 세워져 초기 교회 가운데 가장 중요한 위치를 차지했다. 341-381년 라오디게아 교회에서 열렸던 공의회에서 60개 조항의 교회 규정이 확립되었다. 유대교의 토요일이 아닌 예수님이 부활한 일요일을 예배일로 정하였다. 라오디게아 교회가 7세기까지 비잔틴 제국의 중요한 성소로 이어졌다. 질책을 받은 교회였다. 그러나 신앙심을 다잡은 라오디게아인들이 열심을 내고 회개하여 신앙 거점을 꾸려나갔다는 반증이 출현한 셈이다.

라오디게아 교회에게 필요한 것은 교회다움이다. 영적이 기질이 아니다. 열정적이냐 냉정이냐가 아니다. 사역의 열매의 문제다. 잠언에는 '뜨거운'것은 자제력의 결핍을 나타내는 멸시적인 은유다. 오히려 '차가운, 냉정한'은 신중함과 자제력을 나타내는 긍적인 은유다. 이처럼 사람의 기질이 다르다. 교회마다 열정이 있는 교회가 있다. 냉정한 교회도 있다. 온천의 효과가 있고 냉수 마찰의 효과도 있다. 그리스도께서 원하는 교회는 뜨거운 교회와 냉정한 교회가 아니다. 영향력을 미치는 교회다. 세상에 선한 영향력을 요구한다. 육신의 치료가 아닌 영적 치료다. 그리스도의 복음을 증언하는 역할을 감당하는 것이다.

부자(Rich)

나는 부자라 부요하여 부족한 것이 없다고
하나 곤고한 것을 알지 못하는도다(계 3:17).

Figure 22.

반지(베스 셰메쉬, B.C. 13세기), 성경 속 보석.

구약성경과 신약성경의 견해에서 부는 하나님의 축복이다. 아브라함은 하나님을 경외하는 부요한 사람의 전형적인 모범이다(창 13:2). 시편 기자들은 물질적 축복을 노래한다. 복 있는 사람은 '시냇가에 심은 나무처럼' 번성한다(시 1:3). '부요와 재물'은 하나님을 경외하는 사람의 집에 있다(시 112:1, 3).

사데 교회에 전하는 메시지처럼, 라오디게아 교회에 전하는 메시지는 그 교회의 자기만족적인 태도에 대한 갑작스러운 비판으로 시작한다. 라오디게아는 B.C. 2세기 말 동안 번창했다. 티베리우스와 네로의 통치 시대에 지진으로 큰 피해를 입었다. A.D. 2세기경에는 큰 중요한 중심 도시가 되었다. A.D. 60년에 지진이 발생했을 때는 재건을 위한 황제의 재정적인 원조를 거절할 수 있었다. 라오디게아가 매우 부유했기 때문이다. 문제는 교회다. 실제 자신들이 얼마나 곤고하고, 가련하고, 가난하고, 눈멀고, 벌거벗었다는 것을 인지하지 못했다. 그들의 문제는 부 자체가 아니다. '네가 말하기를 나는 부자라'는 것이다. 돈이 영혼까지 부요하게 한다고 가정했다. 그들은 '나는 부자다. 부족한 것이 없다'라는 독선적인 자기 만족에 있었다.

1. 나는 부자다

'우아하게 가난해지는 법'의 저자 알렉산더 폰 쉰부르크(A. von Schoenburg)는 부자의 기준을 간단 명쾌하게 정의한다.

가진 것보다 덜 원하면 부자, 가진 것보다 더 원하면 가난이다.

라오디게아 도시는 후자다. 경제적으로 부요했다. 더 원하는 가난한 교회다. 요한계시록에서 '부자'와 '부요하다'라는 말은 부패하고 불경건한 세상 구조와 결탁하여 번성한 사람들을 묘사하는 데 사용되었다.

도시는 농업과 상업 중심이었다. 제국 체제와 관련된 그 도시의 유리한 위치는 세 대로가 교차한 지점에 있었다. 이 위치는 그 도시의 상업적이며 행정적인 대도시, 은행의 중심지, 자연산 검정 양모 카페트와 옷감 제조업의 중심지라는 명성을 붙여 주었다. 라오디게아 교회는 재정적으로 넉넉했다. 영적 건강함이 경제적 번영으로 나타났다고 믿었다. 이스라엘의 물질적 풍요로움이 야훼와의 언약의 신실함을 측정하는 표준이었다. 아마도 구약에 호소하였을지 모른다. 물질적 부요함을 자랑하였다. '나는 부자다', '나는 부족함이 없다'는 부정적으로 사용되고 있다. 라오디게아에서 나온 동전에 도미티안의 머리에 뿔이 세 개 나와 있다. 부요(wealth)와 풍요(affluence)의 상징이다. 제노이드(Zenoid) 가문은 굉장히 부유하여 가족 여럿이 로마 제국의 통치 아래 왕적인 지위를 얻을 정도였다. Hiero는 라오디게아 도시에 2천 달란트를 기부했다.

라오디게아 도시는 부자 도시다. 부족한 것이 없었다. A.D. 60년에 큰 지진이 있었다. 로마 제국의 재정 지원 없이 도시를 재건했다. 재건된 후에 훨씬 더 웅장한 도시가 되었다. 세 가지 자랑거리가 있었다. 경제적인 부다. 거대한 직물 산업이다. 그리고 세계 전역으로 수출되던 유명한 안약이다. 라오디게아 교회가 도시를 닮았다. 자신들이 심각한 상태에 있다고 생각하지 않았다. 훌륭한 영적 상태에 있다고 자랑했다. 교회의 물질적인 부가 영적인 부를 내포한다고 믿었다는 점에서 도시와 똑같았다. 물질적뿐 아니라 영적으로 부를 가지고 있다고 주장했다.

라오디게아인들은 자신들이 부유할 뿐만 아니라 그 부를 스스로 이루었다고 자부했다. 이보다 더 심각한 것이 있다. 아무 것도 필요한 것이 없다는 자기만족이다. 미국 캘리포니아대학 연구팀의 보고다. 부자들은 주위 사람들에게 의지하지 않고도 자신들의 문제를 해결한다. 남들에게 신경을 쓸 필요가 없다. 그렇다 보니 다른 사람 감정을 배려하지 않게 된다고 한다. 돈에서 만족을 찾는 자들의 극적인 멸망은 요한계시록의 바벨론, 즉 로마의 멸망의 환상에서 보여진다. 번영을 지향하는 태도는 금과 보석, 자줏빛과 붉은 옷으로 화려하게 치장한 엄청나게 부한 도시인 바벨론의 모습에서 찾아볼 수 있다.

교회의 문제점은 돈이 아니라 돈에 대한 태도다. 그리스도인의 부유는 얼마나 소유하느냐에 있지 않다. 얼마나 많이 베푸느냐에 따라 측정된다. 성경은 가난을 예찬하지 않는다. 부를 무조건 비난하지 않는다. 하나님의 복 가운데 하나가 물질적인 번성이다. 아브라함과 이삭과 야곱 그리고 욥과 다윗과 솔로몬은 시대의 부자였다. 사탄은 돈이라는 울타리가 있기에 하나님을 잘 섬긴다고 했지만, 욥은 오히려 모든 것을 다 잃어버려도 하나님을 찬양하였고 믿음으로 인내하였다. '우아하게 가난해지는 법'에서 쇤부르크(Schoenburg)는 말한다.

돈으로 해결할 수 없는 욕구를 품은 사람들만이 부자로 살 수 있다. 은행 잔고가 줄어들지라도, 다행히 인생의 가장 아름다운 일들은 우리 곁을 떠나지 않는다.

2. 나는 부자다 부요하여 부족한 것이 없도다

'나는 부족한 것이 없다'라는 말은 라오디게아의 부를 비유적으로 해석하는 것이 적절하다. 어떤 사람이 재물이 많다고 할 때 사실상 그 재물이 그 사람을 소유하는 것이다. 보물이 있는 곳에 마음이 있다. 부자는 재물이 많은 사람이다. 하나님이 개입할 여지가 없다. 재물에 해당하는 맘몬(mammon)은 바벨론어 밈나(mimma)에서 유래했다. '무엇이나 전부 다'라는 의미다. 돈이 자신의 인생의 전부가 되어 버린 사람에게 하나님의 들어갈 여지가 없다. 돈으로 충만한 사람에게 다른 사람은 간절함이나 사모함이 없다. 기도의 필요성을 느끼지 못하는 교회의 모습이다. 도시는 은행 산업, 직물 산업 그리고 의료 학교가 유명했지만 교회는 정반대였다.

Figure 22-1.

요한계시록에 나오는 일곱 교회 중 하나인 라오디게아 유적지.

라오디게아 교회는 부족함이 없다고 광고하였다. 물질적으로 부족함이 없다 보니 하나님을 생각할 시간이 적어진다. 사업이 어려울 때는 기도한다. 번창하고 창대해지면 바빠 교회갈 틈이 없어진다. 목회자가 심방을 가서 사업이 안 되도록 기도해야 하는가? 대부분의 사람은 '부자로 사는 법'보다 '부자가 되는 법'에 더 많은 호감을 갖는다. 부자가 되는 것은 어렵기도 하고 쉽기도 하다. 사람마다 다르다. 하지만 부자로 사는 것은 이야기가 다르다. 라오디게아 교회는 부자 교회가 되는 데는 성공했다. 부자 교회답게 사는 데는 실패했다. 라오디게아 교회 사람들이 '나는 부자다', '나는 부유하다', '나는 부족한 것이 없다'라고 말하는 것은 경제적·영적 자랑이다. 이 말이 요한계시록 다른 곳에서 우상 숭배를 하는 바벨론, 즉 로마 제국과 더불어 음행하는 불신앙적인 상인들에게 적용되었다. 라오디게아인들의 자만적인 '부자 타령'은 이스라엘 백성을 정죄한 호세아 12:8의 인용이다. 병행하고 있다. 호세아는 이스라엘을 압제를 통해 번역을 누리고 있는 '상인'이라고 표현한다. 이스라엘 상인들은 속임수를 써서 부를 축적했다. 자신들의 부가 우상에 있다고 단언했다. 우상 숭배에 가담한 사실을 폭로한다. 호세아는 이스라엘의 물질적 풍요로움이 하나님의 말씀을 지키므로 받은 복이 아니라 그들이 섬기는 우상이 내려준 혜택으로 고발한다. 야훼께서 그들의 실상은 '그들은 거짓되도다'라고 정죄하셨다(호 12:11).

> 참된 부유함은 돈에서 주어지는 것이 아니다. 다윗의 고백처럼 야훼께서 영혼의 목자가 되어 주실 때 '부족함이 없다'라고 외칠 수 있다. 인간의 자원으로부터 얻어지는 것이 아니다.

그래서 그리스도께서 참된 부요한 길을 제시한다. 예수님께 불로 연단한 금을 사서 부요하게 하라는 요청이다.

도시는 로마 제국의 도움을 받을 필요를 전혀 느끼지 못했다. 교회는 하나님의 도우심을 받을 필요를 전혀 느끼지 못했다. 하나님이 피로 사신 교회를 세우는 데 하나님의 도움을 느끼지 못했다. 관계의 단절이다. 아담이 선악과를 먹은 것은 하나님의 도움이 없이 자신의 힘으로 '신적 존재'가 되는 욕망이었다. 탕자가 집을 떠난다. 아버지의 도움이 필요 없이도 잘 살 수 있다는 생각이다. 손에 쥐고 있는 돈으로 행복하게 살 수 있다는 자만이었을 것이다. 하나님이 필요하지 않는 사람은 어떤 사람인가?

하나님께 가까이 갈 수 없다. 두 가지 이유다. '할 수 없음'(can-not)과 '하지 않음'(will-not)이다. 하나님의 주권과 인간의 책임 사이에 궁극적인 이율배반이 존재한다. 하나님보다 맘몬, 즉 돈을 더 사랑하는 사람은 하나님께서 멀리하신다. 우상의 죄를 갖고 하나님을 만날 수 없다. 하나님을 가까이 할 수 없다. 또한 '돈이 나의 목자가 되시니 내게 부족함이 없으리로다'라고 외치는 사람은 하나님을 가까이 하지 않는다. 부자에게는 두 가지 장벽을 넘을 수 없다. 하나님을 가까이 할 수 없는 이유다.

Meditating on the Book of
Revelation through Keywords

하늘 보좌에 앉으신
하나님과 어린 양

Figure 2부.

초기 그리스도교 미술은 종종 보좌에 앉아 세상을 다스리는
그리스도를 묘사했다. 하레가리우스(Haregarius)가 양피지에 그린
이 그림은 위엄 있는 그리스도의 모습을 보여 준다(A.D. 844-51).

네 생물(Four living creatures)

하늘 보좌 주위에 네 생물이 있는데 앞뒤에 눈들이 가득하더라(계 4:6).

Figure 23.

그룹(cherubim)은 신성한 공간을 수호하는 복합 날개 생명체였다. 이러한 복합적인 생명체는 신 아시리아 상아 조각(B.C. 900-700년)에서 볼 수 있듯이 고대 세계에서 흔히 볼 수 있는 모티브였다.

고대 근동에는 특별히 원통형 도장에 네 개의 날개를 가진 신들과 마귀들의 형상들이 많이 나온다. 그중에 어떤 것들은 네 개의 사람 얼굴들을 갖고 있다. 에스겔에서 네 생물은 네 개의 머리와 네 개의 날개를 가지고 있다. 요한계시록에는 여섯 개의 날개와 얼굴과 날개에 몸이 연결되어 있는 점이 다르다. 여섯 날개를 갖고 있는 것은 이사야 6:2이 유일하다. 요한계시록에서는 날개의 기능에 대해 더 이야기하지 않는다.

네 생물은 누구인가? 생명체 전체를 대표한다. 모든 피조물이 이행해야 할 역할을 한다. 여섯 날개는 하나님의 명령을 실천하는데 무한한 기동성의 인상을 준다. 네 생물은 요한계시록 전체에 걸쳐서 나타나고 있다.

바벨론과 앗시리아의 유적지에서 인간의 머리를 가지고 날개가 달린 수소를 발굴했다. 시리아와 팔레스타인 유적지에서는 날개 달린 스핑크스를 발견했다. 혹자는 보좌에 앉은 왕들의 형상이라는 주장한다. 비블루스, 하마스, 므깃도에서 발굴된 그룹들로 지지를 받는다. 요한계시록에서는 각 생물이 한 얼굴을 가진다. 에스겔에서 네 생물은 네 날개가 있다. 네 생물은 창조 질서의 모든 생명체를 대표하려고 의도된 것 같다. 네 생물은 천사적 존재 중 높은 지위를 나타낸다. 보좌의 직접적인 수호자다. 하나님을 경배한다. 천군들을 인도하는 자들이다. 살아 있는 피조물의 전체를 대표한다. 하나님의 보좌를 지키며 야훼를 섬기는 천사들의 한 계급일 것이다.

네 생물은 현대 독자들에게는 매우 이국적인(exotic) 이미지다. 요한의 시대에는 그러한 이미지가 드물지 않았다. 그들은 하늘 보좌 주위에 있는 하나님의 수행원이다. 심판이 시작되고 최후의 결정 때까지 그 심판을 시행하는 수행원이다. 학자 대부분은 이 성막(출 20:11)과 솔로몬의 성전 안에 언약궤 위에 있으면서 성막 보좌에 속한 그룹에서 기원한 것이었다고 주장한다. 네 생물의 역할이 여러 가지다. 심판에 대한 경고와 하나님의 피조물을 감독하는 기능이 있다. 이 기능들은 모두 하나님을 찬양하고 경배하는 핵심 의무에서 파생되어 나오는 것이다.

1. 앞뒤에 눈들이 가득한 네 생물이 보좌 주위에 있다

하나님의 보좌를 중심으로 일련의 동심원을 이루고 있다. 하늘 회의의 여러 구성원이 밝혀진다. 두 번째 동심원에는 네 생물이 있다. 그리스 원형 경기장의 배치를 반영하고 있다. 그들에 대한 묘사는 에스겔의 환상에서 끌어온 것이다(겔 1:5-21). 상당히 수정되어 있다. 네 생물은 이사야의 스랍과 에스겔의 그룹과 연결해야 하고 하나님께 경배하며 하나님의 통치와 관련된 최고 지위에 있는 하늘의 존재들이다.

Figure 23-1.

그룹과 같은 생물이 새겨진 이 상아 패널은 궁전의 가구에 상감으로 새겨져 있다.

네 생물은,

첫째, 피조물을 대표한다.
둘째, 창조주를 대표하기도 한다.
셋째, 이중 상징이다.

묵시적 환상에서 나타난다. 그들에게 눈이 많다. 하나님의 전지하심과 하나님의 일꾼들임을 상징한다. 여섯 날개를 갖고 있다. 각각 사자, 송아지, 사람, 독수리의 얼굴을 하고 있다. 네 개의 천사 같은 존재들은 땅의 네 모퉁이에서 나온 천제 창조 질서를 구체적으로 표현한다.

네 생물의 모든 것을 아는 눈은 온 땅을 살핀다. 심판받을 만한 사람을 심판한다. 하나님은 독자들의 형편을 모두 아신다. 그들을 위해 박해자들에게 이미 행동을 취하고 계신다. 그들에게 '네 생물'의 활동은 박해 중에도 끝까지 인내하라는 메시지가 된다. 핍박과 곤경에도 찬송하고 감사할 것을 격려한다.

네 생물의 핵심 의무는 예배다. 때로는 예배를 시작한다. 하나님 앞에서 찬양한다. 간구의 기도를 드리는 이십사 장로와 함께 한다. 천사들과 전체 피조물들이 드리는 예배에 '아멘'을 더한다. 그리고 구원받은 자들이 찬양에 동참할 때에 보좌 옆에 남아 있다. 그들이 '보좌 가운데와 보좌 주위에' 위치했다는 것은 예배를 인도하는 그들의 역할에 알맞다. 에스겔에서는 많은 눈이 바퀴 둘레에 가득했다. 하나님의 보좌의 수레를 덮는다. 요한계시록에서 네 생물은 여섯 날개를 가지고 있다. 요한계시록에는 여섯 날개 안과 주위에 눈이 가득하다. 모든 방향을 볼 수 있다. 끊임없이 경계함을 암시한다. 어떤 것들도 그들의 시선을 비껴 나갈 수 없다. 생물들의 눈이 가득한 것은 신적 전지하심과 하나님의 뜻의 대행자로서 그들의 역할을 의미한다.

생물들은 보통 어떤 천사 같은 종류의 초자연적인 존재로 이해된다. 때때로 요한은 그들을 하나님의 속성에 대한 의인화하여 묘사한다. 이 경우, 그들은 신의 전지전능함과 거룩함을 대표할 것이다. 네 생물(겔 1:5; 계 4:6), 수정

같은 바다, 하나님이 위에 앉아계시고 불로 둘러싸인 보좌다. 이사야가 본 하늘 성전 환상과 유사하다(사 6:1-4).

2. 네 생물은 밤낮 쉬지 않고 하나님께 찬송한다

네 생물의 찬송의 가장 큰 강조점은 '밤낮 쉬지 않는'것이다. '밤낮'은 하루 24시가 하루를 의미하는 중언법이다. 쉼 없이 또는 중단 없이를 의미한다. 유대 문헌에는 그룹들이 자지도 않고 지속적으로 하나님을 찬양했다고 언급한다. 하나님의 주권과 위엄이 중심을 이루고 있다. 보좌에 앉으신 하나님께 드리는 경배가 지배적이다. 어린 양이 스포트라이트를 받는다. 마지막 경배 장면은 하나님과 어린 양의 하나됨을 찬양한다. 나아가 네 생물, 이십사 장로, 네 생물과 이십사 장로의 연합, 수많은 천사 그리고 '모든 피조물'로 확대된다. 찬송은 계속 울려 퍼진다.

지속적인 활동의 이중적인 강조를 한다. 끊임없는 찬송과 감사는 유대 묵시 사상 속에서 찾아 볼 수 있다. 유대 문헌들 속에서는 영원하신 하나님이 항상 자신의 위엄과 권능에 대하여 높임을 받으신다.

에스겔에 나오는 네 생물은 다른 묵시 문학에 나타난 것과 같이 하나님의 보좌를 시위하고 있는 것으로 묘사된다. 요한계시록에 나타난 네 생물은 24장로와 연합하여 하나님을 찬양한다. 네 생물의 핵심 의무는 하나님에게 영광과 존귀와 감사를 돌리는 것이다. 하나님의 주권과 권능을 찬양하고 감사를 드리는 것이다. '주 하나님 곧 전능하신 이'는 완전한 호칭이다. 하나님의 권능과 주권을 강조하고 있다. 전능하신 이가 진실로 '주 하나님'이다. 교회는 경건하지 못한 세력들의 외관상 권세에 주눅이 들 필요가 없다. 오히려 하나님을 찬송한다. 감사한다. 불교도와 회교도는 감사와 찬송이 없다. 열렬한 신앙만 있을 뿐이다. 그리스도교 예배는 찬송이 있다. 불교사원에서는 찬양의 외침이 전혀 울려 퍼지지 않는다. 회교도 예배자들은 결코 노래를 부르지 않는다. 그들의 기도는 기껏해야 복종과 요구의 기도다. 그들은 감사라는 더 기쁜 선율에는 거의 도달하지 못한다. 그들은 결코 용서받은 자의 노래로 환호하지도 않는다. 만물은 저마다 저다운 언어와 자기 나름의 방식으로 자기를 표현한다. 자기를 표현하지 못하는 존재는 존재의 구실과 역할과 사명을 다하지 못하는 것이다.

만물의 대표인 네 생물은 최고도로 표현한다. 만물은 하나님을 찬양하기 위해 지음을 받았다. 영광과 감사는 찬양을 통해 표현된다.

감사하는 마음을 적극적으로 표현하면 과거의 즐거운 기억을 저장하는 뇌의 해마, 감정을 조절하는 뇌 전두엽을 자극한다. 이때 신경 전달 물질인 세라토닌이 더 많이 분비돼 행복한 감정이 증폭된다. '고맙다'라고 말할수록 '행복 호르몬'이 더 생성되는 것이다.

이사야는 말한다.

이 백성은 내가 나를 위하여 지었나니 나를 찬송하게 하려 함이니라(사 41:10).

하나님께 영광과 존귀와 감사는 마음속으로 하는 것이 아니다. 찬송으로 표현되어야 한다.

좋으신 하나님. 좋으신 하나님. 참 좋으신 나의 하나님.

이 노래를 소리 내 부르지 않으면 어떤 노래를 불렀는지 알 사람은 없을 것이다. 이 찬양과 감사는 세 가지 사실을 송축한다. 하나님의 거룩하심을 찬양한다. 전능하심을 찬양한다. 영원하심을 찬양한다. 동시에 언젠가 이 목적은 하늘에서만 아니라 땅에서도 실제로 성취될 것이다. 이것이 피조물이 고대하는 절정의 상태다.

이십사 장로(Twenty-four elders)

이십사 장로가 보좌에 앉으신 이에게 경배하고
자기의 관을 보좌 앞에 드리다(계 4:10).

Figure 24.

알브레히트 뒤러의 '이십사 장로와 함께 있는 사도 요한.'

하나님의 보좌 가장 가까운 주위에 무지개가 있다. 하나님의 보좌의 광채를 상기시킨다(겔 1:28). 그다음 주위에 네 생물이 있다. 마지막 바깥 주위에 이십사 장로가 있다. 보좌를 중심으로 한 이 동심원이 환상의 핵심이다. 영광과 경배를 상징한다. 네 생물은 피조물 전체를 대표한다. 이십사 장로는 택함받은 하나님 백성을 대표한다. 계층적 순서일 것이다.

'장로'는 통치자의 대표단 혹은 사절단으로 봉사하는 연장자를 가리키는 데 사용되었다. 그들은 관을 썼다. 흰 옷을 입었다. 관과 흰 옷은 기도드리고 제사드리는 종교적인 행진을 하는 제사 의식의 고유 의상이었다. 헬레니즘 시기에 사절단은 그리스로부터 왔다. 로마 제국 시대는 금관을 쓰게 했다. 이십사 장로는 이들의 예복 형식을 따른다. 관은 주권자의 명예를 높였다. 그러나 그들은 사절단이 아니다. 하나님의 보좌 주위에 앉아 있다.

요한계시록은 하나님의 전체 백성을 묘사하는 환상들에서 십이의 배수를 사용한다. 이십사라는 숫자는 모세의 율법에서 제사장의 반열이 '24'라는 사실에서 볼 수 있듯이 대표 숫자다. 장로들이 하늘에 있는 하나님의 백성의 대표임을 암시한다.

1. 이십사 장로(Twenty-four elders)

논란은 있지만 천사를 '장로'로 불린다(사 24:23). 모세는 장로 칠십 인과 함께 하나님께로 올라가 경배한다(출 24:9-11). 이들은 전체로서 하나님의 백성들을 상징한다. 그들 모두 함께 '나라와 제사장들'인 것이다. 이십사 장로는 구약과 신약의 성도들로 구성된 참되고 종말론적 이스라엘에 적용되었을 가능성이 많다. 그들의 중요한 역할 중 하나는 상급과 심판을 선언하는 것이다.

천사들도 흰 옷을 입는다. 천사들은 '왕권들, 주권들, 통치자들, 권세들'로 불린다(골 1:16). 보좌와 금관은 로마 황제 수하에 있던 1세기 가신 왕들과 같이 천사들이 하나님 아래 왕의 기능이 있는 것을 가리킬 수 있을 것이다.

십사 장로는 열두 지파와 열두 사도들과 동일시되는 천사들로, 신구약의 구원받은 공동체 전체를 대표한다. 장로들은 요한계시록의 다양한 본문에서 천사와 밀접하게 연관되어 있다.

같은 기능을 수행한다.

교회를 상징하는가? 열두 족장과 열두 사도인가?

종종 이스라엘과 교회의 대표로 해석되어 왔다. 교회 공동체와 지상 교회의 대표자로 이해하기도 한다. 데니스 E. 존슨(Dennis E. Johnson)은 ESV에서 새 예루살렘의 열두 문과 열두 기초석처럼 구약의 이스라엘과 신약의 교회를 포괄하는 하나님의 백성의 하나 됨을 상징할 가능성을 말한다. 그러나 이스라엘 지파들이 한 '장로'와 동일시되는 것은 전형적이 아니다. 초기 그리스도교는 사도들과 장로들을 구분하지 않는다. 그들의 찬양에는 자신들과 그리스도의 피로 사신 바 된 자들을 서로 구분짓고 있다. 교회의 대표자라는 주장은 설득력이 떨어진다.

역대기상의 구약 배경은 장로들을 성도와 동일시할 수 있음을 확증한다. 숫자 24는 제사장 이십사 반열과 레위인들의 이십사 반열로 조직한 것에 근거한다(대상 24:5). 성전에서 그들의 임무를 수행하며 백성을 대표한다. 요한계시록의 장로는 중보적 역할을 수행한다. 하늘 예배에 참여한다. 히브리서에서는 장로는 위대한 성도를 지칭하는 데 사용되었다(히 11:2).

그들은 제2성전 시기의 이십사 제사장 반열 지도자들에 대한 하늘의 대응자들인가?

거문고와 성도들의 기도를 담은 향을 갖고 있다는 것 외에 제사장의 기능을 보이지 않는다. 레위 자손들 가운데 예언을 하고 찬양하는 이십사 명이 있었다. 악기는 수금과 비파와 제금이다. 제사장 반열에 비해 비교적 중요하지 않는 지위다. 헬레니즘 시대 동안 지위가 낮아졌다. 제사장들에게 종속되었다. 그러나 요한계시록의 장로들은 분명한 제사장의 역할을 하지 않는다. 기도는 네 생물과 천사들도 한다. 찬양은 하늘과 땅과 바다의 다른 존재들도 한다. 이스라엘의 제사장들은 장로들처럼 승리의 관을 쓰거나 보좌에 앉지 않는다.

2. 이십사 장로가 자기의 관을 보좌 앞에 드리다

이십사 장로의 정체보다 더 중요한 것은 역할이다. 이것이 열쇠다. 요한계 시록에서는 천사들이 관을 쓰거나 흰 옷을 입거나 보좌에 앉은 경우가 없다. 하늘에 있는 성도들이나 그들이 인내하여 죽은 후 성도들이 받는 상을 언급 할 경우에만 해당한다. 흰 옷을 입고 머리에 금관을 쓰게 된다. 그들의 일차 역할은 경배와 찬양이다. 하나님 앞에 엎드려 경배한다. 중재자와 해설자 역 할을 한다. 성도들의 기도를 하나님께 올리는 일에 동참한다. 경배와 찬양이 그들의 입술에서 계속된다. '할렐루야'와 '아멘'으로 화답한다. 거문고를 갖

Figure 24-1.

관을 바치는 열두 장로.

고 있다. 심판의 직무를 갖고 있다. 신구약에서 '장로들'의 핵심적 역할은 하나님의 백성을 다스리고 대표한다.

이십사 장로는 독자들에게 이기는 자의 미래의 영광을 보여 준다. 그들은 흰 옷을 입고 있다. 머리에 관을 쓰고 있다. 이기는 자들에게 약속된 것이다. 성도들이 인내하면 받게 될 관과 흰 옷을 장로들이 입고 있다. 독자들이 하늘 장면을 보며, 인내하며 죽은 그리스도인들과 더불어 옛 성도들이 흰 옷을 입고 관을 쓰는 하늘의 상을 받았음을 알게 된다. 끝까지 충성하고 이기는 자에게 주실 상이다.

Greco-Roman에서 관들을 신상의 발 앞에 두기도 했다. 금관은 장군들, 왕들, 황제들에게 주어졌다. 황제의 즉위식 때에 그리고 승리한 후에 금관을 받았다. 아시아의 도시들도 그와 같은 선물들을 황제들에게 드렸다.

이십사 장로가 보좌에 앉으신 하나님 앞에 엎드린다. 자신들의 관을 그 앞에 던진다. 복종과 충성을 의미한다. 복종의 의미로 봉신 왕은 자신의 머리에서 관을 벗어서 황제의 상 앞에 두었다. 정복당한 통치자들은 정복자에게 왕관을 바친다.

통치자들이 자발적으로 왕관을 포기하기도 했다.

그들의 관은 '스테파노스'(στέφανος)이다. 통치자들이 쓰는 '디아데마'(διάδημα), 즉 면류관과 대조적이다. 영어로 diadem이 여기서 나왔다. 그들이 하나님께 드린 관은 보상으로 받은 것임을 나타내준다. 그들은 하나님을 모든 만물의 창조주로 찬양하고 높인다. 관을 드리는 것은 예배 의식의 일부분이다. 4-5장의 중심적인 역할을 한다. 나머지 보좌 장면에서는 별로 중요하지 않다. 그들은 주권자로서의 영광을 그분께 돌리는 뜻으로 자기의 관을 보좌 앞에 드렸다. 종종 로마의 황제들에게 여러 가지 이유로 금면류관을 바쳤다. 헬라의 전통에서 계승된 것이다. 로마 황제는 상속, 임직, 승리, 기념일과 같은 다양한 행사에 원로원과 지방 도시들의 대표자들에게 금관을 받았다.

이십사 장로들과 성도들의 역할은 차이가 있다. 이기는 자에게 약속된 보좌들과 흰 옷을 입고 관들을 쓰는 영광을 얻는 점은 같다. 그러나 전자가 원래 사람이었다는 의미는 아니다. 그 이유는 무엇인가? 이런 보상들이 종말에 부활을 통해 이기는 자에게 주어질 것이기 때문이다. 이십사 장로는 성도들의 기도가 담긴 금 대접을 가지고 있다. 승리한 성도가 누구인지 설명해 준다. 성도들에게 상을 베푸신 하나님께 감사한다. 144,000이 장로들 앞에서 새 노래를 부른다. 이십사 장로는 보좌에 앉지만, 천사와 성도들은 보좌에서 있다. 다니엘이 본 환상에서 하늘 보좌에 앉은 존재들은 천사들이다. 국가를 대표하는 하늘의 존재들이다(단 7:10). 요한계시록에서는 천사라는 단어가 장로에게 적용되지 않는다. 하지만 일곱 편지에서 공동체의 대표자 또는 대표가 되는 실체가 사자, 즉 천사다. 장로들이 모든 성도를 대표하는 천사들이라면, 구원받는 허다한 그리스도인들과 구별되어서는 안 된다. 이십사 장로는 하나님과 함께 다스린다. 하나님의 보좌 주위에 좌정한다. 수행원의 한 부류인 하늘의 존재다. 통치 기능을 갖고 있는 하늘의 존재가 틀림없다.

두루마리(Scroll)

보좌에 앉으신 어린 양의 오른손에 있는 두루마리는
일곱 인으로 봉해져 있다(계 5:1).

Figure 25.

손으로 쓴 토라 두루마리(이스라엘 에이커, 람할 회당, A.D. 1740년경).

두루마리는 파피루스 작은 조각들의 끝과 끝을 아교로 밀착시킨 긴 조각을 만들어 두루마리처럼 둘둘 말 수 있도록 되어 있다. 부드러운 진흙의 작은 조각, 왁스, 납을 끈의 밑에 두었다. 끈의 위로 접어서 겹쳤다. 마지막으로 때로 인장이나 분명한 표시를 해 두었다. B.C. 3000년 전 이집트에서 시작되었다. 로마 제국까지 약 3천 년 동안 가장 인기 있는 기록 도구였다. 파피루스는 파피루스 나무에서 추출한 속 조각들을 맞붙인다. 두 층으로 만든다. 종이 형태로 압착한다. 부드러워질 때까지 강하게 두드려 만든다.

밧모섬에서 요한이 본 두루마리에는 심판과 하나님 나라의 유산에 관한 내용이 빼곡이 들어 있다. 모든 역사의 완성에 대한 예고, 즉 궁극적으로 모든 사람에게 세상이 어떻게 끝날 것인가? 이 세상에 대한 심판과 성도들에 대한 최종적 상급이 들어있다.

두루마리는 인류 공유의 첫 책 형식이다. 베수비우스 화산 폭발로 잿더미에 덮인 헤르쿨라네움 문서들, 이스라엘 사해 근처 쿰란 동굴 문서들, 모두 두루마리다. 이집트 알렉산드리아도서관의 문서들도 두루마리다. 비블리온인 두루마리는 일곱 인으로 봉해져 있다. 그 내용은 일곱 인이 다 뗄 때야 드러난다. 궁극적으로 만물의 비밀의 완성 그리고 짐승을 이기는 자들과 그에게 경배하는 자들에 대한 모든 역사의 목표 또는 종말이 포함되어 있음을 암시하고 있다. 심판들은 두루마리의 내용이 아니다. 인 심판에 나오는 증인들을 증명하는 것이다. 어린 양의 생명책이라면, 역사에 있어서 하나님의 심판들은 성도들의 약속된 기업을 보증한다. 에스겔처럼 두루마리 전체에 걸쳐 여러 심판이 뒤따른다. 두루마리는 본질적으로 요한계시록이 되는 것이다.

1. 보좌에 앉으신 어린 양의 오른손에 있는 두루마리

에스겔에서는 하나님이 친히 두루마리를 펴신다. 요한은 두루마리를 펼 당사자를 바라본다. 최후의 사건, 큰 성 바벨론의 멸망을 안내할 당사자는 어린 양이다. 요한이 본 책은 두루마리다. 말아진 두루마리다. 테두리를 맨 코덱스(codex) 형태는 A.D. 1세기 후반에 사용되기 시작했다. 코덱스란 두루마리의 형태가 아닌 현대의 책처럼 한 면씩 편철한 것을 말한다. 종이나 양피지를 일정한 크기로 잘라 제본한 것이 코덱스다. 두루마리의 검색·보관 문제를 말끔히 해결했다. 모서리에 쪽수를 적었으니 펼쳐 검색했다. 적당한 곳에 적당히 놓아 보관했다. 사본, 즉 코덱스는 문서의 특징을 갖고 있다. 인을 뗄 때는 해석의 차이다. 전자는 한 번에 하나씩 뗄 수 있다. 해석이 가능하다. 후자는 인을 다 떼어야만 열 수 있다. 완전한 해석이 가능하다.

보좌에 앉으신 이'는 만 왕의 왕이다. 높아지신 우주의 주시다. 오직 경배 받기에 합당하신 분이다. 오른 손은 심판과 구원을 주는 권세를 의미한다.

하나님의 사역의 두 가지 면과 관련이 있다. 종말에 대한 대표적인 표상이다. 심판과 구원이다. 전자는 부정적이다. 후자는 긍정적 개념이다. 요한이 본 두루마리의 내용과 성질은 오직 요한계시록 자체에서만 규명될 수 있다. 인을 다 떼고 그 내용을 밝혀질 것이다. 그때까지는 숨기는 효과를 가진 것이라고 의미할 수 있다. 하나님의 오른손에 있는 두루마리이기에 너무나도 강하여 평범한 인간들은 이를 부술 수가 없다. 두루마리는 하나님의 손 '안에' 또는 '위에' 있다(계 1:16, 20). 하나님이 벌리신 손바닥 위에 두루마리가 손안에 또는 손 위에 놓여 있다는 것을 암시한다.

고대 세계에서 증인들에 의해 인봉된 많은 종류의 문서 중의 하나는 유언장이었다. 여섯 혹 일곱 명의 증인이 등장하기도 한다. 로마의 유언장과 2중으로 기록된 계약과 증서와 유사하다. 종종 뒷면에 요약해서 기록되기도 한다. 증인 7명이 증언하고 봉인한다. 유언장은 유언한 사람이 죽어야만 공개된다. 다른 점은 2중 문서는 인봉이 감추는 기능이 없다. 양면으로 기록하는 것은 드문 일이다. 양면에 쓰여진 기록은 그것이 하나님께로부터 말미암았다는 완전성을 상징한다. 선지자는 여기에 아무것도 추가할 수 없었다. 요한계시록에도 동일하다. 간혹 두루마리 양면 모두 글을 쓰는 경우가 있다. 라틴어로 오피스토그라프(opisthograph)다. 한쪽에만 글을 쓴 보통 두루마리들은 매매가 가능했다. 봉인되지 않았다. 양면에 모두 글을 쓴 두루마리는 사적으로 사용된 비매품이었다. 공개되어서는 안 되는 개인적인 계약 내용을 담고 있다. 하나님의 종말론적 계획이 들어있다.

하나님의 손안에 '그 안팎에' '애가와 애곡과 재앙'이 기록된 두루마리는 에스겔의 이미지를 불러일으킨다. 에스겔에게 보인 심판의 메시지가 두루마리와 일곱 인의 배경이다. 에스겔이 본 두루마리는 말려져 있다가 펼쳐진다. 요한이 본 두루마리는 말려져서 일곱 개의 인으로 봉해졌다. 메시지는 간단하다. 오직 어린 양만이 두루마리를 취한다. 죽임을 당한 어린 양이기에 합당하다. 하나님을 대적하는 모든 권세를 마침내 정복하실 것이다. 그리스도 재림 때까지의 마지막 시기의 사건들을 담았다.

2. 일곱 인으로 봉해진 두루마리

도장 인장은 B.C. 6000년에서 5000년까지 북부 메소포타미아 지역에서 대량 출토됐다. 사비 아브야드(Sabi Abyad)에서 300개 정도의 도장 인장과 목걸이가 발견됐다. 이것들은 물건을 주고받으면서, 그 사실을 보증하기 위해 토판 문서에 눌러 새기기 위한 중요한 행정 도구다. 두루마리를 인봉한 까닭은 부분적으로 감추기 위함이다. 내부의 내용 변경을 막고자 함이다. 위조될 수 없다는 것을 보증한다. 책이 봉인되어있는 까닭이 무엇인가? 모든 인간의 지식을 배제한다. 이 책은 이미 존재한다. 세상을 다루시는 하나님의 역사는 이미 결정되었다. 오직 한 분, 어린 양만이 그 인을 떼고 하나님의 계획을 실현하고 완성할 수 있다. 모든 사람은 윤리적으로 합당하지 않다. 책을 들여다볼 수 없다. 그 계시의 내용을 읽을 수도 없다. 심판과 관련된 것이기 때문이다(겔 2장).

고대 세계는 법적인 문서들이 여러 개의 인장을 가지고 있었다. 법률 문서는 통상적으로 여섯 명의 증인 이름을 기록하여 봉인하였다. 묶은 실 위에 뜨거운 밀랍을 발라 단단히 봉인하였다. 개인 도장을 누르곤 하였다. 증인들의 반지 도장이 없으면 아무도 그러한 봉인을 개봉할 수 없었다. 일본 문화는 도장 문화다. COVID-19 사태로 재택근무의 가장 큰 벽으로 등장했다. 니혼게이자이신문에 따르면 "디지털 기업 이미지가 강하지만 [여전히] 계약은 종이와 도장이 기본"이다.

로마와 소아시아에서는 유서들이 일곱 명의 증인 도장으로써 인봉되었다. 예로부터 도장은 개개인의 인격과 신분 그리고 권위를 상징하는 물건이었다. 도장을 맡긴다는 것은 전폭적인 신뢰를 의미하는 것이다. 돈은 빌려줘도 도장은 빌려주지 않는 것이 불문율이다. 고대 로마의 유서는 여섯 개의 인으로 봉했다. 이름을 박았다. 그 사람 외에는 아무도 인봉을 뗄 수 없었다. 유언자가 죽은 후에는 이 증인들 앞에서 그 유서가 개봉되었다. 죽임을 당한 어린 양은 하나님 나라의 완성을 약속하는 두루마리의 일곱 인을 떼기에 합당하다. 어떤 학자들은 이 두루마리를 장차 하나님 나라의 상속에 관한 유서와 동일시했다. 선거법에 따라 당 후보자를 선관위에 등록할 때 당인(黨印)과 당 대표의 직인(職印)이 없으면 공천장은 무효다.

'봉인'(seal)은 두루마리 끝부분에 밀랍이나 진흙 조각으로 발라 두는 것이다. 공식 문서로 만들기 위하여 추가로 도장이 새겨진 반지로 봉인하기도 했다. 봉인의 목적은 내용의 비밀을 유지하는 데 있다. 요한이 본 두루마리는 생명의 책, 구약성경, 미래의 대 환난이라기보다 하나님의 심판과 구원 계획을 담고 있는 것으로 이해하는 것이 좋을 것이다. 하나님 나라는 십자가로 성취되었으나 완성되지 않았다.

사자(Lion)

유다 지파의 사자가 이겼으니 그가 두루마리와 일곱 인을 떼시리라

(계 5:5).

Figure 26.

120 마리의 사자가 바빌론의 입구를 상징한다.

사자는 소아시아로부터 중동과 페르시아를 거쳐 인도에 이르는 전역에서 발견되었다. 모든 육식 동물 중에서 유독 사자만 성경의 땅에서 완전히 사라졌다. 팔레스타인(Palestine)에서도 13세기에 므깃도 근처에서 마지막 사자가 죽임을 당했다. 사자는 성경에 가장 많이 언급되는 동물이다. 힘과 위엄과 용기와 위협의 표상이다. 뛰어난 지성의 상징이다. 하나님이 사자로 묘사되었다. 유대인에게 사자는 하나님의 능력과 토라의 권세를 대변한다. 예술 작품에서, 사자는 나무, 아마도 생명의 나무나 토라의 나무 옆에 서 있는 것으로 그려져 있다. 토라가 사자와 같은 힘을 가졌다는 사상이다. 사자와 같은 힘과 근면성을 지녔음을 의미한다. 토라에 충실한 모든 사람에게 사자 같은 힘을 준다는 의미다. 이방 국가는 사자, 늑대, 하이에나, 독수리나 갈가마귀 같은 야생 짐승과 맹금류로 상징된다. 요한은 사자와 어린 양에 상징적인 의미를 더하지 않는다. 독자들은 자연스럽게 유대 지도자를 떠올렸을 것이다.

1. 유대 지파의 사자

요한은 1세기에 사자의 이미지를 통하여 이스라엘에 종말론적 희망을 가져오는 메시야를 묘사하는 데 사용하였다(창 49:9-10). 그리스도는 유다 지파의 사자며 다윗의 뿌리다. 두 개는 왕적 호칭이다. 두 가지가 하나로 결합되어 있는 것은 여기와 쿰란 문헌뿐이다. 이스라엘의 원수를 정복하고 심판할 메시야의 권위를 강조한다. 모두 다윗 계통의 메시야적 성격을 강조한다. 둘 다 원수를 정복하는 전투적인 메시야를 암시한다. 오랫동안 기다렸던 이스라엘의 원수들을 정복할 왕을 묘사한다. 유다 지파의 사자는 성경에서 오직 여기에만 나타난다. 유다의 왕실도 이와 같은 표현으로 언급되었다. 그러나 그와 같은 개념으로 거의 사용되지 않았다. 요한과 동시대의 유대 묵시 문학에서 사자의 비유는 로마를 멸할 승리의 메시야를 뜻하는 데 사용하였다.

이스라엘군이 전쟁에서 승리할 때 사자와 같았다. 요한계시록에서는 사자와 어린 양을 연결시킨다. 사자의 이미지와 승리를 재규정한다. 사자는 백수(百獸)의 왕이다. 밀림의 왕자 사자는 강력한 힘과 무기로 상대를 정복한다. 유대 지파의 사자, 왕이신 그리스도는 어떻게 승리를 가져왔는가? 역사적으로, 다윗 계통의 왕들은 유다 지파 출신이었다. 사자의 상으로 왕좌를 장식했다(왕상 10:19-20). 왕들은 사자와 비교되었다(잠 19:12). 로마를 상징하는 동물은 독수리다. 유대인들에게 다윗적 메시야는 사자였다. 사자가 독수리를 이겼는가? 독수리가 사자를 십자가에 죽게 하였다. 사실 동물계의 영원한 라이벌 사자는 날카로운 송곳니, 강력한 발톱, 200kg을 넘나는 체구는 온갖 종류의 공포를 조성한다(욥 1:6; 삼상 17:37; 시 58:6).

사자굴중무이수(獅子窟中無異獸).

'사자 굴 안에는 다른 짐승이 없다'라는 뜻이다. 사자는 동물의 왕이다. 사자의 입으로부터 구출된다는 것은 거의 불가능한 일이다. 예수님은 사자의 잔인함, 파괴력, 저항할 수 없는 힘을 발휘하는 용감하고 담대한 용사인가(잠 28:1; 30:30). 요한계시록은 어린 양으로 묘사한다.

예수님은 하나님의 원수들을 진멸시키는 다윗의 왕조를 잇는 메시야다. 무력이 아니라 죽음으로 성취된 것이라고 설명한다. 유다 지파의 사자의 위엄 있는 등장을 기대했을지 모른다. 그러나 막상 두 눈으로 본 것은 연약하기 짝이 없는 어린 양이다. 그것도 죽임을 당한 것 같은 어린 양이다. 예수님은 왕으로 이 땅에 오셨다. 원수를 진멸하는 승리자이다. 그 승리를 얻는 방법이 특이하다. 자신의 희생적 죽음을 통해서다.

그리스도가 유다의 사자라고 불릴지라도, 요한이 하나님의 보좌 한 가운데서 본 인물은 사자가 아닌 어린 양, 죽임당한 어린 양이다. 부활한 어린 양이다. 그는 죽임을 당했기 때문에 승리하셨다.

유대 지파의 사자라는 이미지는 '유다는 사자 새끼로다'를 암시한다(창 49:9). 후대 유대교에서 중요한 메시야적 말씀으로 이해했다. 군사적 정복자로서 왕 되신 메시야에 관한 것이었다. 그리스도를 유다 지파의 용기와 힘과 맹렬함의 절정으로 묘사한다. 유대인들은 다윗 계통의 메시야에게 적용시켰다.

그리스도는 두루마리 일곱 인을 떼시기에 합당한 유대 지파의 사자다. 승리하신 사자다. 그리스도는 유다 지파에서 탄생했다. 그의 본성에는 사자와 어린 양의 특징이 포함되어 있다. 왕이시며 대제사장이다. 십자가에서 죽음으로 마귀와 사망을 이겼다.

2. 유대 지파의 사자 그리스도가 이기다

요한은 '기쁘다 왕이 오셨네'라는 소식을 듣게 된다. 하나님 나라의 진리가 기록된 두루마리를 펼칠 수가 없을 것 같아서 크게 울고 있을 때다. 그 소식은 유다 지파의 사자이시며 다윗의 왕가에서 나온 메시야에 대한 것이다. 그분은 아무도 대적할 수 없는 정복자의 이미지다. 승리를 이루신 자신의 능력과 권세로 인하여 그 사자는 하나님의 신비를 모든 사람에게 드러낼 수 있게

Figure 26-1.

사자 모양의 주석 청동 추 주조(B.C. 5세기).

된 것이다.

요한은 우리에게 그 사자가 이기었다고 말한다. 이 말은 완전한 승리를 쟁취한 그리스도를 가리킨다. 절대적인 승리를 가져왔다. 못 박히신 그리스도를 부활 이후에 살아 계신 분으로 묘사한다(고전 1:23). 여인들이 예수님의 무덤을 찾아 갔을 때 빈무덤을 지키던 청년이 '십자가에 못 박히신'예수님을 찾고 있다고 할 때 '그가 살아나셨다'라고 말한다(막 16:6). 십자가에 죽으심은 일회적 사건이 아니다. 부활과 승천 이후에 역사 속에서 계속되는 사건이다.

> 죽임당한 어린 양은 사망을 이기고 부활하셨다. 유대 지파의 사자가 죽임을 당하였기에 승리하였다. 죽임당한 어린 양이다. 그는 실제 죽임을 당했다. 로마 제국을 무너뜨린 것이 아니라 사망을 이겼다. 그는 자신의 피로 사람들을 사서 하나님께 드렸다. 그들을 나라와 제사장으로 삼으셨다.

백성들을 그의 피로 옷을 씻었다. 그를 통해 이겼다. 어린 양은 성전도 된다. 유대적 기대라기보다 메시야에 덧붙여진 것이다.

아시아 일곱 교회마다 칭찬과 징계가 다르다. 이기라는 도전은 모두에게 주어졌다. 그리스도의 재림 전에 엄청난 환난의 시기가 올 것이다. 2-3장에서 교회에게 '이기라'를 반복해서 권면했다. 권면의 근거와 소망은 어디서 오는가? 어린 양이 교회를 위협하는 악한 세력들을 이미 '이기셨다'는 사실에 있다. 승리의 범위를 제한하는 목적어가 없다. 어린 양의 승리가 무한하고 절대적인 승리임을 암시하다.

'이기다'는 언급한 구약 칭호들의 도입 역할을 한다. 그 칭호들에 담긴 '이김'의 중요성을 드러낸다. 두 칭호 모두 심판을 통해 그의 원수를 이길 메시야적 인물에 대한 예언을 다룬다. 예수님은 이 예언을 성취한다. 군대의 정복만 아니라 경기의 승리, 환난 중에 가져야 할 믿음의 승리다.

유대 지파의 사자 메시야는 죽음으로 승리하신 어린 양이다. 힘이 아니라 죽음으로 이겼다. 폭력이 아니라 죽음으로 이기셨다.

고대 문헌에서 사자는 위대한 힘을 상징한다. 동물 왕국에서 용기의 대명사다. 강력한 통치자다. 유대 문헌들도 용기와 힘에 대해 사자라는 이미지를 메시야에 대해, 보다 자주 사용하고 있다. 에디오피아의 제왕들은 자신들을 '유다의 정복하는 사자'라는 직함을 자랑스럽게 전용하였다. 그들은 솔로몬과 스바 여왕의 후손들로 여겼다. 유다 지파에서 나왔다고 확신하였다. 1974년 하일레 셀라시에(Haile Selassie) 정권이 무너질 때까지다.

바울은 구원을 가져다주는 하나님의 능력과 십자가를 동일시했다. 최종 부활의 전조로 이해했다(고전 1:18; 15:54-57). 십자가의 승리는 현재하지만, 미래에 일어날 우리의 부활에서 완성된다. 우리는 현재하는 부활의 힘을 체험한다. 다가올 부활에 대한 소망을 가진다. 부활의 현재와 미래는 분리되지 않는다. 언제나 하나의 본질을 가진다. 하나님 나라의 현재성과 미래적 소망을 조화 있게 유지하는 것이 부활 신앙의 관건이다. 유대 지파의 사자요 다윗의 뿌리인 어린 양은 신실한 그리스도인들과 마찬가지로 승리하신 분이다. 어린 양이 죽음에서 승리한 것처럼 그를 따르는 자도 승리한다. 그리스도가 부활의 첫 열매가 되셨기에 그를 믿는 자도 몸이 다시 살고 영원히 살게 된다. 예수님은 사망의 권세를 이겼다. 부활하신 분이다. 부활은 그의 이김의 본질적임을 묘사한다. 어린 양이 죽은 자 가운데서 다시 살아나심으로 사망을 이기셨다.

어린 양(Lamb)

죽임을 당한 어린 양은 아름답고 아름답도다(계 5:6).

Figure 27.

죽음 당한 어린 양과 이십사 장로.

요한은 열린 하늘 문으로 하늘 법정을 본다. 동심원들로 배열되어 있다. 중앙에 보좌가 있다. 그다음에 그룹의 원이다. 이십사 장로들의 원이다. 수많은 천사들의 원이다. 그리고 모든 피조물의 원이다. 헬라의 원형 경기장을 닮았다. 요한은 환상에서 사자가 나타내리라고 추정되는 약속의 장소를 보았다. 그가 본 것은 사자가 아니었다. 죽임을 당한 어린 양이었다. 양을 죽이는 짐승이 사자다. 어린 양은 죽임을 당한다. 칠십인역(LXX)에서는 취약성을 의미하는 은유로 어린 양을 사용한다. 요한계시록에서 처음 등장한다. 묵시적 은유의 2가지 면이 있다. 승리의 메시야로서 예수님과 속죄의 희생 제물로서의 예수님이다.

1. 하늘 보좌에 서 있는 어린 양

이스라엘 사람들은 어린 양을 교활함이나 사악함과 대조한다. 죄 없음과 온유함, 순종의 상징으로 이해했다. 이사야 53장에 선언되어 있다. 고난을 견디는 야훼의 종은 어린 양으로 비유된다. 구약에서 처음으로 한 인물이 희생양의 역할을 수행한다는 인식이 등장한다. '희생양'에 해당하는 'scapegoat'의 정확한 번역은 '희생 염소'다. 영어에 '휘핑 보이'(whipping boy)라는 말이 있다. 남이 저지른 죄에 대한 벌을 대신 받는 희생양이라는 뜻이다. 그리스 비극의 주인공은 희생양이다. 요한이 본 하늘의 주인공은 어린 양이다. '어린 양'에 해당하는아르니온(ἀρνίον)은 요한의 작품에서만 나온다. 요한계시록에서 이 호칭은 예수님에게만 적용된다. 29회 사용된다. 짐승을 묘사하는 것은 제외된다. 요한계시록을 푸는 키워드다. 경배 관련 문맥보다 심판과 구원에 중점을 두는 문맥에 등장한다. 요한이 어린 양을 뵌 그 순간부터 자신이 받는 계시가 끝날 때까지 어린 양으로 기술한다. '그 어린 양'(the Lamb) 외에 다른 이름을 거명하지 않는다. 아르니온은 '양'의 지소사다. 본래 '새끼 양'(lambskin)을 의미하였다. 후대에 이르러 단순히 어린 양(lamb)을 의미하였다.

어린 양은 아람어로 '탈야'이다. 양뿐 아니라 종과 소년을 의미할 수 있다. '요셉의 유언 19'에는 이스라엘 지파가 숫사슴, 양, 황소로 그려져 있다. 사자 이미지는 어린 양의 이미지로 변경된다. 사자에 비하면 어린 양은 무기력 그 자체다. 양들 중에 가장 공격의 표적이다. 가장 연약하다. 사자와 뚜렷한 대조를 이룬다. 요한계시록의 어린 양 은유는 양면을 띈다. 지도자나 통치자를 나타내는 은유와 희생제의 은유다. 저자는 어린 양이라는 하나의 상징에 묵시적 연상과 메시야 연상 그리고 희생제의 연상을 함께 융합시키고 있다.

> 어린 양은 온 세상의 심판자이시면서 우리를 위해 죽임을 당하신 분이다. 지극히 높으신 주이시면서 그는 아직 고난의 흔적을 지니고 있다.

통치자 또는 지도자로서의 어린 양이다. 희생의 은유로서 어린 양이다. 구원자시다.

구약은 메시야의 최후의 승리와 통치를 예언한다. 요한의 독자들은 이런 목표가 십자가의 고난에 의해서만 성취됨을 인식해야 했다. 사자와 어린 양 이미지가 보여 준다. 사자는 처음에 죽임을 당한 어린 양이다. 고난을 통해 이겼다. 그리스도의 운명은 성도들의 운명이다. 최후 심판을 통해 성도를 박해하는 자들을 다 정복하실 것이다. 그리스도는 아르니온이자, 레온이다. 즉 양이며 사자다. 두 가지 특징을 모두 지니고 있다. 죽임당한 어린 양이다. 죄 없이 고난을 받는다. 다른 사람들을 대신해서 고난을 받는다(사 53:4-6).

이사야 53:9에서 희생자가 무죄하다는 내용은 일찍 죽임을 당하셨지만 어린 양이 두루마리의 인봉을 떼기에 '합당하심'의 밑바탕이 된다. 어린 양은 그리스도론적 이미지와 언어를 준비한다. 두루마리는 요한계시록 4장에 언급되지 않았다. 보좌에 앉으신 이의 오른손의 두루마리가 갑자기 주목의 초점이 되었다. 이제 갑자기 어린 양이 등장한다. 극적인 목적을 위한 것이다.

두 가지 배경이 있다. 유월절 어린 양과 이사야 53장의 '도수장으로 끌려가는 어린 양'이다. 유월절 어린 양처럼, 예수님은 죽임을 당했다. 하나님 나라의 제사장으로 섬길 수 있도록 해방시켜 주었다. 두 경우 어린 양의 중심적인 기능과 중요성을 비유적으로 묘사한다. 하나님의 백성을 위해 구원과 승리를 성취하신다. 어린 양의 주제는 출애굽을 상기시킨다. 요한계시록의 어린 양은 구원자이면서 통치자이다. 자기 백성을 위해 죽임을 당하셨다. 심판자다. 죽임을 당했으나 승리하셨다. 어린 양은 하나님이시다. 주의 주다. 왕의 왕이다.

2. 일찍이 죽임을 당한 어린 양

성부와 어린 양은 보좌 주제뿐만 아니라 창조와 구속의 통일성을 보아도 하나다. 어린 양의 승리와 높아지심이 요한계시록 마지막 부분에서 나타나는 것이 아니다. 이미 십자가에서 성취되었다. 어린 양의 승리는 십자가에서 이루어졌다. 하나님 나라는 십자가에서 성취되었다. 요한은 죽임을 당하였지만, 보좌 곁에 서 있는 어린 양을 본다. '같더라'는 죽임을 당한 것처럼 보인다는 말이 아니다. 실제로 일어난 것을 가리킨다. 사탄에 대한 결정적 승리가 이미 일어났다. 십자가가 역사의 중심점이다. 복음의 중심이다. 최후의 아마겟돈 전쟁은 이미 얻은 승리의 정점이다.

초대 교회는 어린 양을 유월절 사상, 고난받는 종 그리고 성만찬과 융합시킴에 따라 묵시적인 측면이 약화되었다. 벨직 신앙고백서는 어린 양의 죽음을 속죄 사역과 연결한다.

그는 매를 맞고 우리를 고쳐 주셨고 어린 양처럼 도살장으로 이끌려 가서 사형 죄수들의 손에 들게 됐다. … 이 모든 것은 우리의 죄 용서를 위한 일이었다.

Figure 27-1.

알브레히트 뒤러의 '어린 양에게 경배'.

아가멤논왕은 트로이 전쟁 도중 성스러운 사슴을 죽인다. 아르테미스 여신의 분노를 산다. 저주를 풀기 위해 딸을 희생양으로 바친다. 요한은 어린양을 유월절 속죄 제물과 이사야의 고난의 종 이미지를 하나로 결합시키고있다. 전자는 하나님의 백성을 위해 구속과 승리를 성취한다. 후자는 대속적인 죽음에 대한 속죄적인 측면을 강조한다. 어린 양의 피가 장자 죽음의 재앙으로부터 이스라엘을 구원하였다(출 12:23). 예수님의 피가 하나님의 심판이행해질 때 그의 백성들을 보호해 줄 것이다(계 7:3). 예수님의 승리는 새 출애굽과 같다(계 5:9-10; 15:3). 예수님이 어린 양이다(고전 5:7 참조).

그리스도가 고난 중에 인내로 이기셨다. 요한이 사용한 어린 양 이미지의출처는 이사야 53:7이다. 도수장으로 끌려가는 어린 양처럼 그 입을 열지 않았다. 어린 양은 곤욕을 당하고 괴로울 때도 입을 열지 않고 침묵하였을까. 하나님을 바라보는 그 침묵 속에 하나님의 뜻이 임하고 말씀이 임하고 구원의 힘이 작동하기 때문이다. 그리스도는 진실로 승리자이시지만 그분의 승리는 십자가에서 얻은 것이다.

랍비 전승은 창세기 22:1-19의 아브라함의 믿음과 순종만이 아니라 이삭의 자발적이고 기쁜 자기 희생을 강조한다. 모리아 산에서 아브라함이 이삭을 결박 하다는 여성명사가 '아케다'(Aqedah)이다. 아브라함이 자신의 외아들이삭을 신에게 바치기 위해 제단 위에 묶어 올려놓은 사건을 총체적으로 지칭한다.

죽음을 당하기까지 하셨지만, 사망의 권세를 이겼다. 그 결과 왕위를 부여받았다. 그가 받으신 왕위는 단순히 미래의 실체에 불과한 것이 아니다. 부활 때 시작한 왕위다. 가장 빛나는 별을 보는 방법이 있다. 가장 깊은 어둠 속으로 걸어가야 한다. 가장 큰 희망은 가장 큰 절망에서부터 시작된다. 사자가죽임을 당한 어린 양으로 바뀐다. 희망이 끝난 것처럼 보인다. 다시 정복하는일곱 뿔을 가진 숫양으로 바뀐다. '사자-어린 양-죽임을 당한 어린 양-정복하시는 숫양'의 교차대구법(chiasm)이 존재한다.

심판 속에 나타나는
하나님의 주권

Figure 3부.

이 스테인드 글라스 창(Sainte-Chapelle, Paris, ca. 1200)은 트럼펫 소리에 죽은 자의 부활을 묘사한다.

주권(Sovereignty)

흰 말을 탄 자가 활을 가졌고 면류관을 받고 나아가서
이기고 또 이기려하다(계 6:2).

Figure 28.

심판을 집행하는 말을 탄 두 기수에 대한 요한의 환상.

어린 양이 인을 뗄 때마다 땅에 재앙이 일어난다. 인에 의해 전달되는 징조들은 현재 세상이 편안하고 안전하다는 사상에 도전한다. 수사학적으로, 이 환상은 환난당하는 독자들이 이미 알고 있는 바다. 서머나 교회 교인들은 폭력을 당하고 경제적 어려움이 현재의 삶이었다.

네 말을 탄 자들이 나타나 차례로 또는 동시다발적으로 전개된다. 전쟁과 내전, 기근, 전염병, 지진 그리고 박해가 일어난다. 네 기사가 땅의 거민들에게 끼친 영향들이다. 칼과 기근과 사망과 전염병이다. 사망과 음부가 동반된다. 예수님의 종말론 강화와 맥을 같이 한다. 누가복음의 일곱 재앙이 요한계시록의 여섯 인 가운데 포함된다.

재앙은 하나님의 심판인가? 마귀의 짓인가? 단순한 자연 재앙인가? 전쟁, 기근, 전염병, 사회적 갈등, 사망은 마귀의 짓인가? 인간의 죄의 산물인가? 하나님과 상관없는 것인가? 어린 양은 인을 뗀다. 하나님이 현재 세상에 전쟁과 폭력과 전염많은 사람 가져오는 것은 아니다. 하나님의 목적에 복종해야 함을 보여준다. 하나님은 감람유와 포도주를 보호하신다. 셋째 말 탄 자의 행동을 제한한다. 사망의 범위를 제한한다. 땅의 사분의 일이다. 생사화복(生死禍福)을 주관하시는 하나님이시다.

1. 하나님은 역사의 주권자이시다

하나님은 그의 심판에 있어서 주권을 가지고 계신다. 세상의 관심을 불러일으킨다. 우리는 이 세상에 대해 편안함을 가져서는 안 된다. 첫 네 인은 모든 그리스도인에게 시련이다. 불신자들에게는 심판이다. 거짓 믿음에서 참 믿음을 가려낸다. 예루살렘의 멸망이 그 예다(눅 21:20 이하). 알곡에서 쭉정이를 분리시킨다. 처음 네 인을 뗄 때 네 명의 기사가 등장한다. 하나의 단위를 형성한다. 네 생물 중 하나에 의해 호출된다. 각각 땅의 백성에게 재앙을 일으키거나 일으키라는 위임을 받는다. 전쟁, 기근, 전염병, 짐승에 의한 죽음이다.

누가 인을 뗐는가? 어린 양이 주어다. 일곱 인을 떼신 분이 어린 양이다. 재앙의 책임이 누구에게 있는가? 인을 뗀 어린 양인가? 기수를 불러낸 생물인가? 말을 탄 기사들인가? 세상에 재앙을 가져온 장본인은 기사들이다. 윗선까지 책임소재를 논할 것인가? 여기에 대한 답이 있다. 처음 네 심판은 땅에 임한다. 네 기수를 통해 시행된다. 어린 양이 인을 뗀다. 네 생물이 오라고 명령하면 기수가 나온다.

핵심의 주제는 무엇인가? 어린 양, 네 생물, 말 탄 자, 재앙인가?

하나님의 주권이다. 심판을 행하시는 하나님의 주권이다. 하나님이 세상의 죄에 대해 분노를 드러내신다. 하나님이 박해자들에 대해 경고하신다. 우리가 너무 편안하게 되지 않도록 그의 자비로우심으로 우리를 막으신다(요일 2:15-17).

하나님은 역사의 주권자시다. 고난에 대해서도 마찬가지다. 고난들은 하나님의 약속들이 진실하다는 것에 대한 신적인 증거의 인이며 표지다.

말 탄 자의 활동은 하나님의 허락을 통해서만 일어난다. 어린 양은 하나님의 보좌에 앉아 전체 과정을 통제한다. 네 생물 중 하나가 상황을 지휘한다. 허락을 받은 말 탄 자들이 행동으로 옮긴다. 오로지 하나님의 주권의 역사다. 네 기수 모두 하나님의 명령을 따라 그의 대리인들로 행동한다. 하나님의 명령에 복종해야 한다.

야훼는 성소를 더럽힌 백성에게 책임을 물으신다. 징벌한다. 삼분의 일이 전염병과 기근으로 죽을 것이다. 삼분의 일은 칼에 죽을 것이다. 삼분의 일은 사방으로 흩어질 것이다. 에스겔 14:21에 요약되어 있다.

내가 나의 네 가지 중한 벌 곧 칼과 기근과 사나운 짐승과 전염병을 예루살렘에 함께 내려 사람과 짐승을 그 중에서 끊으리니(겔 14:21).

야훼가 경고하신다. 네 말 탄자들의 정체는 무엇인가? 심판의 천사로 보인다. 상징적인 문학적인 기능을 고려해 본다. 정체가 지나치게 강조되어서는 안 된다. 스가랴에서는 야훼의 순찰병들이다. 스가랴 6:1-8에 나오는 말은 네 병거다. 네 바람과 동일시된다. 네 방향에 대한 언급은 없다. 이 재앙은 인간의 행위에 의해서는 일어날 가능성이 없을 정도로 대규모다. 종말적이다. 전투의 마지막 장면에서는 하나님의 말씀이 친히 싸운다. 그러나 여기서 행위는 천사, 즉 말탄 자들이 행하는 것이다.

일곱 인 심판은 나팔과 대접 심판을 준비하는 땅에 대한 예비적 심판이다. 두 부분으로 나눈다. 처음 네 심판은 땅에 대한 심판이다. 세 심판은 우주적 심판이다. 종말과 함께 끝난다. 첫 번째 인을 뗌으로 말을 탄 자로 말미암아 신자들은 고난을 받게 된다. 하나님이 그렇게 허락하신 것이다. 그리스도인들이 정신을 차리게 되었을 것이다. 비록 적에게 패배를 당할지 모른다. 궁극적으로 승리자임을 확신할 수 있었을 것이다. 우리는 하나님의 모든 것을 자신의 통제 하에 두시는 것을 기억해야 한다. 역사 가운데 그의 목적들을 성취하신다. 우리가 고난 중에 있을 때 구속적 목적뿐만 아니라 신실한 인내에 대한 상급까지 기억해야 한다. 스가랴에서 말들은 땅을 살피도록 보냄을 받는다. 요한계시록에서는 그들을 보냄으로써 땅에 재앙을 가져온다.

2. 전쟁과 정복의 위협

네 말을 탄 자는 역사 전체에 걸친 심판에 작용하는 하나님의 힘을 나타낸다. 일부러 '보좌에 앉은 이'와 '말 탄 자'를 연결시키고 있다. 일반적으로 흰색은 순수함과 기쁨의 상징이다. 이 구절에는 수식하는 형용사가 없다. 회색인지 흰색인지 알 수 없다. 흰 말을 탄 첫 번째 말 탄 자는 제국의 상징이다. 19:11의 백마를 탄 자와 대조된다. 그는 만왕의 왕, 만주의 주, 하나님의 말씀, 즉 예수 그리스도다.

흰색이라는 색은 지금까지 하나님의 백성의 순결함 및 승리와 연관되었다. 하지만 여기에서 이 말 탄 자는 거짓 정복과 거짓 인내를 사탄적으로 모방한 것이다. 흰 말은 다른 세 말과 같이 심판의 도구다. 이동 수단이다. 활은 하나님의 백성의 대적이 되는 자와 관련이 있다. 고대의 군대에서는 궁사들은 중요한 방어군이었다. 활은 로마의 무기가 아니다. 활은 그리스, 아나톨리아, 동부 지중해에 사용하던 명확하게 비로마적인 무기다. 성경 예언자들이 검이 전쟁을 가리키는 것처럼, 활을 정복에 대한 하나의 은유로 사용하였다. 첫 번째 기사가 쏜 화살들은 재앙이라 생각할 수 있다.

네 말을 탄자는 스가랴에 등장하는 다양한 색깔의 말들에 대한 환상에서 온 것이다(슥 1:8-17과 6:1-8). 원래의 이미지는 자유자재로 변형된다. 심판의 날에 하나님을 대신한다. 인간의 죄를 벌하는 '네 명의 기사'(騎士)다. 질병의 백기사, 전쟁의 적기사, 기근의 흑기사, 죽음의 청기사다. 세상의 종말을 가져오는 불행한 사건을 상징한다. 네 명의 비슷한 색의 말 또는 마차를 탄 자들을 묘사한다. 땅의 네 모퉁이를 순찰한다. 하나님께 세상의 제국들의 거짓 안전을 느끼고 있다고 보고한다.

'이기다'는 같은 문장에서 두 번 강조된다. 흰 말을 탄 자는 거짓 정복을 사탄적으로 모방한 것이다. 네 번의 인 심판은 진행은 정욕에서 시작한다. 이기는 것으로, 내전으로, 기근으로, 재앙과 사망으로 이어진다. 비인간화 과정이다. 하나님은 단순히 인간의 죄가 돌고 돌도록 허락하실 뿐이다. 자기 파멸에 이르도록 허락하신다. 탕자가 집을 떠나는 것과 고생하는 것을 허락하신다.

첫 번째 말 탄 자의 환상이다. 민족의 안전을 위해 로마 또는 다른 도시에 자신들의 소망을 두는 사람들에 대한 준엄한 경고다. 제국들은 흥망성쇠를 반복한다. 유일하게 영속하는 나라는 죽임당한 어린 양이 다스리는 나라뿐이다. 하나님의 주권이 강조된다. 마귀의 세력도 신적 인허가 있어야 한다. '받아'가 자주 사용되고 있다. 하나님의 활동을 나타내는 신적 수동태다(passivum divinum). 하나님의 활동을 나타내는 수동태는 요한계시록에서 22회 사용된다. 모든 기사들에게 부여되는 하나님의 위임 또는 능력과 관련이 있다.

순교(Martyr)

하나님의 말씀과 증거로 말미암아 죽임을 당한 영혼들이
하늘 제단 아래에서 탄원하다(계 6:10).

Figure 29.

'돌에 맞아 죽다': 프랑스 복음서의 한 삽화는 스데반이 투옥된 후 돌에 맞아 죽는 장면을
묘사한다.

AD 70년경 마가가 순교한다. 맛디아는 에티오피아에서 도끼에 찍혀 숨을 거둔다. 나다나엘은 아르메니아에서 전신의 가죽이 벗겨진 채 순교한다. 셀롯인 시몬은 페르시아에서 톱에 썰려 죽는다. 다대오 역시 페르시아에서 숨진다. 스쿠디아에서 돌아온 안드레는 아가야 지방의 파트라스에서 X형 십자가에 달린다. 마태는 에티오피아에서 자객의 칼에 찔려 순교한다. 도마는 A.D. 72년 인도 마드라스에서 네 개의 창에 찔려 죽는다. 빌립은 A.D. 78년 히에라폴리스에서 십자가에 거꾸로 달린다.

요한계시록에 나오는 순교자는 단지 한 명, 곧 안디바뿐이다. 선지자 요한(막 6:14-29)과 요한의 형제 야고보(행 12:1-2)는 네로 황제 시대에 바울이 당한 것처럼 참수를 당한다. 타키투스는 네로 황제의 박해 아래 수백 명의 그리스도인이 야수들에게 먹잇감으로 제공되고, 십자가에 달려 처형당하고, 산 채로 불에 태워졌다고 말한다.

죽임을 당한 영혼들은 '하나님의 말씀과 그들이 가진 증거'로 말미암아 죽임을 당한다. 네 번에 걸쳐 등장하는 비슷한 형식에 기초를 두고 있다. 요한계시록이 예언서라는 것을 증명한다. 성도들은 자기들의 증언을 통해 하나님의 종말론적 임재 속에 참여한다.

어린 양이 다섯째 인을 뗀다. 생물과 말 탄 자들의 역할이 없다. 대신 제단 아래 있는 순교당한 성도들이 있다. 과거 박해를 받았다. 다섯째 인을 뗄 때 하나님께 호소하고 있다. 박해는 계속되고 있다. 공관복음의 종말론적 강화의 패턴을 따른다. 자기들을 죽인 자들을 처벌해 주기를 부르짖는다. 동료 종들도 죽임을 당할 것이다. 잠시 더 기다리라는 분부를 듣는다.

1. 죽임당한 영혼들

요한은 죽임을 당한 자들의 영혼들을 보았다. 여기서 주제는 요한계시록의 또 하나의 중심 주제인 순교다. 성도들의 몸에서 분리되어진 영혼들이다.

실제로 순교한 사람들을 염두에 두었을 가능성이 있다. 비유적 표현이다. 자신들의 믿음 때문에 고난을 당한 모든 성도를 가리킨다. 고난은 고통(苦痛)과 재난(災難)을 합친 말이다. 정신적, 육체적 괴로움을 포괄한다. 죽임당한 영혼들은 '이기는 자'이다. 죄의 유혹을 이긴 자다. 다양한 종류의 고난에 직면하면서도 타협하지 않은 신자들이다. 하나님께 순종하고 예수님에 대해 증언했다는 이유로 순교를 당했다. 요한계시록에서 박해와 고난 속에 있는 교회는 증언하는 교회로 나타난다. 절망적인 상황에서도 담대하게 자신의 증거를 유지한다. 영혼은 보통 전 인간을 가리키는 말이다. 죽임을 당한 실제 목숨들 또는 몸들을 의미할 것 같다. 짐승에게 죽임을 당했다. 요한에게는 정말 살아 있는 사람들처럼 보여 진다.

둘째 인을 뗄 때에 붉은 말을 탄 자가 땅에 화평을 제하고 서로 학살하게 하였다. 시련이 이 땅에 있는 사람들 전체에 영향을 준 것이다. 성도들이 화를 당한 것이다. 죽임을 당한 영혼들은 말 탄 자들의 박해와 관련이 있다. COVID-19 시국에 부를 희망사항 가사다.

> 손을 씻지 않아도 감염 안 되는 사람, 마스크를 쓰지 않아도 감염 안 되는 사람, 설사 감염되어도 거뜬히 일어서는 사람(변진섭, 희망사항 가사 중)

성도들이 고난을 당하지 않을 것이라는 것도 희망사항이다. 학살을 당한다. 죽임을 당한다. 하나님 나라의 복음을 전하고 그리스도를 전하다가 죽임을 당한다. 하나님의 말씀과 그리스도의 증언에 충성함으로 죽임을 당한 어린 양의 고난과 총체적으로 동일시된다.

영혼은 순교자들의 영혼이다. 요한계시록은 그들의 죽음과 마지막 부활 사이에 있는 것으로 묘사한다. 죽음은 영혼이 불멸하도록 풀어놓는 것이 아니다. 하나님의 보살핌을 기다리는 시기로 인도한다.

순교자들은 하나님의 말씀과 그 증언으로 인해 고난받고 죽음을 당한 자들이다. 고난은 그리스도 자신에게서 나타났듯이 역설적으로 하나님 나라를 진척시킨다.

2. 제단 아래 있는 순교자의 영혼들이 탄원한다

요한은 하늘 성전의 내부까지 볼 수 있게 된다. 제단 아래서 탄원하는 영혼들을 본다. 순교자들이다. 하늘의 성전을 본다. 요한계시록과 구약성경에서 자주 등장한다. 하늘의 성전에는 항상 제단이 있다. 하늘의 성전 관념 배후에는 에스겔 40-48장의 묵시적 환상이 놓여 있을 것이다.

제단은 기도가 드려지는 장소다. 영혼들은 하나님께 드려진 희생 제물이다. 땅에서 죽임을 당한다. 희생은 실제로 하늘에서 이루어진다. 하늘의 제단에 바쳐진다. 제단이 죽은 자들과 함께 언급된다. 고난이 가진 희생적 특성을 상기시킨다. '제단 위'가 아니다. '제단 아래'다. 하늘의 성전에서 일어나는 장면이다. 지성소 안이다. 향을 피우는 금 향로다. 피라는 주제는 번제단을 암시한다. 기도는 분향단을 가리킨다. 희생의 제사는 그 제단 아래 부어진다(레 4:8, 30, 34). 이 제단은 희생 제사를 드리는 용으로 만든 제단이 아니다. 속죄 제사와 기도 주제가 함께 있다. 두 제단을 모두 암시하는 이중적 의미를 함축한다. 요한계시록에는 단 하나의 제단만 있다. 두 기능을 수행한다.

죽임 당한 영혼들이 제단 아래 있다. 제단 꼭대기에서 피를 부은 후에 제단 아래까지 내려왔음을 알 수 있다. 이 제단은 하나님의 보좌와 일치시키거나 연결시킬 수 있다. 죽임당한 영혼들이 제단 아래 있다는 것은 무엇을 뜻하는가? 박해로 인해 물리적 생명을 잃었다. 영혼을 지배하시는 하나님의 보호 아래 있음을 강조한다. 십자가에 상응하는 하늘 보좌에 자신을 제사로 드린다.

순교자들인 것은 분명하다. 누구인지는 명배하지 않다. 요한은 "예수를 증언함과 하나님의 말씀 때문에 목 베임을 당한 자들의 영혼들"에 대해 말하고 있다. 그들은 하나님 나라의 복음과 그리스도를 전하다가 고난을 받은 자들이다. 모든 헌신은 하나님이 받으실 만한 헌신이다.

맹자는 '고자하'(告子下) 편에서 말한다.

> 하늘은 큰 임무를 인간에게 맡기기 전에 반드시 먼저 그 마음과 뜻을 고난에 빠지게 한다. 살과 뼈를 곤하게 한다. 몸과 피부를 굶겨 몸을 공허하게 한다. 뜻대로 되는 일이 없게 만든다. 이를 통해 그 심지를 굳게 한다. 이전에 없었던 능력을 갖추게 한다.

제단 아래로부터 신원을 요청하는 탄원이 올라온다. 순교자들이 크게 외친다. 순교자들은 기도한다. 복수가 아닌 하나님의 의로움을 나타내시기를 구한다. 제단은 유대인의 도피처다(왕상 1:50). 하나님이 보좌 앞에 있다. 하나님과 가까이할 수 있다.

요한이 순교자에게 주목하는 이유가 무엇인가? 고난과 핍박을 받은 모든 그리스도인보다 특별히 주목하는지 의문이 제기된다. 순교자들은 실제로 그리스도의 복음을 위해 육신의 죽임을 당한 자들이다. 죽임을 당한 어린 양과 동일시하였다. 하나님의 말씀과 그들이 가진 증거로 순교자의 반열에 속한 것이다.

순교자들이 제단 아래 있다. 희생 제물로 죽는다. 이교 전승은 종종 폭력에 의한 죽음을 희생 제물로 은유적으로 비교하곤 한다. 희생 제물의 피는 번제단 밑에 쏟는다(레 4:7). 대적자들의 손에 의해 비참하게 살해당한다. 그러나 제단 아래 있다. 하나님이 받으신 것이다. 하나님의 말씀과 증거로 인한 죽음이 헛되지 않는다. 희생 제물은 대리적이지 않다. 그리스도의 고난에 참여하고 있다.

탄원(Supplication)

대주재여! 우리 피를 갚아 주지 아니하시기를
어느 때까지 하시려 하나이까(계 6:10).

Figure 30.

두스묵시록(Douce Apocalypse)에서 '다섯 번째 봉인의 개봉': 하늘 제단 아래에서 순교자들이
탄원하다.

순교자들의 신원은 예수님의 종말론 강화를 반영하고 있다. 예수님은 자기를 따르는 자들이 죽음에 처해질 것을 경고하셨다(막 13:9-13). 요한계시록의 핵심 강조점 가운데 하나가 복수법이다. 이 법은 하나님이 악인을 심판하셔야 할 이유를 정당화한다.

고대법에서 원고는 대개 자신의 소송 사건을 스스로 변호하였다. 침묵은 사실상 피고의 범죄를 인정하는 것으로 간주하였다. 죽임당한 영혼들이 하늘의 재판관이 변호해 줄 것을 요청하고 있다. 순교자들의 외침은 고소하는 자들 사이의 관계가 아니다. 무죄를 호소하지 않는다. 그들의 믿음의 유효성이다. 헛된 죽임이 아님을 호소하는 것이다. 보복이나 원한 맺힌 절규가 아니다.

죽임당한 영혼들은 '거룩하시고 참되신 대주재'께 탄원한다. 하나님이 악을 행하는 사람들에게 정의를 행하신다. 자신의 거룩하심과 참되심을 보여 주시기를 부탁받으신다는 사실을 묘사한다. 하나님은 그 호소에 응답하신다. 심판을 행하신다는 약속을 이루신다.

1. 땅에 거하는 자들을 심판하여 하나님의 공의를 나타내소서

요한은 어린 양이 다섯째 인을 떼실 때에 세상에서 박해를 받고 죽은 다음 하늘의 상을 받은 성도들을 본다. 둘째 말 탄 자의 공격으로 죽임을 당한다. 넷째 말 탄 자의 공격으로 살해를 당한다. 죽임을 당한 자는 은유적인 개념이다. 포괄적으로 믿음을 지키기 위해 고난을 당하는 모든 성도를 표상한다.

순교자들이 큰 소리로 외치는 것은 복수심에서 나온 절규가 아니다. 하나님께 드리는 애절한 기도다. 하나님이 직접 나서서 바로잡아 주실 것을 간청한다. 큰 소리로 소리내어 부르짖는다. 큰 외침에 대한 강조. 히브리법 체계의 배경을 토대로 해석해야 한다. 히브리법에 따르면 원고가 반드시 자신의 소송을 변호해야 한다. 하나님의 뜻을 수행하는 천사들에게 또는 복수를 부르짖거나 구원에 대하여 하나님을 찬양하는 순교한 성도들에게 사용되었다.

제단 아래 있는 죽임을 당한 영혼들은 자신들이 피 흘린 것을 잊지 않는다. 피의 보수를 위한 기도를 한다. 복수인가? 원한인가? 거룩한 신원이다. 그들의 반응은 하나님의 명성을 드높이고 그의 백성의 원한을 신원해달라는 기도다. 하나님의 공의에 대한 명성의 위기를 맞았다. 만일 하나님께서 피에 대해 신원하지 않으시면 불의한 분으로 간주될 것이다.

약한 사람은 복수하고, 강한 사람은 용서하며, 현명한 사람은 무시한다.

아인슈타인의 말이다.

죽임을 당한 영혼들이 큰 소리로 외치는 것은 복수도 용서도 무시도 아니다. 하나님께 탄원한다. 유일한 탄원 기도(prayer of supplication)다. 요한계시록 전체에서 중요한 부분이다. 죽임을 당한 영혼들은 복수를 위해 제단 아래 있는 것이 아니다. 갚아 달라는 것의 자신의 억울함을 상소하여 무죄로 만들어달라는 호소가 아니다.

'갚아 주다'는 죽임당한 영혼들의 사건을 재조명하여 명예 회복이나 무죄로 판결해달라는 호소가 아니다. 순교자의 의가 아닌 하나님의 의에 호소한다. 거룩하심과 정직하신 하나님의 본성에 호소한다. 하나님은 거룩하시고 정직하신 분이다. 피에 대해 반드시 신원하여 주신다.

2. 어느 때에 피에 대해 신원하여 주시는가

미국 웨스트몬트대학교 트렘퍼 롱맨 3세(Tremper Longman III) 석좌교수는 "시편은 구약 메시지의 핵심"이라고 단언한다. 탄식 시편 대부분을 다윗이 썼다. 복수 시편 읽기는 다윗의 이야기에 참여하기다. 다윗은 누구보다 탄원기도를 많이 한 사람이다. 개인적으로 시므이, 도엑, 사울 그리고 압살롬으로부터 끊임없이 공격을 받았다. 그는 스스로 복수하지 않았다. 왕권을 동원하지 않는다. 탄원 기도를 한다. 원수를 하나님의 손에 맡긴다. 만약 다윗이 이렇게 무지막지한 저주를 기도 시간에 쏟아내지 않았다면 그는 사울처럼 자신의 원수를 향해 창을 던지거나 결국 미쳐서 죽어버렸을 것이다. 탄원 기도는 하나님의 의만이 이룰 수 있는 명예 회복에 대한 소원의 적법한 표현인 것이다. 개인의 복수혈전이 아니다. 하나님 나라와 영광을 향한 열정이다.

여호와여 내가 부르짖어도 주께서 듣지 아니하시니 어느 때까지리이까 (합 1:2).

Figure 30-1.

다윗 왕의 기도.

이것은 복수가 아니다. 신원이다. 시편과 선지서에서 고난받는 백성들이 하나님께 부르짖으며 했던 질문이다.

요한계시록에서 유일한 탄원 기도다. 전환점이다. 무대는 땅에 거하는 자들을 겪는 심판에서 하늘로 바뀐다. 죽임당한 영혼들이 기도하는 대상은 거룩하고 참되신 하나님이시다. 하나님은 모든 악으로부터 완전히 분리되신 신이다. 거룩하신 분이다. 하나님 나라의 복음과 그리스도를 위해 자신의 생명을 내어 준 자들을 정직하게 신원하여 주실 것이다.

'어느 때까지 하시려 하나이까'라는 외침은 지속적으로 하늘로 올려졌다. 칠십인역(LXX)에 전형적으로 사용되었다. 하나님이 박해자들을 마지막으로 심판하실 것이다. 우리도 모든 부당한 행악자들에 맞서 하나님이 행동하시기를 소리쳐 구할 수 있다. 하나님의 귀환을 알릴 신호다. 모든 하나님의 백성에 대한 하나님의 신원이 이루어지는 때다. 악을 목도하면서도 경각심을 갖지 않는 것은 우리 안에 심각한 오류가 있다는 표식이다. 신원은 공의에 대한 애절한 간청을 담고 있는 표현이다.

누구나 마음속에 미운 대상을 하나 둘씩은 품고 살기 마련이다. 그렇지 않다면 진정 행복한 사람이다. 그러나 그게 그리 간단치 않다. 뒤통수를 친 사람, 등에 칼을 꽂은 사람을 용서하기도 잊기도 쉽지 않다. 특히 가까운 사람일 때 분노는 더욱 커진다.

세상에 지옥이 있다면 그것은 바로 내 주변의 타인이다.

장 폴 사르트르(Jean-Paul Sartre)의 말이다.

무분별한 미움은 잘못이다. 개인적 복수가 아니다. 하나님의 성품과 이름에 주된 관심이 있어야 한다. 미움은 일차적으로 악을 저지르는 사람을 겨냥해서는 안 된다. 벌어진 악행을 겨냥하는 것이다. 제단 아래 있는 죽임을 당한 영혼들은 어떠할까? 학살을 당한다. 순교를 당한다. 원수를 사랑하고, 핍박하는 자를 위해 기도하라고 했으니 용서하고 축복했을 것이다. 잊지 않고 있다.

하나님은 순교자들의 피의 원한을 갚아 주신다. '어느 때까지 하시려 하나이까'는 시편의 탄원을 상기시킨다. 특히 시편 79:10을 암시한다. 의로운 사람을 박해했던 죄인들을 심판하여 그 자신의 명예를 방어하시는 하나님에 대한 호소다. '심판하다'와 '갚아 주다'는 현재 시제다. 심판하여 복수하지 아니하시기를 어느 때까지 하실 것이냐고 질문한다. 두 동사의 의미는 명백하다. 순교자들은 자신들을 죽인 자들에 대한 심판을 요구하고 있다. 하나님은 심판하실 것이다. 하나님은 자기 백성들을 박해한 자들에게 복수하실 것이다. 둘째 대접과 셋째 대접을 쏟았을 때 바다와 강과 물의 근원이 모두 피가 된 것을 정당화한다. 순교당한 자들은 천년동안 왕노릇한다. 하나님이 의인을 박해한 죄인들을 심판하실 것이다. 그의 명예를 보호하실 것이다. 구원받지 못한 자들은 자기의 행위대로 큰 흰 보좌 심판대에서 심판을 받는다.

하나님이 속히 개입해주실 것에 대한 전형적인 탄원이다. 시인은 "이방 나라들이 어찌하여 그들의 하나님이 어디 있느냐 말하나이까 주의 종들이 피 흘림에 대한 복수를 우리의 목전에서 이방 나라에게 보여 주소서"라고 호소한다. "여호와여 악인이 언제까지, 악인이 언제까지 개가를 부르리이까"라고 시편 기자는 묻는다(시 94:3). 하박국 선지자도 묻는다.

> 여호와여 내가 부르짖어도 주께서 듣지 아니하시니 어느 때까지리이까
> (시 94:3).

복수혈전이 아니다. 신원이 주제다. 나의 억울함이 아니다. 하나님의 거룩과 정직이 드러나길 호소한다. 순교자의 피는 악에 맞서는 진리와 믿음을 위한 승리의 표시다.

진노(Wrath)

보좌에 앉으신 이의 얼굴에서와 어린 양의 진노에서 우리를 가리라(계 6:16).

Figuer 31.

이집트의 일곱 번째 전염병.

진노는 보완적인 용어인 분노와 달리 복수나 형벌을 지향하는 경향이 있다. 요한계시록에 여섯 번 나온다. 이 말은 핵심 주제다.

하나님의 진노는 신약의 근본적인 주제다. 죄와 악으로 인해 유발되었다. 이것은 현존하는 실재인 동시에 종말론적인 사건이다.

개인적인 복수가 아니다. 역사의 과정 속에서 스스로 작용하는 비인격적인 보응의 과정도 아니다. 악에 대한 하나님의 거룩한 반응이다. 땅을 망하게 하는 자들을 향한다. 특별히 거짓 예배, 폭력, 속임수를 의인화한 짐승과 음녀를 향한다.

진노의 목적은 땅의 파괴가 아니다. 땅을 망하게 하는 자들의 멸망에 있다. 복음서에서 진노라는 단어가 예수님을 주어로 단 한 번만 사용된다. 성전 청결 사건은 이 진노를 확실히 나타낸다(막 11:15-18). 요한복음서에서 예수님은 종종 '심판자'로 불린다. 요한계시록에서 어린 양의 활동과 평행을 이룬다.

하나님의 진노는 회개시키고자 하는 의도가 있다. 악을 멸망시킴으로써 끝이 난다. 하나님께 경배하라는 요청에 귀를 기울이지 않는 자들은 진노의 잔을 마시게 된다. 지진과 멸망의 고통을 겪게 된다.

1. 어린 양은 심판자로서 진노한다

어린 양은 죽임을 당했기 때문에 정복하시는 숫양이 되셨다. 어린 양의 죽음은 죄와 악의 통치와 하나님의 사랑의 능력을 마주하게 된다. 어린 양에 반대하는 자들은 그의 임재를 위협으로 경험하게 될 것이다. 어린 양은 합당하시기에 각 인을 떼신다.

어린 양은 승리자이실 그뿐만 아니라 심판자가 되신다. 그분의 의로운 진노가 점화된다. 심판은 하나님의 보좌뿐만 아니라 어린 양에게서도 나온다. 어린 양은 하나님의 심판의 능력을 가지고 심판을 수행하신다.

어린 양의 진노는 이례적이고 극적인 표현이다. 새로운 비유다. 어린 양은 대개 온유하다. 그러나 그 어린 양이 땅에 있는 자들에게 진노를 쏟는다. 나팔과 대접 심판을 통해 묘사되고 있다. 진노는 종말론적인 심판인 동시에 현재의 역사적 현실이다.

불가항력적인 힘을 피해 굴속에 숨는다는 표현은 구약성경에 자주 등장하는 주제다. 위험이나 불안을 과도하게 느끼고 이를 피하려는 증상을 포비아(공포증)라 부른다. 그리스 신화의 두려움과 공포의 신(神) 포보스(Phobos)에서 나온 말이다. 롯과 그의 딸들이 소돔과 고모라가 멸망한 후에 두려워 굴속에 거했다(창 19:30). 다윗은 사울의 추격을 피해 굴속에 숨었다(삼상 22:1). 우상 숭배자들은 공포에 질려서 산들과 바위들이 그들 위로 떨어지게 해 달라고 애원한다. 심판의 고통과 공포에서 벗어나기 위해 무너지는 산과 언덕 밑에 묻히고 싶다는 소원을 표현한다. 죽음 충동은 생을 이끌어가는 중요한 욕동이다. 죽음 충동은 그 하위에 공격성, 분노, 공포심, 불안감 같은 위험한 감정을 거느리면서 동시에 외부의 공격으로부터 자신을 보호하는 기능을 한다. 양날의 칼인 셈이다. 호세아에서 우상 숭배자들이 비슷하게 외치는 장면을 연상시킨다(호 10:8).

이사야와 예레미야는 우상 숭배자들에게 내리는 심판을 언급한다. 하나님의 원수들은 하나님의 진노를 피하기 위해 차라리 죽음을 택한다. 아이러니하다. 하나님의 심판석에서 죽음을 피할 수 없다. 두려움이 너무 커서 어떻게든 그것을 피하려고 애쓰게 될 것이다. 요한은 땅의 백성들이 하나님의 심판과 어린 양의 진노 앞에 서기보다는 산들과 바위에게 죽여 달라고 외치게 될 것이라고 묘사한다.

공포는 생존의 필수 요건이기도 하다. 한편으로는 일어나지도 않은 일에 대한 과도한 불안과 긴장 때문에 자신의 가능성을 스스로 닫아버리는 결과를 초래하기도 한다. 인간은 죽음에 대한 공포보다 생존에 대한 고통이 조금이라도 더 커지는 바로 그 순간에 자살한다. 죽음에 대한 공포는 근원적인 공포이다. 이 공포를 최대한 피하고 싶은 것이 인간의 본능이다.

> 독자들에게 주는 주요 메시지가 있다. 죄의 결과를 깨달으라는 것이다. 인간은 죄를 소중히 여기고 합리화하는 경향이 있다. 죄가 실제로 무엇을 일으키는지 곧 죽음과 파멸을 일으킨다는 사실을 깨달아야 한다.

땅에 거하는 자들이 하늘이 흔들리는 우주적인 사건으로 공포에 휩싸인다. 두 가지 반응이 이어진다. 산과 바위에 숨는다. 하나님의 진노를 피하려는 장면을 묘사한다. 두 번째 반응은 그 굴과 바위들이 자신들 위에 덮치기를 바란다. 감당할 수 없는 두려움에 압도된다. 하나님의 심판과 어린 양의 진노를 대면하기보다 차라리 덮어 버리는 산사태를 애걸복걸하고 있다. 인간이 공포와 불안을 느끼는 것은 처한 상황을 정확히 판단할 수 없을 때다.

여러 종교가 전하는 숱한 지옥 중 '무저갱'(無底坑)이 있다. 구약성경에서 '스올'(sheol)이다. 사람이 죽어서 가는 곳이다. 아무리 많은 사람이 죽어 던져져도 영원히 차지 않는 곳이다. 스올에게 만족이란 없다. 제일 무서운 곳으로 알려져 있다. 바닥이 없는 암흑의 구덩이다. 심연(abyss)이다. 무저갱에서는 공포에 짓눌린 채 끝없이 떨어져야 한다. 끊없는 공포보다 죽음을 원하지만 죽을 수 없다. 산과 굴이 덮이는 내용은 예수님이 다가올 예루살렘 멸망에 적용하셨던 구절이기도 하다(눅 22:30). 어린 양의 진노를 대면하는 것보다 파괴적인 재앙으로 인해 죽는 것을 구한다. 심판에 직면하여, 사람들은 심판을 받기보다 바위 아래 묻히기를 원한다. 피조물 중에서 가장 안전하고 고정적인 것들, 즉 산과 바위가 뿌리채 흔들린다면, 땅에 사는 사람들도 그러할 것이다. 땅에서 안전을 구한 것들이 사라진다. 마지막 날에 하나님의 심판대 앞에서 영적으로 벌거벗은 채 드러날 것이다.

2. 하나님의 얼굴을 피하는 자

하나님의 얼굴은 항상 자비로 인간을 향한다. 또는 분노로 그들을 돌아선다. 하나님의 인간과의 관계를 가리키는 개념이다. 성도들은 하나님의 임재속에 들어간다. 땅에 거하는 자들은 제외되어야 한다. 하나님의 진노는 세상에 대한 하나님의 주권을 거부하는 인간의 교만함과 사악함을 향하여 폭발한다.

하나님이 그의 얼굴을 드러내실 때에 땅과 하늘은 그 앞에서 피한다. 에덴동산에서 아담과 하와는 스스로 하나님의 얼굴을 피한다(창 3:8). 요한은 창세기를 예표론적인 예언으로 이해한다. 인간의 죄와 더러움이 하나님의 얼굴

Figure 31-1.

벤자민 웨스트(Benjamin West)의 '에덴동산에서 아담과 하와의 추방.

을 피하게 한다(사 6:5). 죄책감은 사람들을 하나님을 피해 다니는 도망자로 만들었다. 그러나 이제는 더 이상 숨을 곳이 없다. 하나님은 심판의 때에, 자신의 통치하는 권세에 반역하는 모든 자를 대면하실 것이다.

> 사람은 하나님과 관계를 맺도록 지음받았다. 하나님의 얼굴을 보기를 원한다. 하나님이 얼굴을 가리실 대에 슬퍼한다(시 13:1; 42:2). 새 예루살렘에서 하나님의 얼굴을 보게 될 것이다.

하나님의 진노 주제는 성경 전체에 걸쳐 전개되는 핵심 모티브를 구성한다. 구약성경에서 하나님의 진노는 그분의 언약적인 사랑의 한 측면이다. 하나님의 분노는 죄에 대한 분노다. 사람들은 하나님의 법을 위반할 때 결국은 언약을 거부하고 하나님의 진노를 자초하게 된다.

땅에 거하는 자들은 하나님의 진노로 말미암아 피하여 숨을 것이다. 하나님과 어린 양의 진노의 큰 날이 이르렀기 때문이다. 이 장면은 최후 심판을 가리킨다. 큰 날은 마지막 전쟁을 묘사할 때 나타난다. 진노의 큰 날은 종말을 표현한다. 큰 날이라 함은 하나님의 진노의 범위가 전 우주적이라는 것을 의미한다. 모든 행악자가 징벌을 받는다. 구약의 여러 구절을 상기시킨다. 성도들은 두려워해서는 안 된다. 하나님께서 성도들에게 하나님의 완전 승리를 확신시키고 안심을 주기 위해 친숙한 묵시 환상을 사용하신 것이다. 하나님께서는 주권적으로 계획하시고 성취하신다. 전 우주의 파멸을 동반할지라도 성취하신다.

십사만 사천(144,000)

인침을 받은 144,000은 땅에서 속량함을 받은 하나님의 종들이다(계 7:4).

Figurer 32.

알브레히트 뒤러의 요한계시록에 나오는 144,000명의 인봉.

144,000이란 수는 각 열두 지파 중에서 인침을 받은 12,000을 합한 것이다. 완전함의 상징이다. 동일한 상징이 새 예루살렘의 환상에 나온다. 그 성의 측량은 12,000스다디온이다. 길이와 너비와 높이가 같다. 그 성이 완전한 입방체임을 보여 준다. 실제 수치라고 주장되지는 않는다.

12는 완전수의 상징이다. 10제곱에 12제곱을 곱하고 다시 10을 곱한 수다. 12제곱에 1000을 곱한 수이기도 하다. 이스라엘 열두 지파와 십이 사도에 기초한다고 해석한다. 종말론에 근거한 것으로 해석되어야 할 것이다. 이 숫자는 하나님과 어린 양이 그 안에 거하시는 하나님의 백성 전체를 대표한다. 대조적으로 짐승에 속한 자들은 다른 숫자를 가진다. 666이다. 12의 반인 6이다. 숫자의 문자적 대조는 독자들의 정체성을 형성하게 된다. 짐승에게 속한다는 것이 어린 양에게 속하는 것에 대한 저속적 대안이라는 느낌을 준다.

> 144,000이라는 숫자 상징을 통해 박해 상황에 있는 모든 그리스도인에게 '변함없는 하나님의 절대적인 선택'과 '변치 않는 그리스도인들의 굳건한 믿음'을 동시에 강조하면서 승리를 보증한다.

144,000은 난제 중의 하나이다. 분명 상징이다. 무엇을 상징하는가? 유대인을 상징하는가? 순교자 무리인가? 대환난 가운데 보호 받을 교회 전체를 말하는가? 요한은 두 가지 이미지를 인용한다. 유월절과 에스겔이 보았던 먹그릇을 찬 사람의 이미지다. 에스겔의 환상에서 용서받았다는 확신을 주기 위해 충성된 자들은 이마에 표를 받았다(겔 9장). 요한계시록은 천사의 인이 불신자에게 보내는 재앙들로부터 충성된 신자들을 보호하실 것이라고 추론한다. 두 이미지 모두 심판 가운데 하나님의 백성들은 표지를 받아 살아남는다. 마소라 텍스트에 의하면, 에스겔 9:4에 언급된 보호받는 히브리어 철자인 't'(타브)이다. 1세기경의 타브의 형태는 'X'가 아니라 '十'이다. 노예들의 이마에 찍는 문신, 혹은 낙인과는 차이가 있다. 소유물로 격하되는 것이 아니다. 하나님 나라를 소유하고 제사장들로 섬기는 명예로운 지위를 얻는 것이다.

1. 인침을 받은 144,000은 하나님의 종들이다

144,000명은 누구인가? 두 장면이 나온다. 144,000과 큰 무리다. 전자는 들었고, 후자는 보았다. 요한계시록 5장에서도 이런 현상이 나온다. 요한이 유다의 사자가 이겼다고 들었다. 그후에 죽임을 당하였으나 살아 계신 어린 양을 보게 된다. 사자와 어린 양의 대조가 아니다. 한 분에 대한 두 가지 시각을 제공한다. 전자는 사자로 상징되는 의로운 통치의 약속이다. 후자는 자신의 희생으로 하나님 나라를 성취하신 어린 양의 죽음을 통해 지켜졌다. 계수된 구성원들과 능히 셀 수 없는 무리는 상호 보완적 관점에서 동일한 실체다. 교회를 묘사를 묘사하기 위해 의도되었다. 교회는 이스라엘을 향한 하나님의 원래적 의도들의 궁극적 성취다. 교회는 보다 방대한 수로 구성되어 있다.

완벽함과 전체를 상징하는 두 수(10과 12)를 이용해서 믿는 사람 모두가 구원받는다는 것이 일반적 견해다. 요한계시록에서 완전성에 대한 또 하나의 상징이 '1000'이다. 핵심 강조점은 인침을 받은 자는 하나님의 보호를 받는 인내하는 성도들이 핵심 의미를 구성한다.

Figure 32-1.

요한계시록에 나오는 첫 번째 인의 개봉.

하나님이 재난들을 견디어낼 수 있는 능력을 부여하신 사람들이다. 하나님은 여전히 지상에 있는 그의 '종들'이 다가오는 심판으로부터 보호받을 것임을 보장하신다. 하나님을 따르는 자들에 대한 하나님의 소유권을 의미한다.

144,000은 완전 제곱(perfect squar)이다. 1000의 사용은 아마도 군대적인 내포를 가지고 있다. 하나님의 계명들을 지키고 어린 양을 따르는 종말의 군대를 형성한다. 순교자는 아니다. 큰 환난에서 나온 자들이다. 유대인과 이방인으로 이루어진 하나님의 새로운 백성의 충만함을 나타낸다.

에베소 사람들은 시민 부족(civic tribes)과 1,000명의 그룹으로 명부에 등록했다. 환상의 세계에서, 열두 지파로부터 온 수천의 그룹은 새 예루살렘의 시민들이다. 12,000의 배수다. 그 성의 문들에 지파의 이름이 새겨져 있다. 열두 지파에서 각각 일만 이천씩 인침을 받았다. 기초가 되는 자료는 선택받은 백성의 통계 조사다. 열두 지파에게서 나온 이상적인 이스라엘의 숫자다. 하나님 백성의 수다. 144,000은 하나님의 진노의 날을 견뎌낼 수 있는 사람들이다. 구약에서 계수한 사람들은 군에 입대할 수 있는 나이의 남자다. 요한계시록에서 144,000은 순결한 남자다.

144,000명은 헤아릴 수 있는 무리다. 초점은 이스라엘 족속들을 보호하고 회복하신다는 하나님의 약속이 예수님의 죽음을 통하여 각 족속과 나라 중에 구원받은 사람들을 통해 지키겠다는데 있다. 144,000과 '능히 셀 수 없는 큰 무리'와 대비를 이룬다. 전자는 이스라엘 자손의 각 열두 지파에서, 후자는 '각 나라와 족속과 백성과 방언'에서 뽑힌 사람이다. 전자는 땅에, 후자는 하늘에 있다. 전자는 보호의 인을 받는다. 후자는 하늘의 상을 받는다. 둘 다 민족적 인종적 문화적 계층적 구별이나 장벽을 초월하는 구원의 개념을 내포한다. '그리스도인이라는 제한된 범위'와 '그 범위 안의 수는 제한이 없다'는 두 가지 사실을 반영하는 표현인 것이다.

2. 144,000은 땅에서 속량함을 입은 자다

144,000은 누구인가? 이마에 어린 양의 이름과 하나님의 이름이 있다. 하나님의 이름을 가진 자들은 그의 보좌 앞에 나아온다. 그의 얼굴을 본다. 이것은 이스라엘의 대제사장들이 그의 이마에 두른 터번(turban)에 하나님의 이름을 갖는 전통과 일치한다.

땅에서 속량함을 받은 자들이다.
새 노래를 배울 자들이다.
순결을 지킨 자들이다.

악한 세력의 유혹에 넘어가지 않고 우상 숭배에 빠지지 않은 것을 뜻한다. 어린 양이 어디로 인도하든지 따라가는 자들이다. 처음 익은 열매로 하나님과 어린 양에게 속한 자들이다.

인침을 받은 사람들은 '우리 하나님의 종들'이다. 인침과 대조되는 표는 짐승에게 속한 자들을 확인해 준다. 144,000은 숫자는 보호의 상징이다. 요한은 에스겔 9장의 구절을 시험과 박해 가운데서 하나님의 영적인 보호로 보고 있다. 인을 친 위치가 이마라는 점과 에스겔에서는 이스라엘의 남은 자만이 심판을 면하는 인을 받는다. 에스겔에서 가져온 이미지다. 다섯째 나팔 심판 때 황충이 '이마에 하나님의 인침을 받지 아니한 사람들'만을 해한다. 인침을 받은 사람들은 그들을 에워싼 모든 심판에서도 보호를 받는다. 종의 이마에 표를 하는 것은 품위를 떨어뜨리는 행위다. 그 행위는 사람들의 이마혹은 손에 짐승의 표를 새기는 것, 혹은 음녀가 바벨로의 이름을 그 여자의 이마에 갖는 행위를 반영한 것일 수 있다. 사람들은 자신들이 남신, 혹은 여신에게 바쳐졌다는 사실을 나타내 보이기 위해 문신을 하기도 했다.

종의 이마나 얼굴에 표를 하는 것은 징벌이지 소유권을 보여 주기 위함이 아니다. 고대 그리스에서 전쟁 포로들은 이마에 문신을 새겨서 노예로 팔았다. 로마 시대에는 표를 하지 않았다. 로마법에 의하면, 해방된 노예들은 문신을 하지 않는 한 시민이 될 수 있었다. 만일 노예들에게 그들의 주인 혹 황제의 이름을 새겼다면, 그 이름은 이마가 아니라 손이나 목에 두었을 것이다. 박해 상황에 있는 모든 그리스도인에게 '변함없는 하나님의 절대적인 선택'과 '변치 않는 그리스도인들의 굳건한 믿음'을 동시에 강조하면서 승리를 보증한다.

144,000은 '땅에서 속량함을 입은 사람들'이다. 피로 사서 하나님께 드린 자들이다. 이스라엘의 남은 자들이 아니다. 그리스도가 온 세상에서 구속하신 대규모의 남은 사람들에 대해 말하는 또 다른 방식이다.

순교자들은 144,000명의 한 부분이다. 144,000명은 큰 무리의 한 부분이다. 두 집단이다. 성도들과 순교당한 성도들이다. 일곱 교회에서 그리스도인들에게 진실로 큰 목소리를 냈던 사람들의 수의 총합이다. 마귀의 권세를 지닌 전갈들은 이마에 하나님의 인을 받지 않는 자들만 해하라는 명령을 받는다. 모든 그리스도인, 교회가 인을 받았다는 것을 암시한다(벧전 1:1).

인침(Seal)

하나님의 보호를 받고 사는 사람은 영원히 아름답다(계 7:4).

Figure 33.

요한은 "네가 보는 것을 두루마리에 써서 일곱 교회에 보내라"(계 1:11)는 지시를 받았다. 두루마리는 양피지, 양피지 또는 파피루스로 만들어졌다. 잉크는 목탄과 그을음으로 만들어졌다. 두루마리를 단단히 고정하기 위해 줄을 묶고 점토 덩어리를 줄에 대고 도장을 찍어 압인했다. 두루마리를 열려면 불라(bulla)라고 알려진 점토 덩어리를 깨야 했다. 여기 사진에는 로마의 청동 펜과 잉크병(A.D. 1세기)과 끈으로 묶고 납으로 봉인한 현대 두루마리(비잔틴 시대)가 있다.

고대 세계에서 인침은 소유권과 보호 특권을 의미했다. 신들과 밀접하게 연관되어 있었다. 인침을 행하는 자에게 특별한 권한이 주어졌다. Greco-Roman 세계의 수많은 이교도 숭배자들은 자신들이 신에게 속해 있음을 표시하기 위하여 인침을 받았다. 144,000이 인침을 받은 것은 그 이상이다.

십사만 사천은 요한계시록 6장 결론에서 던진 질문의 대답이다.

그들의 진노의 큰 날이 이르렀으니 누가 능히 서리요.

누가 설 수 있는가? 오직 하나님의 인을 맞은 종들이다. 그 수가 144,000명이다. 그들은 하나님의 종들이다. 심판 중에 보호를 받을 것이다. 문자적인 이스라엘을 묘사하지 않는다. 요한 당시 대부분의 12지파는 유명무실했다. 기대는 했지만 재구성은 불가능했다. 하나님의 종들이 인침을 받는다는 것은 시련의 때에 성도들을 어떻게 지키시는 지를 설명한다. 인치심의 배경인 에스겔 9장에서 표를 그리는 것, 즉 인침을 받는 것은 다가오는 진노에서 보호를 받는 기능을 한다. 그 진노는 바벨론에 의해 야기된다. 표가 없는 충성되지 못한 이스라엘 백성은 이로 인해 고난을 받는다. 요한계시록에는 최후의 심판과 상의 수여 앞에 일어난 일이다. 144,000명은 하나님의 인을 받은 하나님의 종들이다. 요한계시록에서 '종들'이라는 말을 사용하여 그들이 구원받은 공동체 전체를 구성함을 시사한다. 하지만 그들은 능히 셀 수 없는 큰 무리다.

유월절 당시 히브리 사람들은 문에 있는 어린 양의 피로 된 표식이 있었기에 재앙으로부터 보호를 받는다. 에스겔 9장과 14:12-23처럼 이스라엘 가운데 남은 의인들을 물리적으로 보호하기 위해 표를 그리는, 즉 인침을 받는다. 할례는 옛 언약 아래서 그런 인의 역할을 했다(롬 4:11). 하나님의 성령은 새 언약 아래 하나님의 백성을 자신의 소유로 인 치신다(엡 1:13-14). 요한은 인침을 받은 자를 본 것이 아니라 들었다. 144,000명의 환상을 본 것이 아니다. 에스겔 9:6의 표도 인간의 눈에 보이는 표를 의미하지 않는다. 요한계시록은 에스겔서와 같은 의미로 그 말을 사용했을 것이다. 요한은 인침을 받은 수가 정확하게 144,000이라는 소리를 들었을 뿐이다. 그후 보려고 하였다는 것을 예상한다. 정확한 것은 그가 본 것이다. 셀 수 없는 많은 무리다. 이 환상은 보다 유대적 용어로 표현한 것이다. 동일한 그룹을 나타내기 위한 의도이다.

인은 다른 모든 왕과 마찬가지로 자신의 칙령들을 법적으로 인증하는 표시다. 자신의 것에 표시를 하는 도구다. 인을 받은 자들은 신구약에서 모든 성도를 나타낸다. 이 인은 어린 양과 하나님의 이름이다. 믿음으로 이기는 모든 이들에게 약속된 선물이다. 짐승의 표와 정반대다. 하나님의 백성에 대한 하나님의 소유권과 보호를 상징한다. 144,000의 인침의 주된 목적은 무엇인가? 다가올 심판에서 믿는 자들이 보호될 것임을 확신시켜 주는 것이다. 하나님의 인은 '주께서 자기 백성을 아신다'라는 뜻이다(딤후 2:19). 소유권은 보호를 수반한다. 인침은 보호를 수행하는 방법의 하나다. 가인이 받은 표나 바벨론 유수 이후에 생긴 테필린(Teffilin), 즉 '성구함'은 가시적이다. 하지만 하나님의 인은 상징적이다. 비가시적이다. 하나님에 대한 헌신이 표식 혹은 인으로 발달되었다. 대제사장은 황금으로 패를 만들어 그 위에 "야훼께 성결"이라고 새겨서 관 위에 맺다.

어린 양이 인을 떼는 것은 구원받지 못한 자들에겐 심판의 '인'을 떼는 것이다. 구원받는 자들에겐 하나님이 그 인을 붙이신다. 땅에 거하는 자들은 심판을 위하여 인침을 받는다. 하늘에 거하는 자들은 구원을 위하여 인을 받는다.

1. 하나님의 소유와 보호

처음 네 환난 중에 성도들은 고난을 당할 것이다. 하나님이 보호하신다. 인간은 지성과 감정 그리고 의지의 측면에서 완전하지 않다. 앞날이 어떻게 될지 모른다. 불안하고 조그만 일에도 상처를 받는다. 계획을 세워도 끝까지 가지 못한다. 반면 하나님은 우리의 연약함을 아신다. 모든 것을 다 알고 있다.

인내하라고 권함을 받는다. 하나님은 그들에게 인을 치신다. 환난 중에서 그들을 보호하실 것이다. 성도들은 미래의 하늘의 상을 받을 것이라는 약속을 받는다.

Figure 33-1.

이집트산 금 인장반지. 왕의 인장 반지는 에스더서에 네 번 언급된다(에 3:10; 8:2, 8, 10).

요한은 출애굽기와 에스겔서의 표를 염두해 두었을 것이다. 고난과 박해에서 물리적 안전을 확보하는 것이 아니다. 믿음과 구원을 보호하는 것이다. 인침을 받음으로 어떤 효과가 있는가? 스트레스가 부정적인 역할과 긍정적인 역할을 한다. 중요한 것은 스트레스가 어떤 결정적인 '신호'라는 것이다. 기존의 자극을 피해야 한다는 신호, 혹은 자극으로부터 무언가를 배우라는 신호, 내 삶을 돌아보라는 신호일지도 모른다. 환난은 신호다. 두 가지 반응이 있다. 믿음으로 반응할 수 있다. 믿음이 강해질 수 있는 수단이 되기도 한다. 사탄의 세력이 해할 대상은 하나님의 인침을 받지 아니한 사람들이다. 신불

신자 모두 물리적 환난을 당한다. 전자는 정결케 한다. 후자는 마음을 완악하게 만든다. 하나님을 대적한다.

고대 그리스의 대표적인 철학자 에픽테토스의 말이다.

> 인간은 일어난 사건 때문이 아니라 그 사건을 바라보는 자신의 시각 때문에 괴로운 것이다.

인침을 받는 사람은 땅에 임하는 심판에 대한 시각을 달리한다. 사건 배후에 역사하시는 하나님을 바라본다. 현재의 고난 속에 장차 영광을 바란다. 육체적 안전에 목숨을 걸지 않는다. 인침을 받았다 건 믿는 자들의 보호와 구원을 말한다. 144,000을 구원의 티켓으로 여기지 않는다. 제한된 사람이 아니다. 하나님의 모든 백성에게 그 인이 필요한 것이다. 144,000명은 그리스도와 하나님의 이름이 '이마에 기록된'사람이다. 어린 양의 피로 속량함을 받은 자들이다.

하나님은 충성되게 따르는 자를 보호하신다. 요한계시록 전체에 일관되게 흐른다. 핵심 주제다. 아무런 조건 없이 단순히 그들은 '종들'이다. 하나님의 종들이다. 하나님의 심판으로부터 보호를 받는다. 모든 신자 혹은 증인들을 나타낸다. 빌라델비아 교회에 주신 말씀이다.

> 네가 나의 인내의 말씀을 지켰은즉 내가 또한 너를 지켜 시험의 때를 면하게 하리니 오직 이마에 하나님의 인침을 받지 아니한 사람들만 해하라.

인과 나팔과 대접 심판 속에서 구체화된다. 구원받지 못한 자에게만 심판이 임한다. 하나님의 인 치심을 받은 자는 제외된다.

2. 인침을 받은 하나님의 백성은 보호를 받는다

요한이 '수'를 들은 곳이 두 곳이 있다. 본 것(see)이 아니라 들었다(hear). 144,000과 마병대 2억이다. 전자는 영적인 전투를 위해 준비된 하나님의 종들이다. 하나님의 군대다. 예수님을 따르는 군대다. 후자는 세상 군대 숫자다. 하나님의 군대는 세상 군대에 열세다. 압도당할 수 있다. 그러나 하나님의 인을 맞은 자들이 반드시 이길 것이다.

인침을 받는 것과 보호를 받는 것은 동전양면과 같다. 땅에 거하여 죽임을 당하는 성도들이 있다. 육체적인 안전이나 박해에서 예외가 아니다. 심판에서 보호다. 둘 다 채워지는 것이 강조된다. 순교자의 수가 채워질 것이다. 인침을 받은 자도 지파별로 인침을 받기에 채워진다. 하늘에서 내려온 성 예루살렘의 길이와 너비와 높이가 각각 12,000스다디온과 성곽은 144규빗이라는 숫자는 거룩한 공동체를 가리킨다. 숫자는 상징적이다. 12는 완전수다. 1,000 역시 완전수다. 완전함을 강조하는 이중적 방식이다. 교회가 이스라엘 유업을 계승할 종말론적인 하나님의 백성이라는 것을 상징적으로 강조해 준다.

요한계시록은 실제로 무엇이 중요한지 깨닫도록 독자를 이끌어 간다. 땅의 것이 중요한지, 아니면 하늘의 것이 중요한지. 로타르 J. 자이베르트(Lothar J. Seiwert)는 『단순하게 살아라』의 저자다. 그는 삶을 중요한 일과 급한 일을 축으로 4개 범주로 나눈다. 중요하고도 급한 일, 중요하지만 급하진 않은 일, 중요하진 않지만 급한 일 그리고 중요하지도 급하지도 않은 일로 분류한다. 대부분의 사람이 정작 가장 많은 시간과 에너지를 투자하는 건 중요하지도 급하지도 않은 일이란 것이다. 하나님은 이 세상에서 결정적으로 중요한 영혼은 보호하신다. 혹독한 고난은 허락하신다. 세상 끝날까지 함께 하신다. 눈동자같이 지켜 주신다. 신약성경은 이 문제에 상당한 지면을 할애한다.

환난(Tribulation)

큰 환난에서 우리로 이기게 하시는 하나님은 미쁘시고 아름답다(계 7:14).

Figure 34.

요한계시록 11장의 짐승.

핍박 속 그리스도인들에게 예수님의 재림은 한 줄기 희망이다. 인내의 이유다. 소망의 근원이다. 요한계시록은 세상의 마지막에 있을 큰 환란으로 패배가 아니라 그리스도와 그리스도인들의 승리로 귀결된다. 큰 환난은 여자적으로 '일제히 누르는 것'을 의미한다. 믿음을 타협하라는 압박을 의미한다. 안팎으로 찾아온다. 경제적인 성격을 띠기도 한다. 옥에 갇히거나 죽음도 포함한다. 신자들이 예수님을 충성되게 증언하는 것 때문에 찾아온다. 핍박은 항상 어린 양을 따르는 자들의 몫이다(요 16:33; 딤후 3:12): 의와 악의 최후의 전쟁은 큰 환난으로 발전할 정도로 극에 달할 것이다.

천사가 중재자와 해석자로 등장한다. 예언 문학과 묵시 문헌에 흔히 사용된다. 장로, 즉 천사는 성도, 순교자 그리고 144,000명의 관련성을 이해하도록 돕는다. 성도들에 대한 묘사 및 하나님과 어린 양에 대한 묘사와 연계시킨다. 큰 환난은 다니엘 12:1의 환난에서 기원을 찾는다. 큰 환난이라는 어구가 마태복음 24:21에만 등장한다. 다니엘에 언급된 환난은 종말론적 원수가 성도들을 박해한다. 성도들은 하나님의 언약에 충성하기에 환난을 당한다. 타락시키고 배반하게 하고 박해할 것이다. 그리스도인의 삶과 환난은 분리될 수 없다. 환난에 참여한다. 그리스도의 고난에 동참한다(골 1:24).

1. 큰 환난

큰 환난에 앞에 정관사가 있다. 다니엘과 예수님이 예언하신 그 환난임을 강조한다. 역사의 가장 끝에서만 일어나는 것은 아니다. 요한의 시대에 이미 시작됐다. 천사가 종말 직전에 있을 최후의 연속된 재앙들을 일차적으로 가리키고 있다. 유대 저자들은 이것을 폭력, 전쟁, 빈곤, 부도덕의 시대로 묘사한다. 초기 그리스도교 자료들은 충성된 신자들의 박해, 거짓 메시야들, 상실을 예견했다.

큰 환난을 뜻하는 트리뷰레이션(tribulation)은 라틴어 트리불룸(*tribulum*), 즉 '타작 썰매'에서 유래했다. 탈곡 과정을 통해 곡식의 알갱이를 지푸라기로부터 분리시키는 농기구가 트리불라티오(*tribulatio*)다. 라틴어가 영어에서 묵시적, 종말적, 예언적으로 사용된다. 그리스도의 영광스러운 재림 직전에 배교가 일어난다(살후 2:3). 적그리스도가 등장한다(계 13장). 역사상 전무후무하게 일어날 대환난(마 24:21)를 맞게 된다. 이를 견디고 이기기 위해 영적으로 무장해야 한다. 종말론적 교회 운동의 핵심이다. 인침을 받고, 네 말 탄 자들이 이 땅에서 최종적으로 일으킬 환난을 견딘 자들에게 주는 하늘의 상이 있다(계 7:9-17).

큰 환난은 언제 있는가? 그 시기가 언제인가? 하나님의 백성들이 모든 시대를 걸쳐 경험해 온 환난의 총합인가? 과거와 현재와 미래를 아우르는 교회의 전체 역사인가? 그리스도의 재림 이전에 일어나게 될 바로 그 고통스럽게 잔인한 핍박의 시기다. 요한이 한 번도 목도하지 못했을 그뿐만 아니라 그 후에도 지금까지 한번도 일어나지 않았던 환난이다. 환난은 현재 시작되었다. 마지막 때에 하나님 나라가 최종적으로 임하기 전에 전례 없는 고통, 갈등, 박해가 일어날 것이다. 다니엘은 마지막 때에 절정을 이룰 격렬한 환난을 말하고 있다(단 12:1). 예수님도 "그 때에 큰 환난이 있겠음이라 창세로부터 지금까지 이런 환난이 없었고 후에도 없으리라"고 말씀하셨다.

> 큰 환난은 예수님의 고난과 죽으심과 더불어 시작됐다. 그를 따르는 모든 사람도 고난을 당해야 한다. 공동체적으로 하나가 된다.

요한은 자신을 가리켜 "예수님의 환난과 나라와 참음에 동참하는 자라"라고 소개한다. 요한계시록에는 더욱 심한 핍박이 언급되어 있다. 다섯째 인을 떼는 사건도 포함되어야 할 것이다. 예루살렘이 멸망할 때 역사의 무대에 비춰졌던(막 13:19) 이 시기가 마지막 핍박 때에 완성될 것이다. 이 핍박이 순교자의 수가 완전히 차게 해 준다.

2. 큰 환난에서 승리한 자

큰 환난에서 나온 자들은 이 전쟁에서 고난당한 자들이다. 세상적인 관점에서는 패배하였다. 인내하는 믿음으로 역설적으로 싸운 자들이다. '큰 환난에서 나온 자들'은 누구인가? '나온 자들'은 현재 분사다. 환난은 지속적인 고통이나 고뇌를 의미한다. 아담의 범죄로 영원한 고난, 즉 되풀이되는 고통과 슬픔의 원인인 죄를 물려받게 되었다. 인간의 상황은 고난이다. 육신적, 정신적, 영적인 영역에서 고난이다. 요한은 큰 무리를 이제 막 최후의 시기의 시기를 통과한 144,000명의 관점에서 바라본다. 모두가 순교자가 아니다. 요한계시록은 충성된 신자들이 환난 또는 큰 환난으로부터 피할 수 있다고 말하지 않는다. 그들을 큰 환난 중에 보호하여 시험을 이겨 내게 하실 것이라는 확신을 준다. 그래서 그들은 부활의 소망을 갖는다.

믿음의 사람들은 큰 환난을 겪은 자들이다. 피하거나 면제되지 않는다. 신불신자 모두 환난을 당한다. 불신자들은 죄와 하나님에 대한 반역으로 정당한 환난을 당한다. 심판이다. 신자들은 그리스도에 대한 헌신 때문에 부당한 환난을 당한다. 시련이다. 연단이다. 끔찍한 재앙의 와중에서 악의 세력에 대해 승리한다. 큰 환난에서 나온다. 붙잡혀 있거나 매여 있지 않다. 그리스도에 대해 충성을 다한 자들이다. 승리의 비결은 두 가지다. 인내와 순교다. 환난은 밖에서 불어오는 고통이다. 사탄은 욥이 삼중고를 겪으면 마음이 무너지고 하나님을 버릴것이라 판단했다. 경제적 어려움, 자녀의 죽음, 육신의 질병이 불어오는 것은 환난이다. 반면 곤고는 내면에서 밀려오는 고통이다. 정신적으로 스트레스를 받는 것이다. 열등의식, 죄책감, 좌절감, 미움, 분노, 불안과 공포다. 로마 시대 철학자 세네카는 '인생론'에서 말했다.

언제든 좌절감을 주는 현실이 닥칠 수 있다. 마음먹은 대로 현실을 자유로이 만들어갈 수 있는 상황과 변화 불가능한 현실을 평온한 마음으로 받아들여야 하는 상황을 구분하는 게 지혜.

맞는 말이다. 욥은 어쩔 수 없는 환난에 대항하지 않는다. 재앙을 불평하지 않는다. 오히려 속사람을 단련한다(욥 23:10). 곤고한 가운데 인내한다. 육체 밖에서 하나님을 볼 소망을 갖는다(욥 19:26). 시편 91:15에,

그가 내게 간구하리니 내가 그에게 응답하리라 그들이 환난 당할 때에 내가 그와 함께 하여 그를 건지고 영화롭게 하리라(시 91:15).

'큰 환난'은 신불신자가 다같이 겪는다. 하나님의 자녀들은 다른 점이 무엇인가? '큰 환난에서 나온다'는 것이다. 분명한 것은 부활을 통하여 큰 환난에서 나온다는 것이다. 하나님은 미쁘신 분이다. 감당치 못할 시험 밖에 허락지 않으신다(고전 10:13). 구원하심은 보좌에 앉으신 이와 어린 양에게 있다. 승리는 하나님께 있다. 새 예루살렘에서 생명수를 마시게 될 것이다. 이 확신은 어디서 오는가? 바로 그들이 어린 양의 피로 자신들의 옷을 빨며 희게 하는 자들에게 주어진 것이다. 십자가에서 승리하신 죽임당한 어린 양이 우리로 환난에서 나오게 하실 것이다. 시험을 이기게 하신다.

순교자라는 직접적인 증거는 없다. 약간의 징조는 있다. 하늘 보좌 앞에 있다. '그의 성전'에 있다. '큰 환난에서 나온 자'다. 대환난으로 많은 자가 죽었다. 대부분 순교를 당했다. 환난은 대량 살육을 당하는 때다. 신앙 때문에 다양한 방법으로 고난 당한 모든 그리스도인에게 적용된다. 그리스도인들은 세례를 받을 때 그리스도의 죽음에 참여한다. 물리적 죽음이 아니다. 고난의 패턴이다. 대환난에서 나온 자들은 환난을 이겨 낸 성도들이다. 하나님 나라가 최종 임하기 전에 있을 환난이다. 땅에 그때까지 없었던 환난이다. 그럼에도 불구하고 환난에서 나온 자, 즉 이긴 자들이다. 시련을 끝내고 계속해서 하나님을 경배드리는 것을 보여 준다.

목자(Shepherd)

보좌에 계신 어린 양이 목자가 되어 생명수 샘으로 인도하신다(계 7:17).

Figure 35.

선한 목자이신 예수님. 이 그림은 로마의 산 칼리스토 카타콤에서 고대(예수님의 죽음 이후 약 A.D. 2세기)부터 살아남은 가장 초기의 목자이신 예수님을 나타내는 그림 중 하나이다.

바빌로니아, 앗수르, 이집트에서 목자는 대개 통치자를 지칭하는 명칭이다. 여러 직무나 특성을 겸하고 있다. 매우 오래 고대로부터 지배자들은 그들의 백성들에게 '꼴을 먹여 줄'수 있는 목자로 기술되었다. 함무라비를 비롯한 고대 서아시아의 많은 지배자는 목자라고 불리었다. 로마의 '로물루스 건국신화'에서 로물루스는 신의 아들이면서 양치기의 우두머리다. 태어나자마자 쌍둥이 동생과 함께 버려진다. 양치기들 사이에서 자라 리더가 된다. 팔라티노 언덕에 도시를 세웠다. 자신의 이름을 따서 'ROMA'라고 불렀다. 플라톤은 도시 국가의 통치자들을 양떼를 돌보는 목자에 비유한다. 고대 동방에서 초기의 목자들은 신들이나 통치자에게 적용한 영예의 호칭이다. 그리스 문학에서 목자라는 용어는 왕을 나타내는 데 흔히 사용된다. 구약성경에서도 매우 흔하다. 이스라엘 민족이 가나안 땅에 정착하기 이전에는 각 지파는 그들의 가축떼를 몰고 다니며 끊임없는 유목생활을 했다. 목자들은 조심성과 인내심, 정직성을 보여 주어야 했다.

1. 어린 양이 목자가 되다

하나님의 양떼를 치는 목자로서의 어린 양이라는 개념은 흥미로운 역할 교환을 보여 준다. 은유를 반대편 은유로 뒤틀어버린다. 은유의 힘을 크게 확대시킨다. 유다 지파의 사자는 어린 양이다. 죽임을 당한 어린 양은 정복하시는 숫양이 된다. 어린 양은 진노로 가득차 있다. 이렇게 어린 양은 목자가 된다. 종이신 예수님이 만유의 주가 되신다는 것과 비슷한 반전이다.

보좌에 계신 어린 양이 목자가 되신다. 어린 양이 통치자로서 목자 은유를 처음 사용한 선지자는 미가다(미 5:4). 에스겔이 그것에 뛰어나다. 호머와 같은 세속 저자들은 왕과 통치자를 목자로 칭한다. 이 용법은 에스겔 34장에서 보다 심오한 은유로 반영되어 있다. 인간에 보살핌은 정치적일 수도 있고 영적일 수도 있다. 에스겔은 하나님의 백성의 목자가 되는 다윗 계통의 왕에 대해 말한다. 에스겔서는 다윗 왕이 이스라엘을 치리하던 시대보다 수백 년 후에 기록된 선지서다. 다윗의 후손으로 오실 메시야에 관한 기록이다. 하나님의 말씀을 준수하고 하나님의 법도를 지켜 행할 때 계명을 지키는 사람들에게 영원히 왕이 되실 메시야가 와서 다스린다는 예언이다. 예언한 어린 양의 역할을 가져온다. 구약성경에서 가장 엄숙한 부분들 중의 하나다. 불성실한 목자들에 대한 비난이다. 그러므로 하나님은 사실상 한명의 목자를 임명하실 것이다(겔 34:23). 그리스도를 묘사한다.

예레미야에서 목자는 정치적 혹은 군사적 지도자를 지칭한다. 목자들은 신실하지 못했다. 그래서 하나님께서 손수 그 직책을 취하신다. 더 좋은 목자를 지명하실 것이다(렘 3:15; 23:4). 하나님께서 그 백성을 재결합시킬 한 목자를 세우실 것이다. 메시야 혹은 다윗으로 묘사되는 목자는 스가랴 13:7에서 특히 포로 시대 이후에 강조되어 있다. 악한 목자는 심판을 받게 된다. 하나님의 섭리에 따라서 한 목자가 죽임을 당하게 되고 이로써 구원의 날이 도래한다.

프란치스코 데 수르바란의 유화 '하나님의 어린 양'(*Agnus Dei*)은 구약에서 제물로 바치던 양의 이미지와 신약에서 목자이시며 하나님의 보좌에 앉으신 어린 양의 이미지를 함께 보여 주는 그림이다.

> 그리스도는 신적 품성을 지니신 성도들의 목자다. 그들은 양이다. 그는 목자가 자기 양을 보호하듯 성도들을 인도하고 보호한다. 유다 지파의 사자가 어린 양이 되시는 방식으로 이미지들이 병렬 배치된다.

성도들이 모든 육신의 고통에서 해방된 이유가 있다. 바로 어린 양이다. 그는 하늘 보좌 가운데 계신다. 성도들을 생명수 샘으로 인도하신다. 어린 양은 땅에서 그의 성령으로 양들을 인도하신다. 미래에는 친히 그들을 인도하실 것이다. 이사야서의 샘물은 목마르지 아니함의 근원을 말한다. 성도들은 싫증내지 않는다.

스티븐 P. 잡스(Steven P. Jobs)의 누이가 잡스의 죽음을 지켜보고 한 말이다. 그에게 죽음이 다가온 것이 아니라, 그가 죽음을 성취한 것이다.

잡스는 어떻게든 살려고 하다가 죽었다. 어린 양은 죽음을 성취하신다. 목자는 양을 위하여 목숨을 버린다. 죽음을 당하지 않고 죽음을 성취한다. 생명수 샘은 하나님과 어린 양과 영원한 교제를 누리는 생명이다. 이 교제는 어린 양의 속죄의 죽음을 믿고 그의 구속 사역을 증언한 사람들을 위해 보존되었다. 교회는 이사야 49:10의 회복 예언을 성취한다. 성도들은 현 시대에 생명수에 참여하기 시작함을 암시한다.

2. 목자이신 어린 양이 생명수 샘으로 인도하리라

양은 물을 아주 싫어한다. 무서워한다. 고집이 아주 세다. 집을 찾아갈 능력도 자신을 방어할 무기도 없다. 다윗은 하나님이 실개천이 아닌 쉴만한 물가로 인도하는 목자라고 노래한다(시 23:2). '이스라엘의 집의 잃어버린 양'을 모으는 것이 목자의 사명이다. 어린 양이 목자로 전환한다.

> 그리스도는 자신의 양떼를 생명수 샘으로 인도할 수 있다. 왜냐하면 먼저 죽임을 당한 어린 양이시기 때문이다. 높아져 정복하는 숫양이 되셨다. 하나님의 우편에 앉아계신다. 어린 양은 보좌 가운데 계신다. 영원토록 양떼의 목자가 되시는 분은 그리스도일 뿐만 아니라 진정한 신이며 사람이다.

어린 양이신 목자는 생명수 샘으로 인도한다. 영혼의 내비게이션이다. 내비게이션이 낯선 길이나 어두운 밤에도 정확히 진로를 알려 준다. 목자이신 어린 양도 우리를 결코 포기하시는 법이 없다. 우리가 제멋대로 길을 갈지라도 늘 참으시고 변함없는 사랑으로 생명수 샘으로 이끄신다. 부활을 통해 생명

Figure 35-1.

선한 목자, 3세기 로마 석관의 부조.

을 주는 물이다. 복음서에서 '영생'은 부활을 포함한다. 그러나 백성들은 살아 있는 동안에 생수를 받는다. 믿음으로 오는 세대의 삶을 경험한다. 성경 시대 에 양떼나 소떼를 돌보는 것은 팔레스타인 경제의 중요한 부분이다. 양떼는 넓은 지역을 돌아다녀야 한다. 이들을 돌보는 것은 위험도 내포된 독자적인 책임이 따른다. 반건조 기후의 땅에서 깨끗한 물이 있는 샘이 목자와 그의 목 마른 양떼들에게 만족을 준다. 하나님의 영원한 임재 또한 영적인 온전함에 대한 갈급해 하는 구원받은 성도들에게 만족을 줄 것이다.

　'생명수 샘'은 그 생명의 상징이 된다. '생명의'는 두 가지 의미로 쓰일 수 있 다. 동격 소유격과 형용사적 소유격이다.

전자는 '생명인 생물'이다.

후자는 '생명을 주는 샘물'이다.

오는 세대의 생명을 가리킨다. 하나님과 어린 양에게서 기원한다. 물 주제
는 '오는 세대의 삶'에 대한 상징이다. 이스라엘의 목자로서 야훼는 자기의
양떼를 푸른 초원과 복된 강물로 인도하신다. 광야에서 샘은 생명의 원천이
다. 목자이신 어린 양은 자기 백성들로 조금도 부족함이 없이 풍성한 생명으
로 인도하신다.

애덤 그랜트(Adam Grant)의 책, 『주고 받는다』(Give and Take)에는 성공의 꼭
대기에 '기버'(Giver)가 있다고 말한다. 기버에게 생긴 명성은 시기 대신 마법
같은 힘이 되어 돌아올 때가 많다. 바로 사람을 '변화시키는 힘'이다. 그리스
도는 자신을 희생시킴으로써 성도들의 필요를 충족시켜 주시는 기버다. 목자
로서 양떼를 생명수 샘으로 이끈다. 삯꾼은 그런 일을 할 수 없다. 위험한 때
에는 달아난다. 어린 양은 스스로 양을 위하여 목숨을 버린다.

어린 양인 목자는 양들 앞에 서서 역경을 헤치며 이끈다. 요한복음에서는
예수님이 목자라는 명사만 사용된다. 선한 목자는 자기 양을 이끈다(요 10:3).
필요한 것을 공급한다. 영생을 준다. 요한계시록에서는 동사만 사용된다. 사
람을 움직인다. 생명수 샘으로 인도한다. 하나님이 과거에 인도하셨듯이 미래
에도 인도하실 것이다. 어린 양이 하늘의 무리를 샘과 생명의 근원으로 인도
하신다. 헬라어 표현인 '생명수 샘'은 뒤바뀐 문장 구조다. 생명을 강조한다.
시편 기자는 '주의 복락의 강물'을 마실 것인데, 그 이유는 생명의 원천이 하
나님에게 있기 때문이라고 노래한다(시 36:8-9). 예수님은 약속하신다.

> 내가 주는 물을 마시는 자는 영원히 목마르지 아니하리니 내가 주는 물은 그
> 속에서 영생하도록 솟아나는 샘물이 되리라(요 4:14).

고요(Calm)

하늘의 고요함에서 아름다움을 경험하게 된다(계 8:1).

Figure 36.

일곱 나팔과 향로의 천사들.

말은 생각과 감정을 담아내는 그릇이다. 인간의 가장 깊은 감정은 대개 말이 아닌 고요함 속에 자리한다. 고요함은 말로 다 표현할 수 없는 다양한 의미와 가치를 함축한다. 종종 백 마디 말보다 침묵이 더 무겁고 강렬하게 받아들여 진다. 어린 양이 마지막으로 일곱 번째 인을 떼자 '하늘이 반 시간쯤 고요'해졌다. 땅이 고요한 것이 아니라 하늘이 고요하다. 하나님의 심판의 기원이 하늘 성전이다. 땅의 영역이 배제된 것은 아니다(참조. 시 76:8). 유대교 전통이다. 다섯 번째 하늘에서 천사들이 밤에는 하나님을 찬송한다. 낮 동안에는 이스라엘 백성이 찬송하는 것을 하나님이 들으시기 위해 조용해진다고 주장한다. 요한계시록에 천사들의 찬송이 잠시 중단되었다고 언급한다. 하늘이 고요하다. 하나님의 행동을 숨죽이며 기다린다. 기대가 담긴 침묵이다. 최후의 심판이 행해진다. 성도들의 간청의 기도에 대한 하나님의 응답이다. 기도의 응답을 위한 고요함이다. 이 고요함은 점강법(anticlimax)의 역할이 아니다. 드라마에 서스펜스(suspense)를 더한다. 어린 양의 승리는 죽음을 통해 얻어진다. 그가 허락하신 구원은 부활에서 절정에 이른다. 하늘이 고요할 때 다른 사람들의 폭력에 의해 고통을 당했던 순교자들의 기도가 응답된다. 고요할 뿐 유일하게 내용이 없다.

나팔과 대접 재앙이 일곱 번째 인의 실제 내용인가?

고요함은 아무런 내용이 들어가 있지 않음(emptiness)이 아니다. 심판을 나타낸다. 일곱 번째 인에는 '아무런 내용이 없다'라고 할 수 없다.

일곱 나팔로 채워져야 한다고 이해해서는 안 된다. 관련된 구약 본문이나 유대 문헌 중 어느 곳에서도 고요함에 내용이 없다는 암시가 전혀 없다. 고요함은 극적인 중단이다. 인 심판 환상의 완료이다. 그 이상의 의미를 갖고 있다.

일곱 번째 날 안식하신 것처럼 하나님이 쉬시는가? 계시의 중단인가? 역사의 과정에 나타난 하나님의 주권적이고 비밀스러운 목적의 온전한 계시에 대한 반응인가? 역사의 끝에 있을 인간의 경외에 찬 침묵인가?

그리스와 로마의 예배자들은 기도가 드려질 때 침묵하는 것이 일반적이었다.

1. 고요함은 최후의 심판이다

유대인 제사 의식에서 기도하기 전 준비 행위로, 의식적으로 침묵을 지켰다. 제사장의 속죄 제사 또한 고요함 속에 드려졌다. 유대 전승에 따른 것이다. 지상의 희생 제물은 고요함 가운데 드려진다. 하늘의 제물도 마찬가지다. 하나님 앞에서 특별히 기도문의 특정 어구들을 낭송하는 동안 침묵해야 한다(시 62:1; 합 2:20). 그리스 전통에서 침묵은 때로 기도의 준비 의식이었다. 요한은 고요함 뒤에 순교자들의 향과 기도로 실제 제사 드리는 장면을 목격하게 된다. 천사들이 조용해야 성도들의 기도 소리가 들리는 것은 아니다. 고요함은 경외의 표시로 여긴다.

> 하나님을 지속적으로 찬송하던 천사들이 찬양을 멈추고 악한 자들에게 최후의 심판을 선언하는 하나님의 음성을 들으려고 조용해졌다. 최후의 심판을 간구하는 성도들의 기도의 응답이다.

하지만 심판이 시행되기 전과 후에 잠잠해진다. 두루마리는 일곱 인을 모두 뗄 때까지 펼칠 수 없다. 종종 고요함을 그 뒤에 이어지는 일련의 나팔 심판을 좀더 인상 깊게 하려는 극적인 휴지로 이해하는 경우도 있다. '고요함'에 해당하는 '시게'(σιγή)는 어떤 사람이 말하지 않기로 한 상황에서 나타나는 일상적이고 비신학적인 방법에 사용된다. 칠십인역(LXX)에는 거의 등장하지 않는다. 고대의 한 견해에 의하면, 하나님의 본질은 시게이며 오직 침묵으로만 하나님께 나아갈 수 있다. 구약성경에서 고요함이 하나님의 심판과 연결되어 있다. 한나의 기도다. 종말론적 소망이 표현된다.

악인들을 흑암 중에서 잠잠하게 하시리니(삼상 2:9).

엘리야는 크고 바람, 지진, 불을 만났으나 하나님이 계시지 않고 세미한 소리로 말씀하시는 하나님을 만난다(왕상 19:11-12). 기도와 고요함에서 절정에 이른다.

고요함에 두 가지 핵심 이유가 있다. 하나님의 심판을 숨죽이며 기대하는 것이다. 향과 성도들의 기도가 드려질 때다. 하늘에서 의식적인 고요함이 있었다. 고요함은 직접적으로 제단에서 모든 성도의 기도와 합하여 향을 드리는 행위로 인도한다. 땅에서 고난받는 성도들의 기도가 들려지기 위함이다. 하늘에서 끊임없이 들려진 찬송이 중단된다. 하늘이 반 시간쯤 고요해진다.

2. 하나님의 심판을 기다리다

하늘이 고요하는 동안 하나님은 활동하신다. 하나님과 대화하는 가장 좋은 방법이다. 고요함은 무념의 세계로 들어가는 것이 아니라 하나님께로 나아가는 것이다. 세상을 포기하는 것이 아니라 오히려 세상의 불의를 냉철하게 직면함과 동시에 그 불의를 하나님께 내려놓는 것이다.

고요함은 심판이 언도되는 하늘 성전 및 희생 제단과 관련이 있다. 고요함의 의미가 더욱 강조된다. 구약에서 동일하게 사용된 부분과 연결된다. 구약 성경 저자들은 '고요함'을 하나님의 행동의 임박함에 대한 예견으로, 하나님의 전능하심에 대한 자연스러운 반응으로, 또한 임할 하나님의 심판에 기이한 두려운 외경으로으로 본다. 어느 누구도 말로써 표현할 수 없는 하나님의 심판의 어마어마한 공포가 바로 그 고요함이 전하려는 요점이다. 진노의 큰 날에 있을 징조들이 주어진 후, 마지막 인을 뗄 때 고요함은 하나님의 심판이 곧 있을 것이라는 긴장감 있는 기대 같이 보인다. 재앙에 대한 공포가 아니다. 최후의 심판 이전이나 이후에 있는 고요함이다. 고요함이 최후의 심판과 연결되어 있다. 최후 심판이 하나님이 하늘 성전에서 행하신다.

'고요'는 전략적 침묵은 아니다. 구약 배경에서 유래했을 것이다. 구약성경에서 고요함은 극적인 심판과 연결된다.

> 고요함은 심판에 대한 반응이다. 어느 누구도 말로써 하나님의 심판을 표현할 수 없는 것이다. 바로 그 고요함이 전하려는 요점이다. 일곱째 인이 바로 이러한 심판 사상이다.

히브리어에는 하나의 단어가 '침묵을 지키다'와 '파괴하다'라는 의미를 모두 포함한다 고요함과 멸망을 모두 함축한다. 고요함은 때로 신적 현현의 전조다. 고요함의 한자는 '침정'(沈靜)이다. 고요함에 잠기는 것은 입 다물고 침

Figure 36-1.

요한계시록 8:6에 소개된 나팔의 종류는 숫양의 뿔로 만든 나팔일 수도 있고, 이 부조에서 검투사의 승리를 알리기 위해 불고 있는 두 뿔과 같은 긴 금속 뿔일 수도 있다.

묵한다는 말이 아니다. 뜻을 깊이 머금어 자태가 한가롭고 단정한 것이야말로 참된 고요함이다. 성경에서 고요함은 광범위한 영역의 감정, 태도, 상태 등을 표현한다. 고요함은 존경과 경외(욥 29:21; 합 2:20)을 표현한다. 하나님이 하늘 성전에 계시기에 온 땅과 육체는 그 앞에 잠잠해야 한다. 잠잠해야 할 이유는 무엇인가? 요한계시록에서는 여기서만 고요함이 임한다.

스위스의 작가 막스 피카르트(Max Picard)는 『침묵의 세계』에서 고요함을 인간의 가장 탁월한 미덕이며 하나님의 인격을 만날 수 있는 '신비의 문턱'이라고 비유했다. 고요함은 인간과 하나님이 공유하는 영역이며 하나님을 만나기 위해 '고요의 문'을 열라는 것이다. 하늘의 무리들이 사건들이 일어나기를 기다리며 숨죽인다. 경외심과 두려움을 의미한다. 천사들은 하나님을 찬양한다. 때로 경의의 침묵으로 엎드린다. 고요함 자체가 예배의 형식이다. 하나님이 불경건한 자들에게 심판을 내리신다.

18세기 독일의 미술사학자 빙켈만이 말했다.

가장 아름다운 인간은 고요한 존재이다.

그는 고대 그리스 미술에서 참된 아름다움과 고요함을 확인하라고 했다. 요한은 어린 양이 일곱째 인을 뗐을 때 하늘의 고요함에서 아름다움을 경험하게 된다. 하늘에서 천사들과 장로들과 생물들이 크게 그리고 쉼없이 하나님과 어린 양에게 찬양을 드린다. 극적인 고요함은 대조를 이룬다. 신학적 적절성이다. 중요한 극적 효과를 창출한다. 일곱째 인에 포함한 사건은 없다. 하늘만 고요할 뿐이다. 아무런 내용이 들어있지 않다고 결론을 내려서는 안 된다. 그 간단함 때문에 일곱째 인이 세 일곱 재앙 시리즈 중에서 최후의 심판을 보여 주는 첫 번째 언급으로 적합하다.

예언(Prophecy)

다시 예언할 수 있으니 어찌 아름답지 아니하랴(계 10:11).

Figure 37.

세퍼 토라는 예루살렘의 주요 회당인 하이헬 슬로모에서 유래한 것이다.

예언의 사명을 주시는 분은 하나님이시다. 하나님의 영원한 목적이 성취되는 것이 더 지체되지 않을 것이라는 전망은 참으로 달콤하다. 요한이 두루마리를 먹었다는 것은 은유다. 그의 갱신된 예언 사명의 근거를 제공한다. 요한이 천사의 손에서 받은 두루마리는 '펴진' 상태에 놓여 있다. 두루마리의 메시지가 이제 교회에 '알려지게' 되어 있다는 것을 의미한다. 이 세상의 완성에 대한 하나님의 계획이 이 환상들을 기록해 두는 요한의 예언 사역을 통해 계시되었다.

1. 예언하여야 하리라

요한이 예언할 내용은 작은 두루마리다. 두루마리는 모든 인류가 겪을 운명의 개요를 보여 주었다. 이 작은 두루마리는 사나운 사탄의 반대가 있는 마지막 시대에 신실한 자들이 겪게 될 운명이 무엇인지를 드러낸다. 마지막 승리 이전에 교회가 이겨내기 어려운 힘든 시련을 겪게 될 것이다.

파생한 단어들은 그리스의 신탁과 결탁되어 있다. 가장 유명한 신탁은 델피(Delphi) 신탁이다. 그리스 고대 신탁소(神託所)로 유명한 델피 신전의 공간 배치이다. 아폴론(Apollon)을 주신으로 모셨다. 그런데 해발 700m의 바위산 언덕에 자리 잡은 델피 신전에는 운동경기를 하는 스타디움과 공연을 할 수 있는 계단식 극장이 언덕 위에 설치되어 있다. 델피는 그리스 중부에 위치한 파르나소스 산맥의 경사면에 있다. 그 주위는 '파이드리아데스'(Phaedriades)라는 700m 반원형 바위가 둘러싸고 있어 예로부터 숭고한 장소로 여겨졌다. 아폴로 신에 의하여 주도된 신탁이다.

요한은 두루마리의 쓴맛과 단맛을 지닌 심판을 땅의 불경건한 백성에게 선언해야 할 예언자다. 에스겔은 두루마리가 '달기가 꿀 같을' 것이라는 말씀은 듣지만 '쓸' 것이라는 말은 전혀 나타나지 않는다. 그러나 두루마리 속에 '애가와 애곡과 재앙의 말'이 기록되어 있다. 에스겔은 거부당할 것이다. 그래서 에스겔은 근심하고 분한 마음으로 간다. 여호와의 권능이 힘 있게 그를 감동시키신다(겔 3:14). 예언자로 임명받아 전해야 할 메시지는 두루마리다. 하나님의 말씀 또는 복음서다. 재앙의 메시지다. 세상에는 약을 팔러 다니는 사람이 많다. 특히 예언가들을 조심해야 한다. 검증하려야 검증하기 어려운 이야기들을 남발하는 사람들을 조심해야 한다. 많은 사람이 믿는다고 그 진릿값을 보장할 수는 없다.

두루마리를 취한다. 먹어 버린다. '먹어 버리다'는 정신없이 먹는 것을 말하지 않는다. 단순히 비유적인 표현이 아니다. 정신적으로 소화해 내라는 것이다. 이제는 그 내용을 다른 사람들도 알 수 있도록 해야 한다. 에스겔 선지자는 두루마리를 먹으라는 명령을 받는다(겔 3:2-3). 하나님의 메시지를 예언하라는 사명을 받는 것을 상징했다. 따라서 본문에서도 요한은 작은 두루마리의 내용을 선포하라는 사명을 받는다. 하나님의 진실한 선지자는 모두 이 중요한 요청이 절대적으로 필요하다는 사실을 알고 있다.

두루마리가 달콤하다는 것은 하나님의 말씀에 생명 유지의 특성이 있음을 나타낸다. 그 말씀은 예언자에게 사역을 수행할 힘을 불어넣는다 (신 8:3).

요한은 실제로 두루마리를 먹는 행동으로 옮긴다. 비록 환상적인 경험 안에서 발생했다. 이 행위는 또다시 예언적인 계시를 완전히 자신의 것으로 만들었다는 것을 상징한다.

요한은 두루마리를 취한다. 요한이 예언자로서 역할을 한다. 요한이 고난을 통해 통치한다는 사실이 그리스도인 전체에 해당된다. 이것이 요한과 요한계시록 11장의 '두 증인'이 예언자로 언급된다. 두 증인은 자신의 증거를 마칠 때에 무저갱이로부터 나온 짐승에 의해 죽임을 당하게 된다(계 11:7). 십자가에 달린 예수님처럼 그들의 시신도 방치되어 대중들의 조롱을 당하게 된다(계 11:8). 세상을 향해 자신들의 증거를 신실하게 전할 때, 하나님의 백성들은 순교와 죽음으로부터 구원을 받는 것이 아니라, 순교와 죽음을 통해 거룩한 부활로 구원 받는다.

2. 다시 예언하여야 하리라

하나님은 요한에게 에스겔이 받은 방식을 그대로 재현하도록 명령하신다 (겔 2:8-3:3). '하여야 하리라'는 피할 수 없는 예언의 당위성을 암시한다. 에스겔과 똑같이 순종의 단 맛과 거부와 고난의 쓴 맛을 보게 될 것이다. 요한을 통해 교회는 하나님에게서 등을 돌린 사람들에게 회개와 심판을 선포하는 사명을 감당하도록 요구받게 된다.

요한은 그 두루마리는 먹은 이후에 다시 예언해야 한다. 다시 사명을 받는다. '다시'에 해당하는 '팔린'(πάλιν)은 이미 시작된 사명의 갱신을 암시한다. 대구(對句), 수미상관(首尾相關) 같은 문학적 장치의 본질은 반복이다. 요한이 앞에서 적어도 두 번에 걸쳐 사명을 받았다는 것을 전제한다(1:10-20; 4:1-2). 처음 사명에는 책 전체가 포함된다.

두 번째 사명에는 책의 나머지 부분이 포함되었을 것이다. 우리말에 '골백번'이 있다. '골'은 '만'(萬)을 뜻하는 토박이말이다. 백 번을 다시, 만 번이나 되풀이한다는 뜻이다. '매우 여러 번'을 과장되게 한 표현이다. 골백번 반복해야 할 것이 있다. 복음을 전하는 것이다. 쓴맛과 단맛이 있는 하나님의 말씀을 예언하는 것이 골백번 더 해야 한다. 눈에 흙이 들어갈 때까지 반복해야 한다.

처음 위임에서 온 것이다. 다시 예언하라는 요청을 받는다. 반복이다. 자연에 순환은 있어도 반복은 없다. 오늘 핀, 이 꽃은 어제의 그 꽃이 아니다. 오후에 부는 이 바람은 오전에 불었던 그 바람이 아니다. 자연은 한순간도 변화를 멈추지 않는다. 철새들이 언제나 같은 장소에 새로운 집을 지을 수 있는 이유는 비, 바람, 무더위, 안개, 폭풍우 등을 '있는 그대로' 받아들였기 때문이다. "매일 하는 행동이 어쩌다가 한 번 하는 행동보다 삶에 더 중요하다"라는 말이 있다. 매일 습관처럼 어떤 행동을 반복하는지가 삶에 큰 영향을 끼친다는 점을 강조한 것이다. 사명은 반복된다. 이 책의 나머지 부분은 이 새로운 요청에 의한 것이다. 요한은 예언자로서 사명을 받은 적이 없다.

'다시 예언하여야 하리라'는 명을 받는다. '다시'는 무엇을 뜻하는가? 요한은 '네가 보는 것을 두루마리에 써서 … 일곱 교회에 보내라'와 '네가 본 것과 지금 있는 일과 장차 될 일을 기록하라'는 명령을 이미 받았다(계 1:11, 19).

이어서 "이리로 올라오라 이후에 마땅히 일어날 일들을 내가 네게 보이리라"라고 하늘의 부르심을 받았다. 다시 예언하라는 사명은 이런 명령들에 기초를 두고 있다.

> 하나님의 주권적인 뜻이 항상 하나님의 백성들에게 유익이 되기에 달린 것이다. 하나님의 백성들은 정당화된다. 희생에 대하여 보상을 받게 될 것이다. 하나님이 통치자이심을 알게 될 것이다.

그러나 성도들이, 즉 교회가 큰 고난과 함께 박해, 심지어 순교까지 당하는 것이기에 쓰다. 이 메시지는 많은 백성과 나라와 왕들에 대해서 예언해야 한다. 이 예언은 12장과 함께 시작한다. 달지만 배에서 쓰게 된 두루마리는 교회를 향한 메시지다.

요한의 예언 사명은 신적 필연이다. 예언하여 한다는 것은 때로 하나님의 위엄에 대한 문학적 기술에 사용된다. 아마 때로 선지자들에 의해 표현되거나 그들에게 돌려지는 하나님의 메시지를 선포하라는 신적 강요와 관련 있을 것이다. 메시지의 중요성을 볼 때 필수적인 사명이다. 하나님이 그렇게 정하셨다. 하나님 보좌 우편에 계신 어린 양 예수님은 요한에게 그가 본 것을 기록하여 일곱 교회에게 보내라고 명령했다.

측량(Measure)

하나님의 성전과 제단과 그 안에서 경배하는 자들을 측량하라(계 11:1).

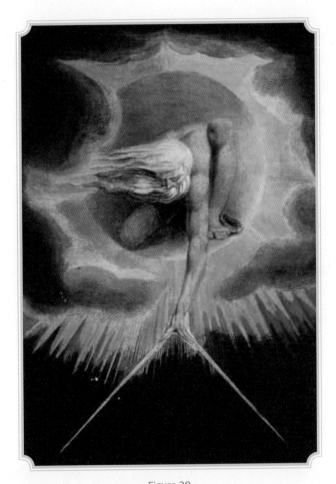

Figure 38.

'태초의 날들'. 윌리엄 블레이크의 이 작품은 하나님이 우주를 측정하는 모습,
아마도 공간과 시간 모두를 묘사한 것이다.

성전 측량은 에스겔 40:3-5과 가깝다. 모양이 놋 같이 빛난 한 사람이 손에 삼줄과 측량하는 장대를 가지고 성전을 측량한다. 요한은 이 두 번째 명령에서 에스겔 환상 가운데 하나를 재현하도록 명령받은 것이 분명하다. 에스겔을 보면, 성전 측량은 자기 백성에 대한 하나님의 소유권과 보호를 상징한다. 하나님은 자기 백성과 함께 있다. 하나님께 속해 있다. 성전은 하늘 성전이 될 수 없다. 이는 42달 동안 이방인에게 점령될 것이다. 그곳은 측량될 수 없다.

하나님의 성전은 실제 건물이 아니다. 제단과 경배자들은 하나님을 예배하는 그리스도교 공동체를 대표한다. 성전 바깥마당과 거룩한 성은 교회의 외부 생활, 하나님의 백성의 고통과 죽음에 대한 취약성을 나타낸다. 구약성경에서 '하나님의 성전'은 하나님의 임재가 땅에 독특하게 거한 장소를 지칭했다. 에스겔 40-48장에 언급된 새 성전에 관한 예언은 하나님의 임재가 영원할 것을 약속한다. 이제 하나님의 임재가 거하시는 영적 성전을 이룬 언약 공동체 전체에 초점이 있다.

1. 하나님의 성전을 측량하라

여섯 번째와 일곱 번째 나팔 사이의 막간에 나오는 두 개의 환상이다.
두 가지 명령을 받는다.

> **첫째**, 작은 두루마리를 먹으라.
> **둘째**, 성전을 측량하라.

에스겔과 예레미야가 한 것과 비슷한 예언 활동을 수행하도록 명령을 받는다. 첫 번째 명령에서는 요한이 두루마리를 먹는다. 고난을 통해 승리를 얻게 될 것을 교회에 선포했다. 고난이라는 쓴맛과 하나님의 보호와 승리라는 단맛이 함께 한다.

요한은 성전 울타리는 측량하되 그 바깥쪽은 측량하지 말라는 명령을 듣게 된다. 명령은 실제로 실행되지 않는다. 요한이 언제 또는 어떻게 성전에 들어갔는지에 대해 아무런 말이 없다. 하나님의 백성은 하늘에 있는 하나님의 성전에 속한다. 그리스도 안에서 함께 하늘에 앉히셨다(엡 2:6). 땅에 있는 동안에도 '하나님의 성전'으로 지칭된다. 스가랴 2:1-5을 보면, 측량줄을 잡은 한 사람이 예루살렘을 측량한다. 하나님이 보호하고 계신다는 것을 상징한다. 하나님은 자기 백성을 위하여 성전을 회복하실 것이다.

성경에 성전이 유대인과 이방인으로 구성된 그리스도인들을 상징으로 자주 사용된다. 그리스도인이 하나님의 성전이다. 그리스도인들은 그들의 몸을 하나님의 성전으로 지켜야 한다는 권유를 받는다.

> 측량은 보호를 상징한다. 육체적 고통과 죽음으로부터의 안전을 의미하지 않는다. 고통과 사망 가운데 그리고 고통과 사망을 통한 지원을 보장하고 영적 위험으로부터의 보호를 보장한다.

일차적으로 마지막 때의 성도들의 교회를 가리킨다. 이차적으로 모든 시대의 교회를 가리킨다. 음부의 권세가 이기지 못할 것이다. 제단 안에서 경배자들은 고난당하는 언약의 공동체다. 죽임당한 영혼들이 제단 아래 있다. 우리는 예배자일 그뿐만 아니라 제사장이다. 자신을 제단에 제사하는 왕 같은 제사장이다. 그리스도인들은 제사장과 동일시된다. 그리스도인들은 땅에 두 발을 딛고 살아가는 하늘 공동체에 속한 사람들이다. 성소에서 경배하는 자들과 밀접하게 연결되어 있다. 제단은 분향단일 것이다. 내소에는 제사장만 들어갈 수 있다. 모든 믿는 자들이 왕 같은 제사장직의 일부다.

2. 경배하는 자들을 측량하라

성전과 제단은 측량과 어울린다. 경배하는 자들은 측량보다 계수가 어울린다. 측량하다는 '계수하다'라는 의미도 나타낼 수 있다. 측량의 임무에 보호가 내포되었음을 암시한다. 성전을 측량하듯 경배자들도 측량하라고 말씀한다.

측량의 중요성은 무엇인가?

상징적인 해석은 예루살렘 혹은 성전을 측량할 때처럼 보호를 약속하는 것이다. 보호 사상은 고대의 공통된 사회적 형식에 어울린다. 당신에 신전들과 제단들은 도피처였다. 전쟁하는 동안에 침입자들은 신전들을 범하지 않아야 했다. 구약성경에서, 사람들은 제단에서 보호를 받고자 했다. 성전으로 도피했다. Greco-Roman 신전들은 박해, 혹은 정복으로부터 피하는 안전하고 고립된 지역들로 생각되었다.

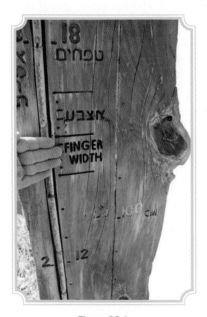

Figure 38-1.

측량 막대(Measuring rod).

측량하는 일은 여러 가지 비유적인 의미를 가질 수 있다. 확장 또는 확대의 뜻을 강조한 회복과 재건의 약속을 언급하기도 한다. 측량 행위는 이 기사에서 전혀 실행되지 않는다. 측량은 영적인 해나 모독으로부터 보존 및 복을 위해 보장된다는 의미일 것이다. 많은 사람이 순교를 당한다. 하나님께서 짐승에게 '성도들과 싸워 이기게 하는 권세'를 주실 것을 알고 있다. 하나님께서 물리적 해악이 아니라 영적 해악에서 보호하시는 것이 분명하다.

육체적인 해를 받는다. 그들의 구원은 안전하게 보호받는다. '인침을 받는 것'을 발전시킨 것이다. 육체로부터 보호를 상징하는 것이 아니다. 비록 짐승에 의해 몸은 죽임을 당한다. 한 사람도 멸망하지 않는다는 예언적 보증을 상징하는 것이다. 측량을 중심으로 교회의 양면을 말한다. 하나님의 백성이 어려운 시기에 믿지 않는 세계에 의해 고통을 받는다. 쓴맛이다. 마귀의 공격으로부터 보호를 받게 될 것이다. 단맛이다. 두 증인의 사역과 운명이 상징하는 것과 같다. 열린 뜰은 교회를 의미한다. 동일한 공동체가 보호받음과 동시에 공격을 받고 있다. 보호를 받기 때문에 예언할 수 있다. 반면 순교와 나라들의 비난에 노출되어 있다.

실제 측량 행위는 없다. 하나님의 보호라는 주제로 인해 스가랴와 훨씬 더 가깝다(슥 2:1-5이 11:1). 구약성경에서 '측량'은 보호의 칙령을 가리키는 비유다. 심판을 가리키는 비유다. 측량을 받지 못함은 하나님의 임박한 심판으로부터 보호를 받지 못한 이스라엘을 지칭한다(미 2:5).

성전을 측량하고 그 안에서 경배하는 자들을 측량하는 것은 그것이 보존될 것임을 선언하는 상징적인 방식이다. 이 환상의 배경은 에스겔 40:1-42:20장으로 보인다. 에스겔은 환상 속에서 성전의 모든 부분이 극도로 신중하게 측량되는 것을 본다. 거기서 측량은 성전 경내에서 우상을 숭배하는 가증한 일에서 성전을 안전하게 보존했다. 여기서 측량은 하나님이 영적으로 자기 백성들을 '우상 숭배의 영향으로 인한 오염'에서 보호하는 것을 상징한다. 에스겔서 본문에서 성전의 확실한 재건과 이어지는 성전 보호는 성전 전체의 다양한 부분들을 측량하는 천사에 의해 비유적으로 묘사되었다.

에스겔 43:12에 보면,

> 성전 측량의 목적은 이스라엘 백성에게 하나님의 영광과 거룩함을 나타
> 내준다. 하나님의 성소를 더럽힌 죄를 깨닫게 해 준다. 요한의 예언자적
> 사역도 맥을 같이 한다.

거룩한 자들과 짐승 숭배로 더러워진 자들 사이를 명백하게 분리하는 것
이다. 21:15-17에서는 측량한다는 것은 성에 거주하는 사람들을 해를 받지
않게 하고 부정하고 속이는 자들의 오염으로부터 안전하게 지키는 것을 가리
킨다.

하나님께서 하나님을 경배하는 자를 측량하신다. 에스겔서와 21장에서 측
량으로써 비유적으로 묘사된 것은 하나님이 장차 임재하신다는 불변의 약
속이다. 강조점은 다가올 혹독한 박해로부터 성도들을 보호하는 것에 있다.
어제도 지금도 그리고 세상 끝날까지 보호하신다. 믿는 자들을 보호하는 것
은 육체적 고통이나 죽음으로부터의 안전이 아니다. 영적 위험으로부터의 안
전을 말한다.

인 맞은 하나님의 종 144,000명과 측량 받는 경배자들은 공통점이 있다.
둘 다 신적 보호다. 육체적인 죽음으로부터 보호가 아니다. 하나님 나라에
들어가는 것을 보장해준다.

> 측량하는 일은 절정 이전에 땅에 사는 성전 공동체와 함께 하겠다는 보
> 증하시는 하나님의 임재를 의미한다. 하나님 백성의 믿음은 그의 임재
> 로 보호를 받게 된다.

믿음이 없는 곳에는 하나님의 임재와 보호를 경험하지 못한다.

두 증인(Two witnesses)

권세를 받은 두 증인이 굵은 베옷을 입고
천이백육십 일을 예언하리라(계 11:3).

Figure 39.

존 손튼(John Thornton)의 '요한계시록 11장의 두 증인', 코벤트리 글레이저
요크대성당, 그레이트 이스트 창,/위키미디어 커먼즈.

율법에서 증거의 정확함을 위해 증인이 요구된다. 감람나무와 촛대 은유에서 볼 수 있듯이 교회의 '왕 같은 제사장다운 기능'을 강조하려는 저자의 바람에서 유래한 것이다. 두 증인은 온 세대의 교회이다. 요한처럼 그리스도에 대한 예언을 하도록 특별히 부르심을 입은 교회 안의 사람들을 의미한다. 짐승에 의해 순교당한 예언자들을 의미하기도 한다. 단지 두 사람만을 대표하는 것이 아니다. 세대 끝에 올 두 명의 인물인 가능성은 거의 없다. 신천지 이만희는 지상교회를 상징하는 두 증인이 바로 자기 자신과 자신을 돕는 영적 배필이라고 한다. 자아 망상적 주장이다. 구약은 종말론적 공동체 전체가 성령의 예언의 은사를 받을 것이라고 예언했다. 초기의 그리스도교 공동체는 요엘의 예언이 그들 중에서 성취되기 시작했다고 이해했다.

증인의 사명은 무엇인가? 하나님 앞에서 세상의 죄책을 증명하는 법적 사역이다(요 16:8-11). 스가랴 4장에 나오는 두 메시야적 인물은 아론의 제사장 메시야와 다윗계의 왕적 메시야다. 스가랴 3-4장과 6:9-14에 나오는 다윗의 후계자 스룹바벨과 대제사장 여호수아에 의거한다. 이들은 이방인들에 의해 짓밟힌 도성을 위해 일하는 자들이다. 두 증인은 신앙 공동체 전체를 가리킨다. 일차적인 역할은 예언하는 증인이 되는 것이다.

1. 하나님의 두 증인은 교회다

두 증인은 누구인가? 해석이 다양하다. 요한계시록에서 가장 논란이 많은 부분 가운데 하나다. 두 증인은 고난의 기간에 있는 참 이스라엘과 '거룩한 성'을 설명하는 또 다른 묘사다. 두 증인은 개인적으로 나타나지 않는다. 함께 예언한다. 함께 고난을 받는다. 함께 죽임을 당한다. 함께 다시 살아난다. 함께 승천한다. 두 사람으로서는 불가능하다.

대부분의 현대 학자는 엘리야와 모세를 선지자의 모델로 사용하려고 생각한다. 불로 응답받고 하늘을 닫아 비가 내리지 않게 하였고 물로 피로 변하게 하였다. 두 증인이 모세와 엘리야를 모델로 삼고 있긴 하지만, 그러한 연관성을 일부러 수정하고 있기도 하다. 엘리야의 경우는 불이 하늘에, 두 증인은 입에서 불이 나온다.

교회는 만국에게 발로 '짓밟히도록' 주어진다. 하나님이 그 백성이 세상의 심판을 받아 고난을 받도록 이방인에게 주었다. 또한 성도들에게 믿음으로 인내할 힘을 '주실' 것이다. 승리하도록 권세를 주신다. 전자는 고난을 통해 짓밟힌다. 후자는 고난을 통해 증언함으로써 승리할 권세가 주어진다. 전자는 쓴맛이다. 후자는 단맛이다. 선포와 증언은 교회가 가진 최고의 무기다. 이것은 행악자들을 태우기 위해 하나님이 선포된 말씀의 불을 사용하는 것이다.

두 증인에게 예언하는 사명을 주신 분은 누구인가? 그리스도인가? 아니면 하나님이신가? 이방의 억압에도 불구하고 두 증인을 파송하신 분은 하나님이시다. 신앙 공동체가 요한이 받은 예언자적 재임명에 어느 정도 참여하고 있음을 보여 준다. 특히 요한과 공동체가 '백성과 방언과 나라들'에게 예언해야 하기 때문이다.

하나님의 주권적 행동은 신적 수동태로 나타나 있다. 비인칭 수동태다. 여기서는 더 강조적인 1인칭 단수로 '내가 주리니'가 사용되고 있다. 하나님의 주권이 다시 강조된다. 미래 시제의 동사들에 의해 지배된다. 과거 시제 동사들에 의해 지배되는 예언 기사다. 비유 또는 우화 같은 성격을 띠고 있다. 두 증인은 증거자를 상징하는 것으로 보인다. 큰 성은 예루살렘을 상징하지만, 넓은 의미로 인간 세상을 상징한다. '측량하는 것'이 일차적인 목적으로 설명한다. 하나님은 종말론적 공동체에 임재하신다. 예언자적 증언을 효과 있게 할 수 있도록 확신을 주신다.

두 증인은 예언자들이다. 굵은 베옷을 입는다. 이 옷은 아마 예언자의 고대 의복을 가리키는 것 같다. 거친 옷이다. 슬픔과 참회의 옷이다.

이것은 고난, 슬픔, 위험, 위기 및 겸손 때에 가장 적합한 옷차림이다. 예레미야는 "굵은 베를 두르고 애곡하라"라고 요청한다(렘 4:8). 예수님은 자신의 기적을 보고 회개하지 않는 성읍을 향해 "베옷을 입고 재에 앉아 회개하였으리라"라고 말씀하셨다(마 11:21).

3년 반이라는 기간은 공동체로서 이스라엘이 당할 환난의 때를 예언한 다니엘에 근거한다. 환난의 기간이 실제로 얼마나 지속되는지와 상관없다. 환난을 경험하는 참 언약의 공동체에 비유의 강조가 있다.

2. 주 앞에 서 있는 두 감람나무와 촛대다

두 증인의 예언 활동 기간은 1,260일로 제한된다. 제한된 종말론적 시기를 나타내는 상징적인 수다. 거룩한 성이 짓밟히도록 내어 준 기간과 같다. 달을 날로 계산하면 마흔두 달이다. 당시에는 각 달을 삼십 일로 생각했다. 이것은 '마흔두 달'과 '한 때와 두 때와 반 때'와 같은 기간을 의미한다. 바로 예수 그리스도의 재림 이전에 있을 7년간의 혹독한 하나님의 심판과 고난과 박해의 기간이다. 이 숫자들은 제국의 때와 교회 박해 기간의 때가 정해져 있음을 상징적으로 생각나게 한다. 이 기간은 '거룩한 성'과 '여자'와 '하늘에 있는 장막'이 압제를 당하는 기간과 동일한 기간이다. 한 여자의 이미지가 3년 반 동안 존재하는 신앙 공동체를 의미한다면, 두 증인의 이미지도 동일한 기간 동안의 같은 실체를 대표할 수 있다. 달이 날로 표현된 것은 단순히 문학적 변형일 뿐이다. 증거하는 일이 날마다 일어나는 행위임을 가르쳐 주고자 하는 것은 아니다.

두 증인에 대한 기사는 환상이 아니다. 비환상이다. 요한은 요한계시록의 나머지 부분에서 발견되는 환상과 유사한 문체로 이 기사를 표현한다. 두 증인의 역할과 신원은 스가랴의 두 감람나무와 두 촛대와 동일한 것으로 이해된다. 스가랴의 환상 속에 여호수아와 스룹바벨을 암시하는 것이다. 이들은

Figure 39-1.

1530년경 지오반니 지롤라모 사볼도(Giovanni Girolamo Savoldo)가
그린 '변화산의 예수님'은 구약성서의 인물 엘리야와 모세 가운데
예수님이 서 있는 모습을 담고 있다.

또 '온 세상의 주를 모시기 위한' 자들로 말해지기도 한다. 성도들이 나라와
제사장으로 그들의 새 예루살렘을 추구한다.

두 감람나무는 스가랴 4장에 등장하는 기름 부음 받은 왕과 기름 부음
받은 대제사장을 표현한다. 교회는 마지막 순간까지 영혼 구원을 위해 복음
을 전해야 하는 사명 공동체. 두 증인은 두 감람나무와 두 촛대의 배경은
스가랴 4장에 기록된 예언에 대한 환상이다. 천사의 해석이다.

이는 힘으로 되지 아니하며 능력으로 되지 아니하고 오직 나의 영으로 되느
니라(슥 4:6).

하나님의 성령은 그가 택한 지도자들을 통해 일하신다. 그들의 약함에도 불구하고 성전은 완성될 것이라는 뜻이다. 스가랴 환상의 전체 취지는 이 두 증인이 하나님께서 주신 사명을 수행해 나갈 때 그들에게 무한한 능력을 상기시켜 준다. 그들을 굳세게 한다. 공동체에서 보는 바대로 그들의 지위를 옹호하는 데 있었다.

두 감람나무와 두 촛대는 동의어처럼 사용된다. 일곱 교회는 일곱 촛대로 상징되었다. 거룩한 빛의 소유자들이다. 빛을 소유한 이들은 또한 감람나무다. 효과적인 증거의 능력과 권세는 하나님의 성령 안에 있다.

> 두 증인은 '두 감람나무와 두 촛대'다. 모두 지상에 있는 교회 공동체를 상징한다. 촛대는 교회를 의미한다. 교회 전체가 '나라와 제사장'으로 제시된다. 촛대가 '나라와 제사장'과 동일시되었듯이, 두 증인은 왕과 제사장 기능에 연결된다.

일곱 촛대가 단지 두 촛대로 변환된 것이다. 옛 공동체와 성전에서 제사장 여호수아와 왕 스룹바벨이 있었다면 새 공동체에서 예수 그리스도가 있다. 왕적 대제사장이다(히 4:14). 그는 기름 부음을 받은 대제사장과 왕이다. 그의 교회는 특히 교회 안에 있는 예언자들에게 이 특성을 반영하고 있다. 왕같은 제사장이다.

두 증인은 구약의 두 인물을 모델로 삼았다. 촛대로 불린다. 그들의 말씀이 등불처럼 탈 것이기 때문이다. '요한은 켜서 비추이는 등불'이다(요 5:35). 요한의 메시지는 교회가 세상의 밝은 빛으로서 그 사명을 다 성취하도록 교회의 근거가 되는 그리스도에 대한 증인들이 소멸될 수 없다는 것이다.

여자(Woman)

메시야 시대를 해산하려는 이 여자의 고통은 아름답다(계 12:1).

Figure 40.

요한계시록의 여자와 용: 폴리오 185, 요한계시록 11:5-8, 아우크스부르거 분더자이헨부흐 /
위키미디어 12.

창세기의 처음 장부터 요한계시록 마지막 구절까지 성경은 여자의 이미지로 가득 차 있다. 창조시 여자는 하나님의 형상대로 지음을 받았다. 재림 때에 여자는 어린 양의 신부로서 '혼인 잔치'에 초대에 응하게 된다. 구약성경에서 여자들은 더욱 오래된 여가장제의 흔적들에도 불구하고, 거의 권리를 갖지 못했다. 한 남자의 보호로부터 또 다른 남자의 보호로 옮겨졌다. 요한계시록에 여자에 해당하는 '귀네'(γυνη)는 19번 나온다. 어린 양만큼 중요하다. 이 여자와 새 예루살렘은 음녀와 대조를 이룬다. 비록 여자가 메시야를 출산하지만, 그는 예수님의 어머니 마리아가 아니다. 메시야적 공동체인 이상적인 이스라엘로 이해해야 한다. 하나님의 백성의 어머니로서의 시온은 유대 문학의 보편적인 주제다(사 54:1; 갈 4:26).

문맥으로 보아 핍박 아래 있는 여자는 그리스도의 탄생으로부터 적어도 요한의 생존 당시 또는 그 이상까지의 계속된 실재를 나타내주고 있으므로 저자의 마음속에 이 여자의 통일성은 메시야 사상을 믿는 언약 공동체가 틀림없는 것 같다.

이 여자는 궁극적으로 교회다. 죽음에 직면해서도 예수님을 증언한다. 주 메시야는 하나님의 백성의 혈통, 역사, 신실함을 통해 태어났다. 요한이 큰 이적을 통해 본 여자는 하나님의 백성을 상징한다.

용은 사탄을 상징한다. 큰 이적은 메시야의 출생을 되돌아보게 한다.

1. 해를 옷 입은 여자

'옷이 날개다'라는 속담이 있다. 날개의 목적은 저 위로 훨훨 날아오르는 데 있다. 더 나은 삶을 꾀한다면 옷부터 투자하라는 뜻이다. '말끔한 옷은 훌륭한 소개장'이란 외국 속담도 있다. 중요한 사람들을 만나 그 자리로 올라서고 싶다면 그들과 어울릴 차림부터 갖춰야한다는 뜻이다. 하나님의 보좌 앞에 있는 구원받은 자들은 흰 옷을 입었다. 어린 양의 신부인 충성된 자들은 빛나고 깨끗한 세마포 옷을 입었다. 구원받은 자들과 신부와 동일시되는 독자들은 또한 해같이 빛나는 옷을 입고 별의 관을 쓴 여자와 동일시된다.

첫 번째 등장인물은 '여자'다. 고대 환상 기록들에서 종종 나타나는 상징적 인물이다. 어머니이며, 새 예루살렘이며 그리고 음녀인 바벨론과 대조되는 그리스도의 신부의 선조이다. 하늘에 나타난 여자는 해를 옷 입고 있다. 열두 별의 관을 쓰고 있다. 발 아래에는 달이 있다. 이집트 신화에서 고대 이집트의 사랑의 여신 이시스는 머리 위에 태양이 있는 것으로 묘사되고 있다. 이시스는 빛나는 흰 옷을 입었다. 이마와 외투에 달이 그려졌다. 옷은 별들로 장식되었다. 때로 땅이 그의 발 아래 있다. 그러나 이시스는 요한계시록 12장의 여자처럼, 머리 주위에 별들이 있지 않다. 달 위에 서 있지도 않다.

Greco-Roman 자료들을 관련시키는 해석자들은 그 여자가 여신들처럼 우주적 상징에 둘러싸인 하늘의 여왕이라고 생각한다. 아르테미스, 즉 다이애나(Diana)는 그들 옆에, 혹은 그들의 장식물에 달과 별을 가진 것으로 묘사되었다. 여신 다이애나는 별들이 그의 머리를 둘러싸고 있는 모습을 나타다. 그러나 요한계시록 12장의 여자는 다르다. 아르테미스는 해와 거의 관련이 없다.

> 여자의 빛남은 하나님의 백성의 하늘의 정체와 하늘의 보호 그리고 그들의 순결을 의미한다. 하나님의 백성은 박해로 정복되지 않는다. 유혹이나 속임수로 그밖에 어떠한 사악함에 의해 더럽히지 않는다. 궁극적으로 보호를 받는다.

유대 전승에서, 하나님은 빛나는 옷을 입었다. 하나님은 '옷을 입음 같이 빛을 입으신다'(시 104:2). 그 발 아래에 땅이 있었다. 별들이 둘러 있었다. 세상은 진정한 이스라엘, 즉 교회를 미워하고 멸시할지도 모른다. 그러나 하나님 나라 관점에서 이스라엘은 눈부신 신부다. 이 여자는 신부, 즉 하늘의 예루살렘과 동일시된다. 여자가 자신의 의복으로 해를 입고 있다. 이차적인 의미는 '주위로 성곽을 두르다'이다. 아마도 하나님을 상징하는 해는 여자, 즉 공동체 주위의 성곽 또는 보호막일 것이다. 인 단락과 나팔 단락 전체를 다루는 본문은 하나님의 백성이 여러 화에서 영적으로 보호받을 것을 보여 준다. 이 화들은 참 그리스도인들에게는 그들의 믿음을 단련케 하는 시련으로 작용한다.

선지자들은 의로운 이스라엘을 회복된 미래의 이스라엘의 남은 자의 어머니로 묘사했다. 이는 신부로서의 이스라엘과 혼합한 이미지다(사 62:5). 메시야는 신실한 이스라엘로부터 오게 될 것이다. 여자가 교회를 의미하게 된다는 점은 아무런 문제가 되지 않는다. 구속의 역사 전체를 통해서 하나님의 백성은 하나다. 초대 교회는 스스로 신실한 이스라엘과 단절되었다고 생각하지 않았다. 이사야 54:5에서 "너를 지으신 이가 네 남편이시라"는 표현 속에 이스라엘을 여자로 묘사한다. 하나님은 그들의 남편, 구속자, 거룩하신 이, 온 땅의 하나님이라 일컬음을 받을 것이다.

2. 이 여자가 아이를 배어 해산하다

잉태한 어머니의 해산이 고통을 통해 이방에 의한 이스라엘의 감금의 고통을 언급한다. 긴박한 출산이 미래적인 이방의 억압에서 구출을 의미하는 구약성경의 비유들이 암시된다. 여자는 해산의 진통 속에 있다. 육체적으로나 정신적으로 모두 그녀의 고통과 애씀이 강조되어 있다. 여자가 아이를 '배어'는 문자적으로 '자궁 속에'로 '임신'에 대한 관용구다. 요한계시록 12:1-2의 이미지에 맞추어 여자를 '모신'으로 보는 것이 통상적이다. 구약성경의 이미지에 비추어 보면, 여자는 메시야의 어머니이고 또는 전형적인 고난받는

Figure 40-1.

짐승 위의 여자.

어머니와 동일시된다.

구약성경에서 유대나 예루살렘 중 하나의 구원을 출산 준비 중에 있는 여자로 묘사하고 있다. 대표적인 본문이 이사야 51:2-3, 9-11이다. 한 여자는 개인이라기보다 한 공동체를 대표한다. 고대 이스라엘의 특성들에 속한다.

고통당하는 여자는 이스라엘의 고난 이미지다. 하나님이 이스라엘을 속박으로부터 구원하실 것이다. '모든 그녀의 광야 피난처'에서 평안을 약속하신다.

여자 시온이 그녀의 아이를 '고통 가운데서 출생'하는 사라와 비교하여 언급하고 있다. 초기 교회는 부활을 일종의 출산으로 간주했다. 출산의 이미지로 수난과 부활을 묘사한다. 사망의 고통에서 풀어 살리셨다는 것은 시편

38:6에서 취한 표현이다. 이 고통은 해산의 고통을 의미할 수 있다.

눈부신 여자는 이제 곧 아이를 낳으려 한다. 해산이 임박하자 그는 고통스럽게 부르짖는다. 구약은 이스라엘을 종종 산고를 겪는 여인으로 묘사한다. 이사야는 이스라엘이 포로가 된 것을 "잉태한 여인이 산기가 임박하여 산고를 겪으며 부르짖음" 같다고 묘사한다. 요한은 환상에 등장하는 산고를 겪는 여자는 "메시야 오심 이전에 메시야에 대한 소망으로 고통스러워하는 진정한 이스라엘"이라 말한다. 이 여자는 마리아가 아니라(눅 1:26-35) 이스라엘과 교회 역사 전체의 하나님의 백성을 의인화한 하늘의 존재임을 알 수 있다.

> 여자는 메시야가 나오는 박해받는 하나님의 백성들을 상징한다. 여기에서 강조는 산고이다. 여자는 아파서 애를 쓰며 부르짖는다. 이것은 하나님과 그리스도의 공동체의 메시야적 고뇌를 가리킨다.

어머니와 그의 의로운 후손 그리고 박해하는 뱀 또는 독사를 가리키는 3중적인 회화적 묘사는 거의 틀림없이 창세기 3:16을 시사한다. 이 사실은 해산의 고통을 겪는 여자가 한 개인이 아니라 박해를 당하는 신앙 공동체라고 밝힌 것이 사실임을 입증한다.

큰 용(The great dragon)

큰 용이라는 사탄은 온 천하를 꾀는 자로 땅으로 내쫓기리라(계 12:3).

Figure 41.

머리가 일곱 달린 용이 요한의 환상에 나타나며(계 12:3) 후에 사탄으로 밝혀진다. 여기 보이는 것은 등에서 불꽃이 뿜어져 나오는 '머리가 일곱 달린 괴물을 묘사한 조개껍데기 조각'(B.C. 1450)이다. 고대 메소포타미아의 신이 무시무시한 생물 앞에 무릎을 꿇고 전투를 준비한다.

고대 세계에서 많은 사람은 거대한 뱀 혹은 용이 문자적으로 세상 여러 곳에 존재하고 있는 것으로 믿었다. 화와를 속인 자는 뱀이다. 아론의 지팡이가 변해서 된 뱀은 '드라콘'이다. 드라콘은 바다 깊은 곳에 있는 리워야단에 대해 사용하였다. 요한이 표적으로 본 용은 상징적이다. 용으로 불리워지는 뱀은 요한계시록이 보내어진 일부 도시들에서 숭배되고 있었다. 요한에게서 용은 특히 '옛 뱀'이다. 아담과 하와로 하여금 하나님을 불순종하도록 유혹하여 죽음에 이르게 한 존재를 말한다(창 3:1-15).

두 번째 표적이 하늘에 나타난다. 일곱 머리를 가진 거대한 용이다. 용의 정체를 밝힌다. '옛 뱀, 곧 마귀라고도 하고 사탄'이다. 용은 일반적으로 야훼의 대적자다. 신비로운 바다 괴물이다. 일반적으로 악의 화신이다. 리워야단이나 용은 바다의 모든 공포를 상징한다. 악과 죽음의 현실을 상징한다.

요한계시록에서 용은 신비로운 괴물의 특성들을 가졌다. 칠십인역(LXX)에서는 바다의 괴물들(taninim), 리워야단, 용들이라고 부른다. 그와 같은 용들은 하나님의 통제가 필요했던 혼돈의 세력들을 대표했다. 용의 이미지는 하나님의 백성을 핍박하는 악한 왕국들을 상징하는 악한 바다 괴물을 가리키는 또 다른 구약성경의 용어다. 용은 구약성경에서 이스라엘을 압제하는 악한 왕국으로 상징화된 바다 괴물을 표현하는 다른 표현이다.

고대 신화에는 용에 대한 언급이 매우 많다. 가나안 전승에서는 큰 바다 괴물이 리워야단(Leviathan)이라고 불린다. 리워야단은 머리가 많다. 야훼가 그것들을 때려 부술 것이다(시 74:13-14). 도망하는 뱀을 무찌른다(욥 26:13). 라합은 '침착하지 못하고 소란스러운 자'를 의미한다. 시편 74:14에서는 리워야단이 이집트를 말한다. 이사야 27:1에서는 앗수르와 바벨론을 말한다. 이런 배경에서 볼 때, 요한의 환상에서 나오는 용은 곧 하나님과 그의 백성의 대적으로 볼 수 있다.

용이라 부를 수 있는 티폰(Typhon)의 색깔과 비슷하다. 티폰은 이시스(Isis)와 호루스(Horus)의 반대자이며 제우스(Zeus)의 대적자다. 반인 반, 뱀인 티폰은 불을 내 뿜었다. 용이 붉다는 것은 사탄의 살인마적 성격을 상징한다(요

8:44). 사나운 권세와 잔인한 본질을 상징적으로 암시한다. 리워야단이 여러 머리에 대한 언급은 시편 74:14에 나온다. 우가릿(Ugarit) 본문에도 등장한다. 용의 머리가 일곱은 그가 가진 힘의 우수적 성격을 묘사한다. 열 뿔은 다니엘 7장의 넷째 짐승을 연상시킨다(단 7:7, 24).

1. 하늘의 별 삼분의 일을 땅에 던지는 괴물

용의 이미지는 하나님의 백성을 박해하는 세상의 악한 왕국들을 마귀를 표현한다. 용이 많은 머리를 가졌다. 일곱 개의 머리다. 가짜 완전함의 상징이다. 위협적인 특성을 강조한다. 리워야단은 구체적인 숫자로 밝혀지지 않은 머리들을 가졌다(시 74:14). 때로 티폰은 백 개의 용의 머리를 가진 것으로 묘사되어 있다. 히드라(Hydra)는 아홉, 혹은 백 개의 뱀과 같은 머리를 가졌다. 중국 고전 '본초강목'(本草綱目)은 용의 형상에 대해 아홉 마리의 동물을 거론한다. 다음과 같이 묘사한다.

> 머리는 낙타, 뿔은 사슴, 눈은 귀(鬼), 목덜미는 이무기, 비늘은 잉어, 발톱은 독수리, 발바닥은 호랑이를 닮은 것

'아홉'이라는 수는 양수 가운데 가장 큰 숫자로 다(多)와 무한(無限)을 상징한다.

> 용의 머리가 일곱이라는 것은 위협의 중대함을 암시한다. 일곱이란 숫자는 완전을 의미하는 문학적 장치다. 용과 짐승 둘 다 일곱 머리와 열 뿔을 가진다. 열 뿔은 거짓 능력의 상징이다.

다니엘 7:2-8에 근거한다. 네 짐승들의 머리의 수를 합하면 일곱이다. 네 번째 짐승은 열 뿔을 가지고 있다.

용은 반(反) 창조자다. 별, 삼분의 일을 땅에 던진다. 하늘의 질서를 혼란시키는 존재다. 바로(겔 29:3; 32:2)와 느부갓네살(렘 51:34)은 각각 '바다 괴물'(큰 악어, 큰 뱀)로 불린다. 만국을 삼키는 경향을 갖고 있다. 하나님의 백성들의 원수이다.

교회가 곧 경험하게 될 박해의 원인은 무엇인가? 하나님과 사탄의 출동에 있다. 예수님은 십자가에서 사탄을 이기셨다. 싸움이 계속되고 있다. 마귀는 자기의 때가 얼마 남지 않은 줄을 안다. 분을 낸다. "하나님의 계명을 지키며 예수의 증거를 가진 자들"과 싸우려고 한다. 요한은 박해의 원인을 디테일하게 파헤친다. 믿는 자들이 다가올 환난 가운데서 끝까지 견디도록 격려한다.

2. 아이를 삼키고자 하는 용

용의 꼬리가 하늘의 별들의 삼분의 일을 끌어다가 땅에 던진다. 용의 능력이 어찌나 큰지 그 꼬리가 많은 별을 쓸어다가 땅에 던지기까지 한다. 이것은 단지, 용의 권세를 나타내는 비유로서만 이해되어야 한다. 어떤 천사들에 대한 사탄의 승리로 언급해서는 안 된다. 이 파괴적인 행동은 용의 거대한 크기와 엄청난 힘을 강조해 준다.

용이 하늘의 별 삼분의 일을 끌어다가 땅에 던진다. 괴물의 거대한 크기와 힘을 암시하는 과장법이다. 별들이 땅에 떨어진 것은 흔히 천사의 타락을 가리키는 것으로 이해되었다.

고대의 많은 신화에는 아직 태어나지 않는 왕에게 장차 죽임을 당할 운명에 있는 찬탈자가 그 왕의 씨가 태어나면 곧 그를 죽이고 왕위를 빼앗으려는 이야기가 들어있다. 용, 여자, 그 여자의 아들에 대한 이야기는 고대 사회 다른 전쟁 신화들과 문학적으로 비슷하다.

이집트 신화에서는, 어머니 여신 이시스(Isis)는 세트(Seth) 혹은 티폰 (Typhon)이라는 붉은 용에게 쫓겨나서 한 섬으로 도망한다. 태양신 호루스 (Horus)를 낳는다. 그의 아들이 용을 죽인다. 바벨론 서사시 에누마 엘리시 (Enuma Elish)에서 일곱 머리의 바다 괴물, 붉은 뱀 티아마트(Tiamat)가 젊은 빛의 신인 마르둑(Marduk)에게 패하는 이야기를 들려준다.

티아마트는 머리에 뿔이 달려있으며, 비늘이 있는 긴 목이 있다. 앞다리는 사자 같다. 뒷다리는 독수리 같다. 꼬리는 전갈 같다(참조. 단 7:23-27). 우가 리트 신화에서는 폭풍의 신 바알이 일곱 머리를 가진 뱀 리워야단을 물리치 고 자신의 나라를 세운다. 메소포타미아 신화에서는 빛의 신 마르둑이 일곱 머리를 가진 용 티아마트를 죽인다. 바사, 또는 헬라 등에서 12장과 같은 요 소를 찾을 수 없다. 요한은 구약과 유대교 전통의 렌즈를 통해 해석한다.

요한이 큰 용을 설명하는 목적이 있다. 그리스도인 독자들에게 땅에서 그들을 박해하는 자들의 배후를 알게 함이다. 마귀에게 지시를 받는 악 한 영적 세력이 있음을 간파하게 하려는 데 있다. 그리스도인들은 이 사 실을 인식함으로써 인내할 수 있다.

이스라엘의 구원이 이사야 27:1에 묘사되고 있다. 야훼께서 꼬불꼬불한 뱀 리워야단을 벌하신다. 바다에 있는 용을 죽이신다. 이것이 배경일 것이다. 이 스라엘이 할 수 없는 것을 하나님이 하신다. 메시야를 통해서 한다. 마귀는 여자의 후손이며 메시야이신 아이를 삼키려고 집착한다. 아담으로부터 세상 나라 통치권을 강탈할 그뿐만 아니라 아들이신 예수님마저 삼키려고 열망한 다. 소유를 뜻하는 possession에 집착이나 열망이라는 뜻이 있다. '홀리다, 뇌 리에서 떠나지 않다'는 의미도 포함돼 있다.

소유라는 것은 귀신이 붙은 것처럼 머릿속을 떠나지 않고 홀리는 그 어떤 집착이나 열망이다. 실제 '빙의'를 possession이라 쓴다. 아이를 향한 용의 집착 과 열망은 예수님 시대에 상응한다. 그때 사탄이 광야에서 예수님을 시험했다.

Figure 41-1.

바다에서 나온 짐승과 일곱 머리를 가진 용.

용이 메시야 공동체라는 아이를 가진 여인 앞에 서서, 아이가 태어나면 아이를 삼키리고 기다리고 있다. 이 모습은 메시야 공동체의 자손들이 지상에서 살아가는 동안 직면한 폭력적인 적개심을 설명해 준다. 이 적개심은 헤롯왕이 아이 그리스도를 죽이기로 결정한 것으로 시작되어, 그리스도께서 지상에서 겪은 위험과 유혹 속에서 계속되었고, 가장 확실한 시도는 십자가에 달린 사건이다. 십자가에서 절정을 이루었다.

광야(Wilderness)

하나님이 우릴 보호하시고자 예비하신 광야는 아름답다(계 12:6).

Figure 42.

유대 광야.

신약성경에서 광야는 시련과 시험의 장소를 상징한다. 그뿐만 아니라 하나님의 보호와 공급을 상징한다. 유대인을 광야에서 40년간 시험을 받았다. 그기간 동안 하나님의 전적인 보호와 공급을 받았다. 구약성경과 신약성경 모두 광야는 임시적인 안전한 처소다. 훈련 장소다. 하나님의 약속을 기다리는 장소다. 광야 자체는 보호해 주지 못한다. 광야는 하나님의 보호가 있는 비가시적인 장소다. 용의 노력은 그들 공동체를 위협한다. 하지만 하나님은 그곳에서 성도들을 보호하신다.

아이를 낳은 여자가 광야로 도망했다. 여자는 '두 증인'에 해당한다. 두 증인과 그 여자는 몸으로 고난을 당한다. 영으로는 광야와 장막에 의해 보호를 받는다. 그 여자의 광야로 도망함 역시 하나님에 대한 신앙으로 이스라엘이 돌아왔을 때 마지막 때의 대탈출 또는 회복 그리고 다시 한 번 광야에서 그에게 의해 보호되고 양육되어 짐을 생각나게 한다. 여자는 광야에서 1,260일 동안 하나님의 양육을 받는다. 여기서 도망간 것은 상징적인 사건인가? 실제의 역사적 사건인가? 문자적으로 이렇게 해석한다. 여자가 도망가는 것은 부분적으로 A.D. 66년에 일어난 유대 전쟁 때에 로마인의 예루살렘 파괴를 피하기 위해 팔레스타인(Palestine) 교회가 펠라 도시로 도망간 사건을 반영한다. 여기서 주안점은 도피가 아니라 교회를 지키기 위한 하나님의 공급하심에 시선을 두고자 한 것이다. 펠라(Pella)는 갈릴리 바다 남쪽 약 32km 되는 지금의 타바캇 파힐(Tabaqat Fahil)이다. 펠라는 135년 그곳의 대부분의 사람이 예루살렘으로 돌아간 후에도 그리스도교의 중심지로 남아있었다.

1. 광야는 1,260일 양육을 위한 곳이다

하나님의 보호라는 주제는 광야의 안전한 장소로 여자가 도피를 생각나게 할 그뿐만 아니라, 144,000명이 보호받기 위해 인을 받는 것도 생각나게 한다. 광야는 안전과 훈련과 시련의 장소를 의미한다. 광야는 본질적으로 성소와 장막과 동일한, 또 다른 이미지다. 세 경우 모두 '세 때 반' 동안 공격을 받는다. 영적 보호를 가리키는 은유다.

독자들이 만일 타협하면 단지 세상과 타협하는 것이 아니다. 마귀와 타협하는 것이다. 이것을 알아야 한다. 영적으로 깨어 있어야 한다. 성도들은 사탄의 공격에 맞서기 위해 하나님의 음성에 귀를 기울여야 한다. 하나님의 공급하심을 생각해야 한다. 믿음의 사람은 인간적인 논리와 추론으로 선택하지 않는다. 모세가 가나안 땅에 정탐꾼으로 보낸 12명 중 갈렙과 여호수아만 믿음을 선택했다. 동일한 환경을 보고 어떤 이는 자신을 메뚜기같이 나약한 존재로 봤다. 어떤 이는 능히 가나안을 물리칠 수 있는 힘이 있는 사람으로 봤다.

> 교회는 광야로 도망가야 하지만 그곳에서 양육하기 위해 모든 것을 공급하시는 하나님을 바라보아야 한다. 시선을 광야가 아닌 하나님께 고정해야 한다. 유대인에게 광야는 거룩한 공급과 친밀한 교제를 뜻한다.

하나님이 하늘로부터 떡을 내리신 곳이 광야다(출 16:4 이하). 요한의 독자들에게 있어서 광야는 악한 영과 부정한 짐승들이 사는 황량한 사막이 아니다. 영적인 피난처로서의 장소를 뜻한다. 환상의 목적이 있다. 순교에 직면한 자들에게 하나님의 영적인 피난처를 준비해 두셨다는 것이다. 바울이 말한 것처럼 "감당치 못할 시험 밖에 허락지 않으신다"라는 뜻이다. 시험당할 즈음에 피할 길을 내어 능히 감당하게 하신다(고전 10:13).

광야는 빈 들이다. 낮에는 뜨겁고 밤에는 춥다. 전갈과 뱀과 여우와 늑대와 하이에나와 독수리, 야생 짐승들이 우글거린다. 키 작고 물기 없어 바싹 마른 가시덤불, 잡목들이 널려 있다. 거칠고 메마르다. 물과 먹을 것을 구하기 어렵다. 사방이 쓸쓸하고 외로워 하늘만 빠끔히 보인다. 광야는 현세의 실존에 대한 상징이다. 하나님이 예비하신 곳과 같지 않다. 요한계시록 12장의 요지는 간단하다. 그리스도가 죽음으로 사탄을 이기셨다. 하나님의 백성들 또한 사탄으로부터 보호를 받는다. 12장의 목적은 간단하다. 독자들은 핍박에 노출된다. 증인으로서 인내하라고 권면한다.

2. 광야는 하나님이 예비하신 곳이다

하나님의 보호와 공급은 1,260일 동안 계속된다. 하나님이 그의 비가시적이고 파괴할 수 없는 성전인 교회를 보호하신다. 진행되는 박해와 상관없이 교회에게 증언할 능력을 주신다. 광야에서 양육을 받는 기간은 박해를 받는 기간과 일치한다. 하나님은 장소는 물론이고 시간까지 세밀하게 이미 준비하신 것이다.

1,260일 기간은 교회에 대한 하나님의 지속적인 보호를 강조한다. 악의 날은 짧다. 한시적이다. 엄격히 하나님의 통제를 받는다. 땅은 하늘에서 쫓겨난 용의 활동 영역이다. 사탄의 압력이 강력해지므로 교회가 전멸하는 것처럼 보인다. 하나님의 보호와 양육은 하나님을 경배하는 공동체가 계속해서 땅에 존재할 것이라는 확증이다. 용은 짧은 기간 동안 최후의 반역을 하도록 허용될 것이다. 그러나 하나님의 백성들은 그 기간 전체에 걸쳐 하나님의 보호를 받게 될 것이다. 사탄은 '몸을 죽이는' 것은 허용되지만, 욥에게는 허용되지 않았다. '영혼'을 죽이는 것은 허용받지 못할 것이다. 여자가 광야에 있는 기간은 다니엘이 예언한 이스라엘의 환난 기간이다. 이 모든 것은 마리아와 그의 자녀들에 관해 말할 수 있는 것 이상을 가리킨다.

고대 그리스인들은 인간이 거주할 수 있는 지역과 거주할 수 없는 지역을 세 가지 그리스 용어를 사용해 구분했다. 험준한 돌산이나 사막과 같은 장소를 '에레모스'(eremos), 즉 광야라고 불렀다. 인간들이 정해진 공간에 모여 살면서 관습과 법률이 지배하는 공간은 '폴리스'(polis), 즉 '도시'다. '에레모스'도 아니고 '폴리스'도 아닌, 이것도 저것도 아닌 신비한 공간이 '코라'(chora)다.

이스라엘 백성들은 광야가 사람 살기 힘들었기에 불평과 원망이 그치지 않았다. 노예의 신분이었지만 도시 생활에 익숙하고 편리했던 이집트가 그리웠다. 종으로 살았던 옛 습관을 버리기는 너무도 어려웠다. 그러나 자유인이 되기 위해 광야는 필수 코스였다. 광야코스는 하나님의 보호와 양육을 받기에 적합한 장소다. 하나님이 예비하신 곳이다.

여자가 용에게 죽지 않으려고 도망간 곳이 광야다. 여자는 신앙 공동체를 가리킨다. 구약에 속한 공동체가 아니다. 그리스도 부활 이후에 형성된 메시야 공동체다. 하나님의 참 백성을 대표한다. 하늘이 아닌 땅에 거한다. 예의 주시는 '銳意注視'라고 쓴다. 각 글자는 '날카로울 예', '뜻 의', '부을 주', '볼 시'라고 훈독한다. '날카로운 뜻으로 시선을 한 곳에 부어 넣다'라는 뜻이다. 주시(注視)는 마치 그릇에 물을 부어 넣듯이 어느 한 곳에 시선을 쏟아부어 집중하는 상태를 뜻하는 단어이다. 교회는 세상에 시선을 쏟아붓는 연예인 같은 존재가 아니다.

광야는 교회를 양육하기 위해 하나님이 예비하신 곳이다. 하나님을 바라보는 곳이다. 요한계시록에서 종종 하나님의 주권적인 행위를 묘사하는 데 사용된다. 하나님이 박해받는 자기 백성들을 위하여 양육과 보호의 장소를 준비하셨다는 것을 의미한다.

예비하신 곳은 에덴동산을 암시한다. 사실 박해를 받는 성도들에게 생기는 문제는 피할 곳이 있느냐 없느냐가 아니다. 사탄의 세력이 너무 강력해서도 아니다. 사탄이 결정적으로 패했기 때문에 발생하는 것이다. 죽임당한 어린 양이 십자가에서 마귀의 머리를 깨뜨렸기 때문이다. 최후의 발악이 성도들에게 미치는 것이다. 궁극적으로 음부의 권세가 교회를 이길 수 없다. 다윗은 시편 23:5에서 "주께서 내 원수의 목전에서 내게 상을 차려 주시고"라고 노래했다. 원수 앞에 베풀어진 광야의 식탁을 연상하게 된다. 광야는 하나님이 끔찍한 반대의 와중에서 자기 성도들을 양육하시는 장소다. 이것은 하나님의 자녀들이 박해나 순교에서 벗어나게 될 것이라는 의미하는 것이 아니다. 오히려 영적 양육과 보호를 받게 될 것을 의미한다.

전쟁(War)

하늘의 전쟁은 미가엘과 그의 사자들이
용과 그의 사자들과 싸우는 것이다(계 12:7).

Figure 43.

요한계시록 12장에 설명된 대로 미가엘이 사탄을 물리치다.

성경은 인간의 그리고 하나님의 전쟁 이야기다. 이스라엘 전쟁은 거룩한 종교적인 사건이다. 약속의 땅을 정복해 가는 과정에서 치루었던 전쟁 속에서 가장 명백하게 드러난다. 하나님의 임재와 지휘로 치루었던 전쟁이다. 이스라엘 하나님은 초월자이시다. 자기 백성의 운명에 따라 흥망하지 않는다. 만군의 야훼다. 하늘의 군대 혹은 이스라엘 군대의 하나님이시다(삼상 17:45). 이스라엘 사람들은 적과 전쟁하기 전에 하나님의 뜻을 물었다(수 1:1; 20-23장). 그리고 전쟁시에는 제사장과 언약궤가 동반되었다.

요한계시록은 구약성경의 묵시에서 발전한 일종의 이원론의 형식을 취하고 있다.

> 빛과 어두움의 싸움이다. 선과 악의 싸움이다. 하늘에서 일어나지만 그 결과는 땅에서도 나타난다. 하나님과 사탄의 싸움이다. 세상에서 일어나는 교회의 일들이 그 효과를 전 우주에 미치고 있다.

요한은 영적 세력에 대해 말하고 있다. 현 세계의 투쟁이 단순히 마귀와 인간만의 투쟁이 아니라고 말하고 있다. 천사의 세력도 참전하고 있다. 성령과 악령의 싸움이다.

환상은 하늘에서 땅으로 초점이 옮겨진다. 처음 장면은 천사가 사탄을 하늘에서 쫓아낸다. 그다음에 타락의 결과가 이어진다. 그 결과는 그리스도과 그의 백성의 시작된 왕권이다. 부활은 사탄의 내쫓김과 직결된다. 그리스도께서 구원을 위해 죽으신 일은 하나님과 사탄 간의 전쟁터에서 일어난 것이다. 그의 죽으심은 사탄에 대한 그분의 승리다. 우리를 노예로 삼고 있는 마귀의 모든 세력에 대한 그분의 승리다.

1. 하늘에서의 전쟁

땅에서 벌어진 그리스도의 부활과 높아지심과 대응하는 사건, 즉 하늘의 미가엘과 천사가 사탄을 하늘에서 내쫓는 사건이다. 미가엘의 행동은 땅에서 일어난 철장으로 만국을 다스릴 어린 양의 죽음과 부활로 말미암아 하늘에서 일어난 결과에 불과하다. 하나님의 결정적인 사역은 그리스도의 죽음이다. 어린 양의 죽음은 하나님의 모든 백성에게 구원을 가져온 결정적인 싸움이다.

그리스도가 하나님과 그의 보좌 우편에 앉으신다. 그 후에 하늘에 전쟁이 일어난다. 미가엘이 마귀를 이긴다. 다가올 악에 대한 승리다. 마귀는 하늘에서 추방된다. 이스라엘과 초기 유대의 자료들에는 하늘의 전쟁 기사가 나오지 않는다. 유사한 기사는 있다. 계명성, 즉 루시퍼가 황도대의 열두 별자리를 포함하는 별들 간의 종말론적 전쟁에 대한 이야기다. 그 결말에서 전투자들은 땅으로 내쫓긴다.

'하늘에 전쟁'은 우주적 전쟁이다. 용이 해산하려는 여자의 아이를 삼키고자 하는 전쟁의 연장이다. 마귀는 스스로 뭐든지 할 수 있는 존재다. 아니다. 마귀와 그의 하수인들은 하나님이 정하신 기간 동안에만 성도들을 박해할 수 있을 뿐이다. 사탄이 하늘에서 땅으로 내쫓긴다. 아이를 삼키려는 용의 시도가 무익하게 된다. 이로 인해 하늘의 전쟁이 일어난다. 사탄이 땅에서 무저갱으로 그리고 불못으로 던져질 때에 이야기는 절정에 이른다. 그 사이에, 악은 여러 모양을 취한다.

땅이라는 배경을 전제한다. 하늘이라는 배경으로 바뀐다. 사탄은 이미 하늘에서 그리고 십자가에서 패배한 원수로 묘사된다. 그리고 사탄의 분노는 하나님에 대한 미움뿐만 아니라 그리스도에 대한 패배에서 나온다. 사탄이 날개도 없이 추락하게 된 까닭은 옛적에 하나님의 종이었다가 타락했기 때문이 아니다. 그리스도의 구원 사역 때문이다. 하늘의 전쟁의 결과는 성도들이 자기들의 구세주이신 그리스도의 이기심으로 말미암아 사탄을 정복함으로써 그를 패배시킨 것과 일치한다.

사실 어린 양의 죽음으로 이미 마귀의 결정적 패배가 작용했다. 이로써 미가엘이 마귀를 이길 수 있었다. 하늘에서 추방당한 마귀는 땅에서 성도들에게 분풀이 한다. 심리학에선 이를 '수평 폭력'이라고 부른다. 하늘에서 패하고 지상의 교회에 분풀이를 한다. 마귀가 분을 내는 시간은 하나님에 의해 제한되었다.

일곱 교회에 보낸 일곱 메시지는 모든 싸움의 어떤 단면을 묘사하고 있다. 어떤 교회는 내부의 적과 싸운다. 어떤 이들은 부도덕, 거짓 교훈, 교회 내의 무기력이나 자만감에 대항하여 싸운다. 모든 자에게 동일한 약속이 주어진다. 이기는 자이다. 세상과 육과 마귀에 대항하여 벌이는 전쟁에서 이기는 자에게 최종적이 복이 임하게 된다.

독자들은 예배에 관한 지상의 다툼, 정치적인 지배, 상업적인 갈등이 우주적 투쟁의 일부임을 알게 된다. 그 투쟁에서 그들은 악의 침입에 저항하는 반면 창조주와 어린 양에게 참되게 머물러 있으라는 요청을 받는다. 그리스도인은 이 사실을 인식함으로써 인내할 수 있다. 우리의 싸움은 혈과 육에 속한 것이 아니다. 악의 영들을 상대하는 것이라는 사실을 알기 때문이다(엡 6:12). 투쟁은 계속된다. 하늘의 찬양대는 그 결과를 알려 준다. 곧 하나님이 땅을 망하게 하는 자들 멸망시킨다.

> 그리스도인들은 사탄의 맹습에 직면해서도 끝까지 인내해야 한다. 그리스도가 그의 죽음으로 십자가에서 마귀와 그의 군대를 이미 이기셨기 때문이다. 박해를 받는 성도들은 깨어 있어야 한다.

우는 사자와 같은 사탄의 공격을 대비해야 한다. 사탄이 너무 강력하기 때문이 아니다. 사탄이 결정적으로 패배했기 때문이다. 사탄은 온 힘을 다해 최대한 해를 입히려 할 것이다. 하지만 궁극적으로 교회를 넘어뜨릴 수 없다.

2. 미가엘이 사탄의 세력을 이기다

미가엘은 요한계시록에 특별하게 나오는 유일한 천사이다. 천사 계급에서 첫 번째 위치를 차지한다. 천군을 인솔한다. 네 천사장(라파엘, 가브리엘, 바누엘) 가운데 첫 번째 천사장이다. 직명은 나오지 않는다. 역사상 군사령관이다.

미가엘은 구약에 다니엘서만 언급된다. 유대교와 초기 그리스도교에 잘 알려진 천사다. 신약에서 두 번 언급된다. 그는 페르시아 제국의 군주와 싸

Figure 43-1.

로렌초 바카로(Lorenzo Vaccaro, 1655-1706)가 제작한
루시퍼를 물리치는 대천사 미가엘을 묘사한 청동상.

울 큰 군주다(단 10:13). 천사장이다. 네 천사장 혹은 일곱 천사장의 우두머리로 간주되었다. 미가엘은 모세의 시체를 두고 사탄과 다투었다. 모세가 이집트 사람을 수장시켰기 때문에(출 2:12) 사탄이 모세의 시체를 요구해서였을 것이다.

미가엘과 '그 사람의 아들'은 동일한 하늘의 존재가 아니다. 서로 구별된다. 그 사람의 아들은 신적인 존재다(단 7:13). 요한계시록에 이런 구별을 그대로 옮겨졌다. 요한계시록에서 미가엘은 용을 패배시킨 군사적 이미지를 부각시킨다. 싸우는 당사자가 용과 하나님이 아니다. 용과 미가엘이다. 요한계시록에서는 사탄과 하나님 간의 이원론이 사실상 존재하지 않는다. 하나님과 사탄은 비교대상이 되지 않는다. 둘 사이에 동등성이 없다. 용의 상대는 하나님이 아니라 미가엘이다. 용과 더불어 싸우는 자는 미가엘과 그의 천사들이다. 스페인에서는 미가엘을 숭배한다. 천주교가 무슬림의 오랜 지배하에 놓였던 스페인 지역을 되찾은 사실과 악마에게 승리한 미가엘을 연관시킨다.

미가엘의 역할은 무엇인가? 이스라엘을 위하여 페르시아 제국 배후에 있는 우주적 세력과 싸운다. 마지막 때에 이스라엘 안에서 신실한 백성을 '고통'에서 구원하는 군사적인 역할이다. 하늘에서 승리다. 용이 하늘 궁정에서 쫓겨난다. 땅으로 떨어진다. 사탄의 통치는 끝나지 않았다. 그 대신 땅에 사는 충성된 신자들에게 더 큰 어려움이 닥친다.

하늘에 전쟁이 있었다. 미가엘과 그의 사자들이 싸우러 갔다. 부정사에 해당하는 '싸울 새'는 명령적인 의미를 가진다. 마가엘과 그의 천사들이 '전쟁을 해야만 했다.' 미가엘과 그의 사자가 주인공이 아니다. 그들의 능력에도 한계가 있다. 그는 하나님의 허락 없이는 사탄에 대항하여 행동할 수 없다. 요한은 어린 양의 승리에 초점을 맞추고 있다. 타락한 천사들뿐만 아니라 미가엘의 행동까지 파악하고 있다.

어린 양의 피
(The blood of the Lamb)

어린 양의 피로 이겼으니 죽기까지 자기들의 생명을 아끼지 아니하였도다(계 12:11).

Figure 44.

그리스도의 십자가 처형을 묘사한 상아 제본판(A.D. 10세기).

피는 육체의 생명을 위해 필수적이다. 피가 몸 안에 흐르고 있는 동안 육신은 살아 있다. 그러나 몸 바깥으로 나온 피는 생명이 없음을 의미한다. 구약에서 언급된 피에 관한 내용은 대부분 몸 바깥의 피를 가리킨다. 피라는 단어는 자주 폭력적인 죽음과 결부되어 있다. 성경에서 피는 생명을 나타내는가 아니면 죽음을 나타내는가? 전자는 희생제사에서의 피다. 희생의 피가 하나님께 바치기 위해 육신으로부터 해방시킨 생명을 가리키는 것으로 생각한다. 후자는 폭력을 동반한 죽음이다. 피는 죽음을 의미한다. 죽음은 희생의 본질이 아니다. 희생에 대한 최고의 실례. 구약성경에서 피와 죽음을 연관시키는 구절은 203개 구절이다. 성경에서 피는 죽음을 가장 잘 떠오르는 연상이다. 구약의 제의에서 피의 역할을 매우 중요하다. 피 자체의 특성 때문이 아니다. 정결과 속죄의 방편이다. 피를 사용하도록 하나님이 명령하셨다. 흘린 피는 생명에서 죽음으로 넘어감을 표시한다. 피는 죽음의 영역에서 생명의 영역으로의 전환을 위해 제의적으로 사용되었다.

고대 영웅들과는 달리, 그리스도와 교회는 적을 정복하기 위해 폭력적 무기를 사용하지 않는다. 어린 양을 통해 용을 정복한다. 피를 흘린다. 죽임을 당한다. 도살한 어린 양처럼, 그리스도는 피를 흘림으로 이겨셨다. 반면 짐승은 후자다. 다른 사람의 피를 흘림으로 이겼다.

'피는 생명이다.' 강조하는 것은 살아 있는 생명의 상징인 혈관 속의 피가 아니다. 피를 흘리는 것 즉 대개 폭력적인 방법에 의해 생명이 끝나는 것을 상징하는 피흘림이다. 생명과 피는 상호 밀접한 관계가 있다. 곧 피를 모두 흘리면 생명은 끝난다. 그러나 속죄는 희생물의 생명보다 죽음에 의해 확보되는 것이다. 어린 양의 피는 희생제사로 생각되기도 한다. 그러나 구약성경과 마찬가지로 요한계시록에서 그리스도의 속죄의 죽음으로 이해되어야 한다. 희생제사가 결과적으로 예배자들에게 생명을 주었으나, 이것은 피 흘림이 아니라 생명을 내놓았기 때문이다. 만약 피 흘림 때문이라면, 희생 제물이 생명 자체를 바치는 것이 아닌, 한 컵 혹은 어쩌면 1리터의 피를 바치면 되는 제의가 있었을 것이다. 구약은 신약에서처럼, 피를 희생 제물에 의한 죽음의 형벌을 가리키는 것으로 명백하게 지적한다.

1. 어린 양의 피가 승리의 근거가 되다

하늘에서 마귀 및 그의 사자들과 천사장 미가엘 및 그의 사자들 사이에 전쟁이 있었다. 요한은 하늘에서 벌어지는 전투와 함께 땅에서 벌어지는 전투 장면은 한 화폭에 담아 묘사한다.

전자는 천사가, 후자는 그리스도인들이 싸운다. 이 두 전투는 상응한다. 사탄이 하늘에서 떨어짐은 땅에 있는 그리스도인의 신실함 때문이다. 사탄은 하늘에서 그뿐만 아니라 땅에서 패배한다. 하늘에선 천사장에게, 땅에선 신실한 믿는 자들에게 패한다.

> 승리의 주된 원인은 어린 양의 피다. 죄에서 자유케 한 피다. 다스릴 수 있는 권한을 확립해 준 위대한 구속적 행위가 바로 승리의 기초다. 어린 양의 피는 사람들을 죄에서 해방시켜 하나님의 제사장이 되게 한다.

사탄의 대리자인 짐승은 하나님의 증인들에 대항하여 전쟁을 일으킨다. 그들을 죽임으로 이긴다. 다른 한편, 생명을 잃은 충성된 신자들은 악의 대리자를 물리친다.

마귀가 땅에서 그렇게 분노한 까닭이 무엇인가? 힘이 있기 때문인가? 패배하고 절망했기 때문인가? 마귀와의 싸움에서 그리스도인이 이기는 비결은 무엇인가? '투란도트'의 아리아 *Nessun Dorma*, 즉 '누구도 잠 못 이루리라'의 끝 소절은 *Vincero!* 다.

성도들이 '나 승리하리라'로 외칠 수 있는 근거가 어디 있는가?

어린 양의 피다. 그가 이미 죽으심으로 마귀를 이겼다. 마귀와 성도의 싸움은 승패가 이미 결정되어 있다. 우는 사자와 같이 발악을 하지만 성도를 이길 수 없다. 비록 순교를 당할지라도 마귀가 이긴 것이 아니다. 십자가에서 죽으심이 승리인 것처럼 죽음으로 이긴다. 십자가는 패배가 아니다. 부활만 승리가 아니다. 십자가는 획득된 승리다. 부활은 추인되고 선언되며 입증된 승리다. 사망은 이미 패배했다. 십자가에서 무기와 위엄을 박탈당한 악한 정사와 권세들은 이제 그분의 발아래 정복되어서 그분께 복종하고 있다.

사탄은 갇히고 상처 입은 동물 같다. 자신의 최후의 패배 이전에 그가 할 수 있는 한 큰 손상을 입히기 위해 최후 발악을 한다. 독자들은 악이 패배하고 있다는 사실을 알아야 한다. 이 땅에서 벌어진 전투의 무기는 무엇인가? 어린 양의 피다. 요한은 '우리를 사랑하사 그의 피로 우리를 해방'하신 그리스도를 믿는다고 고백한다. 요한은 이미 그리스도의 죽음을 언급하면서 '죽임을 당한 것 같더라'라고 말한다. 따라서 이 피라는 이미지는 그리스도가 그리스도인을 위해 십자가에서 행하신 일을 가리킨다.

사탄을 대패하게 한 '가장 중요한 요소'는 무엇인가?

어린 양의 피다. 어린 양의 피로서 얻은 승리다. 고난당한 성도들이 땅에서 얻는 승리의 근거다. 미가엘이 하늘에서 얻는 승리의 근거다. 이런 명구가 있다.

> 기꺼이 목숨 바쳐 우리를 인도한 힘은 오직 둘뿐이다. 우리의 영혼을 위해 희생한 예수 그리스도와 우리의 자유를 지켜주기 위해 희생한 전몰 장병이다.

어린 양의 피는 우리의 영혼뿐만 아니라 전부를 살렸다. 사탄을 이기는 무기는 '어린 양의 피'다. 어린 양의 피에 동참하고 있기 때문에 그리고 죽기까지 증거함으로써 어린 양에 대한 충성심을 확증한다. 사탄에 대한 승리자가 되었음을 알려 주고 있다.

2. 성도들은 어린 양의 피로 사탄을 이긴다

과거·현재·미래의 모든 신자는 어린 양의 피로 마귀를 이겼고, 이기고 있으며, 이길 것이다. 어린 양의 피가, 즉 어린 양의 죽으심이 우리로 이길 수 있도록 하는 궁극적 근거다. 이 장면은 이 에피소드의 문학적 중심이다.   신학적인 중심이다. 복음은 예수님의 죽으심과 부활을 모두 포함한다. 하지만 복음은 십자가를 강조한다. 어린 양의 피가 마귀를 이겼다. 죄와 사망의 문제를 해결하였다. 부활이 죄와 사망으로부터 우리를 구원하는 것이 아니다. 그것에 대한 확신을 우리에게 심어 주는 것이다.

Figure 44-1.

피터 파울 루벤스(Peter Paul Rubens)의 "십자가에서의 내려옴(Descent from the Cross)"은 1612년부터 1614년까지 제작된 작품으로, 그림은 그리스도의 몸이 십자가에서 내려오는 엄숙한 순간을 묘사하고 있다.

믿음을 지키기 위해 순교한 자들은 이긴 자들이다. 승리하였다. 죽기까지 충성하였기 때문이다. 대적자들에게 항복하기를 거절하였다. 죽기까지 자신의 생명을 아끼지 않은 것은 자기 십자가를 지고 예수님과 함께 고난을 받음으로써 사탄으로부터 승리를 거두었음을 보여 준다. 이것이 요한계시록의 주제 중 하나다. 어린 양의 피는 십자가와 죽음에 관한 언급을 통해 나타난다. 어린 양의 피는 그리스도의 죽음을 그 구원의 의미, 혹은 구속적 중요성의 측면에서 더욱 분명하게 나타낸 다른 표현에 불과하다. 신약에는 피 자체에 어떤 마술적인 힘을 지닌다고 말하지 않는다. 신비주의적으로 피를 이해하지 않는다. 피 자체에 연결되는 것이 아니다. 피 흘림, 즉 어린 양의 죽음과 관련된다. 그 피가 사탄을 이긴 것이다.

어린 양이 피로써 이긴 것을 증거한다. 고린도전서 15장은 부활을, 요한계시록 12장은 죽음을 강조한다. 둘 다 승리는 어린 양이신 그리스도로 인하여 이루어진다. 증거의 말씀을 기꺼이 선포하려는 그들의 태도가 죽음에 대한 자연스러운 두려움마저도 정복해 버렸다. 승패는 하나님이 결정한다. 인생은 전쟁이다. 전쟁은 하나님께 속한 것이다. 하나님의 자녀는 이기게 된다. 어린 양의 피가 이겼기 때문이다. 어린 양의 피가 우리를 죄와 사망에서 자유케 한다. 피는 죽음의 영역에서 생명의 영역으로 이동하는 것에 주목하게 한다. 피를 뿌리는 것이 아니다. 제의 행위 전체 과정을 통해서 발생하는 것이다.

죄를 담당하는 그리스도의 사역은 십자가에서 완료되었다. 마귀와 죄와 죽음에 대한 승리는 십자가에서 획득되었다. 부활의 역할은 죄를 담당하는 그분의 죽음이 사죄의 능력이 있음을 공개적으로 확증한 것이다. 도살당한 어린 양처럼, 그리스도는 피 흘려 이기셨다. 짐승은 다른 사람의 피를 흘려 이겼다. 승리는 미래에 얻어질 승리가 아니라 이미 과거 경험의 일부분인 승리다. 하늘에서도 승리하였고, 땅에서도 승리하였다. 이제 최종 승리만 남아 있을 뿐이다. 독자들은 현재의 위협은 사탄의 힘의 과시가 아님을 알아야 한다. 악의 자포자기적 발악이라는 사실을 인식해야 한다. 생명을 아끼지 않고 피흘리기까지 싸울 이유다.

속량(Redemption)

땅에서 속량함을 받은 십사만 사천 밖에는
새 노래를 능히 배울 자가 없다(계 14:3).

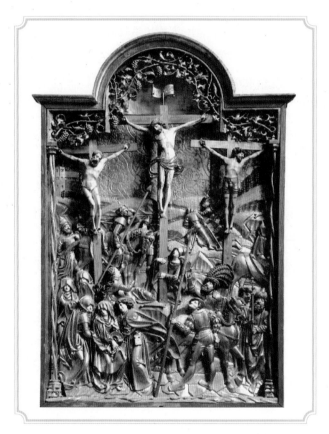

Figure 45.

십자가에 달리신 하나님의 아들: 화려하게 조각되고 금박을 입힌 목조
삼부작의 중앙 패널로 십자가 처형을 묘사하고 있다. 1509-13년에
조각된 이 작품은 스위스 프리부르의 코델리에교회에 장식되어 있다.

화목과 속량은 예식과 상업이라는 서로 다른 세계를 생각하게 한다. 전자는 성전, 후자는 시장이다. 전자는 종교 의식에서, 후자는 사업상 거래로 넘어간다. 전자는 십자가에 의하여 진정되어야 하는 하나님의 진노에 초점을 맞춘다. 후자는 십자가에 의하여 죄인이 속함을 받아야 하는 바, 죄인의 궁지에 초점을 맞춘다.

네 생물과 이십사 장로가 인을 떼기에 합당한 어린 양께 새 노래를 부른다. "일찍이 죽임을 당하사 각 족속과 방언과 백성과 나라 가운데에서 사람들을 피로 사서 하나님께 드렸기" 때문이다. 속량은 땅의 거주하는 자의 폭정과 짐승에게서 자유를 뜻한다. 구원의 행위이든 속전을 지불하는 의미다. 전쟁의 포로들은 속전이라는 불리는 대가를 지불하고 풀려났다. 이런 의미에서 그리스도의 죽음은 많은 사람의 대속물로 간주된다.

속량은 구원을 가리키는 은유적인 의미를 지닌다. 유대의 결혼 계약에는 여자가 포로로 잡혀 갔을 경우, 남편이 그 여자를 속량할 것이라는 보증이 포함되어 있었다. 요한계시록에서 어린 양은 충성된 신자들의 남편의 역할을 하면, 그의 신부인 교회를 속량한다. 속량은 구속을 가리킨다. 어린 양의 죽음을 죄의 값을 지불하고 성도들을 사서 하나님께 드리는 것으로 묘사한다.

우리는 단순히 그리스도에 의하여 '속량을 받거나'(redeemed), '건짐을 받은'(delivered) 것이 아니다. 그리스도께서 우리의 '속전을 지불하신'(ransomed) 것이다. 우리는 그리스도 안에 있는 속량으로 말미암아 하나님의 은혜로 값 없이 의롭다하심을 얻은 자가 되었다(롬 3:24). 속량은 그리스도의 구속 행위를 가리킨다. 죄에 종속되어 있던 자들을 그 속박으로부터 해방시켰다.

1. 속량함을 받은 자가 144,000이다

144,000은 단지 인침을 받은 자다. 어린 양과 함께 서 있다. 속량함을 받은 자다. 수금을 연주하고 노래를 부름으로써 하나님을 찬송한다. 후기 유대교

문헌들은 하나님이 메시야 시대와 장차 올 세상에서 수금과 새 노래로 찬송 받으실 것을 내다보았다. 새 노래는 세 번째다. 한 번은 어린 양께 드린 노래다. 다른 한 번은 승리자를 위한 노래다. 세 번째 새 노래는 모두 승리, 환희와 관련이 있다.

피겨 스케이팅 선수는 경기가 끝나면 'Kiss & Cry zone'으로 간다. 점수 발표를 기다리는 곳이다. 기대보다 높은 점수에 기쁨의 포옹을 나눈다. 실망으로 참았던 울음을 터트리기도 한다. 144,000명은 서 있는 하나님의 보좌는 희비가 교차되는 곳이 아니다. 심판을 받기 위해 대기하는 공간이 아니다.

> 심판에서 열외된 자들이다. 죄와 사망에서 구원받은 자다. 어린 양의 피로 속량을 받은 자들이다. 그들이 부를 노래는 노예들의 합창이 아니다. 노래의 내용은 자신의 피로 구속받은 자들을 사서 나라와 제사장으로 삼으신 어린 양에 대한 찬양이다.

시편에서 새 노래는 창조의 하나님이 자기 백성들을 구원하실 그뿐만 아니라 자기를 온전히 신뢰하도록 성도들을 부르시는 사실에 대한 찬양의 시다.

144,000은 짐승을 이기고 하나님의 영광을 찬양한다. 하나님은 짐승을 심판하신 분이다. 성도들에게 능력을 주셔서 짐승을 이기게 하신다. 찬양과 영광을 받으실 분은 하나님이시다. 베르디의 오페라 '나부코'에 나오는 이 '노예들의 합창'은 조국을 잃은 유대인들의 비가다. 바빌론의 왕 느부갓네살에게 붙잡힌 이스라엘 민족이 해방을 꿈꾸며 "가라 마음이여, 금빛 날개를 타고"를 합창한다. 유프라테스 강가에 우두커니 서 있다가 고향 땅을 바라보며 부른 망향의 노래다.

144,000명이 부를 새 노래는 승리의 노래다. 구원의 노래다. 믿음 안에서 인내의 값을 완전히 지불한 자들만이 뒤따르는 승리의 노래를 부를 준비가 된 사람들이다. 어린 양이 십자가에서 피를 흘리신 것은 승리다. 성도들은 어린 양의 승리를 인하여 하나님을 찬양한다. 짐승에게 매여 있거나 노예 상태에

서 해방된 자들이다.

속량함을 받았다는 것은 어린 양의 희생의 혜택을 입었다는 의미이다. 이 이미지가 암시하는 것은, 구속을 필요로 하는 사람의 값을 치루기 전에는 포로 상태였다. 자유케 하려면 오직 속전이 지불되어야 한다. 그 속전은 다름 아닌 어린 양이 죽임을 당하는 것이다. 자신의 생명을 희생해야만 한다. 속량을 받은 자들이 구원을 베푸신 어린 양의 노래를 이해한다. 그들이 어린 양에 의해 속량함을 입었기 때문이다.

2. 속량함을 받은 자만이 새 노래의 의미를 이해한다

왜 144,000밖에는 새 노래를 배울 자가 없는지에 대한 설명은 없다. 자격은 말한다. 구속함을 받은 자다. 구속함을 받지 못하면 그 노래를 부를 수 없다. 달리 말하면 하나님 앞에 설 수 없다. 이 노래를 어린 양의 피로 속량함을 받고 하늘 보좌 앞에서 제사장이 된 자들이 부른다. 믿음 안에서 인내의 값을 완전히 지불한 자들만이 뒤따르는 승리의 노래를 부를 준비가 된 사람들이다.

새 노래를 부르게 된 동기는 무엇인가? 또 배워야 할 동기는 무엇인가? 의무감인가? 이마에 표를 받았으니 로봇처럼 일사불란하게 노래를 부르는가?

강력한 동기는 목표를 향해 나아가는 연료다. 동기는 외적 동기와 내적 동기로 나눌 수 있다. 전자는 상벌처럼 외부적인 보상이나 과제의 중요도 같은 것에 해당한다. 후자는 과제에 흥미와 호기심을 가지고 자기만의 문제의식을 찾아 몰입할 수 있는 자기 충족적 의지를 지칭한다.

14400명이 한 목소리로 새 노래를 부를 강력한 동기가 무엇인가? 하늘찬양경연대회가 아니다. 상급이 있고 보상을 바라보고 합창대를 만든 것이 아니다. 내적 동기라면 무엇이 그들로 하여금 한 마음과 한 가지 목표로 가지고 새 노래를 부르게 하는가?

Figure 45-1.

이 조각상은 B.C. 8세기에 만들어진 것으로, 한 남자가 제물로
드릴 동물을 가지고 있는 모습을 보여 준다. 여기에는 제사장이
중재자로서 역할을 하는 것으로 나타난다.

브라이언 채플(Bryan Chapell)은 『은혜가 이끄는 삶』에서 가장 강력한 동기
를 부여하는 힘을 말한다. 사랑이다. 죄책감이나 두려움이 사랑보다 강하지
않다. 의무감이나 이익에 대한 욕심도 사랑보다는 강하지 않다. 하나님은 그
의 백성들을 사랑하신다. 자신을 희생해서라도 그의 백성들을 구원하신다.
그의 노력이 대가로 여겨졌다. '그의 팔을 뻗쳐서' 구속했다. 이것이 구속이
라는 전문 용어가 사용되는 방법이다.

하나님은 우리게 그 사랑을 나타냈다. 외아들로 하여금 부끄러움과 고
통에도 아랑곳하지 않고 십자가를 지고 골고다를 오르게 한다. 죽음이
라는 형벌에 내어준다. 우리의 죄를 대신 갚게 한다. 우리를 속량하신 것

이다. 이것이 사랑이다.

속량받은 자들이 노래할 이유다. 동기다. 그리스도께서 우리를 그분의 피로 사셨다. 그분께 속하게 되었다. 이 사실은 사나 죽으나 하나님을 찬양하기에 충분한 동기가 된다. 하나님과 생물들과 장로들 앞에서 새 노래를 목청 높여 부를 강력한 동기가 된다.

아시아의 황제 제의는 자체에 신비로움이 있었다. 노래하는 자들이 하는 노래가 중요한 역할을 했다. 요한계시록에서, 어린 양에 의해 구원받은 자들은 요구되는 순결함을 가지고 있었다. 하늘의 노래의 의미를 공유할 수 있었다. 요한계시록에서 노래 또는 찬송이 언급되고 있으면서 그 가사가 인용되고 있지 않는 유일한 대목이다. 부분적 예외는 찬송을 간접적인 방식으로 언급하고 있는 것이다. 세 번의 새 노래는 땅에서 속량함을 받은 144,000 밖에는 능히 이 노래를 배울 수 없다. 이는 전쟁 시에 사용되었던 암구호나 신비주의자에게만 계시되었던 천사의 이름과 같다.

요한은 하늘에서 나는 새 노래를 들었다. 저자는 그 노래 가사를 제시하지 않고 있다. 들었지만 부를 수 없다. 배우지 않았기 때문이다. 사실은 그가 144,000에 속한 자가 아니기 때문이다. 그 노래를 스스로 이해할 수 없었다. 배우지 않으면 부를 수 없는 노래다. 어떻게 새 노래를 배울 수 있는가? 땅에서 속량함을 받은 자 144,000명이 능히 이 노래를 배울 수 있다. 거짓 삼위일체의 미혹을 물리치고 승리한 하늘에 거하는 자들밖에 이 노래를 부를 수 없다.

미래학자 앨빈 토플러(Alvin Toffler)의 명언이다.

21세기의 문맹자는 글을 읽고 쓸 줄 모르는 사람이 아니라, 배우고 배운 걸 일부러 잊고, 다시 배울 줄 모르는 사람이다.

새 노래(A new song)

새 노래를 배워 하나님 보좌 앞에서 영원히 부르는 자는 아름답다(계 14:3).

Figure 46.

다윗이 시편을 받아쓰는 모습을 그린 상아 책 표지(B.C. 10-11세기).

새 노래는 어린 양께 드린 노래다. 승리자를 위한 노래다. 새 노래는 모두 승리, 환희와 관련이 있다.

노래가 당신을 구원할 수 있나요?

존 카니(John Carney) 감독의 영화 "비긴 어게인"(Begin Again)의 원래 제목이다. 영화에서는 상처받은 두 주인공이 노래 덕분에 다시 가슴 뛰는 인생의 꿈을 되찾는다는 동화 같은 이야기다. 시편 전체에서 '새 노래'는 창조의 하나님이 자기 백성을 구원하심에 대한 찬양이다. 주제는 구원이다.

새 노래는 하나님을 온전히 신뢰하도록 성도들을 부르시는 사실에 대한 찬양의 시다. 새 노래는 하나님의 구원 행위에 대해 찬양한다. 이 찬양은 자주 현악기를 켜며 부른다. 승리의 찬가다.

누가 새 노래를 부르는가? 두 가지 견해를 가질 수 있다.

땅에서의 장면이냐 …,
하늘에서의 장면이냐 ….

전자는 하늘 군대, 즉 천군천사의 노래로 본다. 천사인지 구속받은 자들의 무리인지 알 수가 없다. 장로들과 생물들과 함께한 천사들일 것이다. 후자는 구속받은 자들의 노래로 본다. 144,000이 부를 구원의 노래다. 구원을 경험한 그들만이 구원의 찬양을 하나님 앞에서 부를 수 있다. 구속받은 자들은 노래를 배워야 한다. 노래를 부르는 자들은 하늘 군대다. 땅에 있는 성도들은 그 노래를 배우는 자들이다. 144,000은 구원받은 이들의 전체 무리다. 앞으로 오게 될 화를 대비하여 인침을 받았다. 이마에는 어린 양과 아버지의 이름이 쓰여 있다. 표는 일차적으로 기본적인 충성을 나타내는 상징이다. 이

표를 가진 자들은 스스로 어린 양과 희생적인 사랑의 삶에 헌신했다. 이긴 자들이다. 부활하신 그리스도가 자신의 새 이름을 그들 위에 기록하였다.

1. 보좌 앞에서 부르는 새 노래

언제 새 노래를 부르는가? 새 노래는 이제도 앞으로 영원히 부를 노래다. 배워서 부를 노래다. 배워 영원히 부를 노래다. 마하트마 간디(Mahatma Gandhi)는 "내일 죽을 것처럼 살고 영원히 살 것처럼 배우라"라고 했다.

우리는 '영원히 살 것처럼'이 아니라 실제 영원히 산다. 새 노래를 배울 수 있는 자요 부를 자들이다. 왜 새 노래를 부르는가? 고대에서 전쟁에 승리하고 나서 노래를 부른 장면들이 나온다(대하 20:27-28). 새 노래와 그러한 승전가의 연관 관계는 드물게 나타난다(시 144:9-10). 노래하는 자들은 하나님의 종말의 군사들이다. 세상을 이긴 자들이다. 거룩한 전쟁이 끝나면 승리한 자들이 축하하는 것이 하나의 관습이었다(대하 20:27-28). 하나님이 이스라엘 백성들의 대적을 홍해에 던지셨을 때 그들이 하나님을 찬양했다(출 15:1-21; 계 15:2-4). 이만희가 지었다는 '새 노래'가 있다. '새(鳥) 노래'다.

첫 구절이 "육천 년 깊은 밤 천계(天鷄)"로 시작한다. 국사봉 정상에는 있는 비석 하나에 "천계황지"(天鷄黃地)글자가 새겨져 있다. 여기에서 따왔음을 알 수 있다. "천계황지"는 '하늘의 상서로운 닭이 땅을 지배하다'라는 뜻이다. 자신이 지상을 지배하겠다는 뜻이다.

'새 노래'는 요한계시록에 두 번 나온다. 어린 양의 피로 구속받은 자들을 사서 나라와 제사장으로 삼으신 어린 양에 대한 찬양이다. 그 노래는 죽임당한 어린 양에게 영광을 돌린다. 그리스도교 공동체 밖에 있는 자들은 십자가에 목 박힌 예수님을 찬양하는 것을 이해하지 못한다. 새 노래는 어린 양을 자신의 피로 사람들을 속량하신 이와 동일시한다.

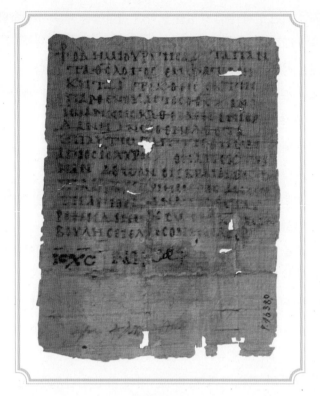

Figure 46-1.

하늘 성도들의 새 노래에는 하나님의 거룩하심에 대한 찬양이
담겨 있다. 현대 교회 전례에는 하나님의 거룩함을 선포하는
트리사기온(Trisagion)으로 알려진 고대 교회 찬송가의 가사가 포함될
수 있다. "거룩하신 하나님, 거룩하고 강하신 이여."

어디서 새 노래를 부르는가? 보좌 앞과 네 생물과 장로들 앞이다. '보좌 앞
에서'는 '하나님 앞에서'를 의미한다. 보좌는 하나님 이름을 나타내는 완곡어
법이다. 보좌와 보좌를 둘러싸고 있는 자들을 강조한다. 새 노래는 하늘에서
펼쳐지는 최고의 경배다. 이 노래를 부른 장소는 하늘 궁정이다. 새 노래가
불러져야 할 유일하게 적절한 장소다. 요한계시록에는 네 개의 찬송이 점진적
인 과정을 거치며 펼쳐진다.

첫 번째는 어린 양이 일찍 죽임을 당하여 사람들을 피로 사서 하나님께 드린 것을 노래한다.

두 번째는 성도들이 짐승을 물리치고 승리한 것을 찬송한다.

세 번째는 모세의 노래와 어린 양의 노래다. 최후의 심판 재앙에 나타나 있는 하나님의 공의를 찬송한다.

네 번째는 메시야의 혼인 잔치를 찬송한다.

성도들은 어린 양의 피로 속량함을 받았다. 144,000은 어린 양의 피로 속량을 받은 자들이다. 그들이 어린 양의 희생의 혜택을 입었다는 의미이다. 어린 양의 노래를 이해한다. 그들이 어린 양에 의해 속량함을 입었기 때문이다. 믿음 안에서 인내의 값을 완전히 지불한 자들만이 뒤따르는 승리의 노래를 부를 준비가 된 사람이다. 어린 양이 십자가에서 피를 흘리신 것은 승리다. 어린 양의 승리다. 성도들은 어린 양의 승리를 인하여 하나님을 찬양한다. 짐승에게 매여 있거나 노예 상태에서 해방된 자들이다.

'속량함을 받은' 것은 땅의 거주하는 자의 폭정과 짐승에게서 자유를 뜻한다. 144,000의 다른 이름이다. 그들 모두 하나님의 자녀들이다. 어린 양은 몇 구절 앞에서 그들이 매매할 수 없었던 것을 보상해 주는 것 이상으로 그들을 속량, 즉 사신 것이다. 어린 양을 따르는 것을 보아 그들이 신자임을 입증한다.

2. 새 노래를 배울 자 144,000

요한계시록에서 노래 또는 찬송이 언급되고 있으면서 그 가사가 인용되고 있지 않는 유일한 대목이다. 세 번의 새 노래는 땅에서 속량함을 받은 144,000 밖에는 능히 이 노래를 배울 수 없다. 이는 전쟁 시에 사용되었던 암구호나 신비주의자에게만 계시되었던 천사의 이름과 같다.

요한은 하늘에서 나는 새 노래를 들었다. 저자는 그 노래 가사를 제시하지 않고 있다. 들었지만 부를 수 없다. 배우지 않았기 때문이다. 사실은 그가 144,000에 속한 자가 아니기 때문이다. 그 노래를 스스로 이해할 수 없었다.

새 노래는 시온 산에 서 있던 구속받은 자들에게 가르쳐졌다. 하늘과 땅 궤도가 가장 적합한 시나리오다. 144,000명을 제외하고는 새 노래를 배울 수 없다. 자격 제한을 둔 이유가 무엇일까? 새 노래를 부를 영역 때문이다. 하나님의 보좌 앞에서만 불러지기에 합당했다는 것을 보여 준다. 미국의 기타리스트 비비킹(Riley B. King)의 명언이다.

　배움의 아름다움은 그 누구도 그것을 빼앗을 수 없음에 있다.

새 노래는 배우지 않으면 이해할 수도, 부를 수도 없는 노래다. 바울은 삼층천의 경험을 하였다. '말로 표현할 수 없는 말'을 들었다. 사람이 가히 이르지 못할 말이라고 회상한다(고후 12:4). 144,000명과 마찬가지로, 바울은 다른 사람들이 듣거나 이해할 수 없었던 그 무언가를 하늘에서 들었다. 땅에서 속량함을 받은 자 144,000명이 능히 이 노래를 배울 수 있다. 거짓 삼위일체의 미혹을 물리치고 승리한 하늘에 거하는 자들밖에 이 노래를 부를 수 없다.

순결(Purity)

순결한 자는 어린 양이 어디로 인도하든지 따라가는 자며
속량함을 받아 어린 양에게 속한 자다(계 14:4).

Figure 47.

얀 반 에이크(Jan van Eyck)의 '어린 양을 경배하다'는 마이클 콕시(Michiel Coxcie)에 의해 그려진
작품이다. 이 작품은 오리지널 작품인 에이크의 '겐트 제단화'(Ghent Altarpiece)의 한 부분으로,
그림 중앙에 어린 양을 경배하는 사람들이 그려져 있다.

'순결한 자'의 문자적 의미는 '소녀들, 처녀들'을 뜻한다. 여성의 비유적 표현은 육체적으로 처녀라는 의미의 소녀, 결혼 연령의 젊은 여자를 가리키는 파르데노이로 시작한다. 여자를 가리키는 '순결한 자'는 남자와 여자를 모두 망라하는 개념이다. 처녀를 뜻하는 파르데노이를 남자에게 적용한다. 극히 드문 일이다. A.D. 1세기 이전에 분명히 알려져 있지 않는 용법이다.

> 순결한 자는 여러 면에서 세상과 타협하지 않는 모든 성도를 가리키는 비유다. 그들은 정혼한 처녀로서 절개를 지켰기 때문이다. 짐승을 숭배하기를 거부한 자들이다. 신앙의 정결을 가리키는 비유다.

구약에서 부정은 하나님께 등을 돌리고 거짓된 신들에 대한 우숭숭배로 나아가는 것에 대한 은유로 사용된다.

144,000이 세 가지 그림으로 묘사된다. 그들이 누구인지 그리고 그들의 특징이 무엇인지 드러난다. 전자는 그들이 여자와 더불어 더럽히지 않는 거룩한 자다. 순결한 자다. 후자는 그 결과 속량 받은 첫 열매가 된다. 그들의 정체성은 두 가지 쌍으로 묘사한다.

첫 번째는 여자와 더불어 더럽히지 아니한 자다.
동사는 총체적 용법의 부정과거 수동형이다. 불특정 기간 동안에 정결한 사람들의 일관된 행실을 요약하는 사실 확인의 의미를 지니는 단순과거.
두 번째는 '순결한 자'다. 첫 번째 결과로 일어난 상태다.
'처녀'처럼 순결한 상태를 제시한다. 현재 시제다. 전자는 도덕적 순결함을 소극적으로, 후자는 적극적으로 표현한다.

순결한 자는 소녀 또는 처녀를 뜻하는 파르데노이다. 통상적으로 혼인할 나이가 된 소녀를 가리키는 데 사용된 용어다. 음행에 가담하지 않고 온갖 세속적인 욕심도 추구하지 않은 사람들로 승리한 성도들을 가리킨다. 빛나고 깨끗한 세마포 옷을 입은 자요 어린 양의 신부다. 구약성경에서 예루살렘이 신부로 비유된다. 처녀라는 단어가 '이스라엘 처녀'로 이스라엘 국가에 반복해서 적용된다. 시온과 이스라엘 그리고 그리스도에게 헌신하는 순결한 그리스도인을 의미하는 집합적 이미지다. 젊은 여자들이 자신들의 약혼자들에게 온전히 헌신하는 것과 같다.

1. 순결한 자는 음녀와 더럽히지 아니한 자다

데미언 샤젤(Damien S. Chazelle) 감독의 처녀작은 '위플래쉬'다. 처녀작이란 비유다. 처녀를 뜻한 '순결한 자'는 요한의 말 가운데 가장 난해한 말일 수 있고 가장 잘못 이해하는 말일 수 있다. 문자적으로 해석하면, 음행을 피할 그뿐만 아니라 결혼도 하지 않음으로서 독신 상태를 유지한 헌신적인 특수 집단의 신자들을 가리키게 된다. 처녀가 남성 명사였던 전례가 없지는 않다. 은유적 의미다. 예레미야애가 2:10의 칠십인역(LXX)에서는 '예루살렘의 최고 처녀들'에서 처녀는 남성 명사다.

여자와 더럽히지 아니한 자와 순결한 자는 같다. 상징이다. 여러 가지 면에서 세상과 타협하지 않는 자다. 순결한 신부로서 신랑에게 정절을 지킨 성도들이다. 144,000은 모든 참 신자를 표상한다. 구원을 받은 순결한 자는 음녀와 관련된 죄악들과 우상 숭배를 하지 않았음을 말해 준다. 그들은 어린 양의 신부가 될 준비가 되었음을 말해 준다. 그들의 순결은 의로운 행위들이다. 남성의 이미지에서 여성의 이미로 변경하는 것은 구원받은 자가 144,000이 능히 헤아릴 수 없는 큰 무리로 말하는 것만큼이나 비약적이다.

예루살렘과 예비된 신부는 교회 전체를 가리키는 비유적 표현이다. 순결한 자는 전체를 포괄하는 상징으로 해석해야 한다. 구약성경에서 이스라엘은 처녀로 자주 등장한다(사 37:22). 처녀는 시온에 대해 자주 사용되는 별칭이다. 예레미야애가 2:10은 '이스라엘의 처녀들'로 쓴다. 딸 시온과 예루살렘

처녀들이라는 표현에서 시적인 병행을 찾을 수 있다. 이스라엘은 '시온의 처녀 딸', '처녀 이스라엘'이다. 이스라엘이 음행을 행하는 것은 간음을 행한 것으로 묘사된다. 바울은 그리스도를 교회의 신랑으로 묘사한다. 그리스도께 드려진 신자를 '정결한 처녀'로 언급한다(고후 11:2). 요한계시록에서 신부는 어린 양의 신부다. 혼인 잔치는 미래에 일어날 일이다. 왕의 신부는 정결해야 한다. 그들은 큰 음녀 로마와, 로마와 함께 음란에 헌신했던 땅의 임금들의 유혹에 대항해 왔다. 요한은 144,000이 전혀 불신실하지 않음을 말한다. 그들의 몸으로 하나님께 영광을 돌렸다.

요한계시록의 여자는 부정적인 캐릭터가 아니다. 선천적으로 불결하다고 추론하지 않는다. 아이를 출산하는 이미지와 자신의 결혼 잔치에 참여하는 여자가 하나님의 백성에 대한 긍정적 이미지로 사용된다.

새 예루살렘은 신부로 묘사된다. 순결한 자는 신실한 자들이다. 끝까지 인내한 자다. 이기는 자다. 이방 세계의 제도에 오염되지 않는 자다.

그리스도와의 결혼식을 바라보며 믿음을 가지고 산다. 모든 그리스도인은 어린 양의 신부로서 순결을 지킨다. 처녀라는 은유적인 의미에서 볼 때, 순결한 자는 자신들을 우상 숭배나 바벨론 음녀의 육욕으로 더럽히지 않은 모든 신자들을 가리킨다.

144,000은 순결하여 '여자와 더불어 더럽히지 아니한' 자들로 묘사한다. 어떤 측면에서 요한계시록에서 가장 불가해한 부분으로 여겨진다. 그러나 요한이 사용하고 있는 비유적 문학적 특징을 고려한다면 이해할 만한 해석을 제시할 수 있다. 요한은 간음, 음행과 매춘을 은유적인 의미로 활용한다. 불법적인 성관계로부터 하나님을 향한 불신으로 그 의미를 변경한다. 18세기 한반도에서 자생한 천주교에 귀의한 처녀들은 성모 마리아의 순결을 흠모, 결혼을 거부하고 동정을 지켰다. 여주 살았던 정순매, 바발라 이정희, 김유리타, 엘리사벳 정정혜는 순결을 지켰다.

2. 순결한 어린 양의 신부는 어린 양이 어디로 인도하든지 따라간다

어린 양과 함께 시온 산에 서서 새 노래를 부르는 14400명은 누구인가?

영적 정절을 지킨 자들이다. 이교 숭배에 참여하기를 거부한 자들이다. 순결함을 지킨 '처녀들'일 것이다. 순결함을 지키지 못한 자들에게는 심각한 경고가 주어진다. 144,000의 신원을 상세히 설명한다. 해석적 설명이다. 요한은 특징적으로 개인이나 집단을 더 명확하게 밝히는 분사구를 종종 사용한다. 144,000은 전 교인을 가리킨다. 구속함을 받은 공동체 전체를 가리키는 환유법이다. '여자와 더불어 더럽히지 아니한 자들'은 여자 성도들에게 적용하기에 곤란하다. '순결한 자', 즉 '소녀나 처녀'는 남자 성도들에게 적용하기에 곤란하다. 특수한 표현이다.

144,000에 대한 두 가지 묘사는 하나님과 어린 양과의 관계가 관련되어 있다. 제자도가 함축되어 있다. 자신을 더럽히지 않은 순결한 성도들은 어린 양을 따른다. 어린 양이 어디로 인도하든지 따른다. 그리스도를 본받는 것은 곧 고난과 죽음이 포함되어 있는 제자도를 함축하고 있다. 제자들은 그리스도가 땅에 있는 동안에 그의 삶과 교훈을 따랐다. 자기 십자가를 지고 그리스도를 따르는 것은 순교를 특징적으로 가리키는 것은 아니다. 최후 환난에 들어간 자들 중 상당수가 사실상 예수님을 따라 죽음에 이르게 된다. '온 땅이 놀랍게 여겨 짐승을 따르는' 대신에, 순결한 자들은 어린 양을 따른다.

144,000의 특성을 서술하는 것을 목적으로 부연설명한다. 구원받은 자들에 대한 세 가지 이미지가 사용된다.

첫째, 여자와 더럽히지 아니한 사람들이다. 남성 중심의 이미지다. 순결한 자다.

둘째, 여성적 이미지다. 속량함을 받아 처음 익은 열매로 하나님과 어린 양에게 속한 자다.

Figure 47-1.

12세기 카탈루냐학교의 프레스코 화폭은 이사야의 헌신을 묘사하고 있다. 이사야 위에는 하나님의 보좌 위로 올라가는 세라핌이라고 불리는 여섯 날개의 성경적 존재들이 나타난다. 이 중 하나의 존재가 불타는 숯으로 이사야의 입술을 손대어 그를 죄에서 해방시키고 그의 죄를 정결하게 한다.

셋째, 추수의 이미지다. 온 땅이 놀랍게 여겨 짐승을 따른다. 순결한 자들은 어린 양을 따른다.

요한의 청중들은 어린 양을 따르는 것이 그의 희생적인 죽음을 따르는 것임을 의미할 수도 있다는 것을 이해했을 것이다.

첫 열매는 추수의 첫 수확이다. 특별한 의미에서 거룩하다는 것을 암시한다. 그들은 세속의 사람이 아니다. 하나님께 속해 있다. 하나님의 특별한 소유다. 속량함을 받은 숫자는 하나님이 거두실 전체 수확의 첫 열매다. 교회는 하나님께 속해 있다. 교회가 부름을 받은 것은 하나님께 봉헌하기 위함이다. 이 주제는 추수의 비유적 표현에서 계속된다.

죽음(Death)

지금 이후로 주 안에서 죽는 자들은 복되고 아름답다(계 14:13).

Figure 48.

'무고한 자의 학살을 묘사한 태피스트리'(라파엘로의 학교, 브뤼셀, 1524-1531)를 1세기 로마 부조는 장례 행렬을 보여 준다. 슬픔에 잠긴 미망인이 행렬의 선두에 서고, 그 뒤에는 땅에 닿는 것이 금지된 관 또는 상여를 운반하는 남자들이 따랐을 것이다.

어느 관점에서 보면 죽음은 아주 자연스러운 것이다. '한 번 죽는 것은 사람에게 정하신 것이요'(히 9:27). 주 안에서 죽는 자는 복이 있다. 다른 관점에서 보면 죽음은 가장 부자연스러운 것이다. 죄의 형벌이다(롬 6:23). 형벌로서 죽음을 두려워한다. 그래서 공론(公論) 영역에서 죽음을 다루지 않는다. 누구도 피할 수 없다. 불가항력이라며 서로 쉬쉬할 뿐이다. 죽음에 대한 담론은 금기가 되었다. 현대는 철저히 삶의 논리가 지배하는 공간이기 때문이다. '죽음'하고 발화되는 순간, 불행과 음울이 우리 주변을 감싸온다고 여긴다.

'죽는 자들'에 해당하는 '호이 네크로이'(οἱ νεκροί)는 죽을 자가 아니라 죽은 자다. 네크로스는 '죽은 사람'이다. 산 자와 반대되는 개념이다. 네크로스에 대한 신약성경의 용법은 헬라의 용법 그리고 구약성경의 용법과는 다르다. 신약성경에서 죽음의 상태가 더 이상 인간의 최후 상태가 아니다. 죽음은 '주 안에서' 보아야 한다. '주 안에서'는 바울 서신에서 자주 나오는 정형어구다. 요한계시록에서는 한번 나온다. 주 안에서 죽은 자는 복되고, 그렇지 않는 자의 죽음은 형벌이다. 주 안에서 죽은 자는 그리스도께서 죽은 자들 가운데서 일으키심을 받은 것처럼, 마지막에 일으킴을 받거나(고전 15:35), 일어날 것이다(막 12:25).

황제 숭배 강요와 그에 동반되는 사형 선고의 위협은 믿는 자들의 충성을 확인하는 중요한 시험이 될 것이다. 광범위한 순교를 가져올 수 있다. 순교는 요한계시록의 중요한 주제 가운데 하나이다. 순교자가 복되다. 동시에 이 복은 순교자에게 제한될 수 없다. 주 안에서 죽은 자들이 복되다.

배교의 대가는 영원한 고통이다.

충성으로 인한 고난은 잠깐이다. 성도들은 하나님의 계명을 지킨다. 예수님에 대한 믿음을 지킨다. 고난은 잠깐이나 영광은 영원하다.

현대사회에서는 오히려 '죽음'(death) 자체보다 '죽어감'(dying)이 더 두렵고 감당하기 어려운 것이 되어버렸다. 아무리 유명하고 유능한 사람이라도 질병과 죽음 앞에서는 다를 바가 없다. '주 안에서 죽는 것'은 끝까지 충성됨을 유지한다는 것이다. 그리스도를 자신의 삶의 영역으로 삼는 것을 의미한다. 그리스도의 통치 아래 사는 것이다.

1. 지금 이후로 주 안에서 죽는 자들

지금 이후로 죽는 충성된 신자들은 복이 있다. 흔들리지 않고 믿음을 지키는 자들이 당하는 보다 활발한 핍박으로의 전환을 표시해 준다. 요한은 짐승과 연관된 임박한 핍박의 강렬함을 예상한다. 그런 일이 일어날 때 예수님에게 충성을 지키는 자들은 참으로 복을 받을 것이다.

최상의 죽음은 어떤 것일까? 예기치 않은 죽음, 별안간 맞는 죽음이라는 말이 있다. 기다리고 예비하는 죽음이 차선(次善)이다. 오래 두고 두려워하

Figure 48-1.

장례 행렬과 애도자들을 보여 주는 무덤 벽의 부조(이집트, B.C. 1550-1292년), 구약의 죽음 이후의 삶.

며 버티는 죽음은 최악이다. 공자는 '삶도 제대로 모르는데 죽음을 어찌 알랴'(未知生 焉知死)고 했다. 옛날 로마에서는 개선장군이 시가행진을 할 때 노예를 시켜 '죽음을 기억하라'는 뜻인 '메멘토 모리'(Memento mori)를 외치게 했다고 한다.

역사의 마지막 시기에 해당할 그뿐만 아니라 요한 당시로부터 역사가 끝날 때까지 그리스도에 대한 충성됨을 유지하다 죽는 모든 성도에게 해당된다. 이전에 죽었지만 복을 받지 못할 다른 성도들과 구별하여, 복을 받기 시작할 고난 속에 있는 어떤 집단을 암시할 수 있다. 복된 쉼이 시작되는 때가 바로 죽음의 순간이라는 것을 표현하는 데 있을지도 모른다.

이전에 죽은 자들도 이 복에서 제외되지 않는다. 순교자들이 이미 쉼을 얻고 있다. 흰 옷을 받았다. 쉼은 '흰 옷'을 준다는 것과 더불어 시련 중에서도 믿음으로 인내하는 성도들에게 주어지는 사후의 상이다. 지금 이후로 시험의 때가 이미 시작되었다. 교회는 일어나도록 되어 있는 일에 대비해야 한다. 박해를 통해 시험을 거쳐야 한다. 지금 당장 믿음을 지키겠노라 결정해야 한다.

2. 복되도다, 주 안에서 죽은 자들이여

신자들이 죽음에 직면해서도 인내한다면, 그들은 '복이 있을' 것이다. 죽음은 그리스도의 재림 시에 사라질 것이다. 그 때에 주 안에서 죽은 자들은 썩지 않을 몸으로 부활할 것이다(고전 15:52; 빌 3:20, 21). 주 안에서 죽는다는 것은 순교자와 자연적 원인으로 죽은 사람을 포함한다. '주 안에서 죽는 자들'이 강조다. 어떻게 죽었는지에 대한 강조가 아니다. 다른 원인으로 죽은 자들도 순교자들처럼 복을 받을 것이다. 실낙원의 저자인 존 밀턴(John Milton)은 "죽음은 영원한 세계를 여는 열쇠다"라고 말하였다. 성경학자인 에드워드 J. 영(Edward J. Young)은 "죽음은 인생의 면류관이다"라고 말하였다.

요한계시록에 나오는 일곱 개의 축복문들 중의 하나이다. 복수형으로 되어 있다. 칠복 가운데 두 번째다. 주 안에서 죽은 성도들이 왜 복이 있는가? 원인이 복이 되는가?

그리스도와 영적인 연합의 상태에서 죽음을 맞이한 자들은 복되다. '주 안에서'는 영역의 주격이다. 이 성도들이 복이 있는 이유다.

주 안에서 죽은 자가 복이 있다는 것은 사후의 세계가 있다는 것을 전제한다. 사후의 세계가 없다고 하면 죽는 것으로 끝난다. 죽은 자에게 복이 될려면 사후세계가 있어야 한다. 미국의 여론조사기관 퓨포럼은 미국인들의 74%가 하나님 나라 존재를 믿는 것으로 집계했다. 또한 「로이터입소스」가 23개 국가 1만 8829명을 조사한 결과 51%가 사후 세계의 존재를 확신한다고 답했다.

나는 가야 하고, 당신들은 남아야 하는데, 누가 더 좋은 곳으로 가는지는 오직 신(神)만이 아신다.

소크라테스가 독배를 들기 전에 한 말이다. 인간은 삶과 죽음에 관해 아무것도 모르고 있다. 세 가지 사실은 알고 있다. 누구나 반드시 한 번 죽는다. 혼자 죽는다. 그리고 아무것도 가지고 갈 수 없다. 죽음은 두렵다. 대면하고 싶지 않다. 죽음이 보내는 시선을 피하려고만 한다. 죽음에 대해 모르는 것도 세 가지 있다. 언제 죽을지 모른다. 어떻게 죽을지도 모른다. 끝으로 죽을 장소를 알지 못한다. 죽음은 그래서 허무하다. 생각할수록 공허한 일이다. 한 가지 분명한 것이 있다. 우리는 주 안에서 죽는다는 것이다.
'순교냐 고종명이냐, 사고사냐' 방법이 아니다.
예수님의 죽으심은 승리다. 순교 역시 승리다. 짐승이 성도들을 이긴다. 실제로 순교를 통해서 이기는 자는 바로 성도들이다. 순교를 염두에 두고 있지 않다. 그리스도인이 이긴다. 그리스도를 향한 신실함은 순교를 낳을 수 있다. 주 안에서 죽은 자들은 승리자다. 이긴 자다. 안식에 들어가기에 복되다. 여러 명의 순교자가 발생했다. 핍박은 이미 과거사다. 이 말씀은 임박한 일련의 순교들에 관한 예언이다. 그리스도인들이 어린 양에게 충성한다면, 그들은 지금 고난을 당하지만 이후에 영원한 안식의 복을 받을 것이다. 인내하라는 열망은 심판에 대한 경고뿐만 아니라, 상을 받게 된다는 약속에 의해서도 동기부여를 받는다.

이 복을 얻을 자는 폭력적인 죽음, 예를 들어 순교한 자들로 제한되지 않는다. '복이 있도다'에 해당하는 '마카리오이'(*Makavrioi*)에 해당하는 자는 새 예루살렘에서 생명의 약속을 받는 모든 구원받은 자들에게 주어진다. 대안으로 '지금 이후로'를 '확실히'로 읽는 것이다. 복 받은 자들이 확실히 쉼을 얻는다는 점을 강조하는 것으로 볼 수 있다. 약속과 경고의 장면들 사이의 상호 작용은 충성되게 남아 있으라는 마지막 권고로 절정에 도달한다. 성도들은 비록 죽임을 당하지만 하나님은 그들을 잊지 않으신다. 그리스도는 그의 인내로 죽음 이후에 상을 받으셨다. 그리스도인들도 그럴 것이다. 그리스도는 그리스도인들의 공동체의 대표자다.

제4부

종말에 있을 하나님의 심판

Figure 제4부.

디도의 지휘 아래 로마인들이 예루살렘을 포위하고 파괴한 A.D. 70년,
데이비드 로버츠(David Roberts)의 작품.

할렐루야!(Hallelujah!)

구원과 영광과 능력을 하나님께 돌리며 찬양함이 지극히 아름답다(계 19:1)

Figure 49.

플랑드르 수 놓은 벽걸이 '다비드와 밧세바의 태피스트리'(1510-1515)에는 '언약궤의 운송'이라는 제목의 섹션이 포함되어 있다. 법궤를 멘 성결한 레위인과 맨발로 춤추는 다윗의 모습이다.

'할렐루야'는 '찬양하다'를 뜻하는 '할랄'과 하나님의 이름의 단축형 '야'로 구성되어 있다. 히브리어 예전 문구인 '할렐루-야흐'의 번역어다. 라틴어로 *alleluia*로 음역된다. 칠십인역에서 23번이나 번역되지 않은 채 등장한다. 마소라 본문에 24번 나온다. '야훼를 찬양하라'는 가장 강한 명령이다. 원래는 영감 받은 레위인 음악가들이 듣는 자들에게 예배를 하자고 요청할 때 쓰던 말이다. 히브리어 표현은 2인칭 복수 명령형이다. 한 그룹에게 야훼를 찬양하도록 요구하는 것이다.

시편 148:1에 할렐루야 다음에 '할렐루 엣-야훼'가 나온다. 제의적 외침이다. 당연히 인정받은 찬양의 외침이다. 칠십인역에서는 이런 식으로만 사용되었다. 요한계시록 18:20의 '하늘과 성도들과 사도들과 선지자들아, 그로 말미암아 즐거워하라'라는 권면에 대한 반응으로 19:1 이하의 '할렐루야 합창'이 등장한다. 19장의 첫 다섯 절은 17:1에서 시작된 로마 멸망을 묘사한 긴 단락에 걸맞는 절정을 구성한다. '심판 송영'을 시작하는 찬양으로의 부름으로 이해된다. 세상 및 그 세상이 소중히 여기는 것들을 동일시하는 자들은 바벨론의 멸망에 대해 슬퍼할 것이다. 그러나 하늘과 그 하늘이 소중히 여기는 것들을 동일시하는 사람들은 바벨론의 멸망을 기뻐할 것이다.

1. 하나님은 찬양받기에 합당하시다

할렐루야는 시편 113-118편의 할렐 시편의 표제로 사용된다. 또는 개별 시편들의 결어로 사용된다. 모두 시편 저자의 이름이 나오지 않는다. 후기의 시편들로 추정된다. 바벨론 포로 후의 성전 예배에서 이 말이 규격화된 찬양의 부름이 되었음을 시사한다. 할렐 시편은 그 속에 출애굽에 대한 언급이 있다. '이집트의 할렐'이라고 불리운다. 유월절 식사 때 특별한 역할을 한다. 유대교 전승들에는 종말의 기쁨을 강조한다. 악한 자들의 파멸에 대한 환희를 보도하고 있다. 바벨론에 대해 슬퍼하는 것은 문학적인 장치다. 칠십인역에서는 다른 시들을 소개하는 데 사용된다(예, 시 119:1). 이 현상은 초대 교회 예배 예식이 1세기 회당 및 성전의 예배와 연결되어 있음을 보여 주는 것이다. 이들 찬송시들은 유대인의 명절 축하의 중요한 한 부분을 형성했다. 모든 예배 특히 하나님의 장엄한 행동을 찬양할 때 적절했다.

초기 유대교 독자들은 대부분 헬라어를 사용하였다. 할렐루야가 특별히 강조된 형태로 야훼를 찬양하라는 뜻임을 알았을 것이다. 큰 성 바벨론의 멸망 부분을 결론 짓고, 예수님의 재림 부분에 들어가는 역할을 한다. 히브리어 단어의 그리스어 음역이다. 히브리어의 음역이 신약성경에 나오는 곳은 오직 이곳 뿐이다. 3번은 찬송들의 도입어로 사용된다. 1번은 교창에서 화답으로 사용된다.

불타는 도시를 본 로마 음악가들의 망연자실한 침묵은 하늘에서 들리는 '할렐루야'라는 소리가 울려 퍼지면서 깨진다.

> 하늘과 성도들은 하나님이 큰 성 바벨론에 대한 심판에 대해 즐거워하라는 명령을 받는다. 이 즐거워하라는 명령은 할렐루야 합창으로 확대된다. 하늘의 허다한 큰 무리과 이십사 장로와 네 생물이 찬양한다.

땅에 있는 하나님의 종들로 하나님에 대한 기쁨과 찬송에 참여하라는 초청을 받는다. 예수님은 죽기 전날 감람산으로 출발하기 전에 할렐 찬송을 불렀을 것이다(마 26:36). 할렐, 유월절 및 예수님의 죽음 사이의 이 밀접한 연관성은 왜 초대 교회의 모든 예배 예식에 부활절과 부활절 주관이 할렐과 연관되었는지 그 설명을 분명히 밝혀 준다.

하늘의 기쁨은 왕과 상인들 그리고 바다에서 일하는 자들의 슬픈 장송곡과 대조를 이룬다. 이들의 경제적인 제국은 그 수도의 멸망과 함께 무너져 버렸다. 요한계시록 19:1b-2절에 불려진 노래는 18:1-3에 나오는 천사의 조롱의 노래와 맥을 같이 한다. 이미 이루어진 사실로서의 바벨론에 대한 심판과 순교자들의 신원에 초점을 맞춘다. 할렐루야는 음녀의 패망과 그 결과로 악을 이겨내고, 하나님 나라가 이루어짐, 곧 하나님의 계획이 성취되었기 때문에 하나님께 드리는 하늘의 예전적 찬미다. 유대교 전승들에서는 종말의 기쁨을 강조한다. 악한 자들의 파멸에 대한 환희를 보도하고 있다.

2. 아멘, 하나님을 찬양하라!

바벨론 멸망에 대한 네 번의 찬송 소리를 듣는다. 허다한 무리들이 부른 할렐루야 찬송을 승인한다. 그들의 경배는 찬송의 형식을 취한다.

> 음녀의 심판에 대한 하나님을 찬송하는 허다한 무리의 노래가 있다. 그 성의 영원한 멸망을 축하하며 찬양한다. 이십사 장로와 네 생물의 화답송을 듣는다. 그들은 하늘의 경배 지도자들이다.

어린 양이 하나님의 오른손으로부터 두루마리를 취했을 때, 네 생물과 이십사 장로가 그 앞에 엎드려 어린 양이 인을 떼기에 합당하시다는 노래를 불렀다. 다시 한 번 이들이 같은 예배 행위와 함께 하나님의 의로운 심판으로 인해 하나님을 높인다. 경배는 보좌에 앉으신 하나님 곧 만유의 주이신 주권자이신 하나님께 드려진다. 보좌에서 나는 음성이 모든 하나님의 종들에게 하나님을 찬송하라고 권한다.

'아멘 할렐루야'는 신약성경에서는 어디서도 나타나지 않는다. 요한계시록에서 말을 끝맺는 기능을 한다. '아멘 할렐루야'는 시편 기자의 네 번째 책의 끝을 장식하는 송영의 결론부를 다시 들려준다(시 106:48). 시편의 '아멘 할렐루야'는 백성이 '압제하던 원수들에게서' 건짐을 받고 그들을 모으신 하나님께 드리는 감사의 한 부분으로 기능한다. 아멘은 어떤 의미에서 이전 찬송의 경배를 확증한다. 할렐루야는 찬송을 지속시킨다. 찬송하라는 촉구를 이끈다.

시편의 마지막인 150편은 할렐루야로 시작하여 할렐루야로 끝이 난다. 할렐루야는 이스라엘의 절기생활에서 특히 중요한 의미를 갖고 있다. 환호성을 지른다. 기쁨을 표현하는 말이다. '호산나'와 같이 유대 세계에서 하나님을 기쁨으로 부르는 외침이다(막 11:9-10). 할렐(Hallel)은 유대인의 환희의 노래다. 유대인이 수 천년 동안 방황할 때에 동반된 노래다. 세계의 역사적 사명에 대한 의식을 일깨워 준다. 슬픔과 고난의 때에 힘을 불어넣어 준다. 구원과 승리의 날에는 기쁨의 노래다. 시편 104:35에서 하나님이 죄인들을 심판하신 까닭에 '할렐루야'가 선포되었다.

> 죄인들을 땅에서 소멸하시며 악인들을 다시 있지 못하게 하시리로다 내 영혼아 여호와를 송축하라 할렐루야(시 104:35).

죄인들에 대한 마지막 심판을 언급하는 것으로 이해된다. 요한계시록 속의 이 할렐 부분을 읽는 자는 헨델의 메시야에 나오는 '할렐루야 합창'이 생각나지 않을 수 없을 것이다. 찬송의 근거는 하나님이 바벨론을 심판하시는 것이다. 찬송하라고 권함을 받는 사람들은 '하나님의 종들'이다. 그들은 바벨론으로 말미암아 피를 흘린 사람들이다. 찬양하라는 부름과 찬양에 대한 화답을 통해서 보좌 장면을 찬양이라는 주제를 통해서 이어간다.

이제 어린 양과 그의 신부의 혼인이라는 새로운 주제를 소개한다. '그를 경외하는 너희들 작은 자나 큰 자 모두'는 모든 사회적이고 경제적인 계층으로 이루어진 땅의 믿는 자들이며, 영적 성장의 모든 단계를 대표한다. 성도들은 하나님께만 찬송한다. 하나님만이 바벨론을 폐하신다. 영광을 받으시기에 합당하다. 자기 백성은 구원하신다. 하나님의 능력이 증명된다. 할렐루야하며 찬송을 부르는 자와 애통함이 극명하게 대조된다. 초대 교회가 불렀던 찬송들은 그들의 로마 억압가들에 대항하는 예배의 무기였다.

통치(Reign)

할렐루야! 주 우리 하나님 아버지 곧 전능하신 이가 통치하시도다(계 19:5).

Figure 50.

하늘 보좌에 앉으신 그리스도의 프레스코화(예루살렘 승천교회).

할렐루야 찬송은 요한계시록의 절정에 이른다. 하나님이 세상 왕국과 사탄의 왕국에게 승리한다. 이 분위기는 '통치하시도다'로 잘 표현되어 있다. 구약의 배경에 비추어 보면, 발단의 의미를 가진 말로 '통치하기 시작하셨도다'로 번역된다. 하나님의 통치는 어린 양의 죽음으로 성취되었다. 이미 바벨론이 멸망했다. 바벨론에 대한 하나님의 최종적인 심판이 행해졌다. 성취가 '시작된' 것으로 볼 수 있다. 하나님의 통치가 심판 이후에 세워졌다는 것을 시사한다. 부정과거는 그리스도의 십자가에서 성취된 통치의 절정 또는 마지막 결론을 강조하는 완성을 의미할 수도 있다. 그의 통치는 이미 발생했고 그래서 미래의 통치가 확실한 것을 강조한다. 예언적 완료의 의미를 지닐 수 있다.

하나님의 우주적이고 시간을 초월한 통치가 유대 그리스도교의 사상에 기본적으로 가정되어 있다. 이 통치는 특별한 종말론적인 의미에서 실제로 실현될 것이다. 이 일은 악한 권세가 무너지고 하나님 나라가 가시적인 실재가 될 때에 일어날 것이다. 하나님의 통치는 이미 발생했다. 그래서 미래의 통치가 확실하다. 예언적 완료의 의미를 지닐 수 있다.

1. 주 우리 하나님이 통치하시기 시작하셨다

'주 우리 하나님 곧 전능하신 이가 통치하시도다'라는 표현은 하나님께서 이스라엘의 원수들, 특히 가나안 땅의 원수들을 심판하신 후에 확립되고 다윗이 예루살렘을 차지한 것에서 절정을 이룬 하나님의 왕권(kingship)을 세우신 하나님을 언급한다.

이 노래는 이 땅 교회 전체가 부를 찬양이다. 우리가 사는 세상은 여전히 고난과 불의로 가득 차 있다. 그럼에도 불구하고 하늘의 찬양대는 그리스도의 모든 종은 작은 자나 큰 자나 '할렐루야! 하나님이 통치하신다'라고 찬송하라고 도전한다. '하나님이 통치한다'는 것은 '우리 주 하나님 전능하신 이가 그의 통치를 시작하셨다'라는 뜻이다. 하나님은 인류에 대한 무제한적인 복을 가지고서 그분의 구원의 왕국을 성취시키셨다. 죽임당한 어린 양이 죽음으로 하나님 나라를 도래하게 하였다.

> 하나님이 통치하신다. 하나님의 통치의 주제는 이스라엘 예배의 친숙한 부분이다. 방법은 신비스럽다. 그 이유는 하나님에게 대적한 세력들이 세상에서 활동함으로 그의 통치가 숨겨지기 때문이다.

하나님의 통치는 바벨론을 심판한 직접적 결과다. 자신의 모든 능력을 가진 신적 왕이심을 보여 주셨다.

> 세상 나라가 우리 주와 그의 그리스도의 나라가 되어 그가 세세토록 왕 노릇 하시리로다(계 11:15).

요한계시록의 다른 곳에서 하나님을 주어로 하는 경우는 단지 2번 나온다. 시편 46:9과 사 52:7 두 본문만이 하나님의 이름 앞에 동사를 배치했다. 요한이 염두에 둔 가장 중요한 본문일 것이다. 이사야는 하나님의 통치가 종말의 때에 백성을 회복시키시는 것과 연결되어 있다.

이사야와 스가랴 그리고 요한은 '주 우리 하나님이 통치하시기 시작하였다'라는 표현을 사용한다. 스가랴는 명사를 사용하여 '야훼께서 왕이시다'라고 표현한다. 종말론적 미래에 대해 말한다. 하나님께서 원수들을 패배시킬 것이다. 후에 다시 자시의 왕권을 땅에서 보편적으로 확립하실 때를 말하고 있다. 요한은 그러한 하나님의 통치가 이미 시작되었다고 말한다.

요한계시록에 걸쳐 하나님에 대한 최고의 호칭 '주 하나님 곧 전능하신 이'가 다시 등장한다. 하나님의 전능하심과 주권을 강조한다. 교만하고 강력했던 로마 제국의 역사적 맥락에서 생각해 볼 때, 요한이 하나님을 '전능하신 이'라고 부른 것은 극도의 확신에 근거한 행위다. 도미티아누스는 자기 자신에게 '우리 퀴리오스요 제우스'라는 호칭을 수여했다. 그는 81년에 황제가 되었다. 정치적, 군사적 공적이 없는 자신의 권위를 폭정으로 세우려 했다. 특히 그리스도인에 모진 박해를 가하여 네로 이후 교회의 가장 큰 적이 되었다. 소아시아 교회는 날이 갈수록 심해지는 도미티아누스 황제의 박해에 속수무책으로 당했다. 특히 에베소 교회 등 지역을 대표하는 교회들이 맥을 추지 못했다.

구약은 피조계에 대한 하나님의 지배(시 97:1), 위대한 해방(출 15:18) 그리고 종말이라는 견지에서 하나님의 통치를 경축한다. 전능하신 하나님이 통치하신다는 것은 일련의 시편과 구약의 여러 본문을 포괄하는 암시일 수 있다. 하나님은 가나안에서 이스라엘 원수들을 심판하신다. 하나님은 다윗이 예루살렘을 점령했을 때 절정에 이른 자신의 왕권을 세우신다. 요한이 요한계시록에서 하나님을 '주 하나님 전능하신 이'를 아홉 번 사용하였다. 신약의 다른 곳에서는 단 한 번 등장한다. 허다한 무리는 자신의 통치를 시작하신 이 완전히 강력한 존재가 바로 인격적인 하나님이라고 선언한다.

2. 할렐루야! 주 하나님이 통치하기 시작하셨다

이 세상 나라는 하나님 나라를 대적한다. 마땅히 정복되어져야 한다. 사단의 나라는 패망했다. 할렐루야는 찬양으로 초대다. 하나님께서는 사람들로 하여금 자신의 나라와 영광에 들어오도록 초청하고 계신다(살전 2:12). 초점이 위로 향한다. 찬양할 이유가 있다. 왜 하나님을 찬양해야 하는가? 하나님이 통치하시기 시작하셨기 때문이다. 구약의 찬송시 장르에 해당한다.

하나님 나라는 사람이 씨를 땅에 뿌림과 같다(막 4:26-29). 농부는 씨가 나서 어떻게 자라는지 알지 못한다. 농부의 수동성과 무능성이다. 땅은 스스로 열매를 맺는다. 땅의 능동성과 유능성이다. 파종자가 알면 대박이다. 하나님 나라는 인간의 노력과 공로와 성취와 상관없다. 하나님에 의해 시작되고 하나님에 의해 완성되는 나라이다. 하나님의 통치는 찬양할 이유다. 사탄의 세력을 멸하셨기 때문이다. 사람들을 악의 지배에서 구원하시는, 그리스도 안에서의 구속적 통치를 가르킨다. 하나님 나라는 다니엘이 예언했던 것처럼 네 개의 인간 나라들이 계속된 다음에 하나님 나라가 세워질 것이다(단 2:44). 큰 능력과 영광으로 확실히 나타날 것이다. 그것은 이미 예수님의 초림으로 도래했고 십자가에서 성취하였다. 세상 나라는 지위와 돈과 권력이 최고라고 가르친다. 이 것을 잃으면 끝장이다. 하나님 나라의 시민은 다르다. 약함, 고난, 가난, 버림이

Figure 50-1.

15세기 이탈리아 성경에 나오는 솔로몬의 노래는 일부 주석가들에 의해 하나님과 이스라엘의 관계를 우화적으로 표현한 것으로 해석되어 왔다.

가까우면 하나님 나라도 가까운 것이다. 진정한 보물, 진정한 정체성을 더 깊이 깨달을 수 있는 기회가 온 것이다. 성도들은 감사와 찬양을 하나님께서 행하신 것, 곧 우리의 일상적인 삶 속에서 이루어지는 구원이나 감사거리에 초점을 맞춘다. 할렐루야는 개인적인 삶의 상황과는 상관이 없다. 하나님이 모든 것을 통치하시기 시작하셨다에 초점을 두고 있다.

초대 교회가 불렀던 찬송들은 그들의 로마 억압자들에 대항하는 예배의 무기였다. 찬송들은 예배자들이 죄악된 세상에서 하나님의 실상에 대해 말하는 신학적 진리를 표현할 수 있게 한다. 로마 또는 다른 어떤 권세가 얼마나 교회의 증거를 멈추게 하고 싶어하든 상관하지 않는다. 악에 대한 저항과 그리스도에 대한 절대적 믿음을 노래하는 교회는 침묵할 수 없다. 다시 한 번 요한은 일정치 않는 음성을 말해 주고 있다. 누가 노래하는 지 알려 주지 않는다. 그것은 보좌로부터 나올 것이다. 하나님으로부터 흘러 나온 것이다. 할렐루야, 즉 하나님을 찬양하라는 말이 명백하므로 하나님의 음성도, 그리스도의 음성도 아니다. 모든 하나님의 백성들에게 찬양의 합창에 참여하라고 외친다. 우리를 향하신 하나님의 선하심과 긍휼하신 섭리를 감사하고 찬양하는 것은 좋은 일이다. 그러나 단순히 하나님이 행하신 일에 대해 그리고 자신의 이름의 영광을 위해 하나님이 행하신 것을 묵상하고 찬양하는 것은 더 좋은 일이다.

> 할렐루야는 찬양이요 명령이다. 하나님께 영광을 돌린다. 다음에 나오는 절은 하나님을 찬양할 내용이다. 이사야와 스가랴가 '야훼가 통치하시리라'는 예언을 요한은 마지막 때에 예언의 성취가 시작되었다고 노래한다. 할렐루야 찬송은 찬양의 주제를 적절하게 제시한다.

하나님의 심판이 갖는 영적 의미는 하나님의 자기 통치 사건이라는 데 있다. 하나님의 통치는 동적으로 이루어진다. 그 나라는 초자연적이다. 하나님에 의해서 이루어진다. 하나님의 초자연적인 행사만이 사단을 멸할 수 있다.

할렐루야! 하나님의 통치가 시작되었다. 하나님의 다스림은 하나님의 주권적 행위다. 하나님의 일하심이나 역사하심, 통치하심의 총체적 표현이다. 요한계시록은 하나님의 주권을 나타내는 말씀이다. 그리스도교 신앙은 하나님의 절대주권을 인정하는 자리에서 출발한다.

준비(Preparation)

하나님이 준비하신 빛나고 깨끗한 세마포 옷을 입는 자는 아름답다(계 19:7).

Figure 51.

1370년경, 이탈리아 북부의 렌타테 술 세베소에 있는 성 스테판성당의
프레스코화 연작에 속하는 아노벨로 다 임보나테가 그린 '스데반과
열두 사도.'

'준비하다'에 해당하는 '헤토이마조'는 신부, 즉 새 예루살렘이 하늘의 신부 대기실에서 내려와 출현하는 것과 관련해서도 사용된다. 모든 신부가 빛나고 깨끗한 세마포 옷을 입고 혼인 예식에 참여하는 건 아니다. 어린 양의 혼인 예식을 위해 자신을 준비한 신부만이 누릴 축복이다. 예수 그리스도의 초림으로 예수님과 교회의 영적 연합이 시작되었다. 완전히 성취된 건 아니었다. 예수님의 재림 때 신랑과 신부, 그리스도와 교회의 완전한 연합이 이뤄질 것이다.

잔치를 곁들인 혼인식의 이미지는 유대인들에게 잘 알려진 하나님 나라의 이미지다. 예수님은 하나님 나라 비유에서 혼인과 잔치의 이미지를 사용하셨다. 구약성경에서는 이 비유를 신부 이스라엘에 대하여 사용하였다(겔 16:1 이하; 호 2:19). 신약에서는 교회에 적용하였다. 약혼한 여자는 혼인식을 준비하는 여자다. 자신에게 기름을 바른다. 예복을 입는다. 패물을 착용한다. 혼인 예식을 위해 자신을 준비한다. 혼인의 이미지가 이스라엘과 하나님의 관계를 지칭하는 데 사용된다. 유사한 행동들이 언급되었다.

1. 어린 양의 신부로서 준비하다

'큰 음녀'와 어린 양의 신부 간에는 명백한 대조가 있다. 어린 양과 그의 신부는 음녀 및 그 애인들과 대조를 이룬다. 신구약성경에는 이스라엘을 야훼의 신부로, 교회를 그리스도의 신부로 보는 이미지가 풍부하다. 초기 그리스도인들은 혼인 이미지를 하나님의 관계로부터 예수님과 관련된 자들에게 확대했다. 예수님의 비유에서 그를 신랑과 연결시킨다. 신랑이 있을 동안은 기쁨이 있을 것이라고 한다. 하나님과 그의 백성 간의 관계를 표현하는 혼인의 비유는 구약이 예언 문학에 그 뿌리를 두고 있다. 이 배경은 주로 선지서에서 주어진다. 포로가 된 이스라엘은 만유의 주가 자신의 남편이며 자신을 다시 데려가실 것이라는 사실을 기억함으로 위로받는다.

"만군의 여호와는 너를 지으신 이가 네 남편'이라 말씀한다(사 54:5).

일반적인 사회적 관례에서, 신부와 신랑은 약혼을 통하여 상호 간의 혼약 관계로 결합된다. 남자는 자신의 아내에게 충실할 것을 약속하며, 여자는 자신의 충실을 맹세한다. 혼인 예식은 얼마 뒤에 진행한다. 혼인의 비유는 메시야가 그의 피로 사신 공동체, 곧 메시야 공동체의 치밀하고 파괴할 수 없는 연합을 암시한다.

성경이 기록한 시대의 혼인은 두 개의 주된 사건과 연관되었다. 약혼과 혼인이었다. 둘 사이에는 일정 기간의 간격이 있다. 그 기간 두 사람은 남편과 아내로 여겨졌다. 서로 신실함의 의무를 지켜야 했다. 구약성경과 유대교에서 약혼은 결혼의 첫 단계이다. 법적인 단계이다. 약혼은 결혼 예식으로 완성된다. 약혼한 이후에는 약혼녀이면서 아내로 간주할 수 있다. 그 이유는 약혼식에서 중대한 약속을 했기 때문이다. 아내에 해당하는 '귀네'는 여자를 의미한다. 정숙한 아내, 혹은 정숙한 여자는 바로 바벨론 타락한 여자와 반대이다.

계약 사상은 신부의 개념에 함축되어 있다. 이는 각 파트너가 지켜야 할 의무로 시작하는 꼭 이행해야 할 약속과 관련 있기 때문이다. 고린도후서 11:2에는 교회가 순결한 처녀로 신랑인 그리스도와 약혼했다는 은유가 나온다. 약혼은 고린도 교인들이 믿고 회개했을 때 이루어졌다. 그리스도께 드리는 것은 예수님께서 다시 오실 때 이루어질 것이다. 혼인식이 거행되기 전에 성도들이 세상의 박해에도 아랑곳하지 않고 그들의 믿음을 보존함으로서 '의로운 행실'을 행하여 준비를 완성했다는 의미이다. 신부의 옷만 언급하고 있지만 신부 단장을 가리킨다.

"거룩한 성 새 예루살렘이 하나님께로부터 하늘에서 내려오니 그 준비한 것이 신부가 남편을 위하여 단장한 것 같더라"는 어구도 신부 단장을 가리킨다.

칭의는 하나님 나라에 들어가는 원인적인 필요조건이다. 옳은 행실은 비원인적인 필요조건이다.

2. 하나님이 빛나고 깨끗한 세마포 옷을 준비하시다

남편이신 하나님은 자신의 신부에게 사랑과 관심을 준다. 하나님은 자신의 신부를 위해 '구원의 옷'과 '공의의 겉옷'을 입힌다(사 61:10). 그리고 신부가 필요로 하는 패물을 제공한다. 가장 먼저 물로 피를 씻기고 다양한 옷과 화려한 왕관을 씌운다. 황후의 지위에 올린다.

에스겔서에 나오는 신부처럼, 요한계시록의 신부도 '성도들의 옳은 행실'을 상징하는 '빛나고 깨끗한 세마포 옷'을 입었다. 빛난다는 것은 영광을 묘사하

Figure 51-1.

예수님의 변형을 묘사한 모자이크('다볼 산의 변형 교회'에서 나온 것).

기 위해 하얗고 빛나는 색을 말한다. 깨끗하다는 것은 새 예루살렘의 특성인 정결, 충성, 신실을 반영하는 것이다.

많은 연구는 세계 어디에나 신랑 쪽에서 신부의 가족에게 대가를 지불하는 이른바 신붓값 문화를 갖고 있다고 한다. 양가의 관계를 공고히 해두자는 취지다. 신부가 잘 대접받을 것이라는 약조다. 신부의 가족에게 생기는 손실에 대한 대가이기도 하다.

> 교회의 옷은 흰 세마포이다. 이것은 큰 음녀가 입은 자주 빛과 붉은 옷 그리고 세마포 옷과는 뚜렷한 대조를 이룬다. 깨끗한 세마포는 하나님이 신부에게 적합하다(겔 16:10).

이전에 언급된 흰 옷과 밀접한 관련이 있다. 그 옷은 순결, 거룩 그리고 명예를 의미한다. 세마포는 제사장과 왕들의 옷을 만드는데 사용한 값진 천이었다. 그것은 빛나고 깨끗한 천이다. 지성소에 들어가는 대제사장이 반드시 입어야 하는 옷이었다(레 16:4). 성소에 들어가는 모든 사역자에게 확대되었다. 순결함과 의로운 행동을 상징하는 것은 자연스러운 일일 것이다. 세마포는 고대 세계에서 사치품이었다. 큰 성, 즉 로마가 '세마포 옷과 자주 옷과 붉은 옷을 입고 금과 보석과 진주'로 꾸민 것으로 묘사되고 있다. 바벨론의 사치스러운 세마포 옷과 어린 양의 신부가 입은 빛나고 깨끗한 세마포는 대비되고 있다.

요한계시록은 신부의 준비에 관한 사항은 하나님과의 관계에서 예수님과의 관계로 확대한다. 이 상황에서, 강조는 신부가 입게 될 빛나고 깨끗한 세마포 옷이다. 후에, 새 예루살렘의 환상에서는 신부의 예복에 있는 금과 보석들에 더 많은 관심이 주어질 것이다. 어린 양의 신부에게 빛나고 깨끗하고 세마포 옷을 입도록 허락이 되었다. 깨끗한 세마포 또는 흰 옷을 입는 것은 하나님께 예배하기 위한 정결의 과정이다. 또한 혼인식에서 신부에게 합당한 순결이다. 예배와 혼인의 장면들은 부활의 희망의 지칭한다.

혼인의 이미지는 하나님이 그의 백성들이 그에게 충실할 것을 기대하신다는 의미이다. 신부가 자신의 남편에게 충실해야 하는 것처럼 말이다. 호세아는 하나님이 피조물과 맺었던 언약과 하나님이 이루실 평화를 연결시킨다. 하나님이 이스라엘에게 장가를 간다. "영원히 살되 공의와 정의와 은총과 긍휼히 여김으로 네게 장가 들며 진실함으로 네게 장가 들리니"라는 선포로 종결된다(호 2:19-20).

신랑으로서 그리스도와 신부로서의 하나님의 백성, 즉 교회라는 은유는 초기 그리스도교에서 매우 널리 사용되었다. 흰 옷은 하나님 앞에 선 사람의 신분을 가리키는 이미지다. 독자들은 죄는 그들의 옷을 더럽혀서 하나님 앞에 서기에 적합하지 않게 한다고 경고받는다. 그러므로 그들은 그리스도의 죽음의 은혜를 입어 어린 양의 피로 그들의 옷을 씻어야 한다. 그와 같이 깨끗하게 하여 새 예루살렘에 들어가게 된다.

성도들의 옳은 행실을 상징하는 세마포 옷이 그리스도에 대한 순결의 표시다. 신부에게 옷이 제공된다. 그녀는 그리스도에 대한 진실됨과 충성으로 혼인을 위해 자기 자신을 준비해야 한다.

예수님은 하나님 나라를 자기 아들을 위해 혼인 잔치를 준비한 왕으로 비유하셨다(마 22:1-14). 왕의 혼인 잔치에 참석하는 자는 예복을 입어야 했다. 한 사람이 예복을 입지 않았다. 두 가지 경우다. 주인에 의해 깨끗한 옷이 공급되었으나 거절한 경우다. 아니면 부주의로 더러워진 것이다. 아무튼 깨끗한 옷의 의미는 그리스도에 대한 회개와 순종을 의미한다.

세마포 옷(Fine linen)

성도들에게 허락된 빛나고 깨끗한 세마포 옷은
옳은 행실을 나타낸다(계 19:8).

Figure 52.

하나님은 우리의 더러운 누더기를 내적 영적 변화의 외적 상징인 흰 세마포
옷으로 바꾸신다.

우리 조상들은 먹고(食) 살기(住) 힘들 때도 의복(衣)은 신경 썼다고 한다. 의식주(衣食住)라는 말의 순서에서 알 수 있다. 남편이신 하나님은 자신의 신부에게 사랑과 관심을 준다. 하나님은 자신의 신부를 위해 '구원의 옷'과 '공의의 겉옷'을 입힌다(사 61:10). 그리고 신부가 필요로 하는 패물을 제공한다. 가장 먼저 물로 피를 씻기고 다양한 옷과 화려한 왕관을 씌운다. 황후의 지위에 올린다(겔 16:9-13).

에스겔서에 나오는 신부처럼(겔 16:8-10), 어린 양의 신부는 '성도들의 옳은 행실'을 상징하는 '빛나고 깨끗한 세마포 옷'을 입었다. 빛난다는 것은 영광을 묘사하기 위해 하얗고 빛나는 색을 말한다(참고. 마 13:43). 깨끗하다는 것은 새 예루살렘의 특성인 정결, 충성, 신실을 반영하는 것이다. 혼인 의복은 보호 사상 이외에 하나님과의 친근한 교제로 해석된다. 퇴폐와 부의 상징인 바벨론, 즉 로마의 세마포와 일부러 대비하고 있다. 어린 양의 신부는 다니엘처럼 뜻을 정하여 정식으로 자신을 더럽히지 아니한 자들이다.

1. 빛나고 깨끗한 세마포 옷을 입도록 허락되다

어린 양의 신부가 입은 '빛나고 깨끗한 세마포 옷'은 순교자들이 이 옷을 입었고, 천사들도 그러하다. 교회의 옷은 흰 세마포이다. 이것은 큰 음녀가 입은 자주 빛과 붉은 옷 그리고 세마포 옷과는 뚜렷한 대조를 이룬다. 깨끗한 세마포는 하나님의 신부에게 적합하다(겔 16:10). 이전에 언급된 흰 옷과 밀접한 관련이 있다. 그 옷은 순결, 거룩 그리고 명예를 의미한다. 세마포에 해당하는 뷔씨노스(βύσσινος)는 제사장과 왕들의 옷을 만드는데 사용한 값진 천이었다. 그것은 빛나고 깨끗한 천이다. 지성소에 들어가는 대제사장이 반드시 입어야 하는 옷이었다(레 16:4). 성소에 들어가는 모든 사역자에게 확대되었다. 순결함과 의로운 행동을 상징하는 것은 자연스러운 일일 것이다. 세마포는 고대 세계에서 사치품이었다. 큰 성, 즉 로마가 '세마포 옷과 자주 옷과 붉은 옷을 입고 금과 보석과 진주'로 꾸민 것으로 묘사되고 있다. 바벨론의 사치스러운 세마포 옷과 어린 양의 신부가 입은 빛나고 깨끗한 세마포는 대비되고 있다.

요한계시록은 신부의 준비에 관한 사항은 하나님과의 관계에서 예수님과의 관계로 확대한다. 이 상황에서 강조는 신부가 입게 될 빛나고 깨끗한 세마포 옷이다. 후에, 새 예루살렘의 환상에서는 신부의 예복에 있는 금과 보석들에 더 많은 관심이 주어질 것이다. 어린 양의 신부에게 빛나고 깨끗하고 세마포 옷을 입도록 허락이 되었다. '허락하였다'는 부정과거 수동태다. 신부의 의로움이나 장점 때문에 옷이 제공된 것이 아니다. 신적수동태다. 하나님의 선하심 때문에 이루어짐을 가리킨다. 깨끗한 세마포 또는 흰 옷을 입는 것은 하나님께 예배하기 위한 정결의 과정이다. 또한 혼인식에서 신부에게 합당한 순결이다. 예배와 혼인의 장면들은 부활의 희망을 노래한다.

2. 옷은 성도들의 옳은 행실이다

신부의 옷만 언급하고 있지만 신부 단장을 가리킨다.

> 거룩한 성 새 예루살렘이 하나님께로부터 하늘에서 내려오니 그 준비한 것이 신부가 남편을 위하여 단장한 것 같더라"는 어구도 신부 단장을 가리킨다.

칭의는 하나님 나라에 들어가는 원인적인 필요조건이다. 옳은 행실은 비원인적인 필요조건이다. 혼인의 이미지는 하나님이 그의 백성들이 그에게 충실할 것을 기대하신다는 의미이다. 신부가 자신의 남편에게 충실해야 하는 것처럼 말이다. 호세아는 하나님이 피조물과 맺었던 언약과 하나님이 이루실 평화를 연결시킨다. 하나님이 이스라엘에게 장가를 간다. "영원히 살되 공의와 정의와 은총과 긍휼히 여김으로 네게 장가 들며 진실함으로 네게 장가 들리니"라는 선포로 종결된다(호 2:19-20).

신랑으로서 그리스도와 신부로서의 하나님의 백성, 즉 교회라는 은유는 초기 그리스도교에서 매우 널리 사용되었다. 흰 옷은 하나님 앞에 선 사람의 신분을 가리키는 이미지다. 독자들은 죄는 그들의 옷을 더럽혀서 하나님 앞에 서기에 적합하지 않게 한다고 경고받는다. 그러므로 그들은 그리스도의 죽음의 은혜를 입어 어린 양의 피로 그들의 옷을 씻어야 한다. 그와 같이 깨끗하게 하여 새 예루살렘에 들어가게 된다.

성도들의 옳은 행실을 상징하는 세마포 옷이 그리스도에 대한 순결의 표시다. 신부에게 옷이 제공된다. 그녀는 그리스도에 대한 진실됨과 충성으로 혼인을 위해 자기 자신을 준비해야 한다. 벤저민 디즈레일리는 "사람이 인생에서 성공하는 비결은 기회가 다가올 때 그것을 받아들일 준비가 되어 있는가, 그렇지 않은가에 달려 있다"라고 말했다. 예수님은 하나님 나라를 자기 아들을 위해 혼인 잔치를 준비한 왕으로 비유하셨다(마 22:1-14). 왕의 혼인 잔치에 참석하는 자는 예복을 입어야 했다. 한 사람이 예복을 입지 않았다. 두 가지 경우다. 주인에 의해 깨끗한 옷이 공급되었으나 거절한 경우다. 아니면 부주의로 더러워진 것이다. 아무튼 깨끗한 옷의 의미는 그리스도에 대한 회개와 순종을 의미한다. 그 사람은 아마도 '웨어러블 로봇 슈트'(wearable robot suit) 같이 자신의 것으로 자랑하고 싶어는지 모른다. 이 옷은 옷을 입듯 몸에 장착하는 기기가 사람이 움직일 때 써야 하는 힘을 줄여 준다

옷을 입는 방식은 구원의 과정에서 하나님의 행위와 인간의 행동 사이의 관계에 대한 논쟁으로 이끄는 옳은 행위(just deeds)와 연결되어 있다. '이 세마포는 성도들의 옳은 행실'이라는 것은 아마도 요한에 의해 덧붙여진 보충적인 해석일 것이다. '옳은 행실'은 복수형이다. 신부의 옷이 끝까지 인내한 자들의 셀 수 없는 신실한 순종의 행위들로 수놓아 있음을 보여 준다고 할 수 있다.

옳은 행실의 삶을 사는 것은 의롭다 함을 얻은 사람의 자연스러운 반응이다. 의인은 믿음으로 산다(롬 1:17). 어린 양과의 혼인식에 들어가기 전에 요구되는 필요한 외적 반응 또는 표시임을 암시한다. 바울의 칭의의 교리와 모순되지 않는다. 신랑의 요구에 합당한 반응이다. 변화된 삶이다. 요한의 관심사는 교회 안의 거룩함이다. 신부에게 허락된 것은 세마포가 아니라 의로운 행실들을 옷입을 수 있는 특권이다.

> 우리는 그가 만드신 바라 그리스도 예수 안에서 선한 일을 위하여 지으심을 받은 자니(엡 2:10).

그렇다. 믿는 자들은 하나님이 예비하신 옳은 행실을 위해 창조되었다. 옳은 행실은 믿음의 가시적 면과 관련이 있다. 요한계시록은 충성된 사람들의 행위들은 죽음 이후에도 그들을 따른다고 추론한다. 하나님이 그들의 행위를 인정하고 기억하신다. 옳은 행실들로 부활 시에 그들을 단장하도록 허락하신다는 사상이다. 교회는 정혼한 처녀처럼 신랑이신 그리스도께 대한 순결과 지조를 지켜야 한다.

> 임 향한 일편단심이야 가실 줄이 있으랴.

고려 말 이방원의 하여가를 되받아친 정몽주 단심가다. 단심은 붉은 마음이다. 충절과 사랑과 지조를 상징한다. 성도들의 옳은 행실은 혼인 예식을 위해 자신을 준비한 신부들의 행위들이다. 이것은 신자들이 어린 양의 피에 자신들이 예복을 씻는 이미지들과 관련이 있다.

혼인 잔치(The wedding supper)

어린 양의 혼인 잔치에 청함을 받은 자는 복되고 아름답다(계 19:9).

Figure 53.

그의 백성과 함께하는 하나님의 하늘의 연회는 '어린 양의 혼인 잔치'(계 19:9)라고 불린다.
연회 장면은 그레코로만 시대의 장례 예술에서 빈번한 모티브였다. 여기에 표시된 것과 같은
연회 장면의 프레스코화는 로마 외곽의 지하 묘지에 있는 기독교인 매장지에서 발견되었다.

종말의 구원과 하나님 나라의 도래를 묘사하기 위해 혼인 잔치의 이미지를 사용한다. 잔치 이미지는 부활을 지칭하는 데 사용되었다. 부활은 죽음으로부터 구원해 준다. 사람들에게 흰 옷을 입을 수 있게 한다. 어린 양과 함께 기쁨을 누리게 한다.

구약에서 종말의 잔치 이미지가 특별히 혼인 잔치로 묘사되지는 않는다. 기쁨과 구원이 연결된다. 슬픔과 압박 그리고 수치로부터의 구원을 의미하는 혼인의 이미지를 사용했던 선지자들의 전승과 같은 전승들과 연결될 수 있게 한다. '혼인 잔치'주제는 요한계시록 19장에만 나온다. 다가오는 메시야 시대에 의해 잘 알려진 표상이었다. 메시야 잔치는 유대 사상의 통상적인 주제다. 이사야 25:6의 "만군의 여호와께서 이 산에서 만민을 위하여 기름진 것과 오래 저장하였던 포도주로 연회를 베푸시리니 곧 골수가 가득한 기름진 것과 오래 저장하였던 맑은 포도주로 하실 것이며"에 기반을 두고 있다. 하나님은 화려한 잔치를 베푸실 것을 약속하셨다. 하나님은 사망은 멸하신다. 자기 백성의 눈물과 수치를 제하실 것이다(사 25:8). 요한 전승에서, 선지자 요한은 신랑이신 예수님을 신부를 취하는 혼인 잔치에서 가장 중요한 사람으로 묘사한다(요 3:29). 가나의 혼인 잔치에서 포도주를 제공함함으로 예수님은 암시적으로 신랑의 역할을 주장한다(요 2:1-11).

1. 어린 양의 혼인 잔치에 청함을 받은 자

'잔치'는 혼인 비유에 표현된 친근한 교제 사상을 강조한다. 잔치는 친밀한 식탁 교제의 장이다. 그리스도가 그의 백성과 식사하는 장면은 라오디게아 교회에 주신 "내가 그에게로 들어가 그와 더불어 먹고 그는 나와 더불어 먹으리라"는 말씀에서 찾을 수 있다. 복 된 까닭이 무엇인가? 하나님과 교제를 즐기는 상이기 때문이다. 잔치집의 먹을 게 얼마나 많으냐가 관건이 아니다. 음식이 풍성하다고 더 행복해졌다는 증거는 없다. 선택의 폭이 넓어

짐에 따라 행복감이 더 커진다는 믿음은 잘못이다. 음식을 선택하는 폭이 넓은 것보다 혼인 잔치의 주인공과 얼마나 가까운 지가 더 중요하다. 들러리도 행사업체도 하객도 아닌 신부라면 모든 게 달라진다. 어린 양의 혼인 잔치에 신랑이 누구인가? 신랑은 '만주의 주시오 만왕의 왕'이시다. 성경적으로, 왕의 혼인 잔치에서 신랑은 말을 타고 허리춤에 칼을 차고 진리와 공의를 행하는 승리한 인물로 묘사된다. 다음 장면에서 이 이미지가 그리스도에게 적용된다. 혼인은 일반적으로 기쁨이 그 특징이다. 고대 문헌들은 신랑신부들의 기쁨을 고무시키기 위한 혼인 하객들의 책임을 강조하고 있다.

한 천사가 '어린 양의 혼인 잔치에 청함을 받은 자들'에 대해 말할 때 이 비유적 표현은 신부로부터 손님들로 그 대상이 변경된다.

> 하나님의 백성은 신부이며, 손님이다. 교회는 그리스도의 신부이며 손님이다.

이중적인 상징이 차용되어 있다. 그 신부와 청함을 받은 손님들이 하나다. 그리스도인들은 어린 양의 신부이면서 영원한 손님이다. '어린 양의 혼인 잔치에 청함을 받은 자'라는 어구는 이례적(unusual)이다. 요한계시록에서 전치사구가 정관사와 그 관사의 지배를 받는 실명사 사이에 나오는 경우가 극히 드물다. 혼인 잔치의 초청, 즉 청첩장은 구두나 글로 주어진다(마 22:1-10). 초대의 글은 다음과 같이 되어 있다.

> 테모르디스는 그의 집에서 내일 열리는 그의 딸의 혼인식 잔치에 당신을 초대합니다. 또는 "혼인식에 당신과 함께 식사하기 위해 당신을 초대합니다.

2. 복 되도다, 어린 양의 혼인 잔치에 청함을 받은 자여!

어린 양의 혼인 잔치에 손님으로 청함을 받는다. 누가 초대장을 보냈는가? 결혼 관계를 이루는 데 있어서 하나님의 주권적 주도권이 강조된 단어다. 요한계시록에서는 하나님의 호의로 어린 양의 혼인 잔치에 초대된다. 잔치는 은혜로운 것이다. 초대장이 있으면 참석할 수 있다. 축의금이 아니다. 은혜다. 공로나 선행이 아니다.

바울 서신에 있는 선택사상과 밀접한 관련이 있다. '부르심을 받고 택하심을 받은'으로 언급된다. '청함을 받은'이라는 단어가 '택하심을 받은'과 거의 동의어라는 사실이 확증한다. 하나님은 신부에게 혼인 예복을 '주실'그뿐만 아니라 혼인 잔치에 참석하기를 바라는 자들을 '초청하신다.' 하나님의 초청이다. 단체가 아닌 개인적이다. 교회 공동체보다 개인에게 초점을 맞춘다. 하나님이 자신의 것으로 부르신다. 택하신 자들이 초청에 응한다. 저자는 어린

Figure 53-1.

16세기 브뤼셀 태피스트리의 이 디테일은 어린 양의 혼인 만찬을 보여 준다(빌렘 드 판네메이커).

양의 혼인 잔치에 청함을 받는 것과 백마 탄 자에 의해서 패배한 원수들의 시체로 잔치를 벌이도록 새들을 초대하는 것과 대비시킨다.

> 성도들은 교회로서 신부이면서 초청받은 손님이다. 둘 다 혼인 잔치에서 일어난다. 어린 양이신 그리스도와 긴밀한 교제를 묘사한다.

전자는 교회 공동체에 초점을 맞춰져 있다. 후자는 교회를 이루는 개개인 신자들에게 초점을 맞추고 있다. 이런 은유의 결합은 이미지에 풍성함을 더하기 위하여 고대 세계에서는 흔히 사용되었다. 여전히 하나님은 통제하시는 분이다.

혼인 잔치에 참여하리라는 약속은 흔하게 나타나는 문학적 형태다.

'… 하는 자는 복이 있나니'는 하나의 '지복'(beatitude)이라 할 수 있다. 일곱 복 중의 네 번째다. 선언된 '복 되도다'는 법적인 상황에서 의롭다고 인정함 또는 상 받음이라는 사상과 관련이 있다. 복의 근원이신 하나님만이 '복 되도다'라고 선언할 수 있다. 악과 사망의 최종 멸망과 함께 임하게 될 풍성한 생명을 예견한다. 말을 한다는 것은 곧 어떤 행위를 하는 것이다. 어떤 말은 '선언'하는 행위로서 세상을 바꾼다. 말은 곧 행위다. 행위가 모여서 세상을 주조한다. 다만 말이 행위가 되기 위해 충족되어야 할 조건이 있다. 그중 가장 결정적인 것은 말하는 이의 자격이다. '복 되도다'를 선언하는 이가 전능하신 이가 아니라 유한한 인간이라면 가짜라고 말할 것이다.

혼인 잔치에 청함을 받은 자들은 복이 있다. 왜 복이 있는가? 통상적인 관례를 생각해 보자. 결혼식장에서 복을 비는 자는 하객들이다. 신랑과 신랑의 행복을 기원한다. 요즘은 예식장이지만 그 때는 손님들이 신부를 신랑의 집으로 데려가는 횃불 행렬에 참여한다. 혼인은 신부의 집으로 가는 행렬로 시작된다. 뒤이어 이 행렬은 혼인 잔치를 위해 신랑의 집으로 돌아왔다.

비유적으로 말하면,

> 믿음으로 그리스도와 약혼한 교회는, 이제 그의 하늘 신랑이 신부를 위해 오고, 함께 하늘로 돌아가 영원토록 혼인 잔치를 하는 그 재림의 때를 기다리고 있다.

일반적 사회적 관례에서, 혼인 예식에는 잔치와 신부가 신랑의 집으로 하는 행진이 포함된다. 가는 길에, 사람들은 신랑·신부에게 복을 외친다. '복 되도다'에 해당하는 '마카리오이'(μακάριοι)를 외친다. 그들이 행복하고 번성하며 아이들을 많이 갖기를 소원한다. 그러나 여기에서는 대상이 바뀐다. 신랑 신부가 아닌 손님들이다. 손님들에게 '복이 있도다'라고 한다. 그 이유가 무엇인가? 혼인 잔치에 단지 초청을 받았기 때문이 아니다. 손님이면서 그들은 어린 양의 신부이기 때문이다. 새 예루살렘이다. 생명과 평강이 영원히 주어지기 때문이다.

예배자들은 이 책의 마지막 장에 나오는 신부의 새 예루살렘의 환상을 예견하는 다가올 혼인 잔치를 내다본다. 그 후에 한 천사가 혼인 잔치에 초대받은 자들에게 복을 선포한다.

'화양연화'(花樣年華)라는 말은 인생에서 가장 아름답고 행복한 순간을 의미한다. 누구에게나 인생의 가장 빛나던 순간이 있다. 많은 이들이 사랑하는 사람과의 만남을 꼽는다. 삶이 꽃이 되는 순간이다. 어린 양의 혼인 잔치에 청함을 받는 것은 이보다 더 복되고 아름답다. 어린 양 예수님의 십자가의 통해 사랑을 확인했기 때문이다. 속죄적 고난을 통해 사랑을 느꼈다. 이 희생은 그가 권능을 받으시기에 합당하다는 사실을 증명해 준다. 그리고 그가 신부인 자기 백성들에게 '충실과 진실'이 될 것임을 보여 준다.

제5부

새 하늘과 새 땅

Figure 제5부.

예수님께서는 자신이 곧 오실 것임을 사도 요한과 그의 독자들에게 세 번 상기시켜 주셨다. 요한은 승천할 때 천사들이 한 말을 기억했을 것이다(행 1:11). 예수님의 승천을 묘사한 이 상아 부조는 A.D. 10세기 후반의 것이다.

미혹(Deception)

사탄은 천 년이 차도록 다시는 만국을 미혹하지 못하리라(계 20:3).

Figure 54.

두치오 디 부오닌세냐(AD 1308-1311)의 '산에서의 사탄의 유혹을 물리치는 그리스도'.

성경에서 '미혹'은 나이를 기준하지 않는다. 그 뜻도 뒤죽박죽을 의미하지 않는다. '미혹하다'에 해당하는 플라나오(πλανάω)는 관계 속에서 의미를 찾는다. '길을 잃다, 속이다, 미혹되다'이다. 칠십인역(LXX)에서는 '혼돈시키다, 길을 잘못 인도하다, 방황(彷)다'를 의미한다. 소경을 잘못된 길로 인도해서는 안 된다(신 27:18). 우상 숭배에 빠지게 하는 종교적 미혹은 거짓 선지자들과 충성되지 못한 지도자들(신 13:6 이하; 왕하 21:9)이나 거짓 선지자들의 짓이다 (호 8:6; 암 2:4). 미혹의 배후에 있는 개념은 '잘못된 길로 인도되다'이다. 대체로 방황하다를 의미한다. 행위나 말이나 글을 통해 '속이다'를 의미할 수 있다. 비유적으로 사용될 때 목표의 부재를 가리킨다. 공자에게 '미혹됨이 무엇입니까?'라고 제자 자장이 물었다. 그 질문에 답하면서 '사랑할 때의 마음과 미워할 때의 마음이 완전 뒤바뀌는 그 자체'를 두고 미혹함이라 답했다.

1. 사탄은 천 년이 차도록 미혹하지 못한다

사탄은 감금된다. 감금 상태를 자세히 묘사한다. 기간은 천 년 동안이다. 쇠사슬에 결박된다. 무저갱으로 던져진다. 무저갱은 잠기고 인봉된다. 사탄이 땅에서 미치는 영향력에 문제가 생겼음을 암시한다. 사탄이 무저갱에 감금되고 인봉까지 되었으니 절대적 감금을 의미한다. 하지만 그리스도의 주권 아래 있다는 사상을 의미할 수 있다. 하나님이 사탄을 천 년 기간 동안 인봉하신 것은 교회가 미혹의 안전지대에 있다는 것이 아니라 미혹을 이길 수 있다는 것을 확신시켜 준다. 참된 교회가 구원의 안전성에 해를 끼치지 못하게 하신다는 의미다. 미혹을 이길 수 있고 이겨야 한다. 이긴 자에게 주시는 상급이 있다. 비록 물리적으로 해를 당하고 미혹을 제외될 수 없다.

연대기적 관점에서 사탄이 종말을 고할 때가 언제인지 그들로 하여금 계산하도록 허락되지 않는다.

사탄이 종말을 맞이할 것이다. 사탄이 결박을 당하고 천 년 기간 동안 감금되는 것은 독자들로 하여금 하나님의 옹호하심을 신뢰하도록 용기를 준다.

사탄이 그리스도의 죽음으로 '쫓겨났다'는 것은 사탄을 모든 면에서 제한하는 것이 아니다. 단지 사탄은 쫓겨남으로써 온 땅에서 '모든 사람'이 그리스도에게로 가는 것을 막지 못하게 되었음을 의미한다(요 12:31-32). 인내와 순교로 마귀를 대적하는 충성된 신자들을 감당치 못한다. 세상을 어지럽히고 백성을 속이는 것을 '혹세무민'(惑世誣民)이라 한다. 남의 눈과 마음을 '현혹'(眩惑)시키는 말이나, 근거 없는 '매혹적'(魅惑的) 태도에는 함정이 있으니 조심할 일이다. '의혹'(疑惑)에 빠지면 혹독한 대가를 치를지도 모를 일이다.

구금의 목적이 무엇인가? 처벌을 위해서가 아니다. 그가 만국을 미혹하지 못하게 하기 위해서다. 사탄의 행동의 한 가지는 이미 정지되었다. 그 행동은 그리스도가 승천하고 사탄이 하늘로부터 쫓겨나서 그의 영향력이 지상으로 제한됨으로 제한됨으로 끝이 났다. 사탄의 행동의 두 번째 형태는 사람들을 미혹하는 것이다. 그는 주권은 하나님과 어린 양에게 있는 것이 아니라, 땅의 파괴자에게 속한 것이라는 믿음을 갖도록 사람들을 꾀었다. 만국을 속였을 때, 그들은 인간 권위자들을 신격화했다. 그리고 바벨론, 즉 로마의 물질주의적이며 폭력적인 길을 따르도록 유혹했다.

2. 사탄은 천 년이 차도록 무저갱에 결박당하다

고대 그리스인은 신을 두 부류로 나눴다. 논리, 질서, 이성의 신과 광기, 성욕, 폭력의 신이다. 전자는 올림푸스에 사는 제우스, 아폴론, 아테네 등 12신은 질서를 유지하는 신이었다. 후자는 숲이나 계곡에는 동물적 폭력성과 성욕, 식욕을 대표하는 신이다. 그 대표적인 예가 바로 숲의 정령 판(pan)이다. 목

FFigure 54-1.

숫자 666으로 대표되는 짐승은 확실히 식별할 수는 없지만
그럼에도 불구하고 무시무시한 상징이다.

동의 신이기도 하다. '공포' 또는 '당황하다'는 뜻인 패닉(panic)은 pan에서 유래한 말이다. 숲의 정령의 주무기는 사람을 미혹하는 것이다. 미혹된 사람들은 이성을 잃고 춤을 추고 술에 취하고 사랑에 빠져 숲을 헤맨다. 미혹이란 '무엇에게 홀려 정신을 차리지 못하고 헤매다'라는 뜻이다. '혹시나 하며 기대를 거는 마음'이 바로 미혹될 '혹'(惑) 자이다. 글자 모양을 보면 '혹시나(或) 하는 마음(心)'이 깔려 있다. 이것은 매우 위험하다. 아담이 혹시나 하며 기대를 거는 마음으로 사탄의 꾐에 빠져 선악과를 먹음으로 모든 사람을 사망에 이르게 하였다.

천사가 용을 잡아 결박한다. 무저갱에 던져 넣는다. 거기서 용은 천 년 동안 있게 된다. 만국을 미혹하지 못하게 된다. 그러나 천년이 마칠 때 즈음에 그가 잠깐 동안 다시 풀려나게 될 것이다.

미혹에 대한 주요한 공간적 의미는 목자 없이 길을 잃고 멸망하는 양의 모습이 소개된 곳에 사용되었다 또는 길과 결합된 곳에서 가장 뚜렷이 나타난다. 그러나 미혹은 공간적 의미가 아니다. 항상 신학적 의미다.

사탄의 최후 패배는 두 단계를 거쳐 일어난다.

첫 번째 단계는 무저갱에 천 년 동안 갇혀 있는 것이다.
두 번째 단계는 세세토록 불못 속에 던져지는 것이다.

무천년 학자들이 주목하고 있듯이, 요한계시록 대부분의 내용을 연대기적으로 연속적인 기사로 보는 것은 어려운 일이다. 왜냐하면 인, 나팔, 대접 등은 그 처음과 완성에 있어서 병행하는 것처럼 보이기 때문이다. 또한 천 년 동안 사탄을 결박하는 것은 현재 기간 동안 사탄이 맹렬하게 속이고 죽이는 활동을 하는 깃과 어울리지 않는다. 사탄이 강제로 결박되어 무저갱에 감금한다는 모티브는 고대의 다른 전쟁 신화들에 속에 병행을 갖고 있다. H헤 시디(Hesiod)의 테오 고니(Theogony)를 보면, 제우스(Zeus)와 그의 동맹군이 타이탄 족을 정복한 후에 패배한 자들을 땅 밑에 가두고, 그 후에 지하 세계에 관한 묘사가 나온다. 천 년이라는 결박 기간은 사탄의 계획을 변경시키지 않는다. 악의 영향력으로부터 자유롭게 된 천 년 기간이 자신의 창조주를 거역하는 사람들의 기본적인 성향을 변화시키지도 못한다.

'인봉하다'는 절대적인 감금을 의미할 수 있다. 하지만 이 단어는 다니엘 6:17과 마태복음 27:66에서의 일차적인 의미이기도 한 '주권 행사'라는 일반적 사상을 의미할 수 있다. 하나님이 하나님의 종들 144,000명에게 인을 친다는 것은 그들을 모든 면에서 보호하신다는 의미가 아니다. 단지 영적이고 구원론적인 면에서 그렇게 하신다는 의미이다. 사탄이 성도들을 투옥하고 죽이는 삼 년 반이라는 시간은 환상의 세계에서 짧다. 대조적으로 사탄이 결박당하는 천 년 기간은 광대하다. 이것은 새 창조의 시의 영원한 생명으로 인도한다.

사탄이 강제로 결박되어 무저갱에 감금한다는 모티브는 구약의 본문이다. 하나님의 종말론적인 심판을 묘사하고 있는 이사야 24:21-22이다. 이사야는 전 세계적인 심판이라는 주제를 언급한다(사 24:16b-23). 심판의 날은 '두려움과 함정과 올무'로 가득찬 날이다. 모든 권세, 영, 마귀, 악의 세력이 하늘에서 쫓겨나 '깊은 옥'에 갇힐 것을 예언하였다. 이사야 본문과 관련된 모티브는 다음과 같다. 악인들의 감금이다. 기간은 '여러 날'이다. 감금이 끝난 뒤에 최후의 형벌을 받을 것이다.

천 년 동안 만국은 더 이상 사탄의 미혹하는 영향력 아래 있지 않다. 그들은 더 이상 미혹당해 하나님께만 속하는 경배를 황제께 드리는 우를 범하지 않는다. 천 년이 끝날 것을 바라보면서, 요한은 잠깐 동안 사탄이 반드시 놓이게 될 것이라고 덧붙인다. 예수님이 길이요 진리요 생명이다. 예수님은 선한 목자다. 목자로부터 이탈하는 것은 보호와 인도를 받지 못하고 이리저리 방황함으로써 길을 잃어버릴 위험에 처하게 된다. 믿음의 주요 영혼의 감독이시며 목자이신 예수님의 인도와 돌봄이 없는, 즉 미혹을 받아 길을 잃고 방황하는 것은 죄다. 믿음과 진리로부터 벗어나 마음이 미혹되는 것은 죄를 짓는 것이며 동시에 죄악을 초래한다.

천년왕국(Millenium)

순교자는 살아서 그리스도와 더불어 천 년 동안 왕 노릇하리라(계 20:4).

Figure 55.

새 예루살렘: '천사가 요한에게 예루살렘 도시를 보여 주다'라는 제목의 이 목판화(1832-83년 구스타브 도레의 그림)를 통해 황금빛 도시의 광활한 모습이 요한에게 드러난다.

순교한 이유는 요한계시록에서 종종 반복된다. 예수님의 증언과 하나님의 말씀이다. 예수님을 충성스럽게 증거한 이유뿐이다. 순교로 끝나는 끔찍한 박해의 와중에서도 예수님과 복음 메시지에 대한 그들의 충성된 증언을 의미한다. 고난받은 사람들은 마침내 보편적으로 왕 노릇할 것이다. 훨씬 더 오래 왕 노릇할 것이다. 승리를 증명한다. 비유적인 천 년 통치를 위해서뿐만 아니라 영원히 왕 노릇할 것이다. 순교자들은 타협을 거부한 자다. 미지근함을 이긴 자다. 믿음으로 견딘 전체 교회 대표자다. 교회 공동체를 포함하고 있는 집단이다. 모든 시대에 걸쳐 예수님에 대하여 신실함을 지킨 모든 자를 구현한 자들이다. 모든 성도가 역사의 이 마지막 시기에 나타날 것이다.

1. 순교자는 살아서 천 년 동안 왕 노릇 하리라

천년왕국에서 그리스도와 더불어 왕 노릇하는 자는 철인 또는 엘리트가 아닌 보좌에 앉은 자들이다.

> 순교자들이다. 죽기까지 하나님의 말씀을 증언하며 예수님을 믿었던 충성된 신자들이다. 예수님이 제자들에게 미래에 왕 노릇하는 것은 심판을 행하는 것으로 드러날 것이라는 말씀의 성취다.

그러나 요한계시록은 이 약속을 열둘로부터 예수님을 따르는 모든 자들로 확대한다. 예수님을 따르는 자들은 그리스도의 판결에 동의하고 찬송함으로써 실제로 그리스도와 함께 왕 노릇한다. 그들의 증언은 역사의 끝에 그리스도가 불경건한 자들을 심판하시는 근거가 된다.

요한은 보좌에 앉은 죽임당한 자들이 살아서 그리스도와 더불어 천 년 동안 왕 노릇 할 것이라 말한다. 요한은 환상적인 단계에서 사람들이 부활하여 천 년 동안 사는 생명을 받는 것을 본 까닭에 '천 년' '생명 또는 살아서'

'부활'등의 용어를 채용한다. 요한이 본 대상들과 들은 내용은 환상에서 보고 들은 것이다. 문자적으로 해석해서는 안 되고 상징적으로 묘사되고 전달된 것으로 이해해야 한다. 살아난 성도들이 그리스도와 더불어 천 년 동안 왕 노릇할 곳은 어디인가? 하늘에서 벌어지고 있는 것인지 땅에서 벌어지고 있는 것인지 분명하지 않다. 육체적으로 부활한 성도들이 천 년 동안 땅에서 통치하느냐 아니면 하늘의 영역에서 통치하느냐. 많은 논쟁이 있다.

"세살 버릇 여든까지 간다"라는 속담이 있다. 서너살짜리 아이들은 상상 속의 세계와 현실을 넘나들며 살기 때문에 눈에 뻔히 보이는 거짓말 또는 꾸며낸 이야기를 한다. 아이의 거짓말을 듣는 순간 대부분의 부모는 '세살 버릇 여든까지 간다'고 생각해 따끔하게 혼을 낸다. 그다지 바람직한 행동이 아니다. '세살'과 '여든'이라는 숫자는 문자적·일시적이기보다 상징적이다. 구약과 신약에서 '천 년'이라는 숫자를 이해할 때 문자적·일시적 해석과 상징적·영적 해석 두 가지를 주의 깊게 살펴보아야 한다.

하나는 일시적인 은유적 용례다.
또 하나는 영원적 은유다.

언어는 뜻과 해석이 달라질 수 있는 이중적 성격을 띤다. '천 년'이라는 기간을 메시야 통치 기간이란 개념에 비추어 볼 때, 그 기간이 반드시 천 년이어야 한다는 것은 아니다. 천 년 동안의 삶의 조건에 대해서는 아무런 말도 없다. 다만 누가 그 가운데서 다스릴 것인가에 대한 사실만 있을 뿐이다.

2. 그리스도와 더불어 천 년 동안 왕노릇하리라

요한은 '천년왕국'의 생활상은 언급하지 않는다. 단지 그곳에 누가 참여할 것인가에 대해서만 진술하고 있다. 보좌에 앉은 자요, 심판의 권세가 있는 자

Figure 55-1.

Figure 55-1.

반역하는 천사들의 몰락-금색 배경의
나무에 유채. 루브르 박물관, 파리, 프랑스.

요, 순교한 자들이다. 그들은 천년왕국 동안 심판과 통치의 기능을 행사할
부활한 순교자들이다. 천 년 통치는 죽은 성도들의 영혼이 '살아서' 그리고
교회 시대 동안 시작된다. 그들은 제사장과 왕으로서 그리스도와 함께 통치
한다. 요한이 다른 곳에서 대상을 확대한다. 그 나라의 왕 노릇을 할 자는 그
리스도의 피로 사신 바 되고 이긴 모든 성도에게 의해 공동으로 나눌 것이라
고 천명했다.

천년왕국을 가리키는 밀레니엄(millenium)은 '천'(千)을 뜻하는 라틴어 밀레
(mille)와 '년'(年)을 뜻하는 아누스(annus)에 근거한다. '천 년'에 해당하는 헬

라어 '킬리아 에테'(χίλια ἔτη)로부터 유래했다. '살아서 천 년 동안 왕 노릇한 다'고 할 때 방점은 '살아서 그리고 왕 노릇하다'이다. 천년이 문자적이냐 아 니면 영적이냐, 재림전이냐 후냐는 그다지 목숨 걸고 따질 문제가 아니다. 1,000은 10의 세제곱(the third power)이다. 이 숫자가 여기서 비유적으로 사용 되었다면 그것은 단순히 상당히 긴 시대(long era)를 나타낼 수 있다. 최소한 이상적인 시대(an idea epoch)를 상징한다.

역대상 16장은 다윗이 아삽 사람들에게 언약궤에서 찬양하기 위해 세 가 지 유형의 노래를 작곡하라고 말한다. 칭송(petition), 감사 그리고 찬양이다. 시편을 지배하는 세 가지 유형들이다. 시편에서 하나님의 언약은 '천 대에 걸 쳐 명령하신 말씀'인데(대상 16:15), 그 언약은 영원히 기억될 것이며 '영원한 언약'과 동일하다고 노래한다(대상 16:17; 시 105:8-10).

서머나 교회에 보낸 편지에서, 성도들이 장차 받을 고난인 '열흘'간의 짧 은 시련을 견딘다면, 죽도록 충성하는 자에게 주시는 생명의 면류관을 쓰고 '천 년'통치라는 상을 받을 것이다. 인내(忍耐)의 忍은 심장(心)에 칼날(刃)이 박힌 모습을 본뜬 글자다. 칼날로 심장을 후비는 고통을 참아내는 것이 바로 인내다. 유만주(兪晚柱)가 '흠영'(欽英)에서 이렇게 썼다.

우리는 감인세계(堪忍世界)에 태어났다. 참고 견뎌야 할 일이 열에 여덟 아홉이다(我輩旣生於堪忍世界, 則堪忍之事, 十恒八九).

감인(堪忍)은 참고 견딘다는 뜻이다. 사람이 한 세상을 살아가는 일은 참아내 고 견뎌내는 연습의 과정일 뿐이다. 그것으로 끝나는 허무한 세상이 아니다. 하 나님의 자녀들에게 현재의 고난과 비교할 수 없는 영원한 영광이 있다(롬 8:18).

고난은 날(日)인데 통치는 해(年)로 주어진다. 고난의 열흘이 영광의 천년 으로 보상받는다. 환난은 잠시며 가벼운 것이다. 영광은 영원하며 크다 (고후 4:17).

미국 노스캐롤라이나주 샬롯에 '빌리 그래함(Billy Graham) 목사 기념 도서관'에는 루스 그레이엄 사모의 묘지가 있다. 소박한 비석의 글귀가 있다.

End of construction. Thank you for your patience.
(인생의 공사가 이제 끝났네요. 당신이 인내해 주신 것 감사해요).

공사 중인 자신의 인생을 인내해 준 것에 대해 감사한 것이다. 로마서 5:3은 '환난은 인내를 이루다'고 말씀한다. 환경이 척박하고 처한 상황이 어려워도 더 열심히 일하고 행동하는 적극적인 삶을 가리켜 휘포모네(ὑπομον-ή), 즉 인내라고 선언한다. 사자성어로 소굴대신(小屈大伸)이다. 조금 굽혀 크게 편다.

'잠욕구영'(暫辱久榮), 잠깐 욕되고 오래 영예롭다.

조금 굽히고 잠깐 욕됨을 참아야 비로소 큰일을 할 수 있는 경륜과 역량이 깃든다. 그리스도인은 잠깐의 고난과 천 년의 왕 노릇을 맞바꾸는 자가 아니다. 성도들이 천 년 동안 '그리스도와 함께 다스릴' 약속은 성도들에게 권세가 주어질 것이라는 약속과 그리스도가 성도들에게 자신의 보좌에 함께 앉을 권리를 주실 것이라는 약속의 성취다.

대한민국 헌법 제1조는 "주권은 국민에게 있고, 모든 권력은 국민으로부터 나온다"는 국민 주권(popular sovereignty)으로 시작한다. 국민이 다스리는가? 국민이 뽑은 소수의 대표가 다스리는가? 정치체의 규모가 일정 정도 이상이 되면, 이와 같은 대의 정치는 불가피하다. 그러나 하늘나라는 성도들이 살아서 그리스도와 함께 왕 노릇한다.

제사장(Priest)

새 예루살렘에서 하나님과 어린 양의 제사장으로 왕노릇 하리라(계 20:6).

Figure 56.

18세기 히브리어 성경의 이 조명은 대제사장 아론을 보여 준다.

요한계시록은 십자가에 달리시고 부활하신 그리스도가 땅의 임금들의 머리가 되신다고 선언한다. 독특한 방식으로 교회를 그의 '나라'라고 언급한다. '나라'는 '왕들'을 추상화한 것이다. 현재 교회는 어떤 한 나라(a kingdom)이지 그 나라(the kingdom)이 아니다. 그 나라는 모든 피조물을 포괄하게 될 것이다. 이 용어는 출애굽기 19:6을 상기시킨다. 하나님은 "너희가 내게 대하여 제사장 나라가 되리라"라고 약속하신다. '제사장 나라'가 '왕적인 제사장직', 즉 '왕 같은 제사장'으로 이해해야 할지 아니면 '제사장적인 나라'로 이해하는 것에는 약간이 모호한 구석이 있다. 그 차이는 중요하지 않다. 둘 다 왕적 요소와 제사장적인 요소를 포함할 수 있기 때문이다. 곧 '왕적 제사장'이다.

1. 모든 성도는 하나님의 제사장이다

성도들은 하나님과 그리스도의 제사장이 될 것이다. 이것은 출애굽기 19:6과 이사야 61:6에서 빌려온 것이다. 하지만 초기의 본문을 성도들이 제사장직을 수행하고 그리스도의 왕권을 가졌다고 말을 하지만, 절정의 시대가 이르기 전까지 그러한 직책과 왕권을 실제로 행사하지 않았다. 하나님의 제사장의 역할이 무엇인가? 출애굽기 19:6에 나온 표현은 이스라엘을 향한 하나님의 구원의 목적에 대한 요약이다. 이스라엘은 이방인들에게 책임이 있다. 구원을 선포해야 할 선교적 책임이다. 야훼의 구원의 계시의 빛을 전해야 했다. 이 사명을 감당하기 위해 제사장적인 나라가 되어야했다(예. 사 43:10-13). 구약 선지자들은 반복적으로 진술했던 이 목적을 이스라엘이 준행하지 못하였기에 반복해서 꾸짖었다(예. 사 40-55장). 새 예루살렘이 하나님으로부터 하늘에서 내려오면 그 목적이 이루어진다. 하나님과 그리스도의 제사장이 되어 그리스도와 왕 노릇하게 된다.

구약의 제사장들이 에봇을 입었던 것처럼 하나님의 제사장은 흰 옷을 입는다. 그들은 큰 환난에서 나온 자들이며 어린 양의 피로 옷을 씻어 희게 된 자들이다. 재앙이 임하게 하는 향을 드리며 헌주를 붓는 천사들과는 구별된다. 그들이 하는 일이 있다. 하나님의 보좌 앞에 있고 그의 성전에서 밤낮 하나님을 섬기는 일이다. 하나님의 성전에서 섬기는 자는 하나님의 제사장이다. 제사장의 활동은 곧 예배다. 기도와 찬양과 사랑의 희생 사역을 요구하지 않는다. 요한계시록은 행위들보다 넓은 의미의 예배라고 언급한다.

하나님의 제사장이 섬기는 필드는 어디인가? 하나님의 성전이다. 하나님과 어린 양의 보좌가 있는 새 예루살렘이다. 성도들은 하늘에서, 즉 새 예루살렘에서 제사장의 사역을 할 것이다. 그리스도는 죽음과 부활로 두 가지 직분을 얻었다. 자신을 위해서만 아니라, 신자들을 위해서다. 신자들은 그리스도의 부활과 왕 되심과 동일시된다. 그가 부활하시고 높아진 것처럼 신자들도 부활하고 그와 함께 통치하는 것으로 간주된다는 의미다. 독자들은 그리스도께서 자기 피로 사서 하나님께 드린 자는 하나님 앞에서 나라와 제사장을 삼으시고 하나님의 백성으로 땅에서 왕 노릇할 것이라는 말을 들었다. 그리고 이 약속이 여기서 재확인된다.

> 부활한 모든 자는 하나님과 그리스도의 제사장이 된다. 그리스도와 더불어 왕 노릇 한다. 마찬가지로 구원받는 자는 새 예루살렘에서 왕 노릇하게 된다.

신자들은 '땅의 임금들의 머리가 되신' 그리스도께서 그들을 '나라와 제사장'으로 임명했다. 신자들은 그리스도의 나라와 신하가 될 그뿐만 아니라, 그의 죽음과 부활과 동일시되었기 때문에 그와 함께 왕이 되고 또한 그의 제사장직에 참여한다. 성도들은 하나님과 그리스도의 제사장이 된다. 천 년 동안 왕적 제사장으로 하나님을 섬긴다. 성도들도 예수님처럼 제사장과 왕이 될 것이다.

2. 하나님과 그리스도의 제사장으로 왕노릇하리라

출애굽기 19:6의 제사장 요소가 왕의 요소, 즉 제사장 나라로 이어진다. 왜냐하면 성도들은 '천 년 동안 그리스도와 더불어 왕 노릇 하기' 때문이다. 하나님께서 이스라엘, 즉 하나님의 백성이 제사장의 나라가 될 것을 약속하였다. 베드로전서 2:9에서 '왕 같은 제사장'으로 교회를 이스라엘에 비교한다. 교회는 참 이스라엘로서 기능한다는 암묵적인 사상을 전달한다.

Figure 56-1.

조반 바실리에비치(18세기)의 '보좌 위에 앉으신 그리스도'는 "보라 하늘에 보좌를 베풀었고 그 보좌 위에 앉으신 이가 있는데"라는 요한계시록 4:2을 기반으로 한다. 이 작품은 나무로 만들어진 아이콘으로, 세르비아의 크루세돌 수도원에 소장되어 있다.

제사장적인 사역의 본질이 무엇인가? 모세는 희생적인 피뿌림을 통해 아론과 그의 자손들을 이스라엘의 제사장으로 임명한다. 동일한 방식으로 이스라엘 백성들은 피뿌림을 받는다(출 24:8). 그들도 제사장직에 임명한 사실에 의해 확인된다. 이스라엘 자손의 청년들은 비록 레위 지파가 아닐지라도 야훼께 소로 번제와 화목제를 드린다(출 24:8). 모든 성도을 제사장으로 임명한다는 언급은 이 배경에서 묘사되어진다.

시내 산에서 하나님은 세워질 이스라엘이라는 나라가 언약에 충실하고 그의 명령을 지키면 그들을 '제사장의 나라와 거룩한 백성'이 되게 하겠다고 약속하셨다. 이스라엘은 언약에 의해 '제사장 나라'가 되었다(출 19:4-6). 교회는 세례에 의해 그리스도와 연합한 새 이스라엘이 된다. 하나님의 제사장과 왕이 될 것이다. 초대 교회는 스스로를 이스라엘의 참된 계승자로 이해했다. 자신들이 영적인 조상들에게 약속된 모든 복의 상속자라고 생각했다(벧전 2:5, 9). 집합적으로 '나라'다. 개인적으로 '제사장들'이다. 전자는 땅의 임금들의 통치자이신 그리스도의 높아지심과 연관되어 있는 그들의 왕 같은 지위를 강조한다. 후자는 그리스도의 희생적 죽음의 결과로 얻게 될 하나님을 섬기는 역할을 강조한다.

'나라가 된다' 또는 '그리스도와 더불어 왕 노릇한다'라는 것은 구원함을 받은 자가 현재 통치한다는 의미가 아니다. 하나님이 우리를 나라로 삼는다 또는 왕 노릇한다는 것은 정당한 권세가 창조주와 어린 양에게 속한다고 고백하는 것을 의미한다. 다른 한편 이것은 하나님의 자리를 차지하고 있는 자들에게 저항한다는 의미이다. 성도들은 이미 제사장과 나라로 불렸다. 하지만 초기의 본문을 성도들이 제사장직을 수행하고 그리스도의 왕권을 가졌다고 말을 하지만, 절정의 시대가 이르기 전까지 그러한 직책과 왕권을 실제로 행사하지 않았다.

성도들의 제사장 지위는 그들이 하나님 앞에서 섬긴다는 것을 의미한다. 왕으로서 성도들의 지위는 그들이 '그리스도와 더불어 왕 노릇 하고'

둘째 사망을 영원히 이기고 승리할 것을 보여 준다.

그리스도는 '제사장-왕'(priest-king)이다. 이기는 자, 즉 승리한 성도들은 그리스도의 제사장직 지위뿐만 아니라 왕의 지위에도 참여할 것이다. 이 두 가지는 천년왕국 기간뿐만 아니라 새 하늘과 새 땅에 사는 동안에도 성도들이 행해야 할 활동을 묘사하는 것이다. 스가랴는 '싹이라는 이름하는 사람'이 야훼의 전을 건축할 것을 예언한다. "그가 여호와의 전을 건축하고 영광도 얻고 그 자리에 앉아서 다스릴 것이요 또 제사장이 자기 자리에 있으리라"고 한다 (슥 6:13). 그 자리, 즉 보좌에 앉아 다스릴 왕이요 제사장은 메시야적 인물을 언급한다. 요한계시록에서 그리스도의 이중 역할을 묘사한 것의 배경일 수 있다. 성도들은 바로 이러한 역할에 공동체적으로 동일시된다.

이기는 자, 즉 성도들은 하나님과 그리스도의 제사장으로 하나님을 섬기고, 왕으로서 그리스도와 함께 다스릴 것이다.

생명책(The book of life)

어린 양의 생명책에 이름이 기록된 자는
오는 세대의 생명을 얻는다(계 20:12).

Figure 57.

나무에 그린 이 그림은 1419년에 이탈리아 토스카나에서 유래한 것으로,
생명책을 들고 있는 그리스도를 묘사하고 있다. 그 책에는 그리스 문자 알파와
오메가가 기록되어 있다.

일반적인 나라들은 기록을 남기며, 고귀한 행동을 한 사람에게 보상한다 (에 6:1-3). 또한 하나님도 기록한 책들을 가지셨다고 알려졌다. 생명책에 이름이 기록된 자는 하나님 나라를 상속하는 후사로서의 명예와 특권을 지닌 자다. 동시에 막중한 책임감이 따른다. 성도는 악에게 항복하지 않고 저항해야 한다. 실패할 때, 적절한 반응은 회개다.

1. 자기 행위를 따라 책들에 기록된 대로 심판을 받으리라

심판하는 근거는 무엇인가? 크고 흰 보좌, 즉 백보좌 심판은 자의적으로 이루어지는 것이 아니다. 각 사람의 삶이 남긴 증거에 근거해 이뤄진다. 책들에 기록된 그들의 행위에 대한 기록이다. 기록된 책들은 하나님의 한결같은 기억을 가리키는 비유적 표현이다. 그 책은 마지막 때에 악한 자들이 행한 악행들을 그들 앞에 제시할 것이다. 책들에 기록된 죽은 자들의 자기 행위를 따라 심판을 받는다. '행위로 심판을 받는다'라는 주제는 요한계시록에서 구원을 받는 자들에 대해서도 사용하고 있다.

두아디라 교회에 보낸 편지에서 "내가 너희 각 사람의 행위대로 갚아 주리라"고 말씀한다. 종 선지자들과 성도들과 또 작은 자든지 큰 자든지 주의 이름을 경외하는 자들이 받을 보상은 '상'이다. "내가 속히 오리니 내가 줄 상이 내게 있어 각 사람에게 그가 행한 대로 갚아 주리라"(계 22:12)라고 약속한다. 행위로 심판받는 것은 구원 받지 못한 자들에게도 사용되고 있다. 이 주제는 성경 전체와 유대 문헌의 핵심 가르침이다. 의인은 악인과 다같이 심판을 받는 것은 같다. 다른 점이 있다. 의인에겐 상이 있다. 악인에겐 벌이 있다. 의인은 혼인 잔치에 들어간다. 악인에겐 불못에 던져진다. 의인은 부활하여 하나님의 영원한 안식을 누린다. 악인은 부활하자마자 심판을 받고 지옥으로 떨어진다.

2. 생명책에 기록되어진 자는 오는 세대의 생명을 보장받는다

고대 세계에서처럼, 생명책은 새 예루살렘에서 '오는 세대의 생명'을 가질 자들의 이름이 기록된 일종의 시민권을 가진 자들의 명부다(참조. 사 4:3; 계 21:27). 따라서 그 안에 이름이 기록된 자는 하나님 나라 시민이자 하나님의 특별한 백성이다. 생명책은 후기 유대교와 신약성경에서 장차 올 시대의 생명에 대해 사용된다.

신약성경에서 생명책은 신자들의 명단(roster)이요 목록(list)이다. 사람들의 행위가 기록된 책들 이외에 또 하나의 책이 열려 있다. 생명의 책이다. 거룩한 명부에 대한 개념은 매우 오래된 것이다. 생명책은 하나님과 함께 하는 생명의 선물을 받는 사람들의 목록이다. 소유격 '생명의'는 그 책의 특성 또는 목적을 의미한다. 그 책은 하나님의 영원한 도성에서의 안전을 나타내는 그림이다. 그리고 소유격은 어떤 유의 안전이 제공되는지를 분명이 밝혀준다. 영원한 생명이다. 오는 세대의 생명이다. 신적 생명이다.

생명책에 기록되어지는 것은 생명을 보장받는다는 것을 의미한다. 지워지는 것은 죽음을 의미한다. 이름이 없다는 것은 이미 죽은 것이다. 그 책에 기록되어지는 것은 하나님의 성에서 영광스러운 미래(사 4:3), 무저갱과 음부로부터 구원, 미래의 생명을 위한 부활을 보장받는 것이다(단 12:1). 심판은 생명책과 행위록에 근거한다. 각각 그 자체의 역할을 한다. 그 의미는 무엇인가? 하나님의 심판이 독단적이고 즉흥적인 것이 아니라는 것이다. 기록된 증거에 근거한다.

창세 전부터 생명책에 기록된 구원받을 자들을 어린 양의 피로 속죄하고 최후의 심판으로 완성한다. 생명책은 최후 증거의 일부다.

이 심판이 일류 전체에 대한 일반적인 심판이라는 것을 알려 준다. 이미 하늘 성소에 들어간 순교자들은 제외된다. 생명책이 펴지면, 다니엘 12:1-2처럼 '책에 기록된 모든 자가 구원을 받을 것이라', '많은 사람이 깨어나 영생', 즉 '오는 세대의 삶' 또는 신적 생명을 얻는다. 생명책은 구원이 결정된 성도들을 가리키는 비유다.

유대교와 초기 그리스도교에서 생명책의 주요 배경은 하늘의 신하들에게 에워싸여 하나님이 보좌에 앉아 심판 장면이었다(단 7:9-10; 계 20:12-15). 이 은유의 기원은 고대 근동의 어전 회의다. 왕은 이 어전 회의의 기록들을 사용하여 공의를 베풀었다. 그러나 이 개념 자체는 수메리아와 아키디아 문학까지 거슬러 올라간다.

생명책은 최후의 심판 때에 펼쳐져 있다. 구원받은 자의 이름이 기록되어 있다. 비록 그들이 정죄를 받지는 않지만 그러하다. 최후의 심판은 공동적인 사건이다. 큰 자나 작은 자나 또는 믿는 자나 불신자나 모두 큰 백보좌 앞에서 하나님께 심판을 받는다. 우리의 모든 죄가 드러난다. 하지만 죄사함이 주어질 것이다. 사탄의 고소는 더 이상 없다. 충성된 자에게 상이 주어진다. 세상 법정은 고소인과 피고소인의 주장이 있고, 검사와 변호사가 논쟁하고, 재판관은 최종 판결을 내린다. 이전에 사탄이 고소자로 행동했다. 그는 더 이상 그 역할을 하지 못한다. 그 환상은 단지 심판, 백성 그리고 기록만을 언급한다. 생명책은 오는 세대의 생명, 즉 신적 생명을 보장한다.

이 책은 '죽임을 당한 어린 양의 생명책'이다. 어린 양의 생명책에 이름이 기록된 자만이 하나님 나라에 들어갈 수 있다. 이 책에는 택함을 받은 자들의 이름이 '창세 이후로' 기록되었다. 예정 사상이 포함되어 있다. 다니엘의 예언의 성취. 그 책에 기록된 사람만 구원을 받게 될 것이라는 예언이 이루어진다. 심판 때에 그 실체를 발견하게 된다. 알파와 오메가 하나님이시다. 시작하신 분이 마무리하신다. 은혜의 형태다. 독자들에게 용기를 준다. 선한 행위의 결과가 아니다. 하나님의 선물이다. 성도들이 역사가 시작되기 전에 생명책에 기록되었다는 것은 짐승을 경배하는 자들은 거기에 기록되지 못했다는 사실을 암시한다. 그리스도는 그 이름이 생명책에 있는 사람들을 위해 이미 속죄를 하셨다.

구원받은 사람들의 이름이 기록된 생명책의 주제와 생명책에 사람의 이름을 지워 버리는 주제는 구약성경과 초기 유대교에 매우 널리 퍼져 있었다. 때로는 함께 때로는 따라 사용되었다. 생명책에서 이름이 지워질 가능성은 생명책에 이름이 등록되어 있는 이유를 설명한다. 하나님에게 대한 충성임을 시사한다. 다윗은 메시야적 함축을 지닌 시편을 쓰면서 자기감정을 통제할 없어서, 자기 원수들에게 독설에 찬 저주를 쏟아 낸다.

그들을 생명책에서 지우사 의인들과 함께 기록되지 말게 하소서(시 69:28).

심판은 행위를 기록한 책들과 생명책이 제시하는 증거를 토대로 이루어진다. 악한 자에게만 국한된 심판이 아니다. 보편적인 심판이다. 참 신자들이라면, 그들의 이름은 이미 생명책에 기록되어 있다. 이름을 기록되기 위해 신앙생활에 힘쓰는 것이 아니다. 하나님의 자녀는 상속자로서 아버지의 나라를 상속받기로 정해져 있다. 아무것도 구원을 소유하지 못하게 하는 것이 없을 것이다. 신자들의 이름이 세상의 기초가 놓이기 전에 그 책에 이미 기록되었다. 신자들의 구원이 결정되었음을 언급한다. 예수님은 칠십인 제자에게 "너희 이름이 하늘에 기록된 것으로 기뻐하라"라고 말씀하신다. 모세는 이 책에 대해 일찍이 이야기하였다. 하나님께 간청한다. 범죄한 백성의 죄를 용서해 달라는 요청이다. 그렇지 않으면 차라리 자신의 이름을 책에서 지워 달라고 했다. 그 책에서 지워지는 것은 죽음을 의미한다고 가정한다.

심판은 생명책과 행위록에 근거한다. 각각은 그 자체의 역할을 한다. 행위들의 책은 선한 행위들과 악한 행위들이 원부에 기록되어진다는 전승을 상기시킨다. 그 의미는 무엇인가? 하나님의 심판이 독단적이 아니라 기록된 증거에 근거한다는 것이다. 이기는 자들의 이름이 생명책에서 지워지지 않으리라는 약속이 주어진다. 충성하는 사람들에게 확신을 주시는 역할을 한다. 흔들리는 사람들에게는 경고로도 작용한다.

새 창조(New Creation)

새 하늘과 새 땅을 보니 처음 하늘과 처음 땅이 다시 있지 않더라(계 21:1).

Figure 58.

사도 요한은 하나님의 하늘 성전에서 언약궤를 본다. 여기에 표시된 것은 A.D. 133년, 언약궤 내부가 보이는 예루살렘 성전을 묘사한 Bar Kokhba 동전이다.

우리의 뇌는 새로운 것에 끌리게 만들어졌다. 우리는 새롭거나 다른 것이 눈에 들어오면 무의식적으로 주의를 집중한다. 새로운 것에 대한 탐구는 신경세포 사이에 새로운 연결을 만들고 '행복 호르몬'이라 불리는 도파민의 분비를 늘린다. 새로움은 옛 것의 자연적인 산물이 아니다. 시간이 가면 새로워지는 것도 아니다. 새로움은 하나님의 새로운 창조로부터 온다.

'새로운'에 해당하는 '카이노스'(καινός)는 이전에는 알려지지 않은, 전례가 없는, 믿기 어려운 것이 라는 성질상의 의미를 지니고 있다. 신약성경에서 '새 하늘과 새 땅'이라는 근본적으로 새로운 특징을 표현한다. 성질상 보다 더 우월한 의미를 지니고 있다. '시간적으로 새로운'이라는 의미를 지닌 '네오스'와 다르다. 네오스는 중국의 고전 '대학'에 아주 잘 나와 있다.

날로 새로워지고, 날이면 날마다 새로워지며, 또 날로 새로워져야 한다 (苟日新, 日日新, 又日新).

카이노스는 앞서 지나간 것과의 차이를 강조한다. '새 노래'도 그러하다. 이것은 동일한 사람에게 '새 이름'을 주시는 것과 어느 정도 연속성이 있다. '새 하늘과 새 땅'과 '처음 하늘과 처음 땅'은 질적인 구별이 있다. 카이노스는 통상 시간적인 새로움이 아니다. 질적인 새로움을 강조한다. '아직 사용되지 않은'(마 9:17), '특별한', '종류에 있어서 새로운'이라는 의미로 사용되고 있다. '처음'은 영원하지 않고 잠정적이다. '새로운'은 영원히 지속된다. 완전히 새로운 실재다. 처음 세상의 모든 부정적인 것들이 제거된다. 죄로 말미암은 모든 오점이 완전히 제거된다. 새로운 종류의 실존이 될 것이다.

1. 새 창조(New Creation)

창세기의 첫 두 장이 새로운 시작, 즉 처음 창조의 원형이라면 성경의 마지막 두 장은 새 창조 이야기로 환원하도록 한다. 성경의 하나님은 새로운 시작의 하나님이다. 영구적으로 새로운 것을 행하는 분이시다(사 43:19). 모든 것을 새롭게 하시는 자다. 그의 새롭게 하는 드라마는 천지창조로부터 요한계시록 마지막 장까지 줄기차게 펼쳐진다. 요한에게 창조와 세상의 미래는 그의 메시지의 필수적인 요소다.

성경에는 세 가지의 창조가 나온다. '태초의 창조', '계속되는 창조' 그리고 '새 창조'다. 태초의 창조로 시간과 공간이 시작된다. 창조는 거기에서 끝나지 않고 지속적으로 전개된다. 그리고 '새 하늘과 새 땅'으로 완성된다. 모든 창조가 이렇게 하나님 안에서 미래의 완성을 향해 가고 있다는 것이 성경의 근본적인 믿음이다. 창세기는 모든 것들이 하나님의 말씀에 의해 새롭게 조성됨으로 시작된다.

> 요한계시록은 새 창조로 이야기의 끝을 맺는다. 하나님이 세상을 창조하셨기에 새 창조에 대한 정당한 권한을 가지고 계신다는 사실을 알려준다. 하나님은 새 하늘과 새 땅이 그의 창조 행위로부터 온 것이기 때문에 경배를 받으시는 것이 합당하다.

요한이 본 '새 하늘과 새 땅'은 지금까지 존재해 왔던 것과 비교해 볼 때, 질적으로 새로운 것을 말한다. 과거의 것보다 더 훌륭한 것이란 뜻이다. 카이노스는 '새롭게 변화하다'를 뜻하는 켄(qen)에서 유래하였다. 라틴어로 레센스(recens)다. 새 창조는 그리스도의 부활의 패턴을 따른다. 부활하신 예수님은 십자가에 달리실 때 흔적을 가지고 있었다. 옛 몸의 파괴가 아니다. 카이노스는 이전에 존재하지 않았던 것의 새로운 버전이 아니다. 질적으로나 본질적인 면에서 변화를 우선적으로 의미한다. 카이노스의 이러한 용례는 특히 신약성경의 종말론적이거나 구속사적인 전환을 묘사하는 문맥에서 발견된다.

고대 유대교에서 피조 세계의 재창조 또는 갱신이라는 주제는 이사야 52:17과 66:22에 국한되지 않는다. 최종적인 종말론적 행위로서 유대교의 묵시 문학들에거 여러 가지 방식으로 언급된다. 새 창조는 마지막 환상 주기뿐만 아니라 요한계시록 전체를 절정으로 인도한다. 옛 것이 새 것으로 바뀌는 가장 광범위한 변화는 요한계시록에 나오는 환상들에 나온다. 여기서 새로운 것은 물론 개개인도 종말의 때에 새롭게 변할 것이지만 궁극적으로 우주적인 것이다. 새 하늘과 새 땅이다.

2. 하나님이 새 하늘과 새 땅을 창조하다

우리가 영원히 꿈꾸어야 할 꿈의 마을이 새 하늘과 새 땅이다. 미래에 이루어진다. 요한계시록만이 아니라 성경 전체가 새 하늘과 새 땅에 대하여 언급한다. 요한계시록은 일곱 교회가 직면하는 재난으로 시작한다. 인, 두루마리 그리고 대접 심판, 바벨론의 멸망, 재림, 천년왕국, 최후의 심판에 이르기까지 요한계시록에 전개된 모든 단계는 목표가 오직 '새 하늘과 새 땅'이었다.

최후의 종말론적 대전투가 사탄과 벌어져서 어린 양의 모든 대적들이 패할 때 새 예루살렘이 나타나고, 새 하늘과 새 땅이 창조될 것이다(참조. 벧후 3:13). 구약성경의 새로운 것들에 대한 기대와 일치한다. 새로운 요소는 새 사람의 실현으로부터 새 하늘과 새 땅이라는 우주적 소망에까지 뻗치고 있다. 하나님은 새 질서와 새 세상을 창조하실 것이다. 현 세계와 비슷한 영원한 질서를 가진 물리적 실재의 한 형태가 될 것인지 여부를 알기는 어렵다.

요한은 '새 하늘과 새 땅'을 본다. 하나님의 미래의 가장 광대한 예언 환상 중의 하나이다. 다른 선지자들처럼, 요한계시록은 인간의 미래가 세상의 미래를 포함한다고 생각한다. 이사야는 하나님이 영원히 계속될 '새 하늘과 새 땅'을 창조하실 것을 약속하는 것으로 예언을 끝맺는다(사 65:17; 66:22). 속박

Figure 58-1.

하늘로 올라가는 사다리를 본 야곱의 환상은 예수님께서 자신의 사역을 통해 우리도
하늘의 안식에 들어갈 수 있는 길을 만드셨다는 사실을 상기시켜 준다.

에 대한 첫 번째 환난이 일어났던 '이전'은 잊혀지고 마음에 생각하지 않는
다. 하나님이 창조하신 새 하늘과 새 땅에서 영원한 기쁨과 즐거움이 있을 것
이다. 질적인 대조를 이룬다(사 65:18). 성취되기 시작한 이사야서의 예언이 미
래의 언젠가 절정의 상태로 성취될 것이라고 천명한다. 이 환상에는 종말 이
전의 교회 시대의 특징들은 묘사되지 않았다. 가시적·비가시적으로 위협하
는 모든 형태가 부재함을 강조한다.

'새 하늘과 새 땅' 관념은 '처음 하늘과 처음 땅' 간의 전통적인 이분법이
더 이상 유지되지 않는다. 하나님께서는 원래 땅과 하늘을 사람의 영원한 거

처로 창조하셨다. 그러나 아담의 범죄로 땅이 죄와 사망 아래 있게 되었다. 그러나 하나님은 이 악의 결과를 완전히 뒤집는다. 처음 하늘과 처음 땅이 없어지게 한다. 요한이 강조하는 것은 도덕적이고 영적인 것이다. 베드로도 "우리는 그의 약속대로 의가 있는 곳인 새 하늘과 새 땅을 바라보도다"라고 말한다(벧후 3:13). 새 창조는 처음 창조를 새롭게 하는 것인지 아니면 대체하는 것인가? 갱신이냐 대체냐.

옛 것과 새 것 사이에는 연속성과 불연속성이 공존한다. 하지만 근본적으로 처음 것이 완전히 파괴되고 새 것으로 대체된다. 새 창조는 옛 창조와 불연속적이다.

전자는 후자의 모습을 간직하고 있다. 바다가 없다는 요소를 고려한다면, 요한계시록은 최소한 후자의 이미지를 사용하는 듯 하다. 갱신하는 대응체가 될 것이다. 완전한 새로운 질서가 될 것이다. 약간의 연속성이 있을 것이다. 바울이 '영광스러운 것으로 다시 살아나는' 것과 '신령한 몸'에 대해 말하듯이, 여기서 그것이 어떤 형태가 될지 거의 모른다. 현 피조 세계에 살고 있는 사람들은 새 창조의 미래에 있기 때문에 이 둘은 또한 연속성이 있다. 만물의 최종적이고 전체적인 변화는 하나님께서 창조하실 새 하늘과 새 땅의 이미지에 가장 생생하게 묘사되었다.

새 창조에서 요한이 초점을 맞추는 대상은 새로운 세상인가 아니면 성도들인가? 새 하늘과 새 땅의 초점은 세상인가? 아니면 인간인가?

구원받은 성도들이다. 새 창조에는 부활한 공동체 그 이상이 포함되어 있다. 특히 일곱 교회에 보내는 편지와 관련이 있다. 이기는 자에게 주어지는 약속이 있다. 새 하늘과 새 땅에서 성취된다. 하나님의 백성들의 모든 소망과 꿈이 실현된다.

새 예루살렘(New Jerusalem)

거룩한 성 새 예루살렘은 하나님께로부터 하늘에서 내려온다(계 21:2).

Figure 59.

요한은 하늘에서 거룩한 도시가 내려오는 것을 보고 "내가 모든 것을 새롭게 하노라"(계 21:5)는 하나님의 말씀을 듣는다. A.D. 14세기에 짜여진 분노의 묵시 태피스트리(the Apocalypse Tapestry of Angers)는 요한계시록의 한 장면을 보여 준다. 여기에 표시된 태피스트리는 하늘에서 내려오는 새 예루살렘을 보여 준다.

창세기는 만물의 시작을 알려 준다. 요한계시록은 마침 혹은 완성을 보여 준다. 전자는 범죄하기 전의 에덴동산을 보여 준다. 후자는 새로운 에덴동산, 즉 새 예루살렘을 보여 준다. 전자는 구원에 대한 약속을 보여 준다. 후자는 예수 그리스도로 말미암아 완성될 구원을 보여 준다. 역사적인 예루살렘은 어떠한가? 예수님을 십자가에 못 박아 죽였다. 두 증인을 반대했다. 바벨론, 즉 로마와 연계되었다. '큰 성'으로 불리는데, 이는 불신앙으로 배교자가 되었기 때문이다. 그러나 이제 예루살렘은 거룩한 성이다. 성도들의 거룩한 도성인 '새 예루살렘'이 되었다.

예루살렘을 새롭다고 부른 것은 새 하늘과 새 땅처럼 그 성이 하나님의 새 창조 행위로부터 온 것임을 의미한다. 예루살렘이 새 이름으로 불리워진다. 그 이유는 무엇인가? 이사야서에서 유래한다. 이사야는 시온, 즉 예루살렘이 종말론적으로 영화롭게 될 때에 '새 이름으로 일컬음이 될 것'이라고 예언한다(사 62:2). 그런 다음 이 새 이름의 의미를 보충 설명한다. 이스라엘이 하나님과 누릴 새롭고 친근한 결혼 관계를 의미하는 것으로 설명한다. 야훼께서 그 성을 기뻐하시며 그 땅이 결혼한 것처럼 될 것이기 때문이다(사 62:2, 4). 그러나 그 성 자체를 '새로운 것'이라고 부르는 경우는 드물다. 어린 양의 아내인 신부는 새 예루살렘이다.

이사야는 하나님이 새 하늘과 새 땅을 창조하실 때에 '영원히 기뻐하며 즐거워할지니라'라고 노래했다. 예루살렘 역시 새롭게 창조하실 것인데 '즐거운 성'으로 창조할 곳을 약속했는지를 상기시킨다(사 65:18). 이사야는 새롭고 영화롭게 될 예루살렘을 말한다. 마지막 때에 세상의 중심이 될 것이다(사 2:1-5; 18:7). 야훼께서 배교한 예루살렘은 멸망시킬 것이다. 구속자는 시온에 오실 것이다. 시온 산에서 다스릴 것이다. 그 때가 되면 시온의 광야는 에덴 같이 될 것이다. 시온은 거룩한 새 예루살렘이 될 것이다.

1. 하나님께로부터 하늘에서 내려오는 새 예루살렘

새 하늘과 새 땅이 도래한다. 거룩한 성 새 예루살렘이 하늘로부터 내려온다. 성이 하늘에서 내려오는 것은 혼인의 날에 나타나는 신부와 같다. 혼인이 선포되었다. 그러나 이제는 신부가 등장한다. 고대에, 혼인은 신부를 신랑의 집으로 데려오는 때였다. 여기에서는 그 비유적 표현이 변경된다. 혼인의 성이 신혼집이 된다. 하나님이 사람들과 함께 하는 곳이다. 이것은 처음 창조를 대체하기 위한 새 창조의 절정에 찬 돌입이다(참조. 히 11:13-16).

새 예루살렘은 하늘에서 내려온다. 기원이 하늘에 있다. 이 성은 하나님으로부터 내려온다. 이 성의 환상적인 규모와 보석 같은 구조물은 인간의 손으로 만들 수 있는 어떤 것도 넘어선다.

Figure 59-1.

14세기 초 삽화 필사본인 '회랑묵시록'에서 내려오는 새 예루살렘.

교회는 인간에 의해 만들어진 자발적인 조직이 아니다. 하나님에 의해 주도되고 형성된 하나님의 백성이다.

경건한 유대인은 무너진 예루살렘을 회복시켜 달라고 날마다 하나님께 기도했다. 구약의 이미지인 새 예루살렘은 미래에 대한 일반적인 유대인의 소망이 되었다(사 65:18). 정화된 예루살렘이든 하늘에서 내려오는 성이건 간에 '하늘에서 내려오는'성은 하나님이 건축한 완전한 성일 것이다.

하늘에서 새 예루살렘이 내려오는 것은 풍성한 자료를 갖고 있는 예언적 기대가 성취된 것이다. 새 예루살렘이 '내려오다'는 요한계시록에서 하나님이 역사를 종결짓는 사건이다. 여러 번의 '내려오는'것 가운데 하나를 구성한다. 공간적인 의미로 요한이 이 말을 세 번 사용하고 있다.

바울은 새 예루살렘을 '위에 있는 예루살렘'으로(갈 4:26), 히브리서 설교자는 '하나님이 계획하시고 지으실 터가 있는 성'으로 언급한다(히 11:10). 바울은 땅에 있는 예루살렘 제도와 미래의 예루살렘의 종말론적 실재와 연계되어 있는 그리스도교 제도를 대조시킨다. 히브리서 역시 땅의 시내 산과 하늘의 시온을 대조시킨다(히 12:18-24). 바울은 신자들을 하나님 나라의 시민이라 말한다(빌 3:20). 빌라델비아 교회 안에 있는 유대교 출신의 그리스도인들과 이방 출신의 그리스도인들을 '새 예루살렘'이라고 밝힌다. '하늘에서 내려오는 새 예루살렘'의 이름이 새겨질 것이다. 이 사실은 이스라엘 지파의 이름과 사도의 이름을 '하나님께로부터 하늘에서 내려온 거룩한 성'의 일부분과 비유적으로 동일하다.

거룩한 성 새 예루살렘은 요한계시록 17장에 기록된 큰 성이나 큰 바빌론과 대조되며 새 창조의 역사로 완성되는 교회 공동체를 상징한다. 요한에게 새 창조는 이미 시작되었다. 신약성경의 다른 곳에서 새 창조는 옛 예루살렘을 이미 대체하기 시작한, 새롭고 보이지 않는 하늘의 예루살렘으로 시작되었다고 한다.

2. 새 예루살렘은 남편을 위해 단장한 신부다

'새 예루살렘'의 의미를 결혼 은유로 설명한다. 새 예루살렘이 남편을 위하여 단장한 신부처럼 하늘에서 내려온다. 새 예루살렘은 남편을 위하여 신부가 단장한 것처럼 단장했다고 한다. 신부가 있는 곳은 땅이다. 성은 하늘에서 땅으로 내려온다. 하늘의 것과 땅의 것이 섞여 있다. 새 예루살렘은 새 창조의 중심일 것이다. 하늘에서 내려오는 새 예루살렘이 보석으로 장식한 모습은 성과 신부의 이중 역할에 적절하다. 신부는 혼인식에 금과 보석들로 장식했다(겔 16:10-13). 그리고 미래의 환상에서, 예루살렘 성은 보석과 황금으로 세워질 것이다. 그러므로 시온의 회복으로 보석으로 장식한 신부와 비교할 수 있다. 신부, 즉 예루살렘의 단장은 음녀인 바벨론의 단장에 대한 의도적 대비다. 전통적으로, 하나님은 시온의 남편이다. 요한계시록은 그 성을 그리스도의 신부와 동일시한다. 유대 자료들은 전형적으로 메시야를 신랑으로 묘사하지 않는다.

새 예루살렘은 천년왕국의 도시와 다르다. 물질로 조성된 것이 아니다. 신부로 인격화하고 있다. 그 모습은 인격적이며 생동적인 면이 부가된다. '단장한 신부와 같다'는 정형화된 은유는 고대 문헌에서 다양한 형태로 발견된다. 새 예루살렘은 이제 '남편 남편을 위하여 단장한 신부'로 등장한다. 이와 같은 이사야 본문을 세 번째 암시한 것이다(사 52장과 62장: 61:10). 시온은 의인화되어 예언적 완료형으로 말한다. "신부가 자기 보석으로 단장함 같게 하셨음이라"라는 직유를 사용하는 이사야 61:10로부터 영감을 받은 것이다.

이스라엘이 믿음 없는 신부로 때로 묘사된다. 요한계시록은 구속받은 시온, 즉 기쁨의 근원이 될 신부에 대한 구약성경의 약속들을 상기시킨다. 구약에서 이스라엘은 흔히 여자로 비유된다. 젊은 왕의 신부(겔 16:8-14), 어미 등이다. 바벨론에서 귀환한 유대 포로들을 신부 은유를 적용한다. 새 예루살렘은 성도들이 거하는 실제 도성인가? 아니면 성도들 자신을 가리키는 상징인가? 즉 완전하고 영원한 상태에 있는 교회를 상징하는가? 다른 모든 도시와 마찬가지로 '예루살렘'이라는 말은 장소와 사는 사람 모두를 의미했다. 새 예루살렘은 장소가 아니라 사람이다. 신부다. 이제 신부는 그 성이다. 그 거민들이 어린 양의 신부이기 때문이다. 바울은 신자을 '하나님의 성전'이라고 한다. 일곱 대접을 가지고 마지막 일곱 재앙을 담은 일곱 천사 중 하나가 '내가 신부 곧 어린 양의 아내를 네게 보이리라' 하고 진작 보인 것은 '하나님께로부터 하늘에서 내려오는 거룩한 성 예루살렘'을 보여 준다.

> 그 성의 아름다움은 신부의 아름다움과 같다. 에덴과 같다. 하나님의 영광으로 빛난다. 하나님의 백성이 거기에 모인다. 이 성은 항상 열려 있게 될 것이다.

거룩한 성 새 예루살렘이 하늘에서 내려오는 것을 '신부가 남편을 위하여 단장한 것 같다'라고 표현한다. 교회는 어린 양의 신부다. 하나님의 백성이 신부다. 하늘에서 내려온 예루살렘에 거주한다. 음녀인 땅의 성읍과 신부인 하늘의 성읍 사이의 대조가 분명히 드러난다. 교회의 단장은 '옳은 행실'이다. 성의 단장 신부가 보석으로 단장하는 전형적인 모습과 일치한다. 신랑은 어린 양 예수 그리스도. 신부는 교회 공동체. 어린 양이신 예수 그리스도께서 신부인 새 예루살렘으로 상징되는 교회와 혼인 잔치를 치루시고 새 언약의 완성으로 도래하는 것이다.

장막(Tabernacle)

하나님의 장막이 사람들과 함께 있으니 그들과 함께 계신다(계 21:3).

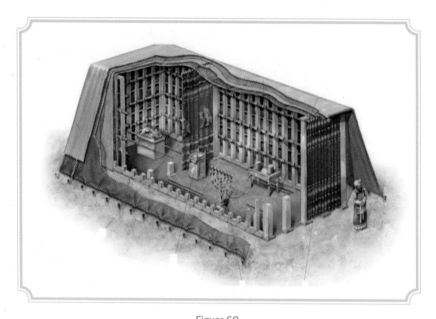

Figuer 60.

성막(The tabernacle tent).

하나님은 우리를 만나시고 함께 하시기 위해 하늘에서 새 예루살렘이 내려온다. 한 특정한 집단을 위함이 아니다. 이스라엘이 아니다. 장막이기에 사독계 제사장도 아니다. 사람들 또는 백성들이다. 모든 민족에게 보편적으로 적용하고 있다.

요한계시록은 하늘에 있는 하나님의 보좌를 광야의 장막과 연관시킨다. 종말의 성전에 대한 에스겔의 환상에도 불구하고(겔 40-46) 요한계시록은 성전 또는 장막이 가장 우선적으로 상징하는 것은 구조나 규모가 아닌 하나님께서 사람들 또는 백성들과 함께 하신다는 사실에만 관심을 기울인다(겔 43:7-12). 하나님의 장막이 사람들 가운데 있다는 것은 레위기 26:11-13이 성취된 것이다. 이 약속은 옛 예루살렘에 주어졌다. 배교 때문에 잃어버린 것이다. 강조점은 지상에 어디에 있느냐가 아니다. 하나님과 그의 백성 사이의 밀접한 관계에 있다. '사람들과 함께', '그들과 함께'하시는 하나님에게 있다. 세상에선 어디에 사느냐, 어떤 집에 사느냐, 얼마나 크냐, 인프라가 좋으냐에 사활을 성전을 상징했던 '쉐키나'(임재)를 번역한 것이다. 하나님의 임재와 영광을 가리킬 때 사용한다.건다. 하나님의 장막은 하나님과 어린 양 그 자체다.

1. 하나님의 장막이 하늘에서 내려오다

요한은 하나님의 장막의 모양이나 크기에 대해 전혀 언급을 하지 않는다. 하나님의 장막이 사람들에게 있다는 것은 하나님과 어린 양이 그의 백성의 성전이 될 것이며 그들은 더 이상 다른 것을 필요로 하지 않게 될 것이다. 하늘로부터 들은 큰 음성은 레위기 26장의 말씀이 성취된 모습이다.

> 내가 내 성막을 너희 중에 세우리니 … 나는 너희 중에 행하여 너희의 하나님이 되고 너희는 내 백성이 될 것이니라(레 26:11-12).

'하나님의 장막'은 사실상 출애굽 당시에 구름기둥과 불기둥으로 유형화된다. 또한 성막과 처음 하늘과 처음 땅이 없어지고 새 하늘과 새 땅이 하나가 된다. 하늘과 땅이 하나로 결합되므로, 거기서 하나님이 이제 실제로 자기 백성들과 함께 거하신다. 성경 전체는 하나님과의 더 긴밀한 관계를 갈망했다. 구약 성경에서 그것은 장막과 성전에서 펼쳐진 하나님의 임재에 집중되었다. 쉐키나는 두 단계를 거쳐 완성된다.

첫 번째 단계는 '말씀이 육신이 되어 우리 가운데 거하실' 때다(요 1:14).

요한은 예수님을 성막의 성취로 여기도록 의도한다. 하나님은 진실로 인생 중에 거하시는 분이시다. 신약성경에서 그것은 예수님 안에 계시는 하나님의 임재에 집중되었다(요 1:14). 하늘은 이제 '새 땅'이 되었다. 옛 질서의 불행들이 다시는 없을 것이다. 신약성경에서 요한계시록 외에 '스케노오'(σκηνόω)를 유일하게 사용하는 경우다. 하나님의 임재가 있는 곳에 사람들이 아들의 영광을 보았다.

두 번째 단계는 '하나님이 백성들과 함께 있을'때다.

하나님과 백성간의 교통이다. 교주 이만희는 자신이 육신을 입고 오신 성령이라 주장한다. 성경에 맞지 않는다. 성령이 육신을 입고 다시 이 땅에 오신다는 예언은 없다. 성령이 다시 성육신하시지는 않는다.

2. 하나님의 장막이 사람들과 함께 있다

하나님의 장막이 내려올 때 그 장막에 들어갈 수 있는 자는 누구인가? 이스라엘 백성인가, 아니면 사독계 대제사장인가? 구약 시대는 특정 인물들만 접근이 가능했다. 하나님의 임재는 지성소의 언약궤 위에 있었다. 그 지점은 너무 거룩해서 대제사장 외에 아무도 들어갈 수 없었다. 대제사장도 1년에 한 번만 속죄일에 백성들을 대표해서 들어갈 수 있었다. 그런데 요한계시록

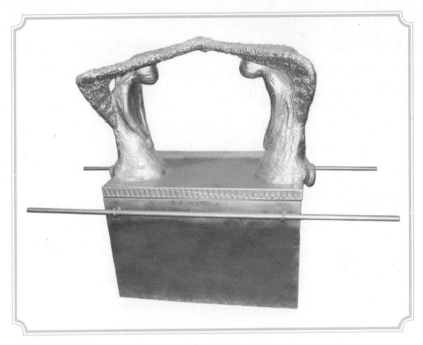

Figure 60-1.

이스라엘 팀나에 있는 성막 복제품에 있는 언약궤의 실물 크기 모형.

에서 하나님의 장막에서 하나님을 만나고 함께 하는 대상은 대제사장이 아닌 '사람들'이다. 이스라엘도 아니다. 사람들과 함께 있음을 보여 준다. 우리의 필요에 의해서 하나님을 알현하는 것이 아니다. 하나님의 장막은 더 이상하늘에 있지 않고 하늘로부터 내려온다. 이 장막은 더 이상 심판의 근원이아니다. 이 장막은 성소의 특징을 가진 성 전체이다. 하나님의 장막이 내려오는 것은 하나님 자신이 내려오는 것과 동일한 의미다. 하나님의 장막이 사람들과 함께 있다. 임시 처소로서 텐트가 아니다. 하나님이 영원히 우리와 함께하신다는 은유다.

모세가 하늘 성전 원형을 보고 성막 모형을 지었다. 장막 원형이 내려올까?

요한계시록은 하나님의 장막과 에스겔 선지자가 말한 열두 문이 있는 성을 동일시한다. 차이점이 있다. 하나님의 성은 에스겔의 성보다 천 배나 크다.

천배나 큰 장막이 하늘을 덮으면서 내려오는가?

인류는 오래전부터 거주지 마련에 사활을 걸었다. 거주지는 인류의 정체성이었다. 자신이 사는 집이 자신이기 때문이다. 인간은 동물과는 달리 집이라는 공간에 안주한다. 하늘에서 내려오는 새 예루살렘, 즉 하나님의 장막이 어떠한지 관심이 없을 수 없다. 모양, 크기, 시설 등에 시선을 끌 수 있다. 요한은 하늘에서 내려오는 새 예루살렘을 자세히 보았다. 눈을 의심케 하는 일이 일어난다. 그 성 안에는 성전이 없다. 성전이 없다는 말은 장막이 없다는 말이다. 성 전체가 성전인가? 도성이 하나님의 장막인가? 한 때 하늘 도성의 형태가 솔로몬의 성전의 지성소와 같이(왕상 6:20), 정육면체라는 사실에 주목했다. 그러나 성 전체가 성전이라는 해석은 요한이 말하는 바와 다르다. 요한은 "성 안에서 내가 성전을 보지 못하였으니 이는 주 하나님 곧 전능하신 이와 및 어린 양이 그 성전이심이라"이라 말한다. 하나님의 장막은 곧 하나님 자신이다. 요한이 말하고자 하는 것은 하나님의 장막에 하나님과 어린 양이 계시다고 말하는 것이다.

요한은 새 예루살렘이 하나님으로부터 하늘에서 내려오는 것을 보았다. 이에 대한 하늘의 음성을 들어야 한다. 가시적인 하늘 성전이 아니다. 예루살렘이 물리적 성전이 없는 구속사적 이유가 무엇인가? 구약의 물리적 성전이 늘 지향했던 최종적이고 영원한 성전의 형태가 하나님과 어린 양이라는 데 있다. 하나님과 어린 양이 바로 성전이다. 요한은 하나님의 장막이 하나님으로부터 하늘에서 내려오는데 이것이 곧 하나님이 사람들과 함께 하신 것이라 한다.

하나님의 장막이 사람들과 함께 있을 것이다. 하나님이 그들과 함께 거하실 것이다. 하나님의 장막이 함께 하는 것은 곧 하나님 자신이 함께 하시는 것이다. 시편 46:4 "한 시내가 있어 나뉘어 흘러 하나님의 성 곧 지존하신 이의 성소를 기쁘게 하도다"에서 '하나님의 성'은 '지극하신 이의 성소'와 병행을 이룬다. 하나님의 성은 새 예루살렘이다. 하나님의 장막이다. 하나님의 장막이 사람들과 함께 한다는 것은 하나님 자신이 우리와 함께 하신다는 의미다. 이스라엘의 출애굽 개념에서 시내 산에서 율법을 주신 것과 장막 위에 구름이 내려온 사건을 하나님과 결혼 한 것으로 이해한다. 이 개념이 이제 보다 고양된 방식으로 반복된다. 하나님은 장막 안에 거하시지 않는다. 사람들 가운데 계신다. 그는 실제로 거기에 임재하신다. 실제로 시내 산과 광야에서 하나님께서 이스라엘 백성 가운데 장막을 지쳤다. 하나님의 장막이 광야에 있다는 이미지는 결혼 관계를 함의하고 있다. 19:7-8에서 어린 양과 그의 신부의 혼인을 이해하는 배경의 일부분이다.

시내 산에서 맺어졌던 언약이 이제 비로소 성취된다. 하나님의 장막이 우리와 함께 거한다. 하나님이 우리와 함께 거하신다. 그의 영광스러운 임재 아래서 내려온다. 일시적 거주를 말하지 않는다. 하나님은 그의 백성과 더불어 영원히 함께 하신다. COVID-19로 비대면이 일상이 된적이 있었다. 타인에게 말 거는 일조차 힘든 시대였다. 『두려움 없는 복음 전도』의 저자, 존 C. 레녹스(John C. Lennox) 영국 옥스퍼드대학교 수학과 명예교수는 말한다.

대세를 역행하며 헤엄치는 일은 어려운 일이다. … 그러나 우리는 혼자가 아니다. 하나님이 우리와 함께하신다. 우리의 대화를 인도하고 모든 두려움과 불확실한 상황 속에서 우리를 돕는다.

눈물(Tear)

하나님께서 모든 눈물을 그 눈에서 닦아 주실 것이다(계 21:4).

Figure 61.

그림. 바빌론에서 우는 유대인들, 13세기 이탈리아의 살테리움 베아테 아이사벳.

요한계시록은 하나님의 통치와 사탄적 세력의 통치 사이의 투쟁에 대해 이야기하고 있다. 그리고 하나님이 모든 눈물을 닦아 주시고 사망을 제거하시는 것은 하나님의 승리를 보여 준다. 왕권이 확립되었다. 그의 보좌는 우주 밖이 아닌 거룩한 성 새 예루살렘 안에 있다.

익명의 음성의 마지막 말은 사람들에게 인내하고자 하는 동기를 불어 넣으며 '모든 눈물을 그 눈에서 닦아 주신다'는 하나님의 대한 믿음을 갖게 한다. 그 언어는 독자들에게 세상에 있는 그 누구도 환난으로부터 면제되지 못함을 말한다. 하나님이 자기 백성들과 함께 하실 때 하나님의 백성들이 누리게 될 유익들을 묘사한다. '만물의 옛 질서'의 일부였던 눈물, 사망, 애통, 고통이 이제 지나가 버렸다. 이런 것들은 이제는 역사가 되어 버린 이전 질서에 속한 것일 뿐이다.

1. 모든 눈물이 씻겨 질 날이 있다

하나님의 심판대에서 '눈물'을 중심으로 두 분류로 극명하게 나누인다. 새 예루살렘에 들어가고 하나님과 함께 하는 복을 받는 자들이 있다. 반면 바깥 어두움에 던져지는 자들이 있다. 전자는 하나님께서 그들의 모든 눈물을 닦아 주신다. 후자는 '슬피 울며 이를 간다.'

'울다'라는 동사가 '눈물을 흘리다'로 번역되기도 한다. 창세기 27:38에 에서가 소리 높여 운다. 히브리서에서는 명백하게 '눈물을 흘리다'라고 기록되었다(히 12:17). "모든 넘어지게 하는 것과 또 불법을 행하는 자들"은 풀무 불에 던져지고 '울며 이를 간다'(마 13:42, 50). 왕의 혼인 잔치에 예복을 입지 않는 사람은 손발을 묶어 바깥 어두운 데에 던져지게 될 때 '슬피 울며 이를 간다'(마 22:13). 주인이 밤중에 늦게 오리라고 여기고 폭행하고 외식하는 자는 벌을 받게 되는데 '거기서 슬피 울며 이를 갈리라'라고 말씀한다(마 24:51). 한 달란트를 받아 땅에 묻어 두었던 종은 바깥 어두운 데로 내쫓긴다. 거기서 슬피 울며 이를 간다(마 25:30).

사이먼 앤 가펑클(Simon & Garfunkel)의 노래다. 'Bridge Over Troubled Water'(험한 세상에 다리가 되어)에는 이런 가사가 나온다.

> 당신이 지치고 초라하다 느낄 때/ 두 눈 가득 눈물이 고일 때/ 내가 닦아 줄게요.

하나님의 백성은 이전에 겪었던 시련으로부터 영원한 안식을 받는다. 하나님이 '모든 눈물을 그 눈에서 닦아주실'것이기 때문이다. 그러나 이 땅에서 하나님이 닦으실 눈물이 없이 살았던 자들은 영원히 슬피 울 것이다. 영원히 눈물을 흐릴 것이다. 눈물은 나트륨 성분 때문에 짠맛이 난다. 그중에서도 분노의 눈물이 가장 짜다. 슬피 울며 이를 갈고 있으니 분노와 고통만 만들어 낼 뿐이다. 분노에 차면 교감신경이 흥분해 수분이 적고 나트륨이 많은 눈물이 나온다. 눈물이라고 해서 모두 순수한 것만은 아니다. '눈물의 역사'를 쓴 역사학자 안 뱅상 뷔포는 "침묵과 언어 사이에 눈물이 흐른다"고 했다. 눈물은 감동이고 절제지만 격정이기도 하다.

하나님을 뵙는 것은 모세에게도 허락되지 않았다. 그 이유는 "네가 내 얼굴을 보지 못하리니 나를 보고 살 자가 없음이니라"고 말씀하신다. 유대인들은 하나님의 얼굴을 보고도 살 수 있을 것이라고 생각하지 않았다.

> 새 예루살렘이 하나님으로부터 하늘에서 내려오면 하나님과 함께 할 그뿐만 아니라 하나님께서 우리의 모든 눈물을 닦아 주신다. 하나님 나라가 완성되면 이 특권이 이기는 자에게 주어진다.

조선 시대는 왕을 알현하고 보고하는 인원은 5명 이하로 제한했다. 이처럼 왕을 알현하는 것은 또는 그의 앞에 나아가는 것은 큰 명예다. 왕이 그의 수고를 치하하고 얼굴에 묻은 얼룩을 닦아 주거나 볼에 젖은 눈물을 닦아 주는 것은 큰 영광이다. 그러나 하나님을 뵙는 것은 에스겔 1장에 묘사된 바와 같은 형태를 제외하고는 전례가 없다.

2. 하나님이 모든 얼굴에서 눈물을 닦아 주시다

하나님의 영원한 왕권이 확립될 그뿐만 아니라 복이 임하는 환상이 그의 종들에게 주어질 것이다. 이 영원한 복을 부정의 방식으로 묘사한다. 사람은 생존을 위해 긍정적인 신호보다 부정적인 뉴스에 더 예민하게 촉각을 곤두세운다. 웃음을 주신다고 하지 않고 모든 눈물을 눈에서 닦아 주신다고 한다. 그 이유가 무엇일까. 새롭고 영광스러운 질서를 묘사하고자 한다. 그것이 무엇을 대체한 것인지 더 쉽게 이해할 수 있다. 우리가 처한 현재의 상태에서는 거의 경험할 수 없다. 전혀 새로운 것을 묘사하는 방법이다. 이 세상에서는 모든 눈물을 닦아줄 수 없다.

요한은 하나님이 이스라엘에게 하신 약속과 유사한 용어를 사용한다. 하나님이 이스라엘의 눈물을 씻기신다는 약속은 거룩한 성 새 예루살렘에서 더 깊이 성취된다. 그곳은 사망이 없다. 고통이 사라진다. 죄의 옛 통치는 깨진다. 하나님 자신이 장막에 머무는 임재로 자신의 백성을 위로하실 것이다. 이사야는 회복된 시온에 대한 묘사를 '슬픔과 탄식이 사라지리로다'라고 표현한다. 요한은 거의 같은 언어로 최종적이고 온전한 회복을 묘사한다. 하나님이 '모든 눈물을 눈에서 닦아 주신다.' 더 이상 죽거나 애통하거나 울거나 아프지도 아니할 것이다. A.D. 1세기 팔레스타인(Palestine)에 휘몰아쳤고, 쿰란과 같은 공동체에 자주 임했던 전쟁, 박해, 살해, 재난을 고려하면, 그 약속의 중요성이 과장된 것이 아니다. 이것은 정확히 음녀, 즉 바벨론의 경험과 반대된다.

승리한 성도들이 하나님의 보좌 앞에서 밤낮 섬기며 서 있게 되는 이유는 무엇인가?

"보좌 가운데에 계신 어린 양이 그들의 목자가 되사 생명수 샘으로 인도하시고 하나님께서 그들의 눈에서 모든 눈물을 씻어 주실 것"이기 때문이다.

그들의 눈에서 씻길 모든 눈물은 어떤 눈물인가? 과학자들은 세 가지로 구분한다. 기저 눈물(basal tears), 반사 눈물(reflex tears) 그리고 감정의 눈물(emotional tears)이다. 감정이 복받쳐 흘리는 눈물은 단순히 자극을 받아 흘리는 눈물과 성분이 다르다. 슬픈 영화나 드라마를 볼 때 눈물이 나온다. 감정의 눈물이고 '영화 눈물'이다. 영화 눈물과 양파 눈물을 두고 18세기말 프랑스의 화학자 라부아지에가 눈물에 관한 최초의 과학적 분석을 시도하였다. 전자가 스트레스 호르몬인 카테콜아민이 더 많이 함유된 것으로 나타났다. 카테콜아민은 혈관을 수축시켜 심혈관에 부담을 준다. 즉 눈물이 스트레스 호르몬의 균형을 잡아주는 것이다. 이 호르몬이 몸에 쌓이면 소화기 질환, 심근경색, 동맥경화가 생기고 혈중 콜레스테롤 수치가 높아진다. 모든 눈물은 어떤 눈물인가? 슬픔의 눈물이 아니다. 고난과 희생의 눈물이다. 눈물은 땅에서 실패한 것에 대해서 후회하며 하늘에서 흘리는 눈물이 아니다. 그리스도에 대한 신실함으로 인해 땅에서 흘렸던 고통의 눈물이다.

고정희의 시 '상한 영혼을 위하여'는 "상한 갈대라도 하늘 아래선/ 한 계절 넉넉히 흔들리거니"로 시작한다. 이 시에서 "영원한 눈물이란 없느니라/ 영원한 비탄이란 없느니라"는 시구가 있다. 시인은 아무리 절망적인 상황이라도 구원이 하늘로부터 온다는 것을 믿기에 충분히 흔들리며 고통에게로 가자고 말한다. 성도들이 '영원한 눈물, 영원한 비탄'이 없다고 말 할 수 있는 것은 모든 눈물을 닦아 주시는 하나님에 대한 굳은 믿음이 있기 때문이다. 영원한 언약이 주어진 이후에 새 하늘과 새 땅이 이루어진다. 그 안에 속하는 성도들에게 유익이 주어진다. 하나님이 자기 백성들에게 주실 평강과 기쁨이 중심을 이룬다. 첫째가 하나님이 그들의 눈에서 모든 눈물을 닦아 주시는 것이다.

사망(Death)

새 하늘과 새 땅에는 다시 사망이 없고
애통하는 것이나 곡하는 것이 다시 없으리라(계 21:4).

Figure 62.

무고한 자의 학살을 묘사한 태피스트리
(Tapestry, 라파엘로의 학교, 브뤼셀, 1524-1531).

새 하늘과 새 땅에 다시 없게 될 사망은 마지막 원수이다. 죽음이 사라져야 구원이 성취된다. 죽음은 신약 어디서도 단순한 자연현상으로 가볍게 넘어가지 않는다. 죽음은 늘 죄와 연관된다. 하나님과 교제에 장애물이다. 사망은 죄의 결과로 세상에 들어왔다. 우리도 여기서 예외가 될 수 없다. 우리는 우리 자신의 죄와 죽음에 대해 책임이 있다. 죄와 죽음의 불가피하다. 그리스도의 구속 사역은 그리스도 자신의 죽음을 필요로 했다. 오직 그리스도 안에서만 구원이 있다는 사실을 이끌어내는 역할을 할 뿐이다. 죽음의 두려움에 노예가 되어 버렸다(히 2:15). 이사야는 하나님이 '사망을 영원히 멸하셨다'고 선언한다(사 25:8).

1. 수한이 차지 못하여 죽는 일이 없을 것이다

이사야는 하나님의 백성이 받는 복을 종말론적으로 묘사한다. 포로생활 중에 있는 사람들에게 미래가 있을 것이라고 확신시킨다. 이전 시대는 심판과 포로 생활의 경험이다. 새 시대는 새 하늘과 새 땅이다. 새 시대의 특징은 육체적 건강과 장수 보장이다. 유아 사망과 조기 사망 모두 추방될 것이다. 새 하늘과 새 땅이 도래하면 사람들은 현 세계와 같은 방식으로 질병과 노화의 영향을 받지 않을 것으로 보인다. 장수와 경제적인 안정이라는 두가지 보장은 복을 받은 자들이 나무에 비유된다. 시편 1편을 떠올리는 복을 받는다. 새 하늘과 새 땅의 비전은 물질적인 실재를 버리지 않는다. 하나님의 복을 통해 그 실재를 변화시키려 한다.

이사야는 야훼의 속량함을 받은 자들이 돌아오는 것을 이스라엘이 하나님께로 완전히 회복으로 묘사한다. 그 때에 그들의 머리 위에 '영원한 기쁨'이 있을 것이다. 고난으로부터 보호를 받을 것이므로 슬픔과 탄식이 달아날 것이라고 예언한다(사 35:10: 51:11). 요한은 여기서 영원한 지복(이 세상에서 가장 행복한 마음의 상태) 상태가 예언의 성취 중 하나라는 사상의 흐름을 이어

간다. 하나님의 새 창조를 통해 변화된 예루살렘과 그의 백성 가운데는 천수를 다하지 못한 죽음이 더 이상 없다(사 65:20). 수명은 나무의 수명에 비교된다.

예수님의 죽음으로 우리가 구속함을 입고 의롭게 되며 하나님과 화목되었다. 우리의 죄는 예수님의 부활이 아니라 그분의 죽음에 의해서 처리되었다. 죄를 담당하는 그리스도의 사역은 십자가에서 완료되었다. 마귀와 죄와 죽음에 대한 승리는 십자가에서 획득되었다. 부활의 역할은 사람들이 버린 그 예수님이 정당하셨음을 변호한다. 그분이 하나님의 아들이심을 능력으로 선언한다. 죄를 담당하는 그분의 죽음이 사죄의 능력이 있음을 공개적으로 확증한 것이다.

슬픔, 사망, 애통, 곡성 그리고 아픔이 다시 있지 않다는 것은 '바다도 다시 있지 않더라'의 확장이다. 바다는 이제 일어나게 될 죽은 자를 붙잡고 있었기 때문에 사라진다. 바다의 기능을 상실한 것이다. 바다가 없다는 것은 새 질서의 시작을 표시한다. 요한은 고대의 사고 체계에서 상징하던 모든 것에 대해 하나님이 최종적으로 승리하셨음을 반영하고 있는 것일 수 있다. 사망에 대해 용감히 맞설 수 있다. 사망이 부활과 새 창조로 종말을 고한다. 바다가 없어진다. 악이 끝난다. 사망이 다시 있지 않는다. 사망의 소멸과 함께 슬픔과 아픔이 사라진다. 죄로 혼탁한 옛 질서와 그에 수반되는 사망이 영원한 복이 지닌 완벽하고 영원한 질서에 굴복하게 된다. 야훼와 바다의 반목은 구약과 초기 유대교의 문헌들에 여러 가지 방식으로 표현되어 있다. 이사야가 '바다'가 사라진다는 것은 첫 출애굽 사건의 반영이다.

> 바다를, 넓고 깊은 물을 말리시고 바다 깊은 곳에 길을 내어 구속 받은 자들을 건너게 하신 이가 어찌 주가 아니시니이까(사 51:10).

이런 바다 현상을 하나님의 백성의 종말론적 회복과 비교한다. 사망이 없으니 죽는다는 것을 기억할 필요가 없다. 처음 하늘과 처음 땅에서는 태어나면서 죽기 시작한다. 죽음이 시작이자 끝이었다. 새 질서에서는 사망이 다시 없다. 영원히 하나님과 교제와 생명이 있을 뿐이다. 하나님은 출애굽할 때 방해하던 바다를 제거하셨다. 안전하게 홍해를 통과하게 하셨다. 완전한 구원과 하나님과의 교제를 방해했던 모든 장애물을 제거한다. 슬픔, 사망, 애통, 아픔이다. 완전하고 끝없는 안전함을 주실 것이다.

2. 새 하늘과 새 땅에는 다시 사망이 없을 것이다

요한은 이제 하나님이 자기 백성들과 함께 거주하실 때 하나님의 백성들이 누리게 될 유익을 묘사한다. 다시는 없다는 것은 영원히 도말된다는 뜻이다. 인간을 약해지게 만드는 죄의 영향력은 사라진다. 하나님과 교제를 방해하는 모든 장애물은 제거된다. 처음 하늘과 처음 땅의 일부였던 사망이 이제 지나가 버렸다. 마지막 때에 하나님께서 이 세상에서 죽음을 멸하실 것이다 (사 25:6-8). 이러한 죽음의 정복은 단지 미래에 국한된 일이 아니었다. 그리스도께서 대속의 죽음을 당했을 때 죄를 정복하셨다. 무기로서 죽음을 사용한다(히 2:14-15).

존 스토트(J. Stott)는 마귀가 천년동안 결박을 당하는 것을 그리스도가 십자가에서 강한 자를 결박하는 일로 해석한다. 십자가를 패배로, 부활을 승리로 여기지 않는다. 자신의 죽음으로 죽음을 정복하신 것이다. 부활은 미래에 있을 그의 백성의 부활을 보증하는 것이다(고전 15:12-28). 이사야의 비전의 성취다(고전 15:50-54). 그 허무함과 썩어짐의 통치가 온 세상으로 퍼지게 된다(롬 8:20-21). 마지막 원수, 죽음은 새 하늘과 새 땅이 오면서 완전히 파멸된다. 옛 질서에서 죽음은 삶의 일부이자 과정이다. 장자(莊子)는 '죽음은 고향으로 돌아가는 것, 두려울 것도 싫어할 것도 없다'라고 했다. 새 질서에서는 다르다. 죽음이 아예 없어진다. 다시는 있지 않는다.

사망의 권세를 깨뜨리는 것, 즉 사망의 소멸은 이미 십자가에서 일어났다. 십자가는 획득된 승리다. 부활은 추인되고 선언되며 입증된 승리다.

십자가에서 무기와 위엄을 박탈당했다. 악한 정사와 권세들은 이제 그분의 발 아래 정복되어서 그분께 복종하고 있다. 새 하늘과 새 땅에 다시 사망이 없는 근거다.

새 창조가 도래하면 사탄은 영원히 심판을 받는다. 새 창조에서 쫓겨날 것이다. 사탄의 어떤 위협도 다시 있지 않을 것이다. 사망도 다시 있지 않다. 죽은 자들의 거처가 제공될 바다가 다시 있지 않을 것이다. 문자적인 바다는 나라와 나라를 떼어놓는다. 요한을 그의 사랑하는 교회로부터 분리했다. 하지만 새 하늘과 새 땅에서는 이런 분리가 더 이상 없을 것이다. 사망은 분리다. 모든 사람이 하나님과 친밀한 교제를 누리기 때문이다.

새 언약이 옛 언약보다 뛰어나며 그것을 대체하듯이(히 8:7-13), 새 하늘과 새 땅은 새롭고 영원한 상태를 위한 배경이 된다. 하나님의 백성은 다시는 죽음으로 인한 슬픔과 고통을 경험하지 않아도 될 것이다. 새 질서 속에서는 죽음이 설 자리가 없기 때문이다. 그리스도 안에 있는 구원하는 믿음을 통하여 그들은 이미 사망에서 생명으로 옮기워졌다. 새 하늘과 새 땅에서는 사망의 위협조차 사라진다. 인간의 가장 큰 장애물이 사라지는 것이다.

죽음은 남녀노소와 지위고하와 아무런 상관이 없는 냉혹한 것으로서 인류의 가장 큰 적이다. 그것은 부모에게서 귀중한 아이를 빼앗아 감으로서 남아 있는 사람들에게 커다란 슬픔을 남겨 놓는다. 이사야가 예언한 새 하늘과 새 땅에 유아의 죽음이 없다. 수한 안에 죽는 죽음이 없다. 자녀 출산이 있다. 요한계시록은 다르다. 처음 하늘과 처음 땅은 없어진다. 바다도 없어진다. 더 이상 슬픔과 사망과 아픔이 전혀 없는 상태를 묘사한다. 이사야는 "사망을 영원히 멸하실 것이라"(사 25:8)와 "주의 죽은 자들은 살아나고 그들의 시체들은 일어나리이다"(사 26:9)와 모순되게 말한다. 미묘한 차이는 있다. 의미는 명확하다. 미래에는 이른 죽음에 대한 생각을 하지 않아도 된다는 것이다.

애통(Mourning)

새 하늘과 새 땅에는 애통이나 곡하는 것이나
아픈 것이 다시 있지 않다(계 21:4).

Figure 63.

애도하는 여인들의 모습을 보여 주는 이집트 부조:
'사카라의 호렘헤브 무덤', B.C. 1330년경.

애통함은 자기 자신을 돌아보게 하는 힘이 있다. 좌절을 극복하는 모멘텀을 찾는 기술을 자연스럽게 익힐 수 있게 해준다. 애통이란 형제의 아픔을 공감하기 위해 서로 등을 대고 함께 울 수 있는 마음이다. 그 이웃이 슬픈 상황에 처하지 않도록 미리 헤아리고 그 방안을 마련해주는 용기다.

어떤 이가 소중하다고 여기는 것을 상실하는 것은 눈물을 흘리게 한다. 그 상실이 물질적이든, 사랑하는 사람이든, 사회적 신분이든, 심지어 하나님 앞에서 영적인 신분이든 간에 말이다. 시편기자는 애통을 노래한다. 시편 전체 약 삼분의 일을 차지한다. 애통의 시, 일명 탄식시들은 시편에 가장 많이 차지한다. 날숨과 들숨을 합치면 호흡이다. 그렇게 한 번 들이마셨다가 내쉬는 동작을 가리키는 글자는 식(息)이다. 탄식은 크게 들이마셨다가 내쉬는 호흡이다. 비탄은 몹시 슬퍼서 내뱉는 탄식이다. 탄식의 종류로서는 슬픔을 표현하는 정도가 아주 높은 단어다.

애통의 시편들은 시편기자나 그가 속한 공동체가 경험하는 사건에서 비롯되는 경우에 따른 시들이다. 일반적으로 애통의 시편들은 하나님을 향한 부르짖음, 즉 탄식으로 시작하여 그의 상황이 절망적임을 주장하지만 확신으로 끝마친다. 새 하늘과 새 땅이 이루어지면 절대적인 평화와 옛 창조를 특징지었던 온갖 형태의 고난으로부터 안전함을 얻는다. 모든 형태의 환난이 없어진다는 것이 이사야서에 언급되었던 것들이라는 것은 놀랍지 않다.

성경은 애통이 기쁨으로 바뀐 아름다운 묘사들을 담고 있다. 예수님께서 사역을 시작하실 때에 인용한 이사야 61장은 하나님께서 슬퍼하는 자에게 화관을 주신다. 재를 대신하며 기쁨의 기름으로 바꾸어 놓는다. 슬픔을 대신하며 찬송의 옷으로 그 근심을 대신하게 한다. 예수님은 '애통하는 자는 복이 있다'라고 말씀하신다. 수고와 슬픔이 끝나고 눈물을 닦아 주시는 하나님이 웃게 하실 것이라는 약속을 하신다.

1. 새 하늘과 새 땅에는 애통하는 것이나 곡하는 것이 없다

요한은 새 하늘과 새 땅, 즉 새 예루살렘을 이사야 65:17과 66:22을 따라 묘사한다. 옛 땅의 특징은 우는 소리와 부르짖는 소리다. 새 하늘과 새 땅에서는 애통함이나 곡하는 것이 다시 없다. 부정적으로 묘사하고 있다. 기쁨과 즐거움이 충만한 곳으로 회복될 것이다.

세상에 대한 하나님의 목적들의 마지막 목표는 무엇인가? 두 가지로 설명할 수 있다. 부정적으로 그리고 긍정적으로 설명할 수 있다. 전자는 사탄, 죄와 사망, 하나님의 대적들의 멸망이다. 모든 형태의 고난의 제거다. '만물의 옛 질서'의 일부였던 눈물, 사망, 애통, 애곡, 고통은 이제 다 지나가 버렸다. 이제는 역사가 되어 버린 이전 질서에 속한 것일 뿐이다.

> 애통이 다시 없는 것은 부정적으로 새 하늘과 새 땅을 설명하는 것이다. 긍정적으로는 하나님의 통치가 최종적으로 완전히 승리한다. 그리스도 안에 모든 것이 통일된다(엡 1:10).

하나님이 모든 것 안에 모든 것이 되는 것이다(고전 15:28). 부정의 방식으로 묘사하는 이유가 무엇인가? 그 이유는 새롭고 영광스러운 질서를 묘사할 때, 그것이 무엇을 대체한 것인지를 통해 더 쉽게 이해할 수 있기 때문이다. 우리가 처한 현재의 상태에서는 거의 경험할 수 없는 새로운 것을 묘사하는 식으로 는 이해하기 더 어렵기 때문이다.

애통에 해당하는 펜도스(πένθος)라는 '곡하는 것'과 '아픈 것'과 함께 '비탄, 슬픔, 애통'을 뜻한다. 펜도스는 흔히 죽은 자를 슬퍼하는 일을 나타내는 데 사용된다. 성경에 나오는 죽은 자들에 대한 애곡 속에는 대체로 들을 수 있다(렘 22:18; 48:36). 눈으로 볼 수 있다. 슬픔을 표현하는 데도 농·서양에 차이가 있다. 전자는 슬픔을 억제하지 못하고 오열하는 경향이 있다. 후자는 아무리 안타까운 죽음이라도 슬픔을 애써 참는 편이다. 사랑하는 자를 잃었을

Figure 63-1.

사람들이 통곡하며 한탄하는 모습을 묘사한 이집트 무덤의 한 장면.

때 애통하고 곡한다.

고전 헬라어 문헌에서 펜도스는 애통함이나 슬픔의 의미로 사용된다. 특히 이 단어는 죽은 자를 위하여 곡할 때처럼 슬픔의 외적인 표시에 대하여 사용된다. 이 경우에는 개인적인 슬픔뿐만 아니라, 장례 관습상 울게 되어 있는 곡성도 포함한다. 신약에서 펜도스는 애통으로 표현된 슬픔, 특히 죽은 자에 대한 슬픔을 나타낸다. 마태복음 9:15에서는 사랑하는 사람이 없는 것을 애도한다. 그리스도의 죽음을 애통하는 사람들에 대하여 쓰였다(막 10:10). 새 하늘과 새 땅에는 애통도 없고 곡하는 것이 없다.

애통은 바벨론에 대한 심판의 일부이다. 너무 애통스러워 행동으로까지 이어지는 슬픔이 있다(고전 5:2). 새 하늘과 새 땅에 사망이 다시 없고 애통이 다시 없다는 것은 더 이상 사탄의 위협이 없다는 말과 같다. 거역하는 민족들로부터 오는 위협 또한 없다. 따라서 바다가 죽은 자의 처소로서 역할을 할 여지도 전혀 없다. 히브리어에는 총 26개의 단어가 슬픔이라는 개념을 지니고 있다. 여기에 고뇌, 현혹됨, 두려움, 비애, 노고, 애통, 고통, 굶주림, 슬픔, 공허, 비통이라는 의미를 지닌 단어들이 포함되어 있다.

하나님이 함께 하신다. 사망이 없다. 애통하는 것이 없다. 곡하는 것이 없다. 다시 있지 아니할 것이다. 요한이 모든 세대를 통하여 세상을 불행하게 하는 것들을 총망라한 구절이다. 죽음이 찾아오면 애통하고 곡한다. 아픔이 따라온다. 새 하늘과 새 땅이 오면 우리의 즐거움과 기쁨을 앗아가는 모든 것들이 없을 것을 약속한다.

이사야는 여호와의 속량함을 받은 자들이 돌아와 시온에 이르면 슬픔과 탄식이 사라질 것을 예언하였다(사 35:10). 하나님이 예루살렘을 즐거워하며, 하나님의 백성을 기뻐하실 때에 우는 소리와 부르짖는 소리가 그 가운데 다시 들리지 않게 하실 것이다(사 65:19).

2. 새 하늘과 새 땅에는 곡하는 것이 다시 있지 않다

이사야 65:17-22의 핵심 주제는 기쁨이다. 하나님의 기쁨과 하나님의 백성들의 기쁨이다. 창세기 1-3에서는 전혀 언급되지 않았다. 새 하늘과 새 땅의 기쁨은 주목할 만하다. 새로움과 기쁨이라는 이사야의 주제를 요한은 부정적으로 강조한다. 우리의 기쁨을 앗아가는 사망을 제거된다. 더 이상 애통과 곡하는 것이 없는 새 하늘과 새 땅을 말한다.

요한은 새 하늘과 새 땅의 새 질서를, 절대적 완전히 성취되어 더 이상 눈물, 사망, 애통, 아픔이 없는 상태로 묘사한다. 예수님은 그때에 아이를 낳는 일도, 결혼하는 일도 없을 것이라고 말씀한다(눅 20:36). 영원한 언약이 주어진 이후에 새 하늘과 새 땅이 구성된다. 그 안에 거하는 성도들에게 속한 유익이 주어진다. 하나님의 백성들에게 주어질 평화와 기쁨이 중심을 이룬다. 요한은 부정적으로 묘사한다. 슬픔의 원천이 다 제거될 것이다.

요한의 환상에서 처음 하늘과 땅은 다시 있지 않다. 처음 하늘과 땅은 눈물, 사망, 애통, 곡함, 아픔과 밀접하게 연결되어 있다. 그 세상은 하나님과 그리스의 통치와 땅의 파괴자의 통치 사이의 충돌에 의해 규정된다.

이사야는 회복된 시온에 대한 묘사를 다음과 같이 노래한다.

> 야훼의 구속된 자들이 돌아오는 것을 "노래하며 시온에 이르러 그들의 머리 위에 영영한 희락을 띠고 기쁨과 즐거움을 얻으리니 슬픔과 탄식이 사라지리로다"(사 35:10). 또한 "여호와께 구속 받은 자들이 돌아와 노래하며 시온으로 돌아오니 영원한 기쁨이 그들의 머리 위에 있고 슬픔과 탄식이 달아나리이다"(사 51:11; 65:19).

이것이 모든 시대에 걸쳐 성도들을 안심시킨 보편적 소망이다. 마지막 원수인 사망이 멸망당한다(고전 15:26; 계 20:4). 사망의 온갖 전조들(애통, 애곡, 아픔)도 사망과 함께 다시 있지 않는다. 요한은 거의 같은 언어를 최종적인 회복을 묘사하는 데 사용한다. 사망의 소멸과 함께 애통과 애가도 사라진다. 죄로 혼탁해진 옛 질서와 그에 수반되는 고통이 영원한 복을 지닌 완벽하고 영원한 질서에 굴복하게 된다.

생명수(The water of life)

하나님께서 목마른 자에게 생명수를 값없이 주신다(계 21:6).

Figure 64.

4세기 니콜라스 바타유의 태피스트리 중 '낙원의 강' 섹션.

물처럼 흔한 것도 없지만 물처럼 중한 것도 없다. 성경과 코란 등 동서고금의 경전이 물을 생명의 원천이요, 파멸과 회생의 상징으로 표현한 것도 이 같은 물의 패러독스 때문이다. 하나님은 생수의 근원이시다(렘 2:13). 생수의 강이요 생명수라고 불릴 수 있다. 다윗은 시원한 물가로 인도하시는 영혼의 목자로 노래한다(시 23:2). 영적인 삶과 내적인 샘은 사마리아 여인에 대한 예수님의 제안에서도 나타난다. 목이 말라 우물물을 구하는 수가 성 여인에게 예수님이 말씀하신다.

> 내가 주는 물을 마시는 자는 영원히 목마르지 아니하리니 내가 주는 물은 그 속에서 영생하도록 솟아나는 샘물이 되리라(요 4:14).

성경의 샘물들이 가진 중요성의 일부는 우물들이 샘물 근처에 위치했다는 것이다. 수가성 여인은 눈에 보이는 야곱의 우물을 보았다. 예수님은 물이 가득한 샘을 생각한 것이다(잠 8:24).

1. 하나님은 생명수 샘물을 목마른 자에게 주신다

생존 본능만큼 강한 것은 영적인 본능이다. 영적인 본능은 하나님을 갈망하는 능력이다. 목마름을 느끼는 능력이라는 의미다. 목마른 사슴이 시냇물을 찾기에 갈급한 것처럼 영혼이 하나님과 붙어 있지 않으면 견딜 수 없어 하는 본능이다. 영적인 본능이 있는 자가 목마른 자다. 하나님을 갈망한다. 하나님으로 인해 목말라 한다. 은유적으로, 목마름은 영원하신 하나님이 가지신 생명이 필요하다는 것을 의미한다. 그와 같은 목마름은 하나님과 함께한 생명의 장애물, 즉 죄와 사망이 새 예루살렘에서 부활을 통해 극복되었을 때에 온전히 충족된다.

노벨문학상을 수상한 남아공 작가 나딘 고디머(Nadine Gordimer)의 말이다.

진실이 언제나 아름다운 건 아니다. 아름다운 건 진실에 대한 목마름이다.

하나님이 생명수 샘물을 누구에게 공급하시는가? 거짓과 세상에 목말라 하는 자들이 아니다. 그리스도에게 향하는 자다. 예수님을 믿는 자들에게 하나님은 생명수 샘물을 주실 것이다. 새 창조 시에 생명수 샘물은 하나님과 참된 교제 중에 있는 죽임이 없는 생명의 약속을 간직한다.

요한계시록에 의하면, 생명수를 마신다는 것은 하나님 앞에서 영원한 생명으로의 부활을 의미한다. 이사야 55:1은 "오호라 너희 모든 목마른 자들아 물로 나아오라"라고 초청하신다. 이사야는 구원을 새 출애굽이며 시온으로 돌아오는 것으로 묘사한다. 그때에 하나님께서 광야에서 풍부한 물을 주어진다. 요한계시록에서는 물이 새 예루살렘으로부터 흐른다. 그곳에서는 생명의 풍요로움이 주어진다.

몸속 물이 부족하면 혈액량이 줄어든다. 이는 혈압 저하로 이어져 어지럼증을 유발할 수 있다. 또한 몸속의 필수 아미노산이 세포 곳곳에 잘 전달돼야 신진대사가 활발해져 피로감을 잘 느끼지 않는데, 이 필수 아미노산을 운반하는 게 체내 수분이다. 수분이 부족하면 피로감을 잘 느끼게 되는 이유다. 하나님은 목마른 자의 갈증을 해소해 주시며 영원토록 솟아나는 생수의 근원이다. 우리는 '목마른 자'라는 사실을 분명히 하도록 도전을 받는다. 목마른 자에게만 유일하게 생명수 생물이 주어질 것이기 때문이다.

목마른 자에게 값없이 생명수 생물을 주시는 분은 하나님이시다. 생명수 샘물로 이끄는 분은 목자가 되신 어린 양이다. 두 가지 모티브다. 전자는 초대다. 목마른 자에게 값없이 마시라는 초대다. 후자는 생명수다. 이사야의 '샘물'은 이제 '생명수 샘물'이 되었다. 팔레스타인(Palestine)의 건조한 기후에 시원한 물을 제공하는 샘물은 원기 회복과 만족을 나타내는 생생한 상징이었을 것이

다. 신약성경에서 물은 하나님이 주시는 최고의 축복인 영생과 연관된다

2. 하나님은 생명수를 목마른 자에게 값없이 주신다

미국의 작가 엘리자베스 오코너(Elizabeth O'Connor)는 "여덟 번째 창조의 날'에서 하나님이 7일간 세상을 창조하신 다음 날인 여덟 번째 날을 창조의 날"이라고 말한다. 하나님이 우리에게 주신 열망이 세상의 갈망을 만나 새로운 창조를 만들어가는 날이라는 것이다. 사실 8일은 세상의 갈망과 나의 열망이 만나는 날이다. 열망이 갈망을 이끄는 가는 날이 바로 여덟 번째 날이다. 일상이 그러해야 한다. 하나님의 목적에 맞는 삶이다. 이런 삶이 의에 주리고 목마른 삶이다. 하나님을 찾고 갈망하는 삶이 열망의 삶이다.

Figure 64-1.

모세는 사막에서 목마른 이스라엘 백성들을 위해 기적적으로 바위에서 물이 흐르게 만들었다. 이 에피소드는 로마 성 베드로대성당에 있는 라파엘로(1483-1520)의 그림 '모세가 바위를 치다'(Moses Strikes the Rock)에 묘사되어 있다.

손종태는 '갈망'에서 '갈망은 창조주를 향한 인간의 근원적 목마름'이라고 한다.

> 이 책에서 하나님께서 모든 사람에게 주신 본질적인 갈망 중 하나는 나를 향하신 하나님의 뜻과 목적, 내 삶의 운명을 찾고자 하는 것이다. 모든 사람에게는 그것을 찾고자 하는 본능적인 갈망이 있다. 왜냐하면 사람은 그것을 찾을 때만 진정한 만족을 발견하기 때문이다.

갈증이 날 때 짜릿한 탄산과 달콤한 설탕이 들어 있는 이른바 '청량 음료'를 마시고 싶은 것은 욕망이다. 욕망을 따르면 오히려 갈증을 더 부추길 뿐이다. 갈증을 해소하는 것은 탄산이나 설탕이 아니라 생수다. 영혼의 갈급함을 해소할 수 있는 것은 생수가 아니라 생명수를 샘물에서 마시는 것이다. 이사야의 예언처럼 우리를 긍휼히 여기시는 하나님이 인도하실 때만이 샘물 근원에 도달할 수 있다.

하나님이 주시는 생명수 샘물로부터 자유롭게 마실 수 있는 사상은 이사야 49:10에 뿌리를 두고 있다. '생명수 샘물'이라는 모티브가 첨가되어 있다. 요한은 강조를 위하여 마지막에 '값 없이'를 덧붙인다. 이중의 의미를 가질수 있다. 목마른 자는 '대가 없이' 또는 '자유롭게' 생명수를 마시게 되리라는 것이다. 또 하나는 '하나님의 값없는 선물'이라는 것을 의미한다. 더위에 주리거나 목마르지 않는 이유를 설명한다. "그들을 긍휼히 여기는 이가 그들을 이끌되 샘물 근원으로 인도할 것"이기 때문이다(사 49:10). 하나님이 긍휼히 여기는 이는 샘물 근원으로 갈 수 있다. 자유롭게 마실 수 있다.

조선 중기의 이언적(李彦迪)이 지은 원조오잠(元朝五箴)의 끝부분에 나오는 구절에서 우물과 샘물을 구분하고 있다.

> 井不及泉 九仞奚益 學不希聖 是謂自畫
> (정불급천 구인해익 학불희성 시위자획).

'우물을 파는데 샘에 이르지 못하면 아홉 길을 판들 무슨 쓸모가 있으랴'
는 뜻이다. 우물과 웅덩이에 비교해서 샘물은 계속적으로 솟아나 흐르는 특
징을 지닌다. 샘물은 단순히 물을 대표하는 것이 아니다. 물의 풍성함을 대표
한다. 시편 74:15은 "주께서 바위를 쪼개어 큰 물을 내시며"라고 억수같은 물
과 연관시킨다. 이사야는 말하였다.

> 여호와가 너를 항상 인도하여 메마른 곳에서도 네 영혼을 만족하게 하며 네
> 뼈를 견고하게 하리니 너는 물 댄 동산 같겠고 물이 끊어지지 아니하는 샘 같
> 을 것이라(사 58:11).

'근원'은 땅 속에서 솟아나는 지하수를 의미한다. 샘물을 뜻한다(14:7). 샘
물은 우물뿐만 아니라 때를 따라 내리는 비와 대조적이다. '하나님께서 생
명수 샘물을 주신다. 또는 생수의 근원이 되신다'는 것은 시기나 장소와 상
관없이 언제 어디에서나 제한 없이 넘쳐흐르는 생수의 복을 주신다는 선언
이다.

하나님과 어린 양이 목마른 자에게 주시는 생명수는 하나님 및 그리스도
와 영원히 교제하는 생명이다. 이 교제는 어린 양의 구속의 죽음을 믿는 믿
음과 어린 양의 구속의 사역을 꾸준히 증언하는 사람들이 누리게 된다. 이러
한 믿음을 가진 사람들만이 은혜에 근거하여, 또는 '값 없이' 물의 샘, 즉 하
나님의 구원의 임재로 나아갈 수 있다.

영적인 목마름을 느끼는 능력, 의에 주리고 목말라 하는 능력, 하나님 아
니면 살 수 없다고 말하며 하나님을 목말라 하는 능력이 현대인에게는 부족
하다. 영혼은 목말라 죽어간다. 선조들은 달랐다. 교회에서 예배드리는 일에
목숨을 걸었다. 영혼이 목말라 죽어가는데도 목마름을 느끼지 못하는 것은
영혼 없는 생존 기계일 뿐이다.

보석(Jewel)

새 예루살렘의 성곽 기초석은 각색 보석으로 꾸며져 있다(계 21:19).

Figure 65.

가나안 보석: "내가 보매 거룩한 성 새 예루살렘이 하나님께로부터 하늘에서 내려오니 그 준비한 것이 신부가 남편을 위하여 단장한 것 같더라"(계 21:2).

요한이 본 새 예루살렘 구조의 첫 번째 부분은 성곽과 문이다. 에스겔 40장 암시의 연속이다. 에스겔은 바깥 사방의 담과 문을 보았다(겔 40:5-6). 내부가 아닌 외부를 본다. 위가 아닌 아래를 주시한다. 기초석을 보고 이어 문을 본다. 성벽에 열두 사도의 이름이 새겨진 열두 기초석이 있는 것을 보았다. 각각의 기초석이 서로 다른 보석으로 꾸며져 있다. 성전의 기초석같이(왕상 5:17) 아름다움과 견고함을 위하여 취한 큰 돌이다. 열두 지파의 이름이 아닌 열두 사도의 이름이 새겨져 있다. 열두 사도는 교회에 대한 상징이다.

성전 기초들이 보석으로 구성되었다고 묘사하는 열왕기상 7:10과 어울린다. 열두 지파를 대표적 사도들과 동일시한 것이 한층 부각된다. 기초석이 각색 보석으로 꾸며졌기 때문에 하나님의 백성들은 신적 영광에 참여하는 자로 묘사된다. '꾸며지다'가 사용되는 유일하게 다른 곳은 '신부가 남편을 위하여 단장한 것 같더라'이다. 교회를 어린 양의 신부로 꾸미는 것이 보석이기 때문이다.

로마 세계에서, 후원자들의 '기초로부터' 성전, 탑들, 다른 건축물을 세웠다. 그 건축물을 장식했다. 그러나 기초를 보석으로 장식하는 경우는 매우 드물다. 성곽의 열두 기초석을 꾸미는 열두 보석 목록은 대제사장의 '심판의 흉패'에 세 개씩 네 줄로 달린 열두 개의 보석 목록에 기초한다. 8개가 반복된다. 요한계시록에서 다른 이름으로 명명된 보석들은 출애굽기에 등장하는 보석들과 의미상 동일한 보석들이다. 각각의 보석에는 열두 지파의 이름이 새겨져 있다. 이 돌들은 모든 이스라엘을 상징했다.

대제사장이 입은 흉패의 보석들은 새 예루살렘의 성곽과 기초로 전환함에 있어 작용한 논리는 아론의 옷 전체가 지상 성막의 작은 복제품을 의미했다. 지상 성막 자체는 하늘 성막을 모델로 삼았다. 흉패는 일종의 작은 지성소였다. 지성소와 동일한 재료로 만들었다. 지성소와 동일하게 정사각형의 모양을 하고 있었다.

대제사장이 열두 보석이 달린 흉패를 입고 하나님의 직접적인 임재에 참여할 수 있는 특권을 누릴 수 있었다. 이제 새 예루살렘, 즉 어린 양의 신부인 모든 하나님의 백성에게 보장된다. 따라서 그들 모두 제사장적인 특성을 지니게 되었다. 하나님과 어린 양의 보좌에서 하나님의 얼굴을 보게 된다. 베드로도 이런 주장을 하고 있다.

> 너희도 산 돌 같이 신령한 집으로 세워지고 예수 그리스도로 말미암아 하나님이 기쁘게 받으실 신령한 제사를 드릴 거룩한 제사장이 될지니라(벧전 2:5).

베드로는 신자들이 건축자의 돌, 성전, 제사장이라는 주장을 한다.

1. 새 예루살렘 성곽의 기초석은 보석으로 꾸며져 있다

하나님께서 이스라엘을, 즉 아내를 히브리어로 세굴라(סְגֻלָּה), 즉 보물이라 부른다(출 19:5; 대상 29:3). 이스라엘이 하나님과의 언약을 지키면 마치 사람이 자기 보물을 지극히 아끼듯 하나님도 저희를 아껴 눈동자와 같이 보호해 주시겠다는 뜻이다. 이전에는 환난을 당하고 위로받지 못했다. 그러나 하나님의 긍휼을 입을 것이다. 황폐한 성읍이 금과 보석으로 꾸며진 성읍 곧 야훼의 신부로 바뀐다. 그 성의 보석이 일차적으로 종말론적 예루살렘에 거하는 사람들이 누리게 될 영원한 샬롬을 가리키는 비유다.

중국에서 철학적 의미가 더해진 옥은 이 세상의 그 어떤 물건도 비견될 수 없는 존귀한 존재가 된다. 그리하여 옥은 군자가 몸에 항상 지녀 새기고 또 새겨야 하는 규범의 상징이 됐다. 옥팔찌를 끼고, 귀고리와 목걸이를 달고, 몸에는 패옥을 차, 옥의 정신을 항시 되새겼다. 성곽의 기초석과 성을 건설하는 재료로 옥, 보석, 진주와 금이 사용되었다. 이사야는 남편이신 하나님은 회복된 이스라엘을 옥(玉)이 아니라 아내로 부르셨다고 한다(사 54:5-6).

기초석의 첫째는 벽옥(jasper)에 해당하는 'ἴασπις'(이아스피스)이다. 벽옥은 녹색으로부터 푸른색, 자주색, 혹은 장미색까지 다양한 색깔을 띤 보석을 가리킨다. 하나님과 도시 성벽을 특징 짓는다. 벽옥은 반투명의 바위 수정이다. 녹색을 띈다. 가장 귀한 보석 가운데 첫째다. 오늘날로 말하면 오팔이나 다이아몬드였을 것이다. 새 예루살렘은 하나님의 영광을 발산하기 때문에 도성의 전체적인 모습을 상징하는 데는 벽옥이 제격이다. 하나님을 벽옥과 홍보석에 비유하고 있다. 중국인은 옥을 달리 사용했다. 중요한 일이 있을 때 예물로도 사용됐다. '순자'의 말처럼, 사자를 파견할 때는 홀(珪, 규)을, 나랏일을 자문하러 갈 때는 둥근 옥(璧, 벽)을, 경대부를 청해올 때는 도리옥(瑗, 원)을, 군신 관계를 끊을 때는 패옥(玦, 결)을, 유배당한 신하를 다시 부를 때는 환옥(環, 환)을 사용함으로써 옥 모양에 따라 사안의 상징성을 표현했다.

벽옥은 투명한 초록색 수정이다. 수정을 언급하는 까닭은 투명한 보석을 나타내려고 한 의도를 짐작할 수 있다. 도성이 수정과 같았다는 묘사는 순수성과 가치를 강조한 것이다.

> 이사야 54장을 비춰볼 때, 새 예루살렘 성의 기초와 성곽 및 문들과 함께 보석들은 하나님의 백성이 하나님의 영광스러운 임재와 함께 누리는 영원한 샬롬과 안전을 상징하는 것으로 이해하는 것이 가장 좋다.

'보물'을 뜻하는 보(寶)에 옥(玉)이 들어 있다. 집안(宀)에 옥(玉)과 돈(貝)이 가득한 모습이다. 보(宝)는 보(寶)의 속자다. 옥(玉)과 돈(貝) 중에서 옥(玉)이 선택된 것은 옥이 더 귀하고 '보배로운' 것임을 말해 준다. 새 예루살렘 성곽은 가장 귀한 보석인 벽옥으로 쌓여있다. 성곽의 목적인 방비와 다르다. 하나님의 영광을 발산하는 데 있다는 것을 의미한다. 벽옥은 하나님 자신의 광채를 나타내는 돌이다. 벽옥은 녹색, 푸른색, 자주색, 혹은 장미색의 보석이었다. 성벽의 화려하고 값진 모습이 매우 시각적으로 묘사되고 있다. 보좌에 앉으신 하나님이 벽옥처럼 보였다. 이제 새 예루살렘 성벽이 벽옥의 빛을 발산한다. 성벽조차 하나님의 영광스러운 임재를 말해 준다.

2. 어린 양의 신부인 교회는 하나님의 영광으로 충만하다

인간의 언어는 하나님과 하늘의 위엄과 광채를 묘사하는 데 역부족이다. 하나님의 영광을 강조하기 위하여 귀금속과 보석을 사용하여 표현하는 것이 통상적이다. 돌의 색깔은 청색, 녹색, 붉은 색, 노란 색 등 다양하다. 다양한 색깔이 비유적으로 무엇을 말하는가? 출애굽기와 이사야서 모두 하나님의 영광을 보석과 연결한다. 다양한 색깔의 보석들이 제시된 목적 중 하나다. 하나님의 빛나는 영광을 반영한다. 보좌에 앉으신 하나님의 모양이 벽옥, 홍보석, 녹보석 같다. 하나님의 빛나는 영광을 강조한다. 성곽의 기초석으로 각색 보석들로 꾸민 것은 성도들이 하나님의 영광스러운 임재 안에 자격을 갖추었다는 데 있다.

고대의 보석은 그 아름다움과 희귀성 때문에 선망의 대상이 되었다. 성경에 언급된 다양한 돌이 정확히 무엇인지를 밝히는 것은 매우 어렵다. 돌의 종류와 색상이 매우 다양하다. 기준이 될 만한 용어도 부족하다. 많은 종류의 보석들이 다양한 색으로 나온다. 학문적인 전문 용어가 개발되지 않는 시대다. 다양한 보석들이 무엇인가를 확인하는 것은 항상 쉬운 일이 아니다. 의미를 추측할 뿐이다. 많은 어근들이 '반짝임, 광휘' 등을 의미하기 때문에 어원은 많은 도움이 안 된다. 귀중한 보석들과 금속들은 일반적으로 상부 구조물에 사용되기 위해 비축되었다(대상 29:2). 새 예루살렘에서는 기초 자체가 보석으로 되어 있다. 웅대함을 더한다. 그 기초는 하나님이 놓으신 것으로 보여진다(사 54:11).

성전(Temple)

새 예루살렘에 하나님과 어린 양이 성전이 되시면 충분하다(계 21:22).

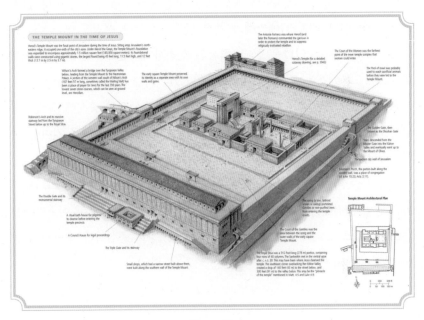

Figure 66.

헤롯의 성전산은 예수님 당시 예루살렘의 중심지였다. 예루살렘 북동쪽 산등성이 꼭대기에 자리잡은 이 도시는 도시 면적의 6분의 1을 차지했다. 헤롯 대왕 시대에 성전산의 기초는 약 140,000제곱미터(150만 평방피트)에 달할 정도로 확장되었다.

예루살렘 방문의 백미는 성전이다. 새 예루살렘에는 성전이 없다. 성전을 눈으로 볼 수 없다. 성전이 하나님과 어린 양으로 대체된다. 지금 상황으로 볼 때 충격이고 당황할 수밖에 없다. 유대교들이라면 패닉에 빠질 노릇이다. 고대의 유명한 성은 각기 하나 이상의 중심될 만한 신전을 갖고 있었다. 새 예루살렘은 이 점에서 고대의 성들과 다르다. 장차 올 세상에 대한 모든 유대인들의 기대와도 다르다. 구약은 예루살렘의 갱신과 함께 성전이 다시 세워질 것을 예언했다. 요한은 새 예루살렘 내에 '성전이 없다'고 말한다. 갑작스러운 선언이다. 선지자 에스겔과 차별성을 보여 준다. 성전은 에스겔의 환상에서 두드러지는 역할을 한다. 회복된 성전과 그 규례들을 묘사한다(겔 40-46장). 요한에게는 상징이 실제로 대체되었다. 하늘 도성에는 성전이 없다.

요한이 친숙했던 전승과 다르다. 종말론적 예루살렘의 중심에 종말론적 성전이 있을 것이라고 기대했다. 물질로 지어진 성전을 염두 했을 것이다. 예배의 관점에서 볼 때, 예루살렘과 새 예루살렘은 차이가 있다. 전자는 성전이 세워진 곳이 있다. 후자는 장소도 건물도 없다. 이유는 하나다. 하나님과 어린 양이 성전이시기 때문이다. 통치적인 면에서, 전자는 왕이 이스라엘을 다스리는 장소다. 후자는 하나님의 보좌와 어린 양이 중심이다. 속량함을 받은 자가 이 통치에 참여한다.

1. 새 예루살렘 안에는 성전이 없다

요한계시록은 하늘의 '성전'에 대해 이야기한다. 21장에서 성전은 새 예루살렘의 형태로 땅에 내려온다. 영원한 성에는 성전이 없다. 성 자체가 지성소다. 믿음의 공동체를 지상의 하나님의 성전으로 여겼다. 서신서에서 성전 이미지를 그리스도인 공동체를 가리키는 데 사용했다. 그리고 역사적 성전은 합법적이라고 단언했다(고전 9:13). 새 예루살렘의 어느 곳에서도 성전을 찾아 볼 수 없었다. 물질로 지어진 성전을 볼 수 없는 이유가 있다. 하나님과 어린 양이 성전이기 때문이다. 에스겔 1-39장에는 예루살렘이라는 이름이 19번 나온다. 40-48장에는 한 번도 나오지 않는다. 그 성읍의 이름이 '야훼 샤마', 즉 '야훼께서 거기 계시다'라는 완곡어법으로 나온다. 이 회복된 성읍에는 열두 지파를 상징하는 열두 문이 있을 것이다(겔 40:5-43; 계 21:12-13).

물리적으로 볼 때 하나님의 장막이 사람들과 함께 한다. 성 전체가 지성소가 될 것이다. 새 예루살렘은 장소 이상이다. 하나님의 백성의 공동체를 가리킨다. 성전도 장소 이상이다. 하나님과 어린 양이 자기 백성들의 공동체 속에서의 임재를 가리킨다.

Figure 66-1.

성전 커튼의 회당 모자이크(A.D. 3-5세기).

새 예루살렘 안에 성전이 있을 것이라는 기대에 대한 명시적인 부정은 가히 충격 이상이다. 하나님의 자기 백성들 가운데서의 임재는 최종적이다. 영원하다. 더 이상 성전은 필요가 없다. 버킷리스트의 특징은 단순히 여행 장소만 나열하지 않는다. 어떤 방법으로 가서 어떤 방법으로 즐길 것인지 아주 구체적으로 제시되어 있다.

페루의 마추픽추는 꼭 걸어서 구경하라.

성도들의 버킷리스트도 구체적이다.

새 예루살렘에서 하나님을 뵈오리라.

요한은 구약 예언들이 이전 성전의 영광과 비교한다. 영광의 거처인 이전의 물질 성전과 법궤가 미래에는 하나님과 어린 양에 의해 대체하여 성취될 것으로 이해하였다.

2. 하나님과 어린 양이 성전이 되시면 충분하다

거룩한 성 새 예루살렘이 땅으로 내려온다. 두 눈을 부릅뜨고 찾아보았는데 성전이 없다. 성이 텅 비었는가? 새 예루살렘에 대한 유대 사상은 종말론적 성전의 존재를 강조하는 경향이 있다. 대부분의 본문은 성 중앙에 성전을 둔다. 에스겔 40-48장을 보면, 오로지 성전이 초점이다. 유대 본문은 일반적으로 하나의 성전이 있는 새 예루살렘, 혹은 영화로운 예루살렘을 기대했다(겔 40-48장; 슥 14:16-21). 예레미야는 종말론적인 미래에 하나님의 지성서의 현현이 예루살렘을 넘어서서 확장될 것과 그것과 동등하게 될 것을 확증했다(렘 3:16-17). 유대정서는 성전이 없는 것을 하나님이 안 계신다고 생각할 수 있다. 요한은 새 예루살렘에는 어디에도 성전은 없다고 말한다. 이유가 무엇인가? '주 하나님 곧 전능하신 이와 어린 양'이 그 성전이기 때문이다. 이 보충 설명은 저자가 환상을 통해서 보거나 듣지 못한 내용을 담고 있는 것을 보아서 분명히 저자가 기존의 글에 추가한 것이다.

새 예루살렘에 성전이 없는 것는 부족함이 아니다. 하나님이 성전이 되시기에 충분하다. 어린 양이 성전이 되시기에 충분하다. 부족함이 없다. 찬송가 446장 3절 가사다.

주 떠나가시면 내 생명 헛되네 기쁘나 슬플 때 늘 계시옵소서.

새 예루살렘에 성전이 있다손 치더라도 성전에 밀려 하나님이 뒷전이거나 혹 계시지 않는다면 모든 것을 채워놓아도 그리고 온갖 보석으로 치장하더라도 아무 유익이 없을 것이다.

하나님 및 어린 양이 물리적으로 함께 계시므로 더 이상 성전이 있을 필요가 없다. 요한복음이 십자가에 목 박히고 부활하신 그리스도와 성전을 동일시한다. 성전을 헐고 다시 세울 것이라고 하신 예수님의 말씀에 근거를 둔다. 유사한 성전 말씀이 공관복음에 언급되어 있다. 성전과 성전 제사를 불필요한 것으로 만든 것은 예수님의 속죄의 죽음이었다. 속죄양이신 그리스도는 정복하시는 숫양이 되셨다. 영원한 성의 성전으로서 하나님의 우편의 자리를 차지한다. 요한복음에서, 그리스도는 성전이다. 현재 그리스도교 공동체를 위한 예배의 중심이다. 반면 요한계시록에서는 하나님과 그리스도를 위한 미래의 새 예루살렘의 성전이라고 부른다. 본문은 다른 방향으로 그 모티브를 발전시킨다.

요한은 독특하게 '하나님 자신을 새 예루살렘의 성전이다'라고 부르고 있다. 이 비유적 표현은 매우 드물게 사용된다(사 8:14). 요한복음에서 예수님은 자신의 물리적인 몸을 비유적으로 성전이라 말씀하기도 했다(요 2:19, 21). 하나님을 성전이라 말하는 본문은 거의 없다. 십자가에 목 박히고 부활하신 그리스도가 성전과 동일시된다. 그 문맥에서, 내포된 의미는 예수님이 성전의 역할을 한다는 것이다. 그 이유는 그 안에서 죄사함이 행해지고 하나님이 계시기 때문이다. 메릴린 거스틴(Marilyn J. Gustin)의 저서 『사순절의 기쁨』(*Choosing Joy for Lent*)이란 책에는 이런 질문이 등장한다.

"나는 무엇을 가지고 누구와 함께 있어야 행복한가?"

새 예루살렘을 본 성도는 이런 질문은 던질 수 있을 것이다. 나는 새 예루살렘에서 누구와 함께 있으면 영원히 행복한가? 누가 사라지면 거룩한 성 새 예루살렘은 텅 비어 버리는가? 성도의 삶 속에서 결코 빼놓을 수 없는 핵이다. 정체성에 대한 질문이기 때문이다. 요한은 '하나님의 장막이 사람들과 함께 계신다', '하나님과 어린 양'가 성전이라고 말한다. 하나님의 명칭 가운데 아홉째로 마지막이다. 하나님의 주권적인 전능하심이 강조된다. 하나님은 전체 역사의 통치자다. 땅의 세력 및 우주의 세력에 대한 충분한 권세를 갖고 있다. 이 세상과 다음 세상을 주관하신다.

몇몇 초기 그리스도인들은 예루살렘 성전은 일시적인 방편으로 여겼다. 결코 필수적인 것이 아니었음을 강조하는 변증을 발전시켰다. 스데반은 '지극히 높으신 이는 손으로 지은 곳에 계시지 아니하시나니'라고 말했다(행 7:48). 히브리서 9장을 보면, 장막의 기구는 그리스도가 자신의 피로 제공하신 새 언약으로 대체되었다(히 9:1-5). 천장 높이를 단 한 뼘만 높여도 인간의 사고력과 창의력이 훨씬 좋아진다는 연구 결과가 있다. 한 뼘의 천장 높이에 어떤 물건을 둘 수 있어서가 아니다. '공간의 여백'이 인간의 상상력을 고취하는 것이다. 새 예루살렘에 성전이 있어서가 아니다. 하나님과 어린 양이 성전이기에 충분하다.

생명나무(The tree of life)

생명수 강 좌우에 있는 생명나무는 달마다 열두 가지 열매를 맺는다(계 22:2).

Figrure 67.

생명나무.

창세기는 아담과 하와의 범죄 이후에, 그들이 에덴동산의 생명나무를 (창 2:9) 먹고 영생하지 않도록 하기 위해 불 칼을 든 천사가 지키도록 했다고 말한다(창 3:22-24). 이제 에덴동산과 생명나무는 보좌에서 흐르는 생수의 강과 생명나무로 묘사된다. 새 예루살렘에 강과 길이 서로 나란히 펼쳐져 있다. 그 사이에 생명나무가 있다. 생명수 강과 생명나무는 성의 주요 도로를 규정한다. 일차 특징은 생명이다.

생명나무는 하나님의 생명 주심의 현존을 상징화한다. 생명나무는 큰 심판 때까지 누구에게도 이 나무를 만지도록 허락하지 않았다. 따라서 종말의 때에 신실한 자들, 요한계시록에서는 이기는 자들이 생명의 나무의 열매를 먹게 되는 보상이 주어질 것이다. 묵시적 사고에서, 생명나무는 의로운 자에게 주어질 것이다. 선택받은 자를 위한 것이다. 거룩한 장소, 야훼의 성전으로 옮겨질 것이다.

에스겔서와 요한계시록은 하나님의 임재가 공개적으로 거하는 것을 그리고 있다. 처음 창조에 있는 동산의 확대된 재건이다. 에스겔서의 성전의 일부로 묘사된, 장식된 종려나무와 구룹들은 에덴동산의 상황을 암시한다. 생명나무는 요한계시록에서 5번 사용된다. 생명나무 이미지는 낙원 이미지와 더불어 아담과 하와가 에덴동산에서 추방당했을 때 그들로부터 분리된 하나님의 생명을 주시는 임재를 상징한다. 잠언에서 생명나무는 생명을 주는 '지혜'의 속성과 의로운 삶에 대한 상징이 되었다.

1. 생명나무와 어린 양의 십자가

생명나무의 '나무'는 어린 양이 달려 죽임을 당한 '나무'와 관련이 있다. '나무'를 나타내기 위해 흔히 사용되는 말은 '덴드론'이다. 하지만 생명나무에 해당하는 '나무'는 크쉴론(ξύλον)이다. 크쉴론은 잘린 나무, 나무로 만든 것, 또는 살아 있지 않은 나무를 말한다. 생명나무는 강가에 한 나무를 가리키는가? 아니면 강의 양편 제방에 일렬로 늘어서 있는 많은 나무를 가리키는가? 집합명사의 단수형인가? 한 '생명나무'는 '생명나무들'를 가리키는 집합적 언급일 가능성 많다. 에스겔과 요한계시록 모두 집합적 의미의 단수 '나무'를 표현한다. '강 좌우'에서 자라는 것의 묘사와 일치한다. 한 그루가 강 좌우편에 있다. 나무에 관사가 없는 것도 집합적 의미를 한층 더 암시한다. 요한계시록은 에스겔의 많은 나무들을 에덴동산처럼 한 그루의 생명나무로 변경시켰다.

유대인들은 '나무'와 '십자가'를 구분하지 않았다. 나무에 달리는 것과 십자가에 목 박히는 것을 구별하지 않았다. 나무에 달린 자는 하나님께 저주를 받는다는 율법의 끔찍한 진술을 적용시켰다(신 21:23). 베드로는 예수님의 십자가를 나무, 즉 크쉴론이라 부른다. 우리의 죄를 담당하기 위해 나무에 달린 예수님을 하나님이 다시 살리셨다고 선포했다(행 9:30; 10:34).

바울 역시 나무, 즉 크쉴론에 달린 자는 저주 아래 있는 자인데, 예수님이 나무에 달려 저주를 대신 받으시므로 우리를 율법의 저주에서 속량하심을 외친다(갈 3:13). 그 나무는 다른 사람에게 생명을 주었다.

요한계시록의 생명나무는 단수형이다. 그러나 아마도 이 단어는 집합적인 의미로 취해졌을 것이다. 에스겔 47:12에는 '온갖 종류의 과실나무'는 단수다. 이를 반영하는 에덴의 생명나무도 단수다. 처음 동산에 생명나무는 한 그루였다. 두 번째 에덴동산, 새 예루살렘에서 많은 생명나무가 되었다. 처음 동산은 천지창조의 작은 부분에 불과했다. 두 번째 동산에서는 전 지역이 포함된 것 같다. 이것은 아르테미스 신전의 배경과 대조를 이룬다. 생명나무와 어린 양이 죽임을 당한 나무 이미지는 아르테미스나 거대한 아르테미스 신전의 우상 숭배와 음행에 대한 또 다른 반대 증거다. 죄인들의 참된 피난처는 다산과 생명의 여신 아르테미스의 신전 나무가 아니다. 죽임 당한 어린 양이 달린 나무, 즉 십자가다. 여기에 구원이 있고 생명이 있다. 단지 그리스도의 십자가만 이 '생명'을 제공하는 '나무'가 될 수 있다. 어린 양은 '죽임을 당한'것으로 묘사된다. 이교가 약속한 것을 구약의 소망들의 성취인 죽임 당한 어린 양이 달린 나무, 즉 십자가만이 전달할 수 있다. 신성시 되는 나무들과 작은 숲은 Greco-Roman 세계 전역에서 찾아볼 수 있다. 그러나 '생명나무'는 하나님의 임재의 회복을 가져다온 십자가의 구속의 결과를 언급한다. 십자가 자체를 가리키는 것은 아니다. 생명나무는 과거 십자가에 닻을 내리고 있다. 미래의 영원한 영광 속에서 실제로 경험하게 될 것이다.

2. 생명수 강 좌우에 있는 생명나무

생명나무는 어린 양에서 흘러나온 생명수 강 좌우에 있다는 것은 아르테미스 숭배에 직접 도전을 가한다. Greco-Roman 세계에서 신성한 나무가 샘 위에 자라고 몇몇 샘들은 치료의 효능이 있다고 알려졌다. 전승들에 나오는 신성한 나무들은 에베소와 서머나 같은 도시들 그리고 다른 장소들과 연결되어 있다. 아르테미스 신전은 원래 나무로 지은 '나무 사당'이었다. 신약성경 시대에 아르테미스의 상징은 대추야자였다. 대추야자는 성경에서 '생명과 풍요'를 상징한다. '생명'을 상징했다. 때문에 사막이나 광야 사람들은 이를 '생명나무'라 하여 숭상하고 있다.

일곱 교회는 각각 이기는 자에게 대한 약속으로 끝난다. 이기는 자들에 대한 약속은 22장에 등장하는 종말론적 환상에서 성취된다. 에베소 교회의 이기는 자에게 주신 약속은 '생명나무'의 열매를 주어 먹게 하는 것이다. 상징으로 보인다. 낙원에서 생명나무의 과실을 먹는다는 정확한 의미는 죄 용서와 그에 따르는 하나님의 친근한 임재의 경험을 묘사하는 장면이다.

생명나무는 길 가운데로 흐르는 생명수 강 좌우에 있다. 생명수 강과 생명나무는 새 예루살렘의 변방이 아닌 중심 지역 한 가운데 있다. 하나님과의 영원한 친교를 전달하는 것이 성의 본질적인 특징이다. 에베소 교회의 이기

Figure 67-1.

창세기 2:9의 생명나무와 유사한 신성한 나무(B.C. 865년 앗수르의 님루드)로, 생명을 상징하는 것으로 추정된다.

는 자에게 주신 약속은 낙원과 생명나무이다. 낙원은 원래 울타리로 둘러싸인 정원 또는 공원을 묘사하는 페르시아 말이었다. 종교적인 의미를 함축하게 된 것은 유대세계에서다. 마지막 날에 최초의 에덴동산의 복원을 상징했다. 낙원은 원래 페르시아 말로 기쁨의 정원을 뜻하는 말이다. 에덴동산이 기쁨의 정원이다. 2장에서 시작되어 22장까지 생명나무 주제는 계속된다.

이기는 자는 그들의 신실함에 대하여 하나님이 주시는 상을 받는다. 성도들이 생명나무의 열매를 먹게 된다. 최후 에덴에서는 저주가 파기된다. '오는 세대의 생명', 즉 신적 생명이 하나님의 백성에게 주어진다.

생명수 강의 발원지는 하나님과 어린 양의 보좌다. 하나님과 어린 양이 새 예루살렘의 성전이다. 생명수는 '오는 세대의 삶', 즉 신적 생명을 나타낸다. 하나님의 임재로 인해 모든 사람이 하나님과 친근한 교제에 들어갈 수 있는 생명을 얻게 된다. 요한계시록에서 낙원은 종말적인 상태를 상징하는 말이다. 그곳에서 생명나무의 열매를 먹는다. 하나님과 백성은 죄가 상에 들어오기 이전에 존재했던 완벽한 교제를 회복하게 된다. 하나님의 친밀한 임재하심에서 오게 되는 경험을 말한다. 죄 용서함을 묘사한다. 성경의 결론에서 다시 한번 반복되어 나타난다. 하나님이 사람들과 함께 계시는 임재가 이미 시작되었다. 하나님의 장막이 사람들과 함께 한다. 그 회복이 미래의 어느 시점에 절정에 도달할 것이라고 말한다.

유대인의 사고에 따르면, 낙원과 생명나무는 종말의 때에 다시 나타날 것이다. 요나단 탈굼에는 하나님이 의로운 자를 위하여 에덴동산을 준비하였으며, 그들은 이 세상에서 율법의 교리를 행한 것에 대한 보상으로 나무의 열매를 먹게 되었다고 진술한다. 에스겔 선지자는 성소로부터 흘러나오는 강 좌우에 있는 '각종 먹을 과실나무'를 보았다(겔 47:12). 유대 묵시 문헌을 보면, 생명나무는 하나님이 자기를 따르는 자들에게 주시는 영생의 상징이었다. 신약성경에서 '나무'는 매우 빈번하게 십자가나 생명나무를 가리킨다. 두 이미지는 당연히 서로 연계되어 있다. 생명을 일으키고, 하나님의 생명, 즉 오는 세대의 생명을 상속받는 것을 가능하게 만드는 것은 나무, 즉 그리스도의 십자가다.

얼굴(Face)

새 하늘과 새 땅에서 하나님의 얼굴을 그의 종들이 보리라(계 22:4).

Figure 68.

라파엘(1483-1520)의 이 그림에서 모세는 하나님의 지시에 따라 샌들을 벗은 채로 하나님의
얼굴을 뵙는다.

얼굴(面)은 사람(겔 10:14), 동물(창 30:40), 땅(창 1:29), 하늘(눅 12:56) 그리고 물(창 7:18) 등의 정면 표면 혹은 핵심 부분을 가리킨다. 얼굴을 보는 것은 사람을 만나는 것이다. 얼굴을 아는 것은 인격적 지식을 나타낸다. 얼굴을 어느 구체적인 방향으로 두는 것은 특별한 진로를 따른다는 굳은 결의를 알린다.

프로소폰은 빈번하게 신인동형동성론적(anthropomorphic) 표현들에서 하나님의 용모를 나타낸다. 하나님의 얼굴을 드시거나 그의 얼굴을 이스라엘에 비추시면 은혜와 평강을 의미한다(민 6:25-26). 감추는 것은 은혜의 거둠을 의미한다(신 32:20). 형벌의 진노 시에 죄인들로부터 얼굴을 돌이키신다(시 34:16).

1. 하나님은 볼 수 없다

인간의 얼굴에는 두 가지 기능이 있다. '식별'과 '소통'이다. 지구상 68억 인구의 모습이 다 다르다. 서로 구분이 가능하다. 그런데 더 중요한 것이 말없는 의사소통이다. 하나님의 얼굴을 숨긴다는 것은 소통 단절이다. 비유적으로 동의치 않음이나 무관심을 뜻한다. 얼굴을 보는 것은 친밀한 관계를 나타낸다.

고대 사회에서 범죄자들은 왕이 있는 곳에서 쫓겨났다. 왕의 얼굴을 쳐다볼 수 없게 되어 있었다(에 7:8; 참고. 삼하 14:24). 모세 조차 하나님의 얼굴을 보는 것이 허락되어 있지 않았다. 왜냐하면 '나를 보고 살 자가 없음이니라'라고 선언하셨기 때문이다(출 33:20). 하나님의 뒷모습은 허락되었다(출 33:23). 그리스 신화에서 인간은 신들을 얼굴로 맞대는 것이 불가능하다는 것을 발견한다. 디오니소스, 일명 바쿠스는 포도주의 신이다. 어머니는 세멜레(Semele)다. 아름다운 처녀 세멜레는, 밤마다 찾아와 자기가 바로 변장한 제우스라면서 제 몸을 걸터듬는 한 건달의 아기를 밴다. 아기를 배게 한 손님이 진짜 제우스신인지, 아니면 겁없는 사기꾼인지 궁금했던 세멜레는 제우스

신에게 진짜 모습 보여 줄 것을 요구한다. 그러자 제우스가 진짜 모습을 보인다. 제우스의 본 이름은 '뒤아우스'(*dyaus*), 즉 빛이라는 뜻이다. 인간인 세멜레가 광명의 신을 보았으니 그 빛을 감당 할 수 없을 수 없었다. 세멜레는 Zeus의 온전한 엄위를 보고야 말겠다고 장담하다가 제우스의 번개·광채·열기 때문에 타죽고 말았다.

요한이 '그의' 얼굴을 본다 할 때, 그의 얼굴이 하나님을 가리키는지 아니면 어린 양을 가리키는지는 불분명하다. 경건한 자들이 하나님과 어린 양의 임재 안에 있게 될 것이라는 사실만은 분명하다.

> '하나님의 얼굴을 본다'는 것은 유대교와 초기 그리스도교에서 하나님의 임재와 능력을 온전히 안다는 것이다. 하나님의 얼굴을 보는 것은 하나님과 중재자 없는 친교를 의미한다.

이 친교를 하는 데 하나의 장애가 있다. 하나님의 위엄과 인간의 한계 차이다. 하나님의 광채를 발하는 위엄은 인간이 하나님을 보고도 살아남을 수 없게 한다(출 33:20-23). 하나님의 얼굴을 보는 것은 특별한 권리다. 하나님의 거룩하심 때문에 그분의 얼굴은 위험을 내포한다. 에덴동산에서 범죄한 아담과 하와는 하나님의 얼굴을 피하여 숨었다. 그리고 하나님의 얼굴 앞으로 나아온 죄인들은 심판을 받게 된다(계 6:16). 모세조차도 하나님의 영광을 뒤에서 볼 수밖에 없었다(출 32:23). 하나님께서는 그의 얼굴을 통해 보는 것을 통해서가 아니라, 그의 말씀을 통해서 자신을 제시하신다.

모세는 하나님을 보는 자는 죽게 되기 때문에(출 3:6; 20:19) 하나님을 보는 것을 금지당했다고 말한다. 이스라엘 백성 역시 하나님의 음성은 들었으나 그 형상은 보지는 못했다(신 4:12, 15). 죄 많은 인간이 하나님을 본다면 그는 죽어야 하는 것이다. 하나님을 볼 수 없는 것은 하나님의 초월성 및 그로 인한 하나님과 인간 간의 현저한 불균형 때문이다. 이것은 흔히 하나님의 불가시성이라는 견지에서도 포함된다.

2. 하나님과 어린 양의 얼굴을 보다

이스라엘 주변의 열방은 신의 얼굴을 우상의 얼굴로 만들어 숭배하였다. 초기 교회는 예수님의 얼굴은 그리지 않았다. 물고기나 어린 양, 보리이삭, 포도넝쿨 같은 상징물로 대신했다. 성전에서 예배자가 하나님의 얼굴을 구하였다고 할 때 비유적 의미로만 사용될 수 있었다. 신자들은 하나님의 얼굴을 추구한다(시 42:3; 슥 8:21-22). 여기서 강조점은 무엇인가? 이목구비가 있는 얼굴이 아니다. 강조점은 하나님을 보는 것이 아니라 하나님의 현존과 은혜를 확신하는 것이다.

하나님의 얼굴을 바라보는 신앙과 하나님의 손에 들린 것을 바라보는 신앙으로 나눌 수 있다. 하나님의 얼굴을 구하면 하나님의 손의 은혜는 따라오게 돼 있다. 시편 105:4에서 하나님의 얼굴을 구하는 것이 매일의 과업으로 강조한다. 하나님은 우리에게 '너희는 그의 얼굴을 항상 구하라'고 촉구하신다. 기도로 하나님께 가까이 나아감을 의미한다. 이것이 최상의 관심의 문제다(시 27:8). 하나님의 은혜로우신 임재는 이스라엘 백성들을 돌아보심을 의미했다. 이스라엘 백성들을 성전에서 특히 하나님을 찾아야 했다.

Greco-Roman 세계에서는 사람이 죽은 후에 그 영혼이 신들을 볼 수 있다고 말했다. 초기 유대교와 그리스도교에서는 하나님을 보는 특권을 흔히 종말론적인 축복으로 생각했다. 요한복음 1:18에 본래 하나님을, 즉 하나님의 얼굴을 본 사람이 없지만 아버지 품속에 있는 독생하신 하나님이 나타났다고 말한다. 새 예루살렘에서 하나님의 백성들은 최종적으로 '그의 얼굴', 즉 하나님의 얼굴을 볼 수 있을 것이다. 예수님은 땅에서 '하나님의 얼굴'인 '성육신 쉐키나'이다(요 1:14). 하나님의 얼굴을 보는 것에 대하여 획기적인 변화를 제공하셨다. 새 하늘과 새 땅에서는 하나님을 바로 보게 될 것이다. 하나님을 보라라는 관념은 하나님이 누구신지에 대한 참된 이해를 뜻한다. 하나님과 올바른 관계의 캐치프레이즈가 된다. 종말론적 복으로 간주되었다.

'이스라엘'이라는 이름은 '하나님을 보는 자'로 해석되었다. 왜냐하면 그는 '하나님에게서 생명을 수여받은 모든 산 자들 중의 장자'이었기 때문이다. 야곱은 "내가 하나님과 대면하여 보았으나 내 생명이 보전되었다"라고 말한다.

사람들은 하나님의 은혜를 받기 위해서 '하나님의 얼굴'을 찾는다. 그러나 하나님의 얼굴을 보는 것, 즉 직접적인 대면은 종말적인 소망이다. 오직 새 예루살렘에서만 이 소망이 온전히 이루어진다.

요한복음에 의하면, 오직 그리스도만 하나님을 보았다(요 6:46). 그리스도를 본 자는 하나님을 볼 가능성이 있다. 구약성경에서 하나님을 본 여러 사람들을 언급한다, 모세와 아론과 나답과 아비후와 이스라엘 장로 칠십 인이 시내 산에 올라가서 하나님을 뵙고 먹고 마셨다(출 24:10-11). 사람이 자기의 친구와 이야기함 같이 모세는 하나님을 대면하였다(출 33:11). 하나님께서 모세를 자신과 대면하여 말하는 자며 자신의 형상을 보는 자라고 말한다(민 12:8). 삼손의 아버지 마노아는 아내에게 "우리가 하나님을 보았으니 반드시 죽으리로다"라고 말한다(삿 13:22).

하나님의 얼굴을 볼 수 있는 가능성은 가장 예외적 가능성으로 언급되어 있다. 그러나 주된 사상은 참으로 하나님을 보는 것은 불가능하다(요 1:18; 요일 4:12). 하나님을 보는 것, 즉 하나님의 얼굴을 보는 것은 성경의 가장 큰 소망의 정점이다. 회복된 에덴에서, 하나님의 백성들은 영원히 살게 된다. 하나님의 얼굴을 볼 것이다. 모세는 하나님의 얼굴을 볼 수 없었다. 하나님의 백성은 성령이 그들의 성화를 완성하실 때 그의 얼굴을 볼 것이다. 하나님이 그 백성을 호의적으로 보시고 기뻐하실 때, 주의 얼굴을 보는 일은 다가올 시대의 가장 큰 복일 것이다.

이름(Name)

새 예루살렘에서 하나님의 이름이 그의 종들의 이마에 영원히 있다(계 22:4).

Figure 69.

두로 시의 이 비문에는 알렉산더 대왕이 B.C. 333년경 이 도시를
파괴할 때 동행했던 그리스 장군 9명의 이름이 새겨져 있다.
200여 년 전 에스겔은 두로의 멸망을 예언한 바 있다(겔 26:1-5).

그리스도인은 이름을 남긴다. 지상의 이름이 아니다. 새 이름이다. 새 예루살렘에서 하나님과 어린 양의 이름이다. 세상의 이름을 남기기 위해 사는 자가 아니다. 하나님의 이름을 새기고 하나님의 제사장으로 섬기기 위해 산다. 새 예루살렘에 붙여진 다양한 새 이름들 모두에 '하나님'이 포함되어 있다. 신자들의 이마에 하나님의 이름이 있다. 하나님이 그의 백성과 함께 하심을 비유적으로 표현한 것이다.

새 예루살렘으로 들어오는 자들의 이름이 있다. 이제 하나님은 자신의 이름을 그의 종들의 이마에 새긴다. 지파들과 사도들의 이름이 성의 열두 문기초석에 새겨졌다. 하나님의 이름이 이 성의 거주자들의 이마에 있다. 요한계시록은 요한, 즉 하나님의 종에게 쓴 것으로 포문을 연다. 인침을 받은 자들은 하나님의 종들이다. 하나님의 종 선지자들에게 '반드시 속히 되어 질'일이 보이게 된다.

1. 하나님의 종은 하나님의 제사장으로 이마에 있는 이름이 있다

하나님을 섬기는 것과 그의 얼굴을 보는 것과 그의 이름을 갖고 있는 것은 독자들이 이전에 접했던 개념이다. 하나님의 이름이 구속함을 받은 사람의 이마에 있을 것이다. 새 예루살렘에서 하나님의 종들은 하나님을 섬기게 될 것이다. '섬기며'에 해당하는 라트류오는 섬김과 경배를 다 망라하는 이중의 의미를 갖고 있다. 구약성경에도 성막과 성전에 드려지는 제사에서 섬김과 경배의 의미가 충분히 함축되어 있다. 새 예루살렘에서, 하나님과 어린 양은 하나가 되어 통치하며 한 분으로 경배를 받는다. 유일신론이다. 천사 경배에 대해서 매우 비판적이다.

새 예루살렘에 거하는 종들의 이마에 하나님의 이름이 있다는 것은 대제사장의 이마에 둔 하나님의 이름을 염두에 둔 것으로 짐작된다. 제사장으로 섬기는 일은 로마 세계에서 귀한 신분을 취득하는 중요하 원천이다. 소아시아에서 발굴된 비문은 아르테미스(Artemis), 아테나(Athena), 제우스(Zeus) 그리고 다른 신들의 제사장으로 섬기거나 황제들의 제의에서 봉사했던 사람들을 지도급의 남자들과 여자들로 인정한다. 이 역할을 지위와 공적인 명예를 가져다 주었다.

대제사장의 이마에 하나님의 이름이 늘 있었다(출 28:36-38). 이로써 하나님이 받으셨다. 이스라엘을 대표한다. 하나님께 성별된 자다. 하나님의 임재 가운데 들어간다.

> 이스라엘을 대신하여 화목제물을 드릴 수 있었다. 하나님의 진노를 받지 않게 되었다. 아론의 대제사장 의복 중에 '여호와께 성결'이라는 글귀가 있는 순금 패를 관 위에 매어 이마에 늘 두었다. 이것은 하나님의 새로운 백성의 제사장적 특성을 한층 더 표현한다. 대제사장이 하나님을 뵙기 위해 지성소 나아가는 것처럼 새 예루살렘에서 하나님의 종들이 하나님을 섬기는 것, 하나님의 얼굴을 보는 것 그리고 하나님의 이름을 지닌 것은 제사장적 특성에 적합하다.

새 예루살렘에서 하나님의 종들의 이마에 하나님의 이름이 영원히 있다. 하나님의 이름만 영원하다. 속량함을 받은 자의 이름은 어린 양의 생명책에 기록된다. 이마에 하나님의 이름을 새긴 하나님의 종들은 성전에서 하나님을 섬기는 제사장으로 간주된다. 이제 전체 성이며 성전을 망라하는 새로운 지성소에서 하나님의 얼굴을 보며 이마에 하나님의 이름을 갖고 섬긴다. 구속받은 자들은 하나님과 어린 양을 섬기고 경배함으로써 그 영광으로 그 성을 가득 채울 것이다. 그들은 자신들의 이마에 하나님의 이름을 가지고 있다. 하나님 앞에서 섬긴다. 경배한다. 하나님의 얼굴을 친히 본다. 대제사장에게 허락되지 않았던 특권이다.

2. 이마에 하나님의 이름이 있는 하나님의 제사장으로 섬기다

하나님의 종들의 이마에 이름이 있다는 것은 속죄함을 받은 자의 제사 장적 부르심에 적합하다. 이스라엘 백성은 하나님의 '제사장 나라'였다(출 19:6). 이마에 쓴 터번(turban) 위에 하나님의 이름을 기록한 대제사장에게 제 한되어 있었다. 이제 하나님의 모든 종들이 하나님의 이름을 가지고 있다. 제 사장에게만 해당했던 특권을 누리게 된다. 하나님 앞에 서 있다. 이것은 대속 죄일에 대제사장을 제외하고 모두에게 허락되지 않는 특권이다. 요한계시록 은 '나라와 제사장들'의 역할을 어린 양에 의한 속죄함을 받은 모든 나라의 백성들에게 확대시킨다. 이제 새 예루살렘에서, 대제사장의 역할 또한 모든 속죄함을 받은 자들에게로 확대되었다.

에덴은 성막의 원형이 되었다. 에덴과 하늘의 성전과 새 예루살렘은 평행 관계를 이루고 있다. 요한은 새 예루살렘을 구속받은 자들이 하나님의 원래 의 인간 창조의 뜻을 성취할 회복된 에덴으로 묘사한다. 하나님께서 에덴동 산을 지으시고 아담을 거주하게 하시 까닭은 '경작하며 지키게' 하기 위함이 다. '경작하다'에 해당하는 '아바드'는 칠십인역(LXX)에서 '섬기다'로 번역된 다. 이 말은 아담이 일하는 것은 경배라는 의미를 함축하고 있다. 두려움, 사 랑, 복종과 기도 중에 하나님을 섬기는 모든 자들을 의미한다. 이 단어는 제 사장의 섬김을 지칭할 때 사용되었다.

새 예루살렘에 거하는 신자들은 하나님의 얼굴을 보게 되고 이마에 하나 님의 이름이 있게 된다. 하나님의 이름은 하나님의 성품을 일러준다. 하나님 의 능력을 보여 준다. 하나님의 행사를 나타낸다. 하나님의 이름은 새 예루살 렘에서 영원히 불러도 좋을 이름이다. 하늘 성전에서 그리고 이제는 지성소 로서 새 예루살렘에서 하나님의 보좌 앞과 그의 성전에서 밤낮 하나님을 섬 기는 제사장의 섬김의 관념이 놓여 있다. 완성된 하나님 나라에서 제사장으 로 섬기는 큰 권리가 있다. 일반적 사회적 관점에서 바라볼 때, 예수님을 믿 고 따르는 자는 제사장이 아니었다. 그러나 요한계시록은 새 예루살렘에 거

Figure 69-1.

동일한 설형 문자 부호로 시작하는 개인 이름이 나열된 아카디아 학교 텍스트(B.C. 2250년경, 기르수에서 나온 것으로 추정).

주하는 전체 공동체에게 제사장으로서의 역할를 부여한다. 기도를 하며 찬양을 하는 일에 관여한다. 섬김으로 절정에 이른다.

'그의 이름도 그들의 이마에 있으리라'는 주장은 하나님과의 친밀한 교제를 강조한다. 하나님의 이름을 지닌 자는 하나님의 진노로부터 보호를 받는다. 지상의 고통으로부터는 그러하지 않는다. 그 이유가 무엇일까? 짐승의 동맹자들이 박해하기 때문이다.

이름을 갖는다는 것은 그들이 고통 가운데 보호를 받으며, 하나님 앞에서 생명을 얻는다는 확신을 준다. 하나님의 이름은 하나님의 성품을 상징한다.

짐승을 따르는 자들은 그 이마에 짐승의 표를 가지고 있었다. 신실한 자들 또한 하나님의 이름을 가지고 있을 것이다. 이 비유는 소유권과 유사성을 강조한다. 성도들은 하나님의 소유가 된 백성이 될 것이다.

요한에게 예수님은 하나님 곁에 있는 제2의 신이 아니다. 하나님과 한 분이다. 하나님은 예수님을 통해 자신의 목적을 성취하신다. 하나님의 임재는 예수님의 임재 가운데 발생한다. 하나님으로부터 구원은 죽임당한 어린 양을 통해 실행된다. 예배하는 자들은 두 분 모두에게 영광을 돌린다. 요한은 하나님과 어린 양의 동일한 영광, 동일한 보좌, 동일한 성전의 중대성을 함께 나누고 있음에 주목한다. 요한은 어린 양이 시온 산에 서 있고 그와 함께 144,000이 서 있는 것을 보았다. 그들의 이마에 이름들이 있었다. 하나님의 이름과 어린 양의 이름이다.

새 예루살렘에서 하나님의 종들이 하나님의 얼굴을 보고, 그 이마에 이름은 있는데 단수다. '그의'에 해당하는 대명사는 단수다. 보좌에 앉으신 이 중에 누구를 가리키는가? 하나님이신가? 어린 양인가? 하나님 또는 어린 양, 또는 둘 다 가르킬 수 있기 때문에 이 어구는 모호하다. 요한은 하나님과 어린 양의 통치를 언급하는 곳에, 단수 동사를 사용한다. 단수 대명사를 사용한다. 하나님과 어린 양을 하나로 보기에 단수 대명사는 둘을 가리킬 수 있다. 하나님과 어린 양 모두 오직 하나의 보좌에 앉아 계신다. 함께 한 성전을 이룬다. 하나님과 어린 양의 하나 됨을 강조한다. 어린 양에 대한 예배는 하나님에 대한 유일신적 예배 내에서 예배하는 자들은 하나님의 얼굴을 보며, 하나님의 이름이 그들의 이마에 있게 된다.

지복(Beatitude)

두루마리의 예언의 말씀을 지키는 자는 복이 있으리라(계 22:7).

Figure 70.

복음의 본질인 그리스도의 죽음, 장례, 부활을 보여 주는 상아 명판 (A.D. 9세기) 복음의 구전부터 기록된 복음까지.

요한은 그가 받은 계시의 증인임을 부각시킨다. 그 계시가 듣는 자들에게 전달된 예언이라는 사실을 강조한다. 칠복 중 첫 번째 복은 예언의 말씀을 읽는 자, 듣는 자 그리고 지키는 자에게 복이 있다는 선언이다. 여섯 번째 복은 예언의 말씀을 이미 듣는 복, 심지어 보는 복을 누린 상태다. 지켜야 복이 있다는 것보다 이미 계시를 통하여 복을 받았으니 지키라고 말씀한다.

환상을 보고 듣는 복을 받은 자의 삶의 양식이 지키는 것으로 나타난다. 일곱 교회에게 보내는 편지들은 "성령이 교회들에게 하시는 말씀을 들을지어다"라는 권면을 포함하고 있다. 이것은 '이기는 자'에 대한 약속과 연계되어 있다. 하나님의 말씀 또는 예언을 듣는 자는 이기는 자가 된다. 예언을 지키는 자가 이기는 자다. 핵심 주제다. 요한계시록에 10회 걸쳐 발견된다. 예언은 영감을 받은 사자를 통해 하나님으로부터 보내진 메시지다. 예언은 읽혀지고 들려진다. 요한계시록은 단순한 묵시 문헌이 아니다. 예언적 묵시 문헌이다. 신적 실재를 기초로 독자들에게 책임을 촉구하는데 있다. 예언을 지키는 것은 무엇인가? 예언은 기상청 예보와 다르며 예측과 다르다.

기상청 체육대회 날 비가 온다.

날씨 예측의 임무에서 실수를 반복하는 기상청을 향한 분노가 만들어낸 촌철살인이다. "예보가 아니라 중계"라는 비난을 받기도 한다. 예언에 기록된 것을 지키는 자가 복이 있다는 선언은 예언이 단순한 예보(prediction)가 아니다. 참된 예언의 척도는 그 메시지가 하나님에 대한 순종을 불러 일으키느냐 아니면 거짓 예배와 비도덕적인 행위를 장려하느냐에 있다. 요한은 자신의 글을 구약의 선지자와 동등한 예언서로 인식했다. 모든 독자가 순종할 만한 권위가 있는 글로 인식했다. 예언은 지켜야 한다. 예언이 다 성취될 때까지 지키는 자가 복 있다. 인내다. 인내에 대한 윤리적 기본 원리는 요한계시록 전체에 걸쳐 하나님의 명령을 지키는 것으로 정의된다. 요한계시록의 핵심 주제 가운데 하나다.

1. 예언의 말씀을 지키는 자는 복이 있다

예언은 한치의 실수도 불발탄도 없다. 하나님으로부터 나오기 까닭이다. 그래서 하나님, 그리스도 그리고 그리스도교 공동체에 충실하라는 부르심에 귀를 기울이는 것이다. 예언의 말씀과 하나님의 말씀은 동일시한다. 예수님은 "하나님의 말씀을 듣고 지키는 자가 복이 있느니라"라고 말씀하신다(눅 11:28). 예수님의 말씀은 요한계시록의 배경에 사용하기에 적절하다. 요한은 그의 독자들이 성경에서 예언한 본문들을 참된 것으로 간주했을 것으로 생각하며, 그의 메시지가 용인된 예언의 전승 내에 자리 잡도록 하기 위해 이 본문들로부터 빌려 온 언어를 사용한다.

서론은 계시를 읽고 듣고 지키는 자의 복을 선언한다. 결론은 이제 그 계시를 지키지 않는 자, 즉 불순종하는 모든 사람에게 강한 저주를 발한다. 선한 목자의 비유에서 듣는 것과 지키는 것, 즉 순종하는 것이 함께 묶여 있다. 양은 목자의 음성을 듣는다. 음성을 안다. 그래서 목자를 따른다. 요한복음에서는 듣는 것과 지키는 것, 즉 순종하는 것이 결합되어 나온다 (요 12:47; 14:23-24).

> 예언을 지킨다는 것은 하나님의 말씀을 지키는 것이다. 말씀하신 하나님과 그리스도에 대한 믿음을 지키는 것이다. 하나님을 경배하는 것이다. 하나님의 명령에 경청하는 것, 즉 순종하는 것이다. 예언을 지키는 것은 그리스도의 마음에 드는 일들을 행하는 것이다.

2. 복되도다, 예언의 말씀을 지키는 자여!

'복되도다'를 뜻하는 마카리즘은 유대의 묵시 문학뿐만 아니라 그리스 신탁에서도 자주 발견된다. 요한계시록에서는 하나씩 따로 발견된다. 팔복은

Figure 70-1.

복음서의 그림과 함께 누가복음의 시작 부분을 보여 주는 그리스어 소문자 MS(9세기).

연속하여 발견된다. 예언의 말씀을 읽는 자, 즉 그리스도교 예배 의식에서 공식적으로 성경을 낭독하는 자는 복이 있다. 2세기에 읽는 자는 교회 직원이었다. 듣는 자들이 복이 있다. 그리고 지키는 자가 복이 있다. 듣는 법을 배우면 순종하는 삶이 된다. '순종한다'라는 말은 '듣는다'는 뜻의 라틴어 단어 아우디레(*audire*)에서 왔다. 순종하다를 뜻하는 obey는 라틴어 오베디레(*obedire*)가 어원이다. 'ob'(-에)와 'audire'(귀 기울이다, 듣다)가 합쳐진 단어다. '듣다'에 해당하는 솨마(שָׁמַע)는 동시에 '순종하다'라는 의미를 갖고 있다. 듣는 것과 지키는 것은 신구약 성경에서 자주 결합되어 나온다. 두 개념은 성경적으로 불가분의 개념이다.

동의보감에서 '약보(藥補)보다 식보(食補)가 낫고, 식보보다 행보(行補)가 낫다'라고 했다. 즉 좋은 약을 먹는 것보다 좋은 음식을 먹는 게 낫고, 좋은 음식을 먹는 것보다 걷기와 같은 운동을 하는 게 더 좋다는 것이다.

이 예언의 말씀을 읽는 자와 듣는 자와 그 가운데에 기록한 것을 지키는 자는 복이 있나니(계 1:3).

이러한 복은 계시와 그 계시에 대한 요한의 증언의 목표다. 예언의 말씀을 지키는 사람에게 복을 강조한 첫째 복과 일치한다. 윤리적 목적과 연계되어 있다. 예언에 비추어 인내하고 순교하기까지 충성하도록 권면한다. 그렇게 산 것에 대하여 장래의 약속을 하는 것이다.

요한계시록의 마카리즘이 독특한 이유는 모두 3인칭 단수와 3인칭 복수 형식이다. 전달 과정 자체에 대한 복을 제시하고 있다. 칠복 중에 네 개는 3인칭 복수 형식으로 나타난다. 세 개는 3인칭 단수다. 요한계시록 16:15, "내가 도둑 같이 오리니 누구든지 깨어 자기 옷을 지켜 벌거벗고 다니지 아니하며 자기의 부끄러움을 보이지 아니하는 자는 복이 있도다"와 요한계시록 20:6, "첫째 부활에 참여하는 자들은 복이 있도다"의 복 있는 자는 둘 다 단수다.

서론에서 복의 선언은 공중 예배다. 결론에서 복의 선언은 개인의 일상이다. 개인적인 책임을 요청한다. 하나님은 각 사람의 행동에 따라 보응하신다. 보상도 개인적이다. 안식일을 '지키라'는 뜻으로 '유지되다'라는 예언의 언어들을 제시한다.

공중 예배에서 예언의 말씀을 낭독하는 자도 복되고, 말씀을 듣는 회중도 복되고, 그 말씀대로 살겠다고 마음에 새기는 자, 즉 지키겠다고 하는 자도 복이 있다. 이제 예배 후 일상에서 예언의 말씀을 지키는 자는 복의 열매를 거두는 것이다.

COVID-19로 뜻밖의 비상사태가 오래 간다. 비상이 일상이 되어버린 'New Normal'의 시대이다. 이런 시대에 복이 있는 사람은 누구인가? 누가 행복자인가? 시편 1:2에서 노래하는 '복이 있는 자'는 일상에서 복이다. 행복자는 일상에서 율법을 즐거워한다. 주야로 묵상한다. 일상에서 말씀을 항상 지키는 자는 복은 시냇가에 심은 나무가 철을 따라 열매를 맺는다. 그 잎사귀가 마르지 아니함 같다. 하는 모든 일이 다 형통하는 복이다(시 1:3).

'복되도다'라는 마카리즘(macarism)은 네로가 그리스에서 돌아왔을 때 로마인들이 그에게 보낸 환호와 매우 유사하다.

당신의 말을 듣는 자가 복 있도다.

네로는 신으로 환영된다. '복이 있으리라'에 해당하는 '마카리오스'(μακάριος)는 일곱 번의 진술 중의 여섯 번째다. 지복(beatitude) 또는 마카리즘을 담고 있다. 요한계시록에서 마카리오스는 팔복에 나오는 복들과 비슷한 용법으로 사용되고 있다(마 5:1-12; 눅 6:20-23). 보상(rewards)과 표준(standards)이 함께 나타나 있다. 전자는 지키는 자들에게 약속된 상급이 보상으로 주어진다. 이기는 자에게 약속이 있다. 후자는 하나님이 정한 표준이다. 한쪽만 보는 외눈박이 주장을 하면서 양쪽을 다 보는 사람들을 비난한다. '키클롭스(Cyclops) 콤플렉스'다. 편향된 시각으로 다양성을 상실하는 우를 범하지 말아야 한다. '복 있는 사람'(시 1:1a), 또는 '당신은 복 있는 사람이다'이라는 표준은 정체성의 다른 말이다. '복이 있도다'라는 선언은 "내가 속히 오리라"라고 말씀하신 분이 정한 표준이다. 약속과 보상을 받기 위해 지켜야 한다. 인내와 순교가 따른다. 복을 받은 자로서 지켜야 한다. 특권이다. 당당함이 있다. 기쁨과 즐거움이 있다. 자발성이 포함되어 있다.

경배(Worship)

천사는 예언을 지키는 자들과 함께 된 종이니 하나님께 경배하라(계 22:9).

Figure 71.

다니엘서 3장에는 "나팔, 피리, 비파, 거문고, 수금, 피리, 모든 종류의 음악" 소리가 여러 번 언급되어 있다(단 3:5, 7, 10, 15). 위의 아시리아 벽 부조에는 여러 가지 악기가 등장한다.

요한은 묵시적인 파노라마에 압도되었다. 하나님과 어린 양을 위하여 영광스러운 권능을 행사하는 천사를 경배하는 실수를 범했다. 천사는 자신이 종이라는 사실을 밝힌다. 하나님을 섬기는 자리에 서 있다는 사실을 다시 지적한다. 베드로가 자기 발 앞에 엎드린 고넬료를 일으키며 말한다: "일어서라 나도 사람이라(행 10:25)."

여기서 엎드린다, 경배한다, 책망한다라는 세 가지 모티브가 결합되어 있다. 천사는 단지 요한과 그의 형제들과 같은 종이기에 합당하지 않다고 단호히 거절한다. 요한에게 천사를 경배하지 말라는 또 다른 이유다. 천사는 요한과 다름없는 종이기 때문이다. 종은 종에게 경배하지 않는다. 존경이나 칭찬을 할 수 있다. 비록 천사이기는 하지만 요한과 같은 하나님의 종이다.

요한이 한 번도 아닌 두 번이나 실수한다.

기록한 목적이 무엇인가? 손가락질 당할 만큼 중대한 잘못을 두 번이나 공개한 까닭이 무엇일까? 영적 지도자도 사람이기에 실수 할 있다는 것을 보여주고자 함인가? 솔직성을 드러내기 위함인가? 실수를 인정하고 솔직하게 드러내는 것이 성공 비결인가?

솔직해서 성공한 것인지 성공하고 났더니 솔직한 소통이 가능한 것인지 불명확하다. 요한의 두 번의 실수와 천사의 두 번의 경고는 무엇을 지향하는가? 초점이 어디 있는가? 관심을 하나님께로 향하게 한다. 하나님을 경배해야 한다고 강조한다.

요한은 자신이 예배의 대상을 바르게 인식하지 못하고 범한 잘못을 인정한다. 천사의 도움으로 잘못을 바로 잡는다. 독자들도 자신들의 상황에서 예배의 대상을 바르게 알지 못하고 범한 잘못을 바로 잡아야 한다. 요한은 하나님이나 어린 양이 아닌 천사에게 말을 듣고 있다. 그 발 앞에 엎드려 경배하는 것은 적절하지 못하다. 비록 본의는 아니었다 해도 그것은 우상 숭배와 진배없는 행동이었다.

1. 하나님께 경배하라

하나님께 경배하라는 것은 계시와 예언 그리고 환상이 천사를 통해 하나님께로부터 온 것이라는 점이다. 환상의 신적 기원을 강조한다. 중재하는 천사의 역할을 약화시킨다. 종의 태도다. 여러 유대교와 그리스도교 묵시 문학에서 발견된다. 엎드린다는 것, 땅에 머리를 댄다는 이미지는 굴종의 의미다. 구약에서 이런 몸짓은 살아 계신 참 하나님에 대한 굴복과 순종을 표현했다. 하나님의 행동이나 계시에 대한 응답이었다. 경외와 감사에서 비롯된 즉각적이고 자발적인 응답이었다.

요한계시록에서, 하나님의 종들은 요한, 선지자들, 순교자들, 모든 신앙 공동체의 구성원을 포함한다. 천사는 자신을 그의 '형제들과 같은 종'이라고 말한다. '예수의 증언을 받은 네 형제들과 같이 된 종'은 인내로 승리한 성도들이다. '선지자들'과 '이 두루마리의 말을 지키는 자'를 추가한다. 예언 자체에 대해 강조한다. 천사들은 인간과 동등한 그룹에 속한다. 하나님의 종이다. 두 그룹, 즉 천사와 인간은 오직 하나님과 어린 양에게 경배해야 한다. 경배를 받는 존재가 아니다.

2. 오직 하나님과 어린 양께 경배하라

하나님의 유일성 또는 독특성을 부인하고 마땅히 그에게 돌려야 할 경배를 다른 이에게 돌리는 것만큼 하나님을 모독하는 행위는 없을 것이다. 하나님의 계시를 받은 후에 반응이 나타난다. 이십사 장로는 보좌에 앉으신 이에게 엎드린다. 경배한다. 자기의 관을 드린다. 요한이 계시를 받은 뒤에 엎드려 경배한다. 대상이 다르다. 아니 틀렸다.

요한계시록은 예배의 대상은 하나님과 어린 양이다. 하늘의 환상들은 하나님과 어린 양에게 경배와 찬양을 드리는 것을 묘사한다. 요한계시록 전체는 경배와 관련된 표현으로 가득하다.

신약성경에서 '경배하다'에 해당하는 '프로스퀴네오'(προσκυνέω)가 59회 나온다. 요한계시록에서 24회 사용된다. 오직 하나님과 어린 양에게 드리는 경배할 때 사용된다. 이 주제가 요한계시록의 중심이었음을 시사한다. 이러한 경배는 몸짓이나 환호 및 찬양의 말로 나타난다.

요한계시록은 전형적으로 하나님을 가리키는 데 사용되었던 용어를 그리스도를 지칭하는데 사용한다(사 44:6). 요한계시록은 이 언어를 어린 양에게

BOWING BEFORE A KING
Gentile da Fabriano's *Adoration of the Magi*
(1423) depicts the three wise men, at the
head of a queue of wellwishers, worshipping
the infant Christ. A dove, symbolizing the
Holy Spirit, hovers over the scene.

Figure 71-1.

'왕 앞에 절하는 이방인'-다 파브리아노(da Fabriano)의 '동방박사 경배'(1423)는 동방박사들이 아기 그리스도를 경배하는 모습을 묘사한 작품이다.

확대하나 유일신 견해를 유지한다. 어린 양은 하나님 외에 두 번째 신으로 예배받으시는 것이 아니다. 한 분 참 하나님의 예배 안에서 경배를 받으시는 것이다.

천사들과 인간들 사이를 구분한다. 어린 양이신 예수님은 '알파와 오메가요, 처음과 나중'이다. 그러면서도 여전히 유일신론의 견해를 지지한다. 천사가 경배를 거부한다는 모티브는 유일신론을 보호하는 장치 역할을 한다. 묵시 문학의 전통적인 모티브다. 요한계시록은 하나의 보좌에 하나님과 어린 양이신 예수님이 그 보좌를 공유한다. 유일신을 말하는 타종교와 다른 점이다. 모든 피조물은 하나님과 어린 양에게 영광을 돌린다. 속죄함을 받은 자는 구원의 감사를 돌린다. 그리고 하나님과 어린 양을 위한 하나의 보좌만 있을 뿐이다. 새 예루살렘에서 구원 받는 자는 하나님과 어린 양을 하나의 초점에 맞춘다. '그분들'이 아니다. '그분'에게 경배한다. 어린 양은 히브리서에서 새 언약의 대제사장으로 나온다. 옛 언약에서 하나님께 다가가기 위한 중심적인 방법이었던 모든 체계를 완성하고 대체하신다.

요한은 인간을 두 범주로 나눈다. 하나님과 어린 양을 경배하는 자와 용과 짐승을 경배하는 자다. 새 창조의 환상은 하나님과 어린 양을 경배하는 도시와 관련지어 묘사한다.

> 어린 양은 하나님의 아들이다. 하나님 아버지께 드리는 경배와 동일한 경배를 받기에 합당하신 분이다. 어린 양에게 드리는 예배는 한 분 하나님에게 드리는 예배에 포함되어 있다.

그 이유는 무엇인가?

예수님을 통하여 하나님의 목적이 이루어지기 때문이다. 계시는 어디서 오는가? 천사가 아니다. 하나님에게서 나온다. 하나님께만 경배해야 할 이유다. 요한이 천사에게 경배하는 실수가 있다. 하늘에 할렐루야 찬양이 고조된다. '우리 하나님께 찬송하라'는 음성도 들린다. 요한은 할렐루야 찬송이 하늘에서 울려 퍼질 때 일어선 것이 아니라 엎드린다. 해석하는 천사에게 경배하려고 엎드린 것이다. 요한이 천사의 해석을 신적인 메시지로 보고 경외심을 갖는 것은 적절하다. 하지만 전달자에게 경배하는 것은 잘못이다. 하나님이 아닌 천사에게 무릎을 꿇고 경배하고자 하는 것은 큰 실수다. 이러한 행동은 앞뒤가 맞지 않는다. 하나님을 향한 찬양의 소리가 증가함에도 불구하고 요한은 자신의 위치와 역할을 놓친 것이다. 요한은 천사를 하늘에서 내려온 신적 인물로 착각했다. 그의 동기가 무엇이 되었든 간에, 그러한 숭배에 대한 금지는 그리스도인들에게 경고가 된다. 천사에게 경배하지 말라는 경고만이 아니다. 어떤 형태든지 우상 숭배를 금하는 경고다.

"하나님께 경배하라"는 단지 한 번의 명령이다. 요한계시록 전체의 근본 메시지다. 오직 하나님 한 분만 경배받으시기에 합당하다. 제국에 충성한다는 명분으로 황제에게 제사를 드리는 것들을 포함하여 모든 형태의 우상 숭배에 도전한다.

거룩(Holliness)

불의한 자는 그대로 불의하게 행하라 거룩한 자는
그대로 거룩하게 하라(계 22:11).

Figure 72.

하나님이 자신을 조상의 하나님으로 모세에게 계시하신 불타는 떨기나무
앞에 신을 벗는 모세(이집트 시나이 성 캐서린수도원).

듣기는 듣는다. 깨닫지 못한다. 보기는 본다. 알지 못한다. 왜 마음이 둔하고 귀가 막히고 눈이 감기게 되었는가? 오늘날의 유튜브가 잘 말해 주고 있다. '보고 싶은 것만 보여 주고', '보고 싶은 것만 볼 수 있는' 소통과 이해보다 불통과 단절을 심화시키고 있다. 인터넷 정보제공 사업자가 이용자 맞춤형 정보를 제공하면서 이용자는 제 입맛에 맞게 '걸러진 정보'만 접하게 되기 때문이다. 에스겔 선지자는 이렇게 확증 편향에 빠져 있는 자를 '반역하는 족속'이라고 한다. 에스겔 3:27, 반립적 형태의 권면이다.

> 주 여호와의 말씀이 이러하시다 하라 들을 자는 들을 것이요 듣기 싫은 자는 듣지 아니하리니 그들은 반역하는 족속임이니라.

소크라테스는 "나는 내가 아무 것도 모른다는 걸 알고 있다"라고 하였다. 공자는 "아는 것을 안다고 하고 모르는 걸 모른다고 하는 게 앎(知)이다"라고 하였다. 자신을 객관화하기가 그만큼 어렵다는 말이다.

1. 거룩한 자의 삶의 패턴

'불의를 행하라', '더럽게 하라', '의를 행하라', '거룩하게 하라'는 명령은 수사학적이다. 직접적이다. 아이러니한 권고다. 의도하는 바가 있다. 현재의 믿음을 강화시키는 데 있다. 의롭게 사는 자 또는 거룩하게 사는 자가 계속 그렇게 살아라는 권면이다. 반면 불의하고 더러운 삶을 사는 자는 회개하라는 압박이다. 물론 시간이 많지 않다. 경계선은 정해져 있다. 변화되기에는 너무 늦다. 물고기에게는 물고기의 시간이 따로 있다. 그게 바로 '물때'다. 조금과 사리, 밀물과 썰물에 따라 물고기의 먹이 활동은 다르다. 종말의 때가 있다. '열처녀 비유'에서 신랑이 오면 상황 종료다. 어리석은 다섯 처녀들의 뒷늦은 수고는 헛되게 된다. 아무리 많은 기름을 사더라도 때는 늦다. 슬피 울며 이를 간다.

핵심은 무엇인가? 종말이 가까웠다. 사람들이 살았던 삶의 합당한 결과를 거두게 될 것이다. 변화가 불가능한 때가 온다. 불의한 자든 의로운 자든 임박한 종말의 때를 맞게 된다. 너무 신속하게 임하기 때문에 변화받을 시간이 넉넉하지 않다. 요한 당시의 독자들을 겨냥한 것이다.

거룩하는 자는 하나님이 나를 구별하셨다는 프레임으로 세상을 본다. 하나님의 말씀에 순종함으로 반응한다. 다니엘의 예언이 요한계시록에서는 명령 모드로 전환된다. 예언이 요한 당대에 성취되기 시작하고 있는 것이다. 지혜로운 자, 거룩한 자는 이 계시를 깨달아 적극적으로 반응해야 한다는 것을 표현한다. 예언에 대한 성취의 시작을 분별한다. 통찰한다. 하나님의 말씀에 순종함으로 응답한다.

2. 거룩한 자는 그대로 거룩하게 행하라

"거룩한 자는 그대로 거룩하게 하라"는 명령이다. '너는 거룩한 자'라는 프레임이 형성된다. 인간은 어떤가? 항상 객관적인 선택을 하지 않는다. 미리 정해진 '틀'을 기반으로 세상을 받아들인다. 정보를 받아들이기 전 이미 특정 편견과 해석을 갖고 있다. 그만큼 더 빠른 반응을 할 수 있다. 프레임을 통해 잃는 것이 바로 객관성이다. 요한계시록에서 신자들은 제사장으로 간주되고 있다. 거룩한 성 새 예루살렘에서 하나님을 섬길 자다. 새 예루살렘에는 성전이 없다. 역사상 이스라엘에 존재하였던 제도들은 무효화된다.

> 제사장, 거룩한 자, 성전 그리고 거룩한 성 따위의 개념을 생동하는 영적 방식으로 사용한다. 고난받고 박해 받는 교회가 거룩을 유지해야 할 근거다. 성도들의 거룩함의 기초는 하나님과 그리스도의 거룩한 성격에 있다.

성경에서 '거룩'에 해당하는 '하기오스'(ἅγιος)는 양면을 가진다. 구별과 헌신을 의미한다. 거룩한 자는 하나님과 하나님의 일을 위해 구별되고 그리고 헌신하는 사람이다. 윤리적 속성을 암시하지 않는다. 거룩한 자는 계속 거룩할 것이다. 수양과 고행을 통한 성화가 아니다. 하나님에 의해 성화된다. 하나님이 자신을 드러내신다. 특별관 관계로 이끄신다. 죄악에 대한 대비책을 마련해 주신다. 그들은 성화되거나 혹은 거룩하게 산다.

구별된 자, 즉 거룩한 자가 되게 하신 하나님을 섬기는 자다. 모세가 불타지 않는 떨기나무를 본다. 그 곳이 거룩한 땅이다. 하나님이 계신 장소, 즉 하나님이 거룩하게 사용하신 땅이다. 다니엘은 연단을 받아 스스로 정결케 하

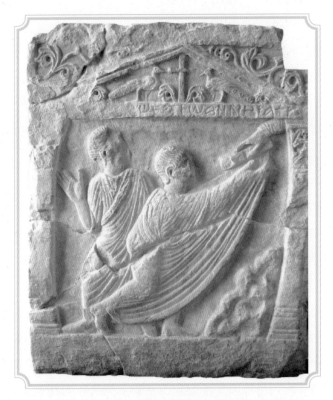

Figure 72-1.

요안네스(Ioannes)라는 의사의 석관에서 나온 이 부조는 하나님께서 모세에게 율법을 주신 것을 보여 준다(콘스탄티노플, A.D. 5세기).

는 많은 사람을 지혜로운 자라고 말한다. 천사는 '의로운 자' 또는 '거룩한 자'라고 한다. 자칭 지혜자, 의인, 성자가 아니다. 하나님이 욥을 "온전하고 정직하여 하나님을 경외하며 악에서 떠난 자"라고 말씀하신다(욥 1:8). 하나님이 쓰시는 종이기에 거룩한 자다. 하나님은 이스라엘 백성을 땅의 모든 민족으로부터 구별하시고 그들과 언약을 맺으심으로 이스라엘 백성을 거룩하게 하셨다.

이스라엘에게 거룩함은 거룩한 자와 관계 속에서 발견된다. 하나님은 그들을 이집트에서 끌어내시고 홍해에서 세례를 받게 한다. 시내산에서 율법을 수여하신다. 이스라엘을 거룩하게 하셨다. 이스라엘을 '나라와 제사장'으로 삼으셨다.

> 하나님의 뜻대로 살기 위해 일차적으로 구별되어야 한다. 거룩한 이스라엘은 거룩하게 살아야 한다. 거룩케 하시는 하나님과 함께 한다. 하나님의 통치하에 살아간다. 거룩한 자는 그대로 거룩하게 살아야 한다. 거룩한 자답게 살아야 한다. 거룩한 자의 열매를 맺어야 한다. 하나님의 뜻이고 목적이다.

거룩한 자는 단순히 프레임이 바뀐 사람이 아니다. 신분과 존재 전체가 바뀐 사람이다. 다니엘이 그랬다. 장소와 시대의 틀을 거부한다. 거룩한 자로서 자신을 더럽히지 않으려고 뜻을 세운다(단 1:8).

거룩한 자는 자신을 거룩하게 하신 거룩하신 하나님이라는 프레임으로 세상을 바라본다. 하나님의 거룩한 백성으로 그대로 거룩하게 산다. 하나님의 거룩은 전능, 영원성 및 영광을 포함한다. 경외심을 불러 일으킨다. 하나님은 거룩한 아버지시다(요 17:11). 거룩한 하나님은 거룩한 백성을 요구한다(벧전 1:15-16). 거룩한 자로서 거룩한 삶을 요구한다. 의로운 자가 되고 거룩한 자가 된 것은 인간의 노력이나 능력으로 된 것이 아니다. 어린 양의 피로 흰 옷을 입게 된다. 그의 속량으로 거룩한 자가 되었다. 의롭게 살므로 의인이 되는 것이 아니다. 거룩하게 살면 거룩한 자가 되는 것이 아니다. 의인이기게 믿음으로 산다(롬 1:17). 거룩한 자이기에 구별되게 사는 것이다. 거룩하게 하신 하나님께 헌신하게 된다. 거룩은 종교적인 의미에서 탈퇴(withraweal)와 헌신(consecreation)이다. 일반적인 것이나 부정한 것으로부터 탈퇴. 신성하고 거룩하고 순수한 것에 대한 헌신을 뜻한다. 거룩한 자가 되기 위해 살지 않는다. 거룩한 자로서 거룩한 삶을 지속하고자 힘쓴다.

'불의을 행하는 자는 불의를 행하라', '거룩한 자는 거룩하게 하라'는 하나님의 주권과 관련이 있다. 하나님은 누가 불의한 자며 거룩한 자인지 아실 그뿐만 아니라 누가 어린 양에게 속할지, 짐승에게 속할지를 결정하셨다. 하나님의 말씀을 수락하거나 거절함으로 반응한다. 천사는 불의한 자와 더러운 자들에게 명령한다. 그리스도의 임박한 재림에 비춰 말한다. 그들이 하고 있는 삶의 패턴을 깊이 생각해 보라고 경고하고 있다. '들을지어다'와 맥을 같이 하고 있다.

거룩한 자는 그대로 거룩하라는 요구는 재림의 임박성을 내포하고 있다. 끝까지 인내하라는 뜻이다. 그대로 거룩하게 사는 자가 이기는 자다. 하나님 나라가 거의 가까이 왔는데 끝까지 참으라는 권고다. 핍박이 있고 고난이 거친 파도처럼 몰려올 때 거룩을 멈추고 불의하게 아무렇게나 살고 싶을 유혹을 받을 수 있다. 욥처럼 삼중고를 한꺼번에 당하면 아내의 말대로 하늘을 저주하고 극단적인 선택을 할 소지가 있다. 거룩한 자는 그대로 거룩하게 살아야 한다. 선택이 아닌 명령이다. '거룩하라'는 반복된 명령이다. 에필로그의 요지다. 그리스도의 강림을 대망하는 감탄에 의해 지지를 받는다. 성품은 일생동안 반복된 행동에 의해 이미 결정된 것이다. 종말의 도래는 어떤 변화의 가능성도 미리 막아 버린다.

보상(Reward)

그리스도께서 속히 오셔서 각 사람이 행한 대로 갚아 주리라(계 22:12).

Figure 73.

파도바의 아레나 예배당 입구 벽에는 지오토 디 본도네의 '최후의 심판'이 프레스코화로 그려져 있다. 그리스도는 천사들의 머리에 둘러싸여 중앙에 앉아 계시는데, 각 천사들은 독특한 표정을 짓고 있다.

달란트 받은 두 종은 자신을 알아주는 주인을 위해 미션에 목숨을 걸었을 것이다. 자신이 아니라 주인, 보상이 아니라 인정이 두 종을 이끌어갔을 것이다. 속히 오실 예수님으로부터 충성된 자라고 칭찬을 받은 종들은 자유를 위해 보상을 바랐던 로마의 노예들과 다르다. 상급은 외적 성공의 댓가가 아니다. 종말론적 상급이다. 성취의 문제가 아니다. 은혜의 문제다(롬 4:4).

실제로 사람들이 인간관계에서 목숨을 거는 경우는 두 가지다.

첫 번째는 자기를 인정해 준 사람에게 보답을 하기 위해서이다.
두 번째는 그 반대로 자기를 무시한 사람에게 복수하기 위해서이다.

속히 오실 예수님의 보상은 복수가 아닌 심판이다. 충성된 자에게 상으로 보답한다. 어떤 행위가 보상을 얻기 위한 수단이 되면 그 속의 즐거움은 사라지기 시작한다. 심리학에서는 이 현상을 '과잉 보상'(over-justification)이라고 한다. '의외로 임할 심판', 즉 임박함이나 신속함에 대한 사상은 마가복음 24:36-25:13에서 찾아 볼 수 있다. 예수님의 언제든지 올 수 있는 가능성이다. 사람이 정말 무엇을 믿는지를 궁극적으로 알려 주는 표지는 무엇인가? 그 사람이 살아온 삶의 질이다. 이기는 자에 대한 상은 일곱 교회에 보낸 편지 속에 각각 상세히 언급되어 있다. 순교자들에 대한 정당화는 6:9-11에 약속되어 있다.

이스라엘의 신정 정치 시대로 가보자! 하나님과 백성은 언약 관계다. 왕과 백성, 주인과 종의 관계다. 달란트 비유에서 종들, 므나 비유에서 종들은 주인의 것으로 가지고 곧장 사업을 한다. 언약적 의무를 성취한 대가로서 약속의 성취를 기다릴 자격이 있게 된다. 자유를 위한 몸부림이 아니었다. 한 달란트 받은 종은 보상을 생각했기에 처음부터 의욕을 상실했다. 일의 즐거움이 사라진다. 다섯 달란트와 두 달란트를 받은 종은 종으로서 마땅히 해야 할 일을 한 것이다. 부득불 하였기에 보답을 바라지 않았다. 예수님의 제자들도 제자라는 신분 때문에 자기에게 주어진 요구 사항을 성취한 대가를 기대한다. 구원의 완성, 즉 상을 기다릴 자격이 있다. 하나님 나라에서 그들에게 생명을 가져다줄 것이라는 확신을 갖게 된다.

1. 그리스도께서 신속히 오셔서 보상하여 주실 것이다

장차 마지막 날에 오셔서 심판하고 재판하실 분은 누구인가? 오심은 계시의 한 부분이다. 역사의 끝 이전에 오심이다. 역사를 마무리하러 오신다. 최종적인 오심이다. 각 사람의 행위대로 심판하시고 상급을 주실 분은 누구인가? 보상하실 분이 하나님인가? 그리스도인가? 그리스도의 역할과 하나님의 역할이 혼돈된다. '고(高) 그리스도론'(high Christology)는 그리스도를 하나님과 동일하게 알파와 오메가로 부른다. 예수님이 그리스도이심을 믿지 않는 요한의 동시대 유대인들 대부분은 요한의 말을 불편하게 생각했을 것이다. 대부분의 자료들은 자신들의 행위에 따라 각 사람들에게 심판과 약속을 이해하실 분은 하나님이라고 설명한다. 유대인들은 신년인 나팔절에 석류를 먹는 전통이 있다. 석류 알맹이만큼이나 마지막 날에 하나님이 각자에게 주시는 수많은 보상을 기대하는 것이다. 또 1년 365일 하루하루, 석류알처럼 선행을 실천하길 바라는 것이다.

요한은 마지막 날에 재판장으로 오시는 분은 예수님이라고 주장한다.

> 크고 흰 보좌에 앉아 책들에 기록된 대로 심판을 행하시는 분은 하나님이시다. 하나님에 의해서 심판을 받는 것으로 명시적으로 말하고 있다. 행위에 따른 심판이라는 모티브는 그리스도에게 돌려진다.

요한계시록은 하나님의 행위를 그리스도에게서 기인한 것을 기술함으로 전승을 수정한다. 높이심을 받은 어린 양 예수님이 보상하여 주신다.

미국의 정보공유 사이트 「라이프해커닷컴」에 따르면 인간은 새로운 것을 따라가면 무언가 괜찮은 보상을 발견할 것이란 기대로 새로움에 관심을 기울인다고 한다. 유대교는 의인이 시대의 종말 혹은 죽을 때에 보상받을 것이라고 주장했다. 그리스도를 믿지 않는 유대교가 가장 배타적 의미로 하나님에 대해 남겨두고 있는 역할이 있다. 마지막날에 재판장은 하나님이 하실 것이다. 이사야가 예언한 바를 예수님이 여기서 신적인 존재로 주장하고 있다는 것을 독자들은 인식하였을 것이다. 속히 오실 분이 예수님이시며 행한 대로 갚아주겠다고 약속한 것으로 보아 그리스도가 재판장의 역할을 할 것임을 분명하게 말해 준다.

마지막 때에 그리스도가 속히 오셔서 보상을 주실 것이다. '보상'의 개념은 요한계시록에서 2번 언급한다. 구약성경에 기초를 두고 있다. 각 사람에게 행한 대로 갚아 주실 것이다. 의외의 주제다. 악한 자에게도 보상이 주어진다. 신속한 심판이다. 형벌이 주어진다. 구약에서 언급되었다. 그리스도는 그의 백성이 죽을 때 각각 그들에게 이미 하늘의 상을 주신다. 불의한 자들을 역사 내내 이미 심판하신다. 예언의 말씀에 주의하는 사람들은 상급을 받게 될 것이다. 예수님이 우리의 행한 대로 갚아 주시기 위해 속히 오실 것이다.

2. 각 사람에게 행한 대로 보상을 주시리라

요한계시록에서 '종'은 여러 번에 걸쳐 로마 제국의 노예를 가리킨다. 비유적으로 '하나님의 종'이 된 사람들을 가리키는데도 사용된다. 마지막 날에 하나님의 종에게 주어지는 보상은 로마 제국의 노예가 받는 보상과 성격이 다르다. 구원을 얻기 위한 행위가 아니다. 반드시 그리고 속히 오실 예수님은 누구에게 보상하는가? 모든 신자가 '종'이라는 이름을 갖고 있다.

상에 해당하는 '미스도스'(μισθός)는 양면의 뜻을 갖고 있다. 하나님의 종말론적 통치의 시작을 처음 표현하면서 두 가지 보상을 설명한다. 심판과 상

Figure 73-1.

로마에서는 참나뭇잎으로 만든 화환이나 왕관을 받는 것은 전투에서 특이한
용기를 발휘하여 로마 군인의 생명을 구한 사람에게 주어지는 큰 영예였다. 이
황금 참나무 화환은 터키(B.C. 350-300년)에서 발견되었다.

급이다. 불경건한 자는 심판으로 보상한다. 충성된 자들은 상급으로 보상을
받는다. 그 상은 구원을 받는 것이다. 그리스도와 함께 왕노릇하는 지위에 있
는 것이다. 그리고 거기에 수반되는 복이다. 이처럼 상에는 긍정적인 어떤 것
(고전 3:8), 혹은 부정적인 어떤 것을 가리킨다. 좋든 나쁘든 어떤 일에 대한
대가로 주어지는 것을 의미하는 말로 사용된다. 그 언어는 이사야 40:10을
회상하게 한다. 이사야의 '보상과 보응'을 한 마디로 미스도스로 표현한 것이
다. 미스도스가 사용된 유일한 다른 본문에서 그 단어가 시대의 끝에 충성
된 사람들에게 주어지는 구원의 은혜를 가리킨다.

　"각 사람에게 행한 대로 갚아 주시리라"라는 구절은 구약과 초기 유대교
문헌의 여러 곳에서 발견된다. 통용된 격언에 대한 간접 인용이다. 요한계시
록의 심판에 대한 복잡한 이해의 한 부분이다. 독자들은 그리스도는 그들의
행위를 아신다는 말을 듣는다. 그들의 행위는 그리스도에 대한 신실함과 그
의 백성에 대한 사랑 혹은 헌신의 부족 죄를 고집하는 것이다.

행위에 근거해서 상을 준다는 것은 성경 전체가 가르치는 교훈이다. 행위에 의한 구원은 아니다. 어린 양의 피로 옷을 빤 사람만이 희게 된다. 행위는 어떤 사람이 이미 구원에 궁극적이고 필수적인 인과관계가 있는 조건을 만족시켰음을 증명한다. 어린 양의 죽음으로 조에서 구속함으로 받은 칭의다.

그리스도는 각 사람에게 각자가 행한 대로 갚아 주실 것이다. 그리고 '속히 오리니'라고 말씀하신 분은 바로 예수님이다. 팔복에서 '의를 인해 핍박을 받는 자들'에게 '하늘에서 큰 상'이 있을 것을 약속하셨다. 보상 강도를 점점 강하게 하므로 일의 수행 능률이 계속 증가할 수 있다는 '크레스피 효과'(Crespi effect)와 다르다.

> 상은 오직 행위에 신실함이 있는 사람들, 즉 언약에 신실한 자들에게 주어진다는 것을 가르치셨다. 그리스도가 그의 백성의 최종적인 구속을 행하실 것이다. 최후의 심판을 행하실 때가 될 것이다.

시작된 성취의 측면도 여전히 염두에 있을 것이다. 바울은 심판 날에 마지막 불이 각 사람의 행위를 시험하고, '상' 받을 만한 지 결정하게 될 것이라고 가르친다. 바울은 "하나님께서 각 사람에게 그 행한 대로 보응하시되"라고 가르치며, 베드로는 하나님은 "외모로 보시지 않고 각 사람의 행위대로 심판"을 하신다고 선언한다(벧전 1:17).

경고(Warning)

예언의 말씀에 더하거나 빼면 하나님이 재앙을 더하실 것이다(계 22:18)

Figure. 74.

한스 멤링(Hans Memling, 1430-1494)의 '최후의 심판.'

하나님께서 주신 계시와 예언은 오류가 없다. 통찰력으로 가득한 미문(美文)도 오탈자나 비문(非文)이 있다. 철자·고유명사·연도 등과 관련해 오류가 있다. 신뢰도가 땅에 떨어진다. 독자는 사소한 실수도 용납하지 않는다. 독자는 국민·유권자보다 냉혹하다. 계시는 인간이 진리를 얻기 위해 해탈을 하거나, 각성해서 깨닫거나, 대자연의 이치를 통해 발견하는 것이 아니다. 오직 하나님에게서 비롯된다. 하나님에게서 비롯된 이 계시를 기록한 요한계시록은 성경이다. 성경은 하나님의 계시다. 오류가 없다. 성경의 무오성은 하나님의 계시라는 것을 입증해 준다.

이 예언의 말씀을 더하거나 제하는 것에 대한 준엄한 경고의 대상은 누구인가? 본문을 변경하려는 미래의 필사자인가? 아니면 두루마리를 낭독할 때 듣는 청중인가? 이 책이 크게 읽혀질 아시아의 일곱 교회 모든 성도을 향한 경고다. 문학적인 정황에서 예언을 필사하는 과정에서 본문을 변경하는 필사자들에게 초점이 맞추어진 것이 아니다. 이 예언의 말씀을 읽는 자, 듣는 자그리고 지키는 자에게 있다. 듣는 각 개인에게 전달하는 것에 초점이 맞추어졌다. 요한은 이 책이 큰 소리로 낭독될 것을 기대했다. 이 책이 낭독될 때 예언의 말씀을 듣는 각 개인의 책임을 강조하는 것이다.

1. 예언의 말씀을 듣고 더하는 자에게 재앙

글쓰기를 할 때 여러 차례 수정과 보완을 한다. 가필과 정정을 자유롭게 하는 것이다. 성경은 다르다. 수정과 보완을 거쳐 완성된 책이 아니다. 처음부터 완성된 책으로 주어진 것이다. 완전무오한 하나님의 말씀이다. 더하거나 빼는 것이 있을 수 없다. 하나님께서는 성경 말씀을 더하거나 빼는 일을 일체 하지 못하도록 경고하신다. 요한계시록은 회람용 서신이다. 회람되는 동안 변경될 가능성이 있다. 요한은 누군가가 그의 책을 함부로 변경하려고 할 가능성이 높다고 생각했다. 전형적인 유대 묵시록의 사본 역사를 감안할 때 그의 염려는 근거 있는 것이었다고 생각된다. 예수님은 '나의 책을 듣는 자들에게 현재의 내용들에 더하거나 제하지 말라'고 부탁한다. 변경하는 자들에게 조건적인 재앙을 포함시킨다. 하나님이 징벌하실 것이다.

신명기 본문처럼(신 4:2; 12:32) 그리스도는 거짓 선생들이 자신들의 가르침을 더하거나 제하여 버림으로써 예언의 의미를 왜곡시키는 것에 대하여 경고하시는 것이다. 신명기 세 본문은 요한계시록 22장처럼 우상 숭배를 경고하는 문맥이다. 요한의 대적들은 우상 숭배에 참여했다. 하나님에 대한 충실한 생활 태도와 이에 대한 가르침을 따르라는 요한계시록의 요청에서 벗어난 행위에 대한 경고다. 두 경우 모두 경고에 적극적으로 반응하면 새 땅에서 생명을 상으로 받는다고 한다. 성경에서 최초의 해석학적 오류는 무엇일까. 죄가 없는 환경에서 화와는 뱀에게 하나님의 명령을 의도적으로 왜곡하거나 혹은 과장하지 않았다. 더하거나 빼는 죄를 범하지 않았다. 첫 번째 해석학적 오류는 뱀의 제안에 있다(창 3:4-5). 뱀은 하와에게 하나님의 말씀에 대한 어떤 선이해(preunderstanding)를 제공했을 것이다. 가령 "지금 막 생명을 주셨는데 빼앗아가지 않으실 거야." 아담과 하와는 미끼를 물었다. 죄와 사망의 역사가 시작된다.

> 예언의 말씀을 더하는 자에 대한 경고는 대칭적인 형식으로 계속된다. 만일 그 말이 신실하고 참되면, 이를 변경하는 것은 속이는 행동이다. 거 짓말이다. 하나님의 길과 반대된다.

성경무오설은 "성경의 저자들이 오류에서 완전히 자유로웠을 것"이라고 말한 교부 아우구스티누스, 칼빈에 이어 1978년 "성경은 하나님이 주신 것으로서 모든 가르침에 오류와 틀림이 없다"라고 밝힌 시카고 선언으로 전수돼 왔다. 하지만 포스트모더니즘과 해체주의 영향으로 성경에 오류가 없다는 주장은 도전을 받고 있다. 성경의 무오는 하나님 말씀이 가지는 진정성에서 찾아야 한다. 유기적영감설은 성경 기자가 가지는 개인적인 특성과 역사적 정황을 인정한다. 동시에 성경을 하나님 말씀으로 유지할 수 있다. 예언의 말씀을 '더하다' 또는 '제하다'의 의미는 무엇일까? 이 단어는 일격을 가하거나 재앙을 내리는 것을 가리키는 데 사용한다. 신명기에서 대답을 찾는다. 신명기 4:3은 발람 사건을 암시한다. 발람의 교훈을 지키는 거짓 교사에 대한 경고가 있다. 신명기 12:32은 실제로 거짓 선지자들을 다루고 있는 신명기 13장의 첫 구절이다. 더하거나 제하는 것은 우상 숭배가 하나님을 신앙하는 믿음과 모순되지 않는다는 것을 확언시키려는 거짓 가르침에 대한 이중적인 경고로 사용된다(신 4:3). 거짓 예언자들의 거짓 가르침에 경고로 주신 말씀이다. 같은 유의 언어가 사용되었다.

2. 말씀 왜곡에 대한 경고

모세는 율법에서 가감하지 말 것을 경고하였다. 후대 유대교 저자들은 칠십인역(LXX)이 완전하며 변경되어서는 안 된다고 주장하였다. 칠십인역(LXX)의 본래 모습을 보존하기 위해 일반적으로 "기록된 본문의 어떠한 부분이든지 변경시키거나 제하여 버림으로 번역문을 변경시키고자 하는 자들에게 그들의 관례에 따른 저주가 임할 것이라"고 말했다. 이 경고는 '열렬하게 구약과 동등한 정경의 권위를 주장하던 전형적인 방법'이다. 이 금지 명령의 엄중함은 화자가 바로 그리스도임을 알려 준다. 이슬람교의 쿠란은 글자 하나까지도 정확하게 알라의 뜻이 반영된 것이라고 주장한다. '기계적 영감설'이다. 저자는 타자기와 같은 역할만 한다. 경전의 문구는 일점일획도 오류가 없고, 경전이 말하는 것은 모두가 신의 뜻이므로 문자 그대로 지켜야 한다. 문자적 의미를 강조하다보니 다양한 해석의 가능성은 매우 좁아진다. 종교의 성격 자체가 획일적이고 권위주의적이 된다. 독자는 예언에 담겨 있는 하나님의 메시지를 왜곡시키는 것은 배교나 다름 없다는 것을 알게 될 것이다. 이 죄를 범한 사람은 하나님의 눈에 배교하는 비신자로 비칠 것이라는 경고를 받는다.

예언의 말씀을 제하면 요한계시록에 기록된 생명나무와 거룩한 성, 새 예루살렘에 참여함이 제하여 진다. 신명기 4:1-2을 상기시킨다. 하나님의 말씀에 충실하면 지키는 자들은 약속의 땅에 들어간다. '참여함'에 해당하는 메로스(μέρος)는 상속을 의미한다. 예언의 메시지를 왜곡시키기 위해 그 사람은 하나님을 대적하는 자들과 손을 잡게 된다. 그 결과 그는 하나님의 성에서 축출된다. 따라서 이 본문은 있는 그대로 받아들여서 듣는 자들에게 요한이 계시한 기본적인 메시지를 왜곡하면 안 된다고 엄중히 경고하는 것이다.

예언의 말씀을 더하거 빼지 말아야 한다는 것은 요한계시록의 요약이다. 목적이 무엇인가? 예언들의 진진성을 추가로 강조한다. 거짓 선생들이 예언들을 함부로 변경해서는 안 된다는 것을 확실히 하는 데 있다. 가르침이나 생활 태도에 의해 두루마리 예언의 메시지를 왜곡하지 말아야 한다는 경고다. 완전한 순종의 필요와 거짓 가르침을 피하라는 데 초점을 맞추었다. 계시의 말씀에 더하거나 제하는 것은 불순종과 동일시한다. 우상 숭배와 거짓 예언을 통해서 불순종하는 것과 동일하게 평가한다. 신명기 두 본문은 토라와 관련이 있다(신 4:2; 12:32). 신명기 6:4은 '이스라엘아 들으라'로 시작한다. 직접 야훼께서 직접 말씀하신다. 청자는 보충되거나 축소해서는 안 된다. 토라는 전체적으로 받아들여야 한다. 순종해야 한다. '더하다/제하다'의 의미의 열쇠다.

파루시아(Parousia)

내가 진실로 속히 오리라 아멘 주 예수님 오시옵소서(계 22:20)

Figure 75.

'파루시아는 단순히 한 인물의 육체적 도래나 '미래에 발생할 역사적 사건'이 아니다. 현재의 역사 과정과 단절된 새로운 질서를 도래케 함으로써 그 자체가 역사를 초월한다.

파루시아는 아주 흔히 사용되는 말로서 도착이나 도착해 있는 것을 가리키는 일상적인 단어이다. 전문적이거나 특수한 의미가 아니다. 중립적인 의미다. 헬라주의에서는 신들의 나타남과 오심 등과 마찬가지로 정부 고관들, 왕, 장군들의 방문에도 자주 사용되어 왔다. 신약성경에 자주 나오지 않는다. 파피루스 자료나 고대 헬라 문헌에 보면 이 단어는 황제나 왕, 총독과 같이 최고 지위에 있는 고관이나 유명인사가 어떤 마을에 도착하는 것을 나타낼 때 쓰이고 있다. 이 단어가 그리스도에게 쓰일 때는 틀림없이 헬라 시대에 그 말이 왕이나 어떤 귀인의 도착을 가리키는 것과 같이 다소 기교적인 힘을 가지고 있는 말로써 쓰인다.

'내가 오리라'는 약속이다. 높아지신 예수님의 엄숙한 약속이다. 그리스도가 종말을 개시하기 위해 곧 돌아오겠다고 하신 약속이다. 끝맺음 단락의 반복되는 주제를 형성하고 있다. 그리스도의 강림은 요한계시록의 전체의 중요한 주제다.

1. 파루시아

예수님의 재림은 구속만큼이나 그리스도교의 중요한 신앙이다. 재림은 시작할 사건들 곧 종말에 대한 진술들은 핵심적인 약속 자체로 끝맺는다. 그리스도는 반드시 속히 오실 것을 약속하신다. 재림은 요한계시록의 클라이맥스로 적절하다. 예수님의 오심은 "볼지어다 그가 구름을 타고 오시리라"와 하늘이 열리고 백마와 그것을 탄 자의 보다 자세한 묘사를 생각나게 한다. 파루시아는 단순히 한 인물의 육체적 도래나 '미래에 발생할 역사적 사건'이 아니다. 현재의 역사 과정과 단절된 새로운 질서를 도래케 함으로써 그 자체가 역사를 초월한다.

그리스도인들은 예수 그리스도가 '살아 있는 자와 죽은 자를 심판하러 영광 중에 다시 오실 것이며, 그의 나라는 끝이 없을 것'이라고 고백한다(니케아 신경). 사도신경에서 "몸이 다시 사는 것과 영원히 사는 것을 믿습니다"라고 고백한다. 예수님은 처음에는 겸손과 은혜 가운데 오셨지만 영광과 능력 가운데 다시 오실 것이다(행 1:11). 그리스도의 오심에 대한 다른 언급들과 나란히 '내가 속히 오리라'라는 말은 5번 나온다. 오심의 절정을 가리킨다. 화자는 항상 높아지신 예수님이다. 재림에 대한 일련의 약속 가운데 최종적인 것이다. 그리스도의 오심에 대한 약속은 초기 교회 전승에 필수적이다.

요한계시록에서 "내가 속히 오리라"라고 했던 약속을 반복하는 것이다. 요한계시록에서 재천명하신 것은 그의 증언의 정당성을 확증하는 역할을 한다. 초림 때 약속하신 그의 재림이 곧 발생할 것이다. 요한계시록 전체에서 계시하신 것을 완성한다고 보증한다. 완성된 환상의 진리를 확신시킨다.

예수님이 다시 오셔서 할 일은 '속히 될 일'이다. 하나님이 하시고자 하시는 일을 의미한다. 서론과 결론에 이 표현을 사용한다. 일어날 모든 일들이 이 책의 모든 환상들을 포함하고 있다. '속히'는 '지체 없이'의 뉘앙스다. 시간적 가까움과 구별하기 어렵다. '속히'와 '지체 없이'는 다르다. 전자는 연대기적으로 '곧'을 의미한다. 후자는 '내적인 역동성'을 뜻한다. '속히 오리라'는 말씀은 시간적 가까움을 염두하기 싫다. 가까움이 초점인가? 두 가지 반응을 생각하게 된다. 조급함과 깨어 있음이다. 전자는 시험이 가깝고 개학이 가까울 때 발생한다. 특히 준비가 안 된 사람에게 해당된다. 마태복음 24:42-44은 모든 세대가 그리스도가 다시 오실 때에 깨어 있어야 한다고 경고한다.

하나님의 시간은 '천 년이 하루 같다.' '주의 약속은 더딘 것이다.' 도둑같이 오실 지라도 깨어 있는 슬기로운 다섯 처녀는 환영할 일이다. '속히'라고 했을 때 '가까움'을 떠올리면 조급해 진다. 요한은 '파루시아'가 곧 일어나야 한다고 말하지는 않는다. 그 사상은 상당히 복잡하다. 신약성경에는 파루시아가 임박했다는 언급은 그리 많지 않다. 말세의 징조는(예. 막 13장) 종말의 시간표를 계산할 수 있는 자료가 아니다. 파루시아가 임할 때까지 역사에서 분쟁들이 내내 발생하리라는 점을 경고하려는 것이다.

'속히 오리라'라는 말씀은 두 번 이상 반복되었다. 중요한 이슈다. 기대감을 강화시킨다. 최후 희망이다. 완전한 성취. 예수님이 도둑같이 오신다. 깨어 있는 자가 복이 있다. 언제 오실지 알 수 없다. 그런데 속히 오신다. 긴박함이나 조급함보다 경성을 촉구한다. 깨어 있어야 필요성을 강조한다. 도둑에 관한 말씀은 그리스도인들로 하여금 깨어 있어야 한다고 경고하는 전형적인 방법이다. 임박한 파루시아를 암시하는 단락들 곁에는 종말의 때가 알려지지 않았다고 분명히 밝히는 단락들이 있다.

"내가 속히 오리라"는 말씀을 가까움 또는 임박성을 이해하는 것은 신약성경이나 코이네 헬라어의 전형적 용례에 의존한 것이 아니다. '어근의 오류'를 범한 것이다. 다니엘은 종말론적 사건들이 반드시 일어날 것이라고 강조한다(단 2:29). 필연성을 강조한다. 임박성은 없다. 예수님의 종말론 강화에서도 찾아 볼 수 있다.

이런 일이 있어야 하되 아직 끝은 아니니라.

비인칭 동사 '데이'(δεῖ)는 '반드시 … 하다'이다. 필연성을 나타낸다. 임박성은 없다. 임박함을 암시하는 단락들은 현재와 미래 사이에 연대기적 관계보다 신학적 관계를 가리킨다. 그 단락들은 하나님께서 친히 시작하신 일으 완성하실 일에 관해 '때'가 아닌 '확실성'를 가리킨다.

2. 그리스도는 하나님이 정하신 질서 속에서 다시 오실 것이다

'속히'라는 단어는 독자들에게 희망 중에 끝까지 인내하라, 최후 승자가 되기까지 견뎌라는 사인이다. 환상의 시간과 일상적인 시간 사이의 차이가 있다. 연기대적 언어로 '속히'를 생각하면 준비하는 쪽에서 급하고 조급성이 생기고 마르다처럼 분주해지거나 아예 포기할 가능성이 있다. 하지만 하나님의

Figure 75-1.

주님의 시간 감각은 우리와 다르다: "그에게는 천년이 하루 같으니라"(벧후 3:8).

정하신 때에 오실 것을 확신하면 일상에서 부지런히 준비한다. 등불에 기름을 준비한 슬기로운 다섯 처녀는 깨어 있다. 잠시 졸다가 일어나 눈을 비비며 신랑을 맞는다. 당황하지 않는다. 기뻐한다. 늦게 오든 속히 오시든 문제가 되지 않는다. 예상하지 못하게 신속하게 거행된다. 어느 때든 오실 것이다.

긴급함과 지연 사이의 긴장이 증가되었으나 환상들에 의해 해소되지 않는다. 그리고 이 긴장에서 독자들은 증인으로서 소명감을 가지고 살도록 요청받는다. '속히'에 해당하는 타퀴(ταχύ)는 언제 오느냐, 그 때가 언제냐에 있지 않다. 그리스도의 미래 강림에 초점이 맞춰져 있다. 그리스도의 오심을 기다리는 자가 안달이 나서 속히 임해 줄 것을 요청하는 것이 아니다. 오히려 오실 이가 신이 나서 속히 오겠다, 즉 정한 때가 되면 지체하지 않고 오겠다고 약속하는 것이다.

요한계시록 22:6-21에는 분명한 사상의 흐름은 없다. 요한계시록의 앞의 내용에 근거하여 일련의 반복된 권면이 있을 뿐이다. 각각의 권면은 그리스도의 재림를 대망하는 감탄으로 마무리된다. 에필로그에서 예수님은 '속히 오실 것'을 반복해서 강조된다. 중요하게 강조되고 있다. 수많은 반응들을 일으켜왔다.

> 우리의 때가 아닌 하나님의 때가 되야 일어난다. 하나님만 그 때를 아신다. 하나님이 정하신 때에 오신다는 말이다.

'처리하다, 질서를 세우다'의 의미론적인 어근이다. 타퀴는 '속히'가 아니다. 역사의 정해진 질서에서 다음에 있을 것을 암시한다.

요한계시록에서 요한은 자신이 예수님에게 속히 오시라고 조급하게 기원하고 있는 것이 아니다. 높아지신 예수님이 주술에서 전형적을 사용하고 있는 '속히'를 뜻하는 타퀴를 사용해서 자기가 속히 올 것을 알리시고, 즉 하나님의 정한 시기에 올 것을 알리는 것이다. 요한은 지금 당장 이루어지는 것이 아니라 하나님의 질서 가운데 이루어질 것에 대해 '아멘'으로 화답한다. 수동적 역할에 머문다. 지팡이를 든 주술자는 도전적이고 공격적이다.

키워드로 요한계시록을 묵상하는 이 책은 가장 어려운 가운데 하나인 요한계시록에 대한 방대하고 깊이 있으며 집약적인 칼럼이다. 미래의 마지막 시점에 맞추지 않는다. 요한계시록의 예언적 환상은 교회에 주어진 편지로 기록되어 있다. 목회를 위한 편지라는 사실을 알게 한다. 요한계시록의 목표는 세상이 비극과 전염병으로 인한 고난과 사탄의 명백한 지배권 아래 있을 때에도 하나님께서 자신의 목적으로 이루어고 계신다는 것을 전한다. 모든 시대의 신자들에게 위로를 준다.

필자는 보편적으로 인정받는 요한계시록에 대한 네 가지 해석방법을 따르지 않았다. 미래주의적(futuristic), 초시간적(timeless), 교회 역사적(church historical), 과거주의 학파(preterist, 요한계시록의 예언이 이미 성취되었다고 보는 학파)의 그룹으로 나누는 방식을 따르지 않았다. 성경 전체를 관통하는 하나님 나라 관점에서 심혈을 기울이고자 노력했다.

요한계시록에 나타난 하나님의 약속은 새 하늘과 새 땅 그리고 거룩한 백성으로 실현된다. 하나님을 모든 만물을 지으시고 그의 사역이 새 하늘과 새 땅을 완성하시는 창조주로 이해한다. 하나님의 통치와 주권은 창조주로서의 그의 역할에 근거한다. 그는 교회를 핍박하는 자들을 적대시한다. 하나님의 사역은 땅에 속한 자들을 멸하시고, 만물을 새롭게 하시는 데 있다. 하나님의 행하시는 사역의 중요한 대리자는 죽음 당한 어린 양이다. 십자가에서 죽으시고 부활하신 예수님이다. 짐승으로 특징지어지는 파괴의 대행자들이 강압과 속임수로 활동하는 곳에 어린 양은 고난과 죽음 그리고 진리를 증거하는 행위로 다스리는 신적 능력을 보여 준다. 이 어린 양의 능력으로 죄와 악을 이긴다. 시험을 이기고 끝까지 인내할 수 있다. 현실에서 일어나는 박해와 고난은 거룩한 백성을 만들어 낸다.

이 책은 키워드를 중심으로 본문 분석과 논리적 흐름에 대한 세심한 관찰, 요한계시록의 사상적 배경에 해당하는 구약의 전통에 대한 일관된 관심 그리고 다른 주석서들과 많은 사전들과의 심도 있는 연구의 산물이다. 최근의 저자들 중에 크레이그 R. 쾨스터(Craig R. Koester)와 그레고리 K. 비일(Gregory K. Beale) 필자의 생각에 가장 많은 도전을 주었다. 특히 쾨스터의 공시적(synchronic)이고 통시적(diachronic)인 주석을 동시에 수행하는 철저성에 많은 영향을 받았다. 일곱 교회의 상황을 반영하는 본문의 역사성과 하나님의 통치 방식이라는 구원사적 접근에 많은 도움을 받았다. 이러한 주석 과정은 본문을 명확하게 하고 본문 속에 주제를 파헤치는 길잡이가 되었다.

요한계시록은 성경의 마지막 책이다. 이 책의 존재감은 본문 내용과 구조만 살펴보아도 다른 문서들과 큰 차별성을 보인다. 요한계시록을 정확하게 읽어 의미 파악에 이르려면 문학적 세계의 심오함을 인지하는 것이 최선이다. 각 부분을 다룰 때 두드러진 부분은 독자들에게 각인시키기 위하여 다음과 같이 내용을 구분하는 방법을 사용했다. 즉 서론과 아시아 일곱 교회에 보낸 편지(1-3장), 하늘 보좌에 앉으신 하나님과 어린 양(4-5장), 인과 나팔과 대접 심판 그리고 최후 심판(6-18장), 새 하늘과 새 땅(19-22장), 결론적 요약이다.

필자는 내러티브 흐름을 따라 적절하게 5등분한다. 이러한 구분은 요한계시록의 흐름을 잘 파악하고 있는 전문가의 안목에서 나온 것이다.

제1부는 아시아 일곱 교회를 향한 그리스도의 계시다.

1세기를 넘어 모든 시대의 그리스도인들에게 세속화에 대항하는 비타협적인 태도를 촉구하는 동시에 이로 인한 핍박과 고난에 대한 위로와 소망을 확고히 한다. 비록 이미지들이 초현실적이지만, 필자는 그 이미지들이 독자들을 위해 지역적이고 구체적인 문제들을 다루었다고 생각한다. 외부인들과의 갈등과 압박, 점차 증가하는 교회 내부에 제기되었던 자기만족과 우상 숭배에 관한 내적인 논쟁들을 포함한 다양한 차원들의 경험적 상황을 다루었다.

독자들의 다양성을 염두하였다. 이것은 독자들에게 용기를 불러일으키기도 하고, 다름 사람에게 도전을 주기도 한다.

제2부는 보좌에 앉으신 하나님과 어린 양이 중심이다.

어린 양의 신분이 죽임당한 인간임이 틀림없고, 동시에 하나님의 보좌에 앉으신 신적인 존재로서 야훼와 계약 관계에 있는 그 백성들 사이에 중재자의 위치에 있게 되는 권위적인 존재를 보게 된다. 24장로와 144,000, 천년왕국에 대한 이해 역시 전통적인 그리스도교적 해석을 넘어 객관적이고 균형 잡힌 석의를 제시한다.

제3부는 일곱 인·나팔·대접 심판을 중심으로 한다.

세 개의 심판 시리즈는 순차적으로 발생하는 사건이 아니다. 종말에 관한 시간표가 아니다. 요한계시록은 어떠한 사회적, 종교적인 행위들에 대해 비평할 때에 직접적이고 구체적이다. 반면 필자는 나팔과 대접 심판은 거의 언급하지 않았다. 앞으로 더 심도있게 연구할 과제라 생각한다.

제4부는 마지막 심판을 다룬다.

요한계시록은 승리의 함성이다. 신약성경 어느 책보다 그 안에 모든 악의 세력에 대한 하나님의 최종적인 승리가 계시되어 있다. 요한계시록은 하나님의 백성에게 큰 환난에도 불구하고, 또 세상의 요란한 소리에 타협하라는 유혹에도 불구하고, 그들의 최후의 상급이 확실하다는 확신을 갖도록 이끈다. 그리고 하나님을 경배하고 영화롭게 하라고 권면하는 책이다.

제5부는 하나님의 갱신된 거처인 새 예루살렘이다.

새 하늘과 새 땅은 처음 하늘과 땅으로 대체된다. 에덴동산부터 전개된 성전 주제로 살핀다. 요한계시록은 성경의 결론이다. 창세기에서 시작된 창조의 완성이다. 문법·역사적 해석에 기초하여 구속사적·신학적 해석까지 나아가는 그레고리 K. 빌(Gregory K. Beale)의 해석을 따른다.

요한계시록은 세상에 대해 비판적이면서 동시에 긍정적인 시각을 가지고 있다. 특히 일곱교회를 향한 메시지에서 저자는 자신이 바벨론의 정치적, 사회적, 경제적, 종교적 차원들에서 제시된 문제들을 다루는 예언적 증인임을 자각하고 있다. 독자들에게 바벨론의 행위들에서 나오라고 요청한다. 그는 하나님의 통치를 증거해야 하는 공동체의 사명을 기억하고 있다.

필자는 요한과 함께 위의 하늘을 여행하며, 아래의 무저갱의 문을 보며, 다가올 시대의 하나님 나라를 행해 여행하길 원했다. 하나님 나라가 완성되기를 소망했다. 눈에 보이는 성전이 아니라 하나님의 장막이 함께 하는 영원히 하나님의 백성과 함께 하는 하나님의 임재를 바라볼 수 있었다. 여행을 할 때 이정표가 있고 목적지가 있는 것처럼 핵심 주제를 중심으로 초점이 맞추어져 있다.

필자가 요한계시록 연구에 기준이 되는 문헌을 인용하는 방법은 다음과 같다. 먼저 요한계시록과 구약 본문과의 연속성에 근거한 연결을 추구한다. 학자들은 요한계시록 전체 404개 구절 가운데 278개 구절이 구약성경을 언급한다고 추산한다. 전체적으로 500회 이상 구약 본문에 대한 직접 인용보다 인유로 나타난다. 이러한 인유들은 구약성경과 신약성경의 통일성을 보여준다. 특히 하나님 나라 관점에서 볼 때 그렇다. 어린 양의 죽으심과 승리에 대한 약속은 성경에서나 인간 역사에서나 처음부터 끝까지 동일하게 펼쳐진다는 것을 예증한다. 다음으로 참고한 방대한 주석을 각주로 달았다. 키워드에 관련된 다양한 사전을 참고하였다. 키워드에 맞는 사진이나 지도를 첨부하였다. 또한 지난 20여 동안 신문을 중심으로 스크랩한 시사자료를 최대한 활용하였다.

필자는 키워드를 중심으로 간결하면서도 풍부하게 사전적인 의미와 함께 구약성경의 배경까지 제시하고자 노력했다. 만족스러운 연구를 위해서는 묵시적 사고 형태와 어휘에 대한 사전 이해와 배경 지식이 필수적이었다. 요한계시록의 상징은 오늘날 많은 저자들을 문자주의나 주관주의로 빠지게 했다. 필자는 1차 독자인 1세기의 아시아 일곱 교회에 주신 계시에 유념했다. 이런 노력이 얼마나 잘 유지되었는지는 독자가 판단해야 할 것이다.

요한계시록은 예언적이고 목회적이다. 우리 각자와 직접 관련된 책이다. 우리는 하나님께서 새 하늘과 새 땅으로 이끄실 때까지 우리를 보호하실 세상의 광야를 날마다 순례하는 동안 요한계시록의 장면을 거칠 것이다. 요한계시록이 다양한 아시아에 흩어진 성도들에게 전해졌다는 사실을 인정하면서, 이 책은 다른 세대의 독자들에게도 이러한 의미를 전달하는데 관심울 두고자 한다. 이 책을 통해 모든 목회자와 성도들에게 요한계시록이 난해한 수수께끼와 퍼즐이 아니라 진리 가운데 활짝 열린 계시의 말씀이 되기를 기대한다.

2023년 12월 인천에서

이미지 출처
IMAGE CREDITS

Figure 제1부. Mitchell G. Reddish, *Smyth & Helwys Bible Commentary: Revelation* (Macon, Georgia: Smyth & Helwys, 2001), 76.

Figure 1. Tremper Longman III ed., *THE BAKER ILLUSTRATED BIBLE DICTIONARY* (Grand Rapids, Michigan: Baker Books, 2013), 1419.

Figure 1-1. Tremper Longman III, Peter Enns, and Mark Strauss, eds., "REVELATION, BOOK OF," in *The Baker Illustrated Bible Dictionary* (Grand Rapids, Michigan: Baker Books, 2013), 1419.

Figure 2. G. Lambert, "CHURCH GOVERNMENT IN THE APOSTOLIC AGE," in *The Zondervan Pictorial Encyclopedia of the Bible in Five Volumes: Volume One·A–C,* eds., Merrill C. Tenney and Steven Barabas (Grand Rapids, Michigan: Zondervan Publishing House, 1977), 859.

Figure 2-1. Charles H. Talbert, *Smyth & Helwys Bible Commentary: Romans* (Macon, Georgia: Smyth & Helwys, 2002), 170.

Figure 3. Craig R. Koester, *THE ANCHOR YALE BIBLE VOLUME 38A REVELATION: A NEW TRANSLATION WITH INTRODUCTION AND COMMENTARY* (New Heaven & London: Yale University Press, 2014), 267.

Figure 3-1. Bart D. Ehrman, *A Brief Introduction to the New Testament* (New York: Oxford University Press, 2004), 268.

Figure 4. Charles H. Talbert, *Smyth & Helwys Bible Commentary*: 1 & 2 Peter, Jude (Macon, Georgia: Smyth & Helwys, 2010), 387.

Figure 5. Father Michael Collins ed., *Bible Story By Story The Illustrated Guide: From The Creation To The Resurrection* (New York: Dorling Kindersley, 2012), 421.

Figure 5-1. Collins ed., *Bible Story by Story the Illustrated Guide: From the Creation to the Resurrection*, 246.

Figure 6. Bart D. Ehrman, *A brief introduction to the New Testament* (New York: Oxford University Press, 2004), 315.

Figure 6-1. Father Michael Collins ed., The Illustrated Bible Story By Story (New York: Dorling Kindersley, 2012), 344.

Figure 6-1. Collins ed., *Bible Story By Story The Illustrated Guide: From The Creation To The Resurrection*, 344.

Figure 7. Collins ed., Collins ed., *Bible Story by Story the Illustrated Guide: From the Creation to the Resurrection*, 168-169.

Figure 8. Collins ed., *Bible Story By Story The Illustrated Guide: From The Creation To The Resurrection*, 248-249.

Figure 9. G . K . Beale and Benjamin L. Gladd, *THE STORY RETOLD: A BIBLICAL THEOLOGICAL INTRODUCTION TO THE NEW TESTAMENT* (Dower Grove, Illinois: IVP Academic, 2020), 377.

Figure 9-1. G . K . Beale and Benjamin L. Gladd, Beale and Gladd, *The Story Retold: A Biblical-Theological Introduction to the New Testament* (Dower Grove, Illinois: IVP Academic, 2020), 377.

Figure 10. G. Goldsworthy, "Breastpiece of the High Priest,"in *The Zondervan Pictorial Encyclopedia Of The Bible In Five Volumes: Volume One·A–C,* eds., Merrill C. Tenney and Steven Barabas (Grand Rapids, Michigan: Zondervan Publishing House, 1977), 652.

Figure 10-1. D. R. Browns, "STONES," in *The Zondervan Pictorial Encyclopedia of the Bible in Five Volumes: Volume Five·Q–Z,* eds., Merrill C. Tenney and Steven Barabas (Grand Rapids, Michigan: Zondervan Publishing House, 1977), 520.

Figure 11. Gene L. Green, "1-2 Thessalonians,"in *The Baker Illustrated Bible Commentary*, eds., Gary M. Burge and Andrew E. Hill (Grand Rapids, Michigan: Baker Books, 2012), 1436.

Figure 12. Tremper Longman III, Peter Enns, and Mark Strauss, eds., "HIP,"in *The Baker Illustrated Bible Dictionary* (Grand Rapids, Michigan: Baker Books, 2013), 785.

Figure 12-1. Hays and Duvall ed., *The Baker Illustrated Bible Handbook*, 856.

Figuer 13. Collins ed., *Bible Story by Story the Illustrated Guide: From the Creation to the Resurrection*, 50.

Figuer 14. Lee, *The Baker Illustrated Bible Commentary*, 1305.

Figure 14-1. Paul J. Achtemeier ed., THE HARPERCOLLINS BIBLE DICTIONARY REVISED EDITION (New York: The Society of Biblical Literature, 1996), 137.

Figure 15. Collins ed., *THE ILLUSTRATED BIBLE STORY BY STORY*, 70-71.

Figuer 15-1. R. L. Alden, "cloath,"in *The Zondervan Pictorial Encyclopedia Of The Bible In*

Five Volumes: Volume One-A–C, eds., Merrill C. Tenney and Steven Barabas (Grand Rapids, Michigan: Zondervan Publishing House, 1977), 892.

Figure 16. Mitchell G. Reddish, *Smyth & Helwys Bible Commentary Revelation: A New Paradigm in Bible Commentaries* (Macon, Georgia: Smyth & Helwys, 2001), 381. Figure 16. Reddish, *SMYTH & HELWYS BIBLE COMMENTARY REVELATION: A NEW PARADIGM IN BIBLE COMMENTARIES*, 381.] Figure 16. Tony Garland, A *Testimony of Jesus Christ-Volume 2: A Commentary on the Book of Revelation, Preface Introduction Revelation 15-22.* (Washington: SpiritAndTruth, 2004), 107.Figuer 17. Collins ed., *Bible Story by Story the Illustrated Guide: From the Creation to the Resurrection*, 120-121.

Figure 18. Tony Garland, *A Testimony of Jesus Christ-Volume 1: A Commentary on the Book of Revelation, Preface Introduction Revelation 1-14* (Washington: SpiritAndTruth, 2004), 258.

Figuer 19. Tremper Longman III, Peter Enns, and Mark Strauss, eds., "DANIEL, BOOK OF,"in *The Baker Illustrated Bible Dictionary* (Grand Rapids, Michigan: Baker Books, 2013), 428.

Figure 19-1. Collins ed., *Bible Story by Story the Illustrated Guide: From the Creation to the Resurrection*, 349.

Figure 20. John A. Beck, *The Basic Bible Atlas: A Fascinating Guide to the Land of the Bible* (Grand Rapids, Michigan: Baker Books, 2020), 94..

Figure 20-1. Maltings Partnership, "Herod's Temple Complex in the Time of Jesus," in *English Standard Version Study Bible* (Wheaton, Illinois: Crossway, 2008), 1943.

Figure 21. Lee, *THE BAKER ILLUSTRATED BIBLE COMMENTARY*, 1600.

Figuer 21-1. W. R. Thoms, "chronology(NT),"in *The Zondervan Pictorial Encyclopedia Of The Bible In Five Volumes: Volume One-A–C,* eds., Merrill C. Tenney and Steven Barabas (Grand Rapids, Michigan: Zondervan Publishing House, 1977), 828.

Figure 22. Carl G. Rasmussen, *ZONDERVAN ATLAS OF THE BIBLE Revised Edition* (Grand Rapids, Michigan: Zondervan, 2010), 239.

Figuer 22-1. Tremper Longman III, Peter Enns, and Mark Strauss, eds., "SEVEN CHURCHES OF ASIA,"in *The Baker Illustrated Bible Dictionary* (Grand Rapids, Michigan: Baker Books, 2013), 1503.

Figure 제2부. Lynn H. Cohick, "Colossians,"in *The Baker Illustrated Bible Commentary*, eds., Gary M. Burge and Andrew E. Hill (Grand Rapids, Michigan: Baker Books, 2012), 1407.

Figure 23. Collins ed., *THE ILLUSTRATED BIBLE STORY BY STORY*, 37.

Figure 23-1. M. Daniel Carroll R., "Amos," in *The Baker Illustrated Bible Background Commentary*, eds., J. Scott Duvall and J. Daniel Hays (Grand Rapids, Michigan: Baker Books, 2020), 642.

Figure 24. Garland, *A Testimony of Jesus Christ-Volume 1: A Commentary on the Book of Revelation, Preface Introduction Revelation 1-14*, 290.

Figuer 25. Tremper Longman III, Peter Enns, and Mark Strauss, eds., "DANIEL, BOOK OF,"in *The Baker Illustrated Bible Dictionary* (Grand Rapids, Michigan: Baker Books, 2013), 1290.

Figure 26. Beale and Gladd, *THE STORY RETOLD: ABIBLICAL-THE OLOGICAL INTRODUCTION TO THE NEW TESTAMENT*, 239.

Figure 26-1. Beale and Gladd, *The Story Retold: A Biblical Theological Introduction to the New Testament*, 95.

Figure 27. Father Michael Collins ed., *THE ILLUSTRATED BIBLE STORY BY STORY* (New York: Dorling Kindersley, 2012), 168-169.

Figure 27-1. Tony Garland, *A Testimony of Jesus Christ-Volume 1: A Commentary on the Book of Revelation, Preface Introduction Revelation 1-14* (Washington: SpiritAndTruth, 2004), 312.

Figure 제3부. James A. Davis, "1–2 Corinthians,"in *The Baker Illustrated Bible Commentary*, eds., Gary M. Burge and Andrew E. Hill (Grand Rapids, Michigan: Baker Books, 2012), 1307.

Figure 28. Garland, *A Testimony of Jesus Christ-Volume 1: A Commentary on the Book of Revelation, Preface Introduction Revelation 1-14*, 324.

Figure 29. Collins ed., *THE ILLUSTRATED BIBLE STORY BY STORY*, 425.

Figure 30. Reddish, *SMYTH & HELWYS BIBLE COMMENTARY REVELATION: A NEW PARADIGM IN BIBLE COMMENTARIES*, 129.

Figure 30-1. Beale and Gladd, *The Story Retold: A Biblical Theological Introduction to the New Testament*, 427.

Figure 31. Earl D. Radmacher, Ronald B. Allen, and H. Wayne House, *The NKJV Study Bible Second Edition Full-Color Edition: the complete resource for studying God's Word*

(Nashville: Thomas Nelson, 2014), 1053.

Figure 31-1. Beale and Gladd, *The Story Retold: A Biblical Theological Introduction to the New Testament*, 155.

Figure 32. Beale and Gladd, *THE STORY RETOLD: ABIBLICAL-THE OLOGICAL IN-TRODUCTION TO THE NEW TESTAMENT*, 475.

Figure 33. 'Lee, *THE BAKER ILLUSTRATED BIBLE COMMENTARY*, 1603.'ays and Duvall ed., *The Baker Illustrated Bible Handbook*, 444.

Figure 33-1. Hays and Duvall eds., *The Baker Illustrated Bible Handbook*, 249.

Figure 32-1. Reddish, *Smyth & Helwys Bible Commentary Revelation: A New Paradigm in Bible Commentaries*, 121.

Figure 34. Lee, *The Baker Illustrated Bible Commentary*, 1313.

Figure 35. 'Ehrman, *A Brief Introduction to the New Testament*, 139.

Figure 35-1. Collins ed., *Bible Story by Story the Illustrated Guide: From the Creation to the Resurrection*, 361.

Figure 36. Lee, *THE BAKER ILLUSTRATED BIBLE COMMENTARY*, 1603.

Figure 37. J. Scott Duvall and J. Daniel Hays ed., *THE BAKER ILLUSTRATED BIBLE BACKGROUNG COMMENTARY* (Grand Rapids, Michigan: Baker Books, 2020), 1304.

Figure 38. Richard B. Vinson, Richard F. Wilson, and Watson Mills, *Smyth & Helwys Bible Commentary*: 1 & 2 Peter, Jude (Macon, Georgia: Smyth & Helwys, 2010), 353.

Figure 38-1. Collins ed., *Bible Story by Story the Illustrated Guide: From the Creation to the Resurrection*, 35.

Figure 39. Beale and Gladd, *THE STORY RETOLD: ABIBLICAL-THE OLOGICAL IN-TRODUCTION TO THE NEW TESTAMENT*, 15.

Figure 39-1. Collins ed., *Bible Story by Story the Illustrated Guide: From the Creation to the Resurrection*, 355.

Figure 40. Beale and Gladd, *THE STORY RETOLD: ABIBLICAL-THE OLOGICAL IN-TRODUCTION TO THE NEW TESTAMENT*, 460.

Figure 40-1. Beale and Gladd, *The Story Retold: A Biblical Theological Introduction to the New Testament*, 485.

Figure 41. Lee, *The Baker Illustrated Bible Commentary*, 1321.

Figure 42. Tremper Longman III, Peter Enns, and Mark Strauss, eds., "WILDERNESS," in *The Baker Illustrated Bible Dictionary* (Grand Rapids, Michigan: Baker Books, 2013), 1713.

Figure 43. Beale and Gladd, *The Story Retold: A Biblical Theological Introduction to the New Testament*, 204.

Figure 43-1. Tremper Longman Ⅲ, Peter Enns, and Mark Strauss, eds., "Archangel," in *The Baker Illustrated Bible Dictionary* (Grand Rapids, Michigan: Baker Books, 2013), 109.

Figure 44. Tremper Longman Ⅲ, Peter Enns, and Mark Strauss, eds., "PREPARATION DAY," in *The Baker Illustrated Bible Dictionary* (Grand Rapids, Michigan: Baker Books, 2013), 1354.

Figure 44-1. Collins ed., *Bible Story by Story the Illustrated Guide: From the Creation to the Resurrection*, 402.

Figure 45. Tremper Longman Ⅲ, Peter Enns, and Mark Strauss, eds., "SACRIFICE AND OFFERING," in *The Baker Illustrated Bible Dictionary* (Grand Rapids, Michigan: Baker Books, 2013), 1460.

Figure 45-1. Tremper Longman Ⅲ, Peter Enns, and Mark Strauss, eds., "SACRIFICE AND OFFERING," in *The Baker Illustrated Bible Dictionary* (Grand Rapids, Michigan: Baker Books, 2013), 1460.

Figure 46. John F. Walvoord and Roy B. Zuck ed., *[Bible Knowledge Series] The Bible Knowledge Commentary NEW TESTAMENT An Exposition of the Scriptures* (Colorado Springs: David C. Cook, 1983), 944.

Figure 46-1. Lee, The Baker Illustrated Bible Commentary, 1422.

Figure 47. Walter A. Elwell and Robert W. Yarbrough ed., *[Encountering Biblical Studies] ENCOUNTERING the NEW TESTAMENT THIRD EDITION: A HISTORICAL AND THELOGOICAL SURVEY* (Grand Rapids, MI: Baker Academic, 2013), 363.

Figure 47-1. Collins ed., *Bible Story by Story the Illustrated Guide: From the Creation to the Resurrection*, 230.

Figure 48. Collins ed., *Bible Story by Story the Illustrated Guide: From the Creation to the Resurrection*, 324.

Figure 제4부. J. Daniel Hays and J. Scott Duvall eds., *The Baker Illustrated Bible Handbook* (Grand Rapids, Michigan: BakerBooks, 2011), 971.

Figure 48-1. LongmanIII , Enns, and Strauss, eds., The Baker Illustrated Bible Dictionary, 416.

Figure 49. Father Michael Collins ed., *THE ILLUSTRATED BIBLE STORY BY STORY* (New York: Dorling Kindersley, 2012), 183.

Figure 50 Tremper Longman III, Peter Enns, and Mark Strauss, eds., "CHRIST AND CHRISTOLOGY," in *The Baker Illustrated Bible Dictionary* (Grand Rapids, Michigan: Baker Books, 2013), 294.

Figure 51. Lee, *THE BAKER ILLUSTRATED BIBLE COMMENTARY*, 1593.

Figure 52. Neil Wilson and Nancy Ryken Taylor, The A to Z Guide to Bible Signs and Symbols: Understanding Their Meaning and Significance (Grand Rapids, Michigan: Baker Books, 2015), 65.

Figure 53. Reddish, *SMYTH & HELWYS BIBLE COMMENTARY REVELATION: A NEW PARADIGM IN BIBLE COMMENTARIES*, 363.

Figure 제5부. Lee, *The Baker Illustrated Bible Commentary*, 1337.

Figure 54. Tremper Longman III, Peter Enns, and Mark Strauss, eds., "JESUS CHRIST," in *The Baker Illustrated Bible Dictionary* (Grand Rapids, Michigan: Baker Books, 2013), 926.수정

Figure 54-1. Neil Wilson and Nancy Ryken Taylor, *The A to Z Guide to Bible Signs and Symbols: Understanding Their Meaning and Significance* (Grand Rapids, Michigan: Baker Books, 2015), 225.

Figure 51-1. W. T. Dayton, "transfiguration," in *The Zondervan Pictorial Encyclopedia of the Bible in Five Volumes: Volume Five·Q–Z*, eds., Merrill C. Tenney and Steven Barabas (Grand Rapids, Michigan: Zondervan Publishing House, 1977), 796.

Figure 55. Collins ed., *BIBLE STORY BY STORY THE ILLUSTRATED GUIDE: FROM THE CREATION TO THE RESURRECTION*, 464.

Figure 55-1. Charles H. Talbert, *Smyth & Helwys Bible Commentary*: 1 & 2 Peter, Jude, 333.

Figure 56. Beale and Gladd, *THE STORY RETOLD: A BIBLICAL THEOLOGICAL INTRODUCTION TO THE NEW TESTAMENT*, 488.

Figure 57. Collins ed., *THE ILLUSTRATED BIBLE STORY BY STORY*, 465.

448. Figure 58. Hays and Duvall ed., *The Baker Illustrated Bible Handbook*, 371.

Figure 59. Lee, *The Baker Illustrated Bible Commentary*, 1334.

Figure 60. Maltings Partnership, "The Tabernacle Tent," in *ENGLISH STANDARD VERSION STUDY BIBLE* (Wheaton, Illinois: Crossway, 2008), 184.

Figure 61. Beale and Gladd, *THE STORY RETOLD: A BIBLICAL THEOLOGICAL INTRODUCTION TO THE NEW TESTAMENT*, 488.

Figure 62. Tremper Longman III, Peter Enns, and Mark Strauss, eds., "DANIEL, BOOK OF,"in *The Baker Illustrated Bible Dictionary* (Grand Rapids, Michigan: Baker Books, 2013), 842.

Figure 63. Elmer A. Martens, "Lamentations,"in *THE BAKER ILLUSTRATED BIBLE COMMENTARY: Section-by-Section Commentary on the Entire Bible, Features over 500 Full-Color Illustrations, Maps, and Photos, and Engaging Insights from Leading Biblical Scholars* (Grand Rapids, Michigan: Baker Books, 2011), 807.

Figure 64. Collins ed., *THE ILLUSTRATED BIBLE STORY BY STORY*, 465.

Figure 65-1. Cecil P. Staton, *Smyth & Helwys Bible Commentary Hebrews-James: A New Paradigm in Bible Commentaries* (Macon, Georgia: Smyth & Helwys, 2004), 181.

Figure 66. Maltings Partnership, "The Temple Mount in the Time of Jesus," in *English Standard Version Study Bible* (Wheaton, Illinois: Crossway, 2008), 1924-1925.

Figure 66-1. C. L. Feinberg, "curtain," in *The Zondervan Pictorial Encyclopedia of the Bible in Five Volumes: Volume One·A–C*, eds., Merrill C. Tenney and Steven Barabas (Grand Rapids, Michigan: Zondervan Publishing House, 1977), 679.

Figure 67. Collins ed., *THE ILLUSTRATED BIBLE STORY BY STORY*, 168-169.

Figure 67-1. Victor P. Hamilton, "Genesis,"in The Baker Illustrated Bible Commentary, eds., Gary M. Burge and Andrew E. Hill (Grand Rapids, Michigan: Baker Books, 2012), 10.

Figure 68. Collins ed., *BIBLE STORY BY STORY THE ILLUSTRATED GUIDE: FROM THE CREATION TO THE RESURRECTION*, 96-97.

Figure 69. Ronald F. Youngblood, F. F. Bruce and R. K. Harrison eds., *Nelson'S Illustrated Bible Dictionary New and Enhanced Edition* (Tennessee: Thomas Nelson, 2014), 935.

Figure 69-1. A. W. Morton, "EDUCATION IN BIBLICAL TIMES," in *The Zondervan Pictorial Encyclopedia of the Bible in Five Volumes: Volume Two·D–G*, eds., Merrill C. Tenney and Steven Barabas (Grand Rapids, Michigan: Zondervan Publishing House, 1977), 209.

Figure 70. Tremper Longman III, Peter Enns, and Mark Strauss, eds., "GOSPEL,"in *The Baker Illustrated Bible Dictionary* (Grand Rapids, Michigan: Baker Books, 2013), 689.

Figure 71. Michael Wilkins, "Matthew,"in *Zondervan Illustrated Bible Backgrounds Commentary: Volume 1, Matthew, Mark, Luke,* ed., Clinton E. Arnold (Grand Rapids, Michigan: Zondervan, 2002), 37.

Figure 71-1 Collins ed., *Bible Story by Story the Illustrated Guide: From the Creation to the Resurrection*, 289.

Figure 72. Tremper Longman III, Peter Enns, and Mark Strauss, eds., "GOD OF THE FATHERS," in *The Baker Illustrated Bible Dictionary* (Grand Rapids, Michigan: Baker Books, 2013), 681.

Figure 72-1. Scott E. Mcclelland, "Galatians," in The Baker Illustrated Bible Commentary, eds., Gary M. Burge and Andrew E. Hill (Grand Rapids, Michigan: Baker Books, 2012),

Figure 73. Harris, *The Baker Illustrated Bible Background Commentary*, 1237.

Figure 73-1. Gene L. Green, "Thessalonians," in *The Baker Illustrated Bible Commentary*, eds., Gary M. Burge and Andrew E. Hill (Grand Rapids, Michigan: Baker Books, 2012), 1427.

Figure 74. Tremper Longman III, Peter Enns, and Mark Strauss, eds., "ESCHATOLOGY," in *The Baker Illustrated Bible Dictionary* (Grand Rapids, Michigan: Baker Books, 2013), 518.

Figure 75. Collins ed., *Bible Story by Story the Illustrated Guide: From the Creation to the Resurrection*, 35.

Figure 75-1. Gene L. Green, "1–2 Thessalonians," in The Baker Illustrated Bible Commentary, eds., Gary M. Burge and Andrew E. Hill (Grand Rapids, Michigan: Baker Books, 2012),

1. 주석(Commentary)

Aune, David E. *WORD BIBLICAL COMMENTARY VOLUME 52: Revelation 1-22.* Dallas, Texas: Word Books, 1997.

Barton, Bruce. et. all., *Life APPLICATION New Testament Commentary.* Carol Stream, Illinois: Tyndale, 2001.

Barton, John and Muddiman, John ed., *THE OXFORD BIBLE COMMENTARY.* New York: Oxford University Press, 2007.

Beale, G. K. *A NEW TESTAMENT BIBLICAL THEOLOGY: THE UNFOLDING OF THE OLD TESTAMENT IN THE NEW.* Grand Rapids, Michigan: Baker Academic, 2011.

_____. *[THE NEW INTERNATIONAL GREEK TESTAMENT COMMENTARY] The Book of REVELATION: A Commentary on the Greek Text.* Grand Rapids, Michigan: William B. Eerdmans, 1999.

_____. *NEW STUDIES IN BIBLICAL THEOLOGY 17 The Temple and the Church's Mission: a biblical theology of the dwelling place of God. Downers Grove, Illinois:* InterVarsity, 2004.

Beale, G. K. and Carson, D. A. eds. *COMMENTARY on the New Testament Use of the Old Testament.* Grand Rapids, Michigan: Baker Academic, 2007.

Beale, G. K. and Campbell, David H. *REVELATION: A Shorter Commentary.* Grand Rapids, Michigan: William. B. Eerdmans, 2015.

Beasley-Murray, George R. "REVELATION" in *NEW BIBLE COMMENTARY: 21ST-CENTURY EDITION.* Downers Grove, Illinois: Inter-Varsity Press, 1994.

Beck, John A. *THE BAKER ILLUSTRATED GUIDE TO EVERYDAY LIFE IN BIBLE TIMES: Fascianting Insights into God's Word, The Meaning behind Ancient Manners and Customs.* Grand Rapids, Michigan: Baker Books, 2013.

Boring, M. Eugene *Revelation: Interpretation: A Bible Commentary for Teaching and Preaching.* Louisville, Kentucky: John Knox Press, 2011.

Burge, Gary M. and Hill, Andrew E. ed., *THE BAKER ILLUSTRATED BIBLE COMMENTARY: Section-by-Section Commentary on the Entire Bible, Features over 500 Full-Color Illustrations, Maps, and Photos, and Engaging Insights from Leading Biblical Scholars.* Grand Rapids, Michigan: Baker Books, 2011.

Charles, R. H. *[THE INTERNATIONAL CRITICAL COMMENTARY] A CRITICAL AND EXEGETIGAL COMMENTARY ON THE REVELATION OF ST. JOHN WITH INTRODUCTION, NOTES, AND INDICES ALSO THE GREEK TEXT AND ENGLISH TRANSLATION.* NEW YORK: CHARLES SCRIBNER'S SONS, 1920.

Duvall, J. Scott and Hays, J. Daniel ed., *THE BAKER ILLUSTRATED BIBLE BACKGROUNG COMMENTARY.* Grand Rapids, Michigan: Baker Books, 2020.

Elwell. Walter A. ed., *EVANGELICAL COMMENTARY on the BIBLE.* Grand Rapids, Michigan: Baker Book House, 1900.

Ford, J. Massyngberde. *THE ANCHOR BIBLE REVELATION: Introduction, Translation and Commentary.* Garden City, New York: DOUBLEDAY & COMPANY, 1982.

Fowler, James A. *[CHRISTOCENTRIC COMMENTARY SERIES] A COMMENTARY ON THE REVELATION OF JOHN, Jesus Christ: Victor Over Religion.* Fallbrook, California: C.I.Y., 2013.

Fruchtenbaum, Arnold G. *ARIEL'S BIBLE COMMENTARY The Messianic Jewish Epistles: Hebrews·James·I & II Peter·Jude.* San Antonio, TX: ariel, 2005.

Garland, Tony. *A Testimony of Jesus Christ-Volume 1: A Commentary on the Book of Revelation, Preface Introduction Revelation 1-14.* Washington: SpiritAndTruth, 2004.

Green, Joel B. and McDonald, Lee Martin ed., *THE WORLD OF THE NEW TESTAMENT: Cultural, Social, and Historical Contexts.* Grand Rapids, MI: Baker Academic, 2103.

Hays, J. Daniel and Duvall, J. Scott ed., *THE BAKER ILLUSTRATED BIBLE HANDBOOK.* Grand Rapids, Michigan: Baker Books, 2011.

Helyer, Larry R. and Wagner, Richard. *Book of Revelation For DUMMIES.* Hoboken, NJ: Wiley Publishing, 2008.

Johnson, Alan F. "Revelation", *in The Expositor's Bible Commentary with The New International Version of The Holy Bible IN TWELVE VOLUMES VOLUME 13 (HEBREWS-REVE-*

LATION). Grand Rapids, Michigan: ZondervanPublishingHouse, 2006.

Johnson, Dennis E. "Revelation,"in *ENGLISH STANDARD VERSION STUDY BIBLE*. Wheaton, Illinois: Crossway, 2008.

Kaiser, Jr., Walter C. *PREACHING AND TEACHING THE LAST THINGS:Old Testament Eschatology for the Life of the Church*. Grand Rapids, Michigan; Baker Academic, 2011.

Keener, Craig S. *THE NIV APPLICATION COMMENTARY: REVELATION-From biblical text...to contemporary life*. Grand Rapids, Michigan: Zondervan Publishing House, 2000.

_____ . *The IVP BIBLE BACKGROUND COMMENTARY NEW TESTAMENT SEC-OND EDITION*. Downers Grove, Illinois: InterVarsity Press, 2014.

Koester, Craig R. *THE ANCHOR YALE BIBLE VOLUME 38A REVELATION: A NEW TRANSLATION WITH INTRODUCTION AND COMMENTARY*. New Heaven & London: Yale University Press, 2014.

Lee, Max J. "Revelation,"in *THE BAKER ILLUSTRATED BIBLE COMMENTARY*. Grand Rapids, Michigan: Baker Books, 2011.

Mounce, Robert H. *THE NEW INTERNATIONAL COMMENTARY ON THE NEW TESTAMENT: THE BOOK OF REVELATION, Revised Edition*. Grand Rapids, Michigan: William B. Eerdmans: 1984.

Morris, Leon. *TYNDALE NEW TESTAMENT COMMENTARIES VOLUME 20 REV-ELATION: AN INTRODUCTION AND COMMENTARY*. Dowers Grove, Illinois: IVP Academi, 1987.

Osborne, Grant R. *BAKER EXEGETICAL COMMENTARY ON THE NEW TESTA-MENT: REVELATION*. Grand Rapids, Michigan: Baker Academic, 2002.

Radmacher, Earl D. Allen, Ronald B. and House, H. Wayne *The NKJV Study Bible Second Edition Full-Color Edition: the complete resource for studying God's Word*. Nashville: Thomas Nelson, 2014.

Reddish, Mitchell G. *SMYTH & HELWYS BIBLE COMMENTARY REVELATION: A NEW PARADIGM IN BIBLE COMMENTARIES*. Macon, Georgia: Smyth & Helwys, 2001.

Stott, John R. W. *THE CROSS OF CHRIST: FOREWORD BY ALISTER McGRATH*. Downers Grove, Illinois: InterVarsity Press, 2006.

Wilcock, Michael *[The Bible Speaks Today] THE MESSAGE OF REVELATION: I Saw Heaven Opened*. Dower Grove, Illinois: IVP Academic, 1995.

Walvoord, John F. and Zuck, Roy B. ed., *[Bible Knowledge Series] The Bible Knowledge Commentary NEW TESTAMENT An Exposition of the Scriptures.* Colorado Springs: David C Cook, 1983.

2. 사전 및 아틀라스(Dictionary and Atlas)

Adrian, Curtis, ed., *OXFORD BIBLE ATLAS Fourth Edition.* Oxford: University of Oxford, 2007.

Brand, Chad. Draper, Charles. and England. Archie ed., *HOLMAN Illustrated Bible Dictionary; Completely Revised, Updated and Expanded.* Nashville, Tennessee: B&H Publishing Group, 2003.

Bauer, Walter. *A GREEK-ENGLISH LEXICON of the NEW TESTAMENT and other EARLY CHRISTIAN LITERATURE-THIRD EDITION-(BDAG),* trans., Frederick William Danker. Chicago and London: The University of Chicago Press, 2000.

Beck, John A. *The Basic Bible Atlas: A Fascinating Guide to the Land of the Bible.* Grand Rapids, Michigan: Baker Books, 2020.

Brand, Chad and Mitchell, Eric Alan ed. *Holman Illustrated Bible Dictionary Revised and Expanded: THE COMPLETE GUIDE TO Everything You Need To Know About The Bible.* Nashiville, Tennessee: B&H Publishing Group, 2015.

Coenen, Lothar. Beyreuther, Erich and Bietenhard, Hans. *The New International Dictionary of New Testament Theology Volume 1-3: A-Z,* trans., Colin Brown ed. Grand Rapids, Michigan: Zondervan, 1986.

Collins, Father Michael ed., *THE ILLUSTRATED BIBLE STORY BY STORY.* New York: Dorling Kindersley, 2012.

Currid, John D. and Barrett, David P. *CROSSWAY ESV BIBLE ATLAS.* Wheaton, Illinois: Crossway, 2010.

Curtis, Adrian. *OXFORD BIBLE ATLAS fourth edition.* New York: Oxford University Press, 2007.

Davie, Martin. ed., *NEW DICTIONARY OF THEOLOGY HISTORICAL AND SYSTEMATIC SECOND EDITION.* Downers Grove, Illinois: InterVarsity Press, 2016)

*Deluxe Then and Now*Bible Maps: New and Expanded Edition.* Peabody, Massachusetts: Rose Publishing, 2020.

Desmond, Alexander, T. et. all., *NEW DICTIONARY of BIBLICAL THEOLOGY.* Downes Grove, Illinois: InterVarisity Press, 2001.

Douglas, J. D. et. all., *NEW BIBLE DICTIONARY THIRD EDITION.* Downers Grove, Illinois: Inter-Varsity Press, 1996.

Easton, M. G. *BAKER'S ILLUSTRATED BIBLE DICTIONARY Revised Edition.* Grand Rapids, Michigan: Baker Book House, 1978.

Elwell, Walter A. ed., *Evangelical Dictionary of Theology (Baker Reference Library).* Grand Rapids, Michigan: Baker Book House, 1984.

Ferguson, Sinclair B. and Wright, David F. ed., *NEW DICTIONARY OF THEOLOGY.* Downers Grove, Illinois: IVP Academic, 1988.

Freedman, David N. ed., *THE ANCHOR BIBLE DICTIONARY VOLUME 1-6 A-Z.* New York: Doubleday, 1902.

Gardner, Joseph L. ed., *Reader's Digest Atlas of the Bible: An Illustrated Guide to the Holly Land.* N.Y.: Reader's Digest, 1981.

Harding, William W. *A NEW AND COMPLETE PRONOUNCING BIBLE DICTIONARY: CONTAINING MORE SCRIPTURAL WORDS THAN ANY OTHER WORK OF THE KIND, COMPILED FROM THE MOST AUTHENTIC DESIGNDE TO PROMOTE A BETTRE UNDERSTANDING OF TEH BIBLE, ILLUSTRATED WITH NEARLY FOUR HUNDRED FINE ENGRAVINGS.* Philadelphia: Forgotten Books, 1873.

Harris, R. Laird. Archer, Gleason L. and Waltke, Bruce K. *THEOLOGICAL Wordbook of the Old Testament.* Chicago: Moody Publishers, 1980.

Harrison, Everett F., ed. *Baker's Dictionary of Theology.* Grand Rapids, Michigan: BAKER BOOK HOUSE, 1994.

Hawthorne, Gerald F. and Martin, Ralph P. ed. *Dictionary of Paul and HIS Letters: A COMPENDIUM OF CONTEMPORARY BIBLICAL SCHOLASHIP.* Downers Grove, IL: InterVarsity Press, 1993.

Hilton, David C. *THE DAYS OF VENGEANCE An Exposition of the Book of Revelation.* Worth, Texas: Dominion Press, 1990.

Kaiser Jr., Water C. Peter H. Davids, F. F. Bruce, and Manfred T. Brauch, *HARD SAYING of the Bible.* Downers Grove, Illinois: InterVarsity Press, 1984.

Kittel, Gerhard and Friedrich, Gerhard. *THEOLOGICAL DICTIONARY of THE NEW*

TESTAMENT: ABRIDGED IN ONE VOLUME, trans., Geoffrey W. Bromiley. Grand Rapids, Michigan: Wm. B. Eerdmans, 1985.

Longman III, Tremper ed. *THE BAKER ILLUSTRATED BIBLE DICTIONARY.* Grand Rapids, Michigan: Baker Books, 2013.

Martin, Ralph P. and Davids, Peter H. *Dictionary of the Later New Testament & Its Developments.* Downers Grove, Illinois: InterVarsity Press, 1997.

Nelson, Thomas. *Nelson's Complete Book of BIBLE MAPS AND CHARTS: Quality·Legacy·Heart* THIRD EDITION. Nashville: Thomas Nelson, 1996.

Rahlfs, Alfred ed., *SEPTUAGINTA: Idest Vetus Testam entum graece iuxta LXX interpretes: VOL. 2 Libri poetici et prohetici.* Deutsche Bibelgesellschaft: Stuttgart, 2006.

Rasmussen, Carl G. *ZONDERVAN ATLAS OF THE BIBLE Revised Edition.* Grand Rapids, Michigan: 2010.

Ryken, Leland. Wilhoit, James C. and Longman III, Tremper. *Dictionary of BIBLICAL IMAGERY: an encyclopedic exploration of the images, symbols, motifs, metaphors, figures of speec and literary patterns of the Bible.* Downes Grove, Illinois: InterVarisity Press, 1996.

Tenney, Merrill C. and Steven Barabas. eds. *The Zondervan Pictorial Encyclopedia Of The Bible in Five Volumes: Volume One·A–C.* Grand Rapids, Michigan: Zondervan Publishing House, 1977.

Tenney, Merrill C. and Steven Barabas. eds. *The Zondervan Pictorial Encyclopedia Of The Bible in Five Volumes: Volume One·D–G.* Grand Rapids, Michigan: Zondervan Publishing House, 1977.

Tenney, Merrill C. and Steven Barabas. eds. *The Zondervan Pictorial Encyclopedia Of The Bible in Five Volumes: Volume One·H–L.* Grand Rapids, Michigan: Zondervan Publishing House, 1977.

Tenney, Merrill C. and Steven Barabas. eds. *The Zondervan Pictorial Encyclopedia Of The Bible in Five Volumes: Volume One·M–P.* Grand Rapids, Michigan: Zondervan Publishing House, 1977.

Tenney, Merrill C. and Steven Barabas. eds. *The Zondervan Pictorial Encyclopedia Of The Bible in Five Volumes: Volume One·Q–Z.* Grand Rapids, Michigan: Zondervan Publishing House, 1977.

Youngblood, Ronald F. ed. *NELSON'S ILLUSTRATED Bible Dictionary NEW AND ENHANCED EDITION.* Tennessee: Thomas Nelson, 2014.